房地产法理论与实务丛书
Theory and Practice Series on Real Estate Law

《房地产法理论与实务丛书》编委会

主　任　符启林

副主任　王才亮

丛书总策划　李燕芬

委　员（以姓氏拼音为序）

　　　　　陈　枫　洪艳蓉　李　军　刘　瑛
　　　　　乔　宁　王克非　王　令　郑瑞琨

房地产金融（第二版）

Financial Law of Real Estate (Second Edition)

洪艳蓉 等著

北京大学出版社

图书在版编目(CIP)数据

房地产金融/洪艳蓉等著.—2 版.—北京:北京大学出版社,2011.11
(房地产法理论与实务丛书)
ISBN 978-7-301-19677-9

Ⅰ.①房… Ⅱ.①洪… Ⅲ.①房地产-金融学 Ⅳ.①F293.33

中国版本图书馆 CIP 数据核字(2011)第 222839 号

| 书　　　名：房地产金融(第二版)
| 著作责任者：洪艳蓉　等著
| 责 任 编 辑：李燕芬
| 封 面 设 计：春天书装工作室
| 标 准 书 号：ISBN 978-7-301-19677-9/D·2975
| 出 版 发 行：北京大学出版社
| 地　　　址：北京市海淀区成府路 205 号　100871
| 网　　　址：http://www.pup.cn　电子邮箱：law@pup.pku.edu.cn
| 电　　　话：邮购部 62752015　发行部 62750672　编辑部 62752027
| 　　　　　　出版部 62754962
| 印 刷 者：三河市博文印刷厂
| 经 销 者：新华书店
| 　　　　　　965 毫米×1300 毫米　16 开本　28 印张　475 千字
| 　　　　　　2007 年 9 月第 1 版
| 　　　　　　2011 年 11 月第 2 版　2014 年 1 月第 2 次印刷
| 定　　　价：52.00 元

未经许可,不得以任何方式复制或抄袭本书之部分或全部内容。
版权所有,侵权必究
举报电话:010-62752024　电子邮箱:fd@pup.pku.edu.cn

总　序

　　无论是在国外还是在国内,房地产业都毫无例外地被视为国民经济中的重要产业,在国计民生中发挥着举足轻重的作用。同时,房地产业的发展又与人们的安居乐业密切相关,是实现人们的居住权和提高人们的生活质量的重要物质基础。为了促进房地产业的健康快速发展,既满足房地产业发展的内在经济要求,又保障房地产业本身具有的社会政治功能得以实现,各国都认为房地产领域不能是完全自由放任的私领域,必须用法律的形式对房地产领域进行适度的干预。为此,各国都制定了大量的法律法规对房地产业进行规范,以保障房地产业能实现个人利益与社会公共利益的协调发展。

　　在我国,由于新中国建立以后长时间实行计划经济体制,房地产被认为不是商品,不具有商品属性,因此在这段时间内我国不存在真正的房地产业。只有在确立了社会主义市场经济体制和进行住房制度改革后,我国的房地产业才真正开始发展起来。但是,由于法律规则的缺失和人们认识上的偏差,我国的房地产业在发展初期长期处于摸索和混乱阶段。经过十多年的探索和借鉴,我国目前已在房地产领域制订了大量的法律法规,初步建立起房地产法的大体框架,基本解决了在房地产领域有法可依的问题。特别是近两年,为了解决房价过高的问题,国家加大了对房地产业的宏观调控力度,有关房地产的立法文件频频出台。

　　为了对近年来房地产法的立法和理论进行系统梳理和总结,反映学者们对房地产法的最新研究成果,我们组织编写了这套房地产法理论与实务丛书。本丛书一共六本,分别是:房地产金融、房地产交易、房地产开发、房地产建设工程、物业管理、房屋征收与拆迁。我们认为这套丛书基本囊括了房地产法的所有重要方面和重要制度。与其他同类书相比,本丛书主要有以下特色:

　　(1) 在内容的编排体例上进行了创新。本丛书彻底打破了传统的章节限制,各章以下不再设节,而是统一把每章的内容分为基本原理、制度借鉴、操作流程、争议焦点与案例分析四个部分。基本原理部分主要介绍该制度的基本理论问题,阐述该制度的理论基础、制度内容以及改革完善的建议

等,解决该制度是什么的问题;制度借鉴主要介绍世界各国或地区在相关制度方面的一些不同做法和有益经验,着重于不同国家之间的横向比较,为完善我国的相关制度提供比较法上的依据;操作流程关注的是具体的办事程序、办事规则,试图通过该内容告诉读者该制度在实际生活层面具体是怎么运作的,解决的是该制度的具体操作问题;争议焦点与案例分析由两部分组成,前者主要聚焦于理论上的热点问题,探讨理论界对一些前沿问题的争议和不同观点,后者主要是对一些典型案例进行法理上的评析,着眼于法律的具体运用。通过这种内容编排上的创新,我们意图按照内容的性质对全部内容进行重新整合,最大限度地突出内容的性质差异,方便读者从理论与实务的不同角度对内容进行更好的选择和把握。

(2) 注重理论与实践的结合。我们认识到任何法律都不是在真空中产生的,法律只不过是对社会生活的记录而已,法律的生命力和广阔空间在于法律的伟大实践。在整套丛书的设计上我们始终非常关注理论与实践的密切结合。在作者的构成上,我们既有理论功底深厚的大学教授、博士生导师,又有工作在司法工作第一线、实践经验丰富的法官和检察官,还有在房地产领域辛勤耕耘几十年的资深律师,他们的组合使我们的丛书既有理论的深度又有实践的厚度。在内容的安排上我们同样坚持了理论与实践相结合的精神,每章的基本原理、制度借鉴、争议焦点部分主要倾向于理论层面的探讨,而操作流程和案例分析则更多地关注解决实际问题的需要。

(3) 密切关注立法动态。在所有的亚部门法领域,房地产法是受国家政策影响最大的法律门类之一,国家政策在房地产法中扮演着非常重要的角色。而政策的重要特点之一就是灵活性和易变性,这就要求我们从事房地产研究的人员要敏锐地观察和掌握国家的立法动向,及时地对一些最新立法政策进行反映。在本丛书的编写过程中,我们的作者们对这一点进行了很好的把握,及时地把一些最新的规则吸收进了我们的研究成果中,使我们的研究做到了与时俱进。

当然,由于时间的仓促和作者水平的有限,本丛书的错误和遗漏之处在所难免,敬请各位读者谅解,并请不吝赐教。

符启林
2007 年 9 月

第二版序:寻求房地产与金融的制度平衡点

在革故鼎新的房地产金融法制环境和市场主体生生不息的创新探索下,我国初步形成了多元化、多层次的房地产金融市场体系。尽管商业银行贷款仍然占据房地产融资的半壁江山,但近年来勃兴的房地产信托融资、公司债券融资、短期融资券和中期票据等融资方式,无疑已成为了房地产资金来源的重要补充。

从中国银监会的统计来看,截至2010年末,主要金融机构房地产贷款余额9.35万亿元,占各项贷款余额的20.5%;其中商业银行不良贷款余额439.8亿,不良贷款比率1.26%。面对日益多元化的房地产融资途径,不断扩大的房地产金融市场规模,以及逐步降低的不良贷款比率,确实值得额手称庆,但居安思危,在繁荣的经济现象之下更需要冷静的思考。

就国外来看,美国2008年因次级贷款引发祸害全球的金融危机,至今影响未消,强化金融监管和消费者保护的制度改革任重道远。就国内来看,从应对2008年国际金融危机采取房地产市场金融支持政策,到2010年以来采取包括差别信贷、税收政策和限购令等史上最严厉的房地产宏观调控措施,我国房地产市场的发展波澜起伏,部分地区房价上涨过快,投资投机性购房过度活跃,已影响到房地产市场的健康发展和居民的住房保障。实践中,以假按揭等手段骗取银行信贷资金,部分金融创新将房地产行业风险向金融系统转移,商业银行放贷流程不尽完善和内控机制存在漏洞,都可能是诱发金融风险的危险因素。

金融支持过度容易引发房地产泡沫,反之,金融紧缩过度容易引发房地产衰退。我国住房货币化改革的深入和住房金融市场化步伐的加快,提出了"房地产金融市场发展应向哪里去"、"如何有效运用金融手段调控房地产市场"和"房地产市场金融风险如何预警、防范和处置"等问题,这不仅是当下迫切需要解决的重大课题,也是指引未来房地产及金融市场发展的灯塔。问题的解决,将有待于在房地产与金融的制度结合中寻求有效的平衡点,这是政策制定者、立法者和市场参与者们不可推卸的时代责任。因为我们不仅需要一个健康平稳发展的房地产市场,需要一个安全稳健的房地产金融市场,更需要一个居者有其屋,人人幸福生活的和谐社会。

房地产金融

　　本次修改所参考的资料和法律制度截至 2011 年 8 月 31 日,修改字数约 15 万字,按修改的内容分主要涉及三方面:(1) 更新房地产市场发展和金融数据,反映国内外最新的房地产市场金融状况;(2) 根据政策法律变化,相应地修改受影响的争议焦点内容;(3) 补充最新案例,反映近年来房地产金融市场的最新变化和热点。为便于查阅和阅读,现将各章的修改内容概要如下:

章节	章名	主要修改内容
1	房地产开发贷款制度	1. 更新房地产企业的资金来源状况 2. 根据银监会贷款新规、《经济适用住房开发贷款管理办法》及房地产宏观调控措施修改房地产开发贷款风险防范、法律控制与操作流程内容 3. 根据《物权法》修改争议焦点
2	房地产企业上市融资制度	1. 更新房地产企业上市概况 2. 根据 2010 年修订的《证券发行与承销管理办法》、2008 年修订的证券交易所上市规则等修改股票的上市和发行内容 3. 根据 2008 年修订的《上市公司收购管理办法》修改案例分析
3	房地产企业债券(公司债券)发行制度	1. 更新债券市场数据 2. 更新企业债券、公司债券最新制度发展,补充中期票据新融资途径,并对比三类债券融资方式 3. 删除、归并企业短期融资券发行的部分内容
4	外资参与房地产开发制度	1. 根据 2010 年《关于做好外商投资项目下放核准权限工作的通知》修改外资市场准入规定概述 2. 根据 2006 年《关于规范房地产市场外资准入和管理的意见》等规定补充外资房地产开发企业的设立
5	房地产项目融资	1. 根据《合伙企业法》修改项目融资的融资结构形式 2. 根据 2009 年《项目融资业务指引》修改了项目融资操作流程和法律管制问题 3. 根据最新规定,修改了固定资产投资项目资本金比例要求
6	房地产信托融资制度	根据信托业"一法三规"改写整章,补充 2007 年以来房地产信托新立法、发展特点、操作流程与案例
7	房地产投资基金制度	1. 更新海外上市房地产投资基金状况 2. 更新海外房地产投资基金数据和制度变化

— 2 —

(续表)

章节	章名	主要修改内容
8	个人住房抵押贷款	1. 更新住房贷款市场及利率数据 2. 根据银监会《个人贷款管理暂行办法》及其他规范性文件修改假按揭的表现形式及风险防范
9	住房公积金贷款制度	1. 更新住房公积金缴存及贷款市场状况 2. 根据近年来的房地产宏观调控措施修改住房公积金贷款条件 3. 以北京住房公积金贷款为例,修改住房公积金贷款操作流程
10	住房储蓄银行制度	1. 更新中德住房储蓄银行最新发展状况 2. 根据中德住房储蓄银行的现行制度修改住房储蓄和贷款的操作流程
11	民间个人集资建房制度	1. 更新国内个人集资建房最新发展状况和分类 2. 补充温州"理想佳苑"个人集资建房的案例分析
12	房地产金融制度创新:产权式酒店	1. 更新国内外产权式酒店最新发展状况 2. 根据《物权法》和其他规定修改案例分析
13	个人住房抵押贷款证券化制度	1. 更新我国住房抵押贷款证券化最新发展和立法 2. 更新海外住房抵押贷款证券化市场数据和制度改革 3. 根据2007年的《信贷资产证券化基础资产池信息披露规则》,补充资产证券化信息披露内容
14	房地产贷款风险管理与不良资产处置	1. 更新我国房地产贷款及不良资产市场状况和数据 2. 更新资产管理公司处置不良资产的状况及发展趋势 3. 根据银监会贷款新规及近年来的房地产金融调控措施修改、补充我国房地产贷款风险管理规则、风险分析与管理建议
15	房地产抵押制度	根据《物权法》修改本章原本适用《担保法》及其司法解释的内容
16	住房置业担保制度	1. 更新国内住房置业担保市场状况和数据 2. 更新加拿大抵押贷款担保机构的最新发展和数据
17	个人住房抵押贷款保险制度	1. 根据2009年修订的《保险法》更新相关概念和案例分析的内容 2. 根据2006年《保监会关于进一步加强贷款房屋保险管理的通知》修改解决住房抵押贷款保险问题的对策
18	房地产税费制度	根据近年来税制改革和房地产市场宏观调控措施改写整章,并补充个人销售二手房应缴纳的税费内容

从 2009 年本书第 1 版售罄提出修改到最终完成,历时两年,但大部分工作主要集中在 2011 年以来陆续完成。这一方面是近两年房地产金融市场和法制环境的快速变化,笔者希望在更明朗的经济形势和政策法律环境下分析问题,以便得出更具说服力的结论;另一方面是原书各章的作者已分散到全国各地工作,独立承担修改任务的笔者因平时教学科研占用大量时间,只能利用寒暑假,延长了修改周期。笔者要十分感谢北京大学出版社的李燕芬编辑,她不厌其烦的催稿和对笔者拖延稿件的宽容与理解,是支撑笔者完成修改工作的巨大动院;笔者也要十分感谢北京大学法学院 2007 级法律硕士赵颖、2009 级法学硕士秦丹鸿,她们热情而细心地帮助收集了主要更新资料并提出了不少宝贵的修改建议,犹如协助笔者完成修改工作的左膀右臂。书中文责,概由笔者自负。"珠玑理文章,快意落玉盘",期待新的房地产金融一书能够得到读者的喜爱,并随时恭听批评指正。

洪艳蓉

2011 年 8 月 31 日晚于

北京大学法学院陈明楼

序:寻求房地产与金融的制度结合点

当资金融通被运用于房地产这个关系国计民生的支柱产业时,相关法律制度的建设就更凸显出其重要性。通过金融市场有效地配置房地产参与各方的权利义务,构造一系列分散风险、明确责任和平衡收益的制度安排,无疑是实现房地产和金融双赢的必然要求。

过去十几年来,国家在推行住房商品化和货币化的过程中,虽然逐步减少了对住房产业的直接投入,却没有同时完全开放房地产的融资渠道。在我国资本市场处于初步发展阶段的经济背景下,这种制度安排造成房地产融资对银行贷款的过度依赖。正如中国人民银行《2004年房地产金融报告》所指出的,房地产开发商通过各种渠道获得的银行资金已占其资产比例的70%以上,房地产信贷中的"假按揭"道德风险、信用风险、操作风险和法律风险,正成为银行不良资产来源新的影响因素。房地产业风险向银行体系的过度渗透,可能危及金融稳定。而且,这种单一的房地产金融体制,也不利于房地产业的长期健康发展:一方面,造成房地产开发过热和地区发展不平衡,房地产价格上涨过快,无法充分落实国家住房政策和最低住房保障要求,部分抑制了住房需求的有效形成;另一方面,造成房地产企业高负债经营,对中央银行信贷政策过度敏感,风险与收益矢衡之下无以形成房地产企业的有效竞争,培育适应市场需求的房地产供给机制。改变单一的房地产融资体制,建立多层次的房地产金融市场(包括开发建设融资市场和消费融资市场),并通过金融配套制度的建设,形成有效的风险分担机制,已成为关系房地产业未来健康发展和金融体系稳定的关键性问题。

2003年以来,尤其是中国人民银行《关于进一步加强房地产信贷业务管理的通知》(第121号文)和国务院《关于促进房地产市场持续健康发展的通知》(第18号文)发布之后,监管当局在支持发展房地产业的基础上,既加强了对房地产信贷业务的规范和风险管理,也开始了对多层次房地产金融市场和风险分担机制建设的探索。而伴随着金融改革和开放带来的竞争压力和创新机遇,金融机构和房地产开发企业迅速地成为这一多层次市场建设的积极推动者和参与者。

　　从总体上看,就房地产开发建设而言,除了传统的银行信贷融资之外,通过房地产企业上市、发行企业短期融资券,引入外资合作开发,进行项目融资或者通过设立房地产投资信托/基金融资,正成为房地产开发企业可以选择的多样化的融资渠道。就房地产消费而言,除了原有的商业银行抵押贷款和住房公积金贷款之外,天津中德住房储蓄银行的设立和在全国兴起的民间集资建房的探索,正开启着购房者新的置房思路。就金融创新而言,除了个人住房抵押贷款中关于"直贷式"、"双周供"、"固定利率"等放款及还款方式的创新之外,通过设立信托为房地产业融通资金,通过资产证券化转移信贷资产风险,通过产权式酒店创新联结供求双方,正丰富着房地产金融的服务方式,提高着房地产金融的运作效率。就房地产金融的配套机制而言,除了银行信贷中的住房抵押制度之外,住房置业担保的逐步发展,住房抵押贷款保险的普及,信贷资产证券化的试点,资产管理公司对银行不良资产的深入处置,以及近来司法实践对抵押房地产强制执行的支持,正在房地产金融的一级和二级市场创建着形式多样的金融风险分担机制。无疑,相比于过去单一的融资体系,房地产金融体系正悄然发生着可喜的变化。

　　正是对这种房地产与金融相结合,在制度上从单一连接到网络共生格局变化的关注和思索,促成了本书的写作构思。全书由北京大学法学院金融法研究中心洪艳蓉博士设计框架、组稿和审稿,在内容选择和结构编排上突出了以下三个特点:第一,按照房地产开发建设融资(第一章至第七章)和消费融资(第八章至第十二章)以及配套金融机制(第十三章至第十八章)的格局排列,从宏观层面展示我国多层次房地产金融市场的制度建设状况和未来发展趋势。第二,每章按照"基本原理"、"制度借鉴"、"操作流程"、"争议焦点与案例分析"的顺序,结合最新的制度规定、业务创新和典型案例,从微观层面探讨我国房地产金融的理论和实务操作问题。第三,为方便读者阅看,在目录及各章正文之前,列出了各章相应的核心内容。

　　本书得以策划和出版,很大程度上应归功于北京大学出版社李燕芬女士和北京大学图书馆郑顺炎博士的联系和推进,在此先予致谢。按撰写章节顺序,全书的分工如下:唐勇:第一章;曾金华:第二、三章;王志刚:第四、十八章;丁峰:第五章;洪艳蓉:第六章;廖凡:第七章;罗静:第八、十二章;蒋净:第九、十章;田磊:第十一章;李虹:第十三章;陈红:第十四章;赖乾胜:第十五、十六章;樊振华:第十七章。全书由洪艳蓉博士进行汇总和统稿,罗静硕士提供了部分法规整理,陈苏华硕士提供了第十七章的部分写作参考,在此一并致谢。本书的顺利完成得力于各位作者的辛勤写作和深入思考,但囿于水平和时间,不足之处仍在所难免,敬祈广大读者批评指正。

洪艳蓉

2007 年 9 月于北大中关园

CONTENTS 目 录

第一章 房地产开发贷款制度 … 1
基本原理 … 1
一、房地产开发贷款的概念 … 1
二、房地产开发贷款的法律关系 … 1
三、房地产开发贷款的种类 … 3
四、房地产开发贷款的特征 … 5
五、房地产开发与银行贷款 … 6
六、房地产开发贷款风险的一般控制 … 10
七、几类特殊房地产开发贷款风险的法律控制 … 15
八、房地产开发贷款的担保 … 22
操作流程 … 24
争议焦点与案例分析 … 29
一、争议焦点 … 29
二、案例分析 … 32

第二章 房地产企业上市融资制度 … 36
基本原理 … 36
一、股票发行与上市的一般原理 … 36
二、我国房地产企业上市概况 … 38
操作流程 … 40
一、股份制公司的成立 … 40
二、首次公开发行股票申请文件的准备 … 44
三、股票的发行 … 49

CONTENTS 目 录

  四、股票的上市 55
  五、上市公司的再融资 57
  六、买壳上市 59
 案例分析 62

第三章　房地产企业债券（公司债券）发行制度 66
 基本原理 66
  一、债券的概念 66
  二、企业债券（公司债券） 67
  三、可转换公司债券 69
  四、企业短期融资券 70
 操作流程 72
  一、企业债券（公司债券）、中期票据的发行与上市 72
  二、可转换公司债券的发行与上市 85
 案例分析 90

第四章　外资参与房地产开发制度 95
 基本原理 95
  一、外资参与房地产开发概述 95
  二、外资参与房地产开发制度的具体内容 97
 案例分析 108

CONTENTS 目 录

第五章 房地产项目融资 113
基本原理 113
 一、项目融资的概念 113
 二、项目融资的特征 113
 三、项目融资的意义与作用 115
 四、项目融资的框架结构及各结构的参与人 116
 五、项目融资的缘起、现状和趋势 120
操作流程 120
 一、投资者通过项目公司安排项目融资模式 120
 二、大型公共房地产的 BOT 融资模式 122
争议焦点 124
 一、房地产开发项目中应用项目融资方式的
  可能性探讨 124
 二、房地产项目融资中的主要风险以及相应的
  担保形态分析 127
 三、房地产项目融资的法律管制问题 132

第六章 房地产信托融资制度 138
基本原理 138
 一、房地产信托融资的相关概念 138
 二、房地产信托融资的分类 139
 三、房地产信托融资的法律关系 142
 四、我国房地产信托融资的沿革、特点与作用 145

CONTENTS 目 录

操作流程	154
一、房地产财产信托的操作流程	154
二、房地产资金信托的操作流程	154
三、房地产双向信托的操作流程	155
案例分析	155

第七章　房地产投资基金制度　165

基本原理	165
一、房地产投资基金的概念与特征	165
二、房地产投资基金同相关概念的区分	167
三、房地产投资基金的种类	169
四、房地产投资基金的基本结构及其内部关系	170
制度借鉴	171
一、美国房地产投资基金制度	172
二、澳大利亚房地产投资基金制度	176
三、我国香港特别行政区房地产投资基金制度	176
操作流程	181
争议焦点与案例分析	182
一、争议焦点	182
二、案例分析	185

CONTENTS 目 录

第八章 个人住房抵押贷款 188
  基本原理 188
    一、个人住房抵押贷款的概念 188
    二、个人住房抵押贷款的分类 189
  操作流程 190
  争议焦点与案例分析 192
    一、争议焦点——直贷式个人住房抵押贷款 192
    二、案例分析 193

第九章 住房公积金贷款制度 207
  基本原理 207
    一、住房公积金与住房公积金贷款的概念 207
    二、住房公积金与住房公积金贷款的特征 208
    三、住房公积金的管理体制 212
    四、住房公积金制度的作用 215
    五、住房公积金贷款的分类 216
    六、住房公积金制度中的法律关系 217
    七、我国住房公积金制度的缘起与现状 218
    八、住房公积金贷款难的问题 220
  制度借鉴 221
    一、新加坡中央公积金（Central Provision Fund）
        制度概述 221

CONTENTS 目 录

  二、新加坡中央公积金制度和我国住房公积金
    制度的比较 223
 操作流程 224
  一、住房公积金贷款的适用条件 224
  二、住房公积金贷款的提交资料 226
  三、住房公积金贷款的办理程序 227
 案例分析 228

第十章　住房储蓄银行制度 232
 基本原理 232
  一、住房储蓄银行制度概述 232
  二、住房储蓄银行制度的特征与比较 233
  三、住房储蓄银行制度中的法律关系 235
  四、住房储蓄银行制度的缘起、现状与趋势 235
 制度借鉴 237
 操作流程 240
  一、住房储蓄的操作流程 240
  二、住房储蓄贷款的操作流程 243

第十一章　民间个人集资建房制度 247
 基本原理 247
  一、民间个人集资建房的概念 247
  二、民间个人集资建房的特征 247

CONTENTS 目 录

  三、个人集资建房与其他相关概念的比较   248
  四、我国出现民间个人集资建房现象的原因   250
  五、民间个人集资建房的分类   252
  六、民间个人集资建房的意义   254
 制度借鉴   254
 操作流程   255
  一、个人合作建房工作流程（示例）   255
  二、正式运作机构模式一：住宅合作社模式   257
  三、正式运作机构模式二：（非营利的）公司制模式   258
 案例分析   259

第十二章 房地产金融制度创新：产权式酒店   269
 基本原理   269
  一、产权式酒店的概念   269
  二、产权式酒店的特征与比较   270
  三、国内外产权式酒店的发展及现状   272
 操作流程   274
 案例分析   276

第十三章 个人住房抵押贷款证券化制度   290
 基本原理   290
  一、住房抵押贷款证券化的概念   290
  二、住房抵押贷款证券化的法律关系   291

CONTENTS 目 录

  三、住房抵押贷款证券化的特征 293
  四、商业银行开展个人住房抵押贷款证券化的动因 294
制度借鉴 296
  一、美国的住房抵押贷款证券化实践 296
  二、日本的住房抵押贷款证券化实践 297
  三、澳大利亚的住房抵押贷款证券化实践 298
操作流程 298
案例分析 300

第十四章　房地产贷款风险管理与不良资产处置 314
基本原理 314
  一、房地产贷款风险与不良资产的概念与分类 314
  二、房地产贷款风险管理的基本程序 316
  三、我国房地产贷款风险管理的主要规则 316
  四、我国房地产贷款风险的分析与管理建议 321
  五、我国房地产贷款不良资产的状况与处置模式 327
案例分析 331

第十五章　房地产抵押制度 338
基本原理 338
  一、房地产抵押的概念 338
  二、房地产抵押的法律特征 338
  三、房地产抵押人和抵押权人的权利和义务 340

CONTENTS 目 录

  四、房地产抵押的效力 342
 操作流程 348
  一、房地产抵押合同的签订 348
  二、房地产抵押登记程序 350
  三、房地产抵押权的实现 350
 案例分析 353

第十六章 住房置业担保制度 359
 基本原理 359
  一、住房置业担保的概念 359
  二、住房置业担保的法律关系 360
  三、住房置业担保的特征 362
  四、住房置业担保制度的意义 363
 制度借鉴 364
 操作流程 366
 案例分析 367

第十七章 个人住房抵押贷款保险制度 371
 基本原理 371
  一、个人住房抵押贷款保险的概念 371
  二、个人住房抵押贷款保险的种类 372
  三、个人住房抵押贷款保险的特征 373
  四、个人住房抵押贷款保险中的法律关系 374

CONTENTS 目录

  五、个人住房抵押贷款保险的作用 376
  六、个人住房抵押贷款保险在我国的历史发展与
    现状 378
 制度借鉴 380
  一、美国的住房贷款保险制度 381
  二、英国的住房贷款保险制度 382
  三、法国的住房贷款保险制度 383
 操作流程 383
 案例分析 386

第十八章 房地产税费制度 393
 基本原理 393
  一、房地产税费概述 393
  二、房地产开发企业应缴纳的主要税费 394
  三、个人买卖房屋应缴纳的主要税费 411

参考文献 424

第一章 房地产开发贷款制度

- 房地产开发贷款的种类与特征
- 房地产开发贷款风险的法律控制
- 房地产开发在建工程抵押权与建设工程优先权的冲突
- 房地产开发在建工程抵押与预售商品房贷款抵押的冲突

基本原理

一、房地产开发贷款的概念

房地产开发贷款,是指贷款人向借款人发放的用于个人住房开发、商业用房开发、房地产土地开发和配套设施建设的贷款。

二、房地产开发贷款的法律关系

主体:涉及两方主体,一方为贷款人,一方为借款人。根据中国人民银行《贷款通则》和中国银行业监督管理委员会(以下简称"银监会")《固定资产贷款①管理暂行办法》等的规定,贷款人必须经银监会批准②经营贷款业务,持有银监会颁发的金融许可证,并经工商行政管理部门核准登记。目前,贷款人包括商业银行、农村合作银行、城市信用社、农村信用社、邮政储蓄银行、外资银行等银行业金融机构,借款人限于房地产开发企业,但土地储备贷款的借款人为政府土地储备机构,高校学生公寓建设贷款的借款人可以是高等院校。

---

① 根据银监会 2011 年 3 月 11 日发布的《关于〈固定资产贷款管理暂行办法〉的解释口径》,不论贷款人内部如何界定贷款品种,只要贷款用途为固定资产投资,均属固定资产贷款;而按照财政部《固定资产投资统计报表制度》的规定,固定资产投资的范围包括基本建设投资、更新改造投资、房地产开发投资和其他固定资产投资。

② 2003 年 4 月 28 日银监会成立之后,中国人民银行对银行业金融机构的监督管理权转移给新设立的银监会行使,如无特别说明,下同。

房地产开发贷款,属于商业银行的主要金融业务,要受到《商业银行法》的调整。为了进一步规范我国金融机构的贷款业务,提高信贷资产质量,防范金融风险,1995年7月27日,中国人民银行发布了《贷款通则(试行)》,随后的1996年6月28日,正式颁布了《贷款通则》。2003年4月28日,银监会成立之后,根据我国金融市场的发展状况强化了对金融机构贷款业务的监管;2009年以来,银监会陆续颁布《项目融资业务指引》、《固定资产贷款管理暂行办法》等部门规章和规范性文件,初步构建和完善了我国银行业金融机构的贷款业务法律框架,这些具体规则成为规范金融机构开展房地产开发贷款业务最重要的法律渊源。当然,除了更多地受到金融业法律、法规及部门规章的调整之外,房地产开发贷款合同也要同时遵守我国合同法的相关规定。

我国原《经济合同法》中规定了借款合同,专指金融机构作为贷款人与借款人订立的以借款为内容的合同,而不适用于自然人为贷与人的借款。《合同法》中的借款合同虽然沿用了原《经济合同法》中"借款合同"的概念,但其适用范围扩大了,即借款合同不仅调整金融机构与自然人、法人、其他组织间的借款关系,而且也调整自然人之间的借款关系。

根据《贷款通则》、《固定资产贷款管理暂行办法》、《合同法》第12章等的规定,借款合同当事人之间的权利义务为:(1)贷款人的主要义务:金融机关为贷款人的合同是诺成性合同、双务合同,自合同成立生效后,贷款人开始负担义务,其主要内容是按照合同的约定按时向借款人提供借款。按照《合同法》第200条和第201条第1款的规定:贷款人提供给借款人的借款金额应当符合合同中约定的数额,而不得从中预先扣除借款违约金或保证金或利息。利息预先在本金中扣除的,应当按照实际借款数额返还借款并计算利息。此外,贷款人未按照约定的日期、数额提供借款,造成借款人损失的,应当赔偿损失。(2)借款人的主要义务:包括① 贷款人为金融机构的,借款人有义务按照合同中约定的时间和数额收取借款;借款人未按照约定收取借款时,也应赔偿贷款人因此而造成的损失。② 接受贷款人的用款监督,贷款人可以按照约定检查、监督借款的使用情况,借款人应当按照约定向贷款人定期提供有关财务会计报表等必要的材料。③ 按照合同约定的贷款用途使用借款。否则,贷款人可以停止发放借款、提前收回借款或解除合同。④ 按借款合同约定的还款期限和方式还本付息。

实践中,除了借款合同,往往还有相应的担保合同,借款人根据贷款人的要求提供担保,该担保从属于借款合同,受《物权法》、《担保法》及其司法解释的调整。在担保合同关系中,如果是借款人自己提供物的担保,则借款人又成为抵(质)押人,贷款人为抵(质)押权人,借款人到期不履行借款合同的义务,贷款人可以就该抵(质)押物优先受偿。如果第三人为借款人提供保证或物的担保,则应签订保证合同或抵(质)押合同,第三人为保证人或抵(质)押人,借款人到期不还本付息的,则由该第三人承担相应的担保责任或通过处分抵(质)押物偿还。

中国农业银行曾于1996年1月2日发布了《关于印发〈中国农业银行担保借款合同示范文本(试行)的通知〉》,该通知"根据《担保法》和《贷款通则(试行)》有关担保形式的不同规定,结合农业银行普遍推行担保贷款的实际情况","将原来两类担保借款合同修改为三大类共五种,即保证担保借款合同(最高额保证担保借款合同)、抵押担保借款合同(最高额抵押担保借款合同)、质押担保借款合同"。其目的是为了便于信贷操作并符合该行习惯做法,"新合同文本的制定沿用了将主合同(即借款合同)与抵押、保证和质押等从合同合在一起的做法,使合同各方的权利义务能在一份合同文书中明确地表示出来"。这种类型的合同属于合同法理论上的混合合同,因其属于由两种有名合同组成且两种合同易于区分的混合合同,所以其法律适用方法是分别适用各有名合同的法律规定。

此外,除了借款合同或担保合同产生的权利义务关系之外,《贷款通则》第18条(借款人权利)、第19条(借款人义务)、第20条(对借款人的限制)、第22条(贷款人权利)、第23条(贷款人义务)及第24条(对贷款人的限制)以部门规章的方式对贷款人和借款人的权利义务进行了一般性的规定,大部分属于强制性规范,结合《商业银行法》、《固定资产贷款管理暂行办法》等相关的行政法规、部门规章及各银行内部文件的规定,形成了一个不局限于《合同法》、《担保法》和《物权法》的贷款人与借款人之权利义务的关系群。

三、房地产开发贷款的种类

(1)首先从房地产企业融资角度出发,按照融资过程中资金运动的不同途径,资金是否经过银行等金融中介,可以将融资分为直接融资和间接融资。直接融资是指企业自身或通过证券公司在资本市场向金融投资者借助一定的金融工具(股票、债券等),投资者与融资者直接进行资金融通,跳过了银行等媒介;与直接融资不同,间接融资是通过银行等金融媒介,把广大的、分散的资金富余方的资金集中起来,供给有资金缺口的融资者,即通过银行等金融媒介间接获得投资者的资金。① 房地产开发贷款属于间接融资,即以商业银行为金融中介获得资金,这种贷款又可以分为两种模式,一种是项目贷款管理模式,以房地产开发项目为对象;另一种是企业贷款管理模式,即以房地产企业为对象,发放贷款时不注重对项目的考察,而注重房地产企业整体还债能力的评估。前者贷款的主要品种有土地使用权抵押贷款和项目封闭贷款,遵循的是固定资产贷款管理方式;后者贷款方式有综合授信贷款和纯信用贷款,主要表现为流动资金管理形式。

（2）按房地产开发贷款的发放方式不同可分为信用贷款和担保贷款两类。信用贷款,指以借款人的信誉发放的贷款。担保贷款,指保证贷款、抵押贷款、质押贷款。保证贷款,系指按《担保法》规定的保证方式以第三人承诺在借款人不能偿还贷款时,按约定承担一般保证责任或者连带责任而发放的贷款。抵押贷款,指按《担保法》、《物权法》规定的抵押方式以借款人或第三人的财产作为抵押物发放的贷款。质押贷款,指按《担保法》、《物权法》规定的质押方式以借款人或第三人的动产或权利作为质物发放的贷款。

考察现行的规定包括商业银行的内部文件,由于房地产开发贷款的高风险性,商业银行一般以发放担保贷款为常态,以发放信用贷款为例外。例如,《经济适用住房开发贷款》第10条、《中国工商银行商品房开发贷款管理暂行办法》第6条第6项、《中国银行房地产开发贷款管理办法（试行）》第7条第10项、《中国农业银行商品房开发项目贷款管理办法》第7条第6项都明确规定借款人申请房地产开发贷款须提供有效担保;仅《中国建设银行高等院校学生公寓建设贷款暂行办法》第12条规定:"学生公寓建设贷款方式分为担保贷款和信用贷款",但信用贷款的对象限于符合条件的高等院校。

（3）按房地产开发贷款的性质不同可分为商品房开发贷款、住房项目储备贷款、经济适用房开发贷款、高校学生公寓建设贷款和土地储备贷款五类。②

商品房开发贷款指贷款人向借款人发放的用于建设商品房及其配套措

---

① 王希迎、丁建臣、陆桂娟主编:《房地产企业融资新解》,中国经济出版社2005年版,第37页。
② 银监会发布的《商业银行房地产贷款风险指引》第2条将土地储备贷款单独列出来,与房地产开发贷款共同为房地产贷款的组成部分,并进行了如下定义:"本指引所称土地储备贷款是指向借款人发放的用于土地收购及土地前期开发、整理的贷款。土地储备贷款的借款人仅限于负责土地一级开发的机构。房地产开发贷款是指向借款人发放的用于开发、建造向市场销售、出租等用途的房地产项目的贷款。"《中国银行房地产开发贷款管理办法》也仅仅列出了房地产开发贷款的三种形式,即住房开发贷款、商业用房开发贷款及其他房地产开发贷款。

施的贷款。

住房项目储备贷款指贷款人对符合商品房开发贷款条件的大型、特大型房地产开发企业,因支付本公司开发的住房建设项目地价款等前期费用不足而发放的贷款。

经济适用住房开发贷款指贷款人向借款人发放的专项用于经济适用住房项目开发建设的贷款。其中"经济适用住房"指政府提供政策优惠,限定套型面积和销售价格,按照合理标准建设,面向城市低收入住房困难家庭供应,具有保障性质的政策性住房;"城市低收入住房困难家庭"指城市和县人民政府所在地镇的范围内,家庭收入、住房状况等符合市、县人民政府规定条件的家庭。

高等院校学生公寓建设贷款指商业银行向经国家有关部门批准设立的高等院校及承担高等院校学生公寓建设任务的企业发放的,专门用于高等院校学生公寓开发建设的贷款。

土地储备贷款指向借款人发放的用于土地收购及土地前期开发、整理的贷款。

四、房地产开发贷款的特征

作为商业银行的一项重要业务,房地产开发贷款相较于其他类型的贷款,具有以下特征:

(1) 特定性。首先,指房地产开发贷款的主体具有特定性,房地产开发贷款由各商业银行发放,且发放对象限于房地产开发企业,仅特殊情形下可以是高等院校和政府土地储备机构。其次,房地产开发贷款须专款专用,且只能用于本地区的房地产项目,严禁跨地区使用;最后,根据中国人民银行2003年6与5日发布的《关于进一步加强房地产信贷业务管理的通知》(银发【2003】第121号文),商业银行对房地产开发企业申请的贷款,只能通过房地产开发贷款科目发放,严禁以房地产开发流动资金贷款及其他形式贷款科目发放。

(2) 包含的种类较为复杂,各种类之间性质差异和规范适用[①]也有很大

[①] 《商业银行房地产贷款风险指引》第3条规定:"商业银行应建立房地产贷款的风险政策及其不同类型贷款的操作审核标准,明确不同类型贷款的审批标准、操作程序、风险控制、贷后管理以及中介机构的选择等内容。商业银行办理房地产业务,要对房地产贷款市场风险、法律风险、操作风险等予以关注,建立相应的风险管理及内控制度。"

差异。从目前的立法和实践看,房地产开发贷款至少包含了上文所提到的五类贷款,即商品房开发贷款、住房项目储备贷款、经济适用房开发贷款、高校学生公寓建设贷款和土地储备贷款。针对这五类贷款的发放,商业银行分别制定了专门的规范文件,在政策层面上也是有差异的。

(3) 数量大,期限长,信贷风险高。房地产开发企业的自有资金有限,而其他金融工具的运用尚不成熟,银行信贷便成为开发资金最重要的来源。同时房地产开发本身投资量大、建设工期长、资金回收慢,这就决定了房地产开发贷款数量大、期限长及高风险性。

(4) 受宏观经济和政策的影响较大。房地产开发贷款与整个宏观经济的发展密切相关,过多的银行贷款投入房地产业,容易导致房地产业发展过热,产生房地产泡沫,造成金融风暴和经济衰退。这时政府就会介入,土地和信贷是政府调控的重点。政府通过土地政策和信贷政策对宏观经济及房地产业进行调控。我国目前的土地政策相对稳定,近几年政府不断出台新的宏观调控措施及信贷政策抑制房地产泡沫,调整房地产产业的发展。[①] 政府除了进一步提高房地产开发贷款的门槛,另一个重要举措就是央行加息。[②] 贷款利率调高会使得房地产开发成本提高,加上申请贷款的门槛提高,对于抑制房地产业投资过热作用明显;存款利率较低时,往往能刺激民众,使得民众更愿意购房而不是去存款,这样间接刺激了房地产开发的投资;反之,则会降低人们房产消费的热情,间接抑制房地产的开发投资。

五、房地产开发与银行贷款

(一) 我国房地产企业的资金来源情况概述

根据有关统计数据,我国 1997—2003 年房地产企业的资金来源情况如下表:

[①] 例如 2008 年 5 月 26 日的《银监会关于进一步加强房地产行业授信风险管理的通知》,2009 年 6 月 19 日《银监会关于进一步加强按揭贷款风险管理的通知》,2010 年 1 月 7 日《国务院办公厅关于促进房地产市场平稳健康发展的通知》,2010 年 4 月 17 日《国务院关于坚决遏制部分城市房价过快上涨的通知》,2011 年 1 月 26 日国务院发布的进一步做好房地产市场调控工作的"新国八条"等。

[②] 例如 2004 年 10 月 29 日,中国人民银行决定,从该日起上调金融机构存贷款基准利率并放宽人民币贷款利率浮动区间和允许人民币存款利率下浮。金融机构一年期存款基准利率上调 0.27 个百分点,由 1.98% 提高到 2.25%,一年期贷款基准利率上调 0.27 个百分点,由 5.31% 提高到 5.58%。其他各档次存、贷款利率也相应调整,中长期上调幅度大于短期。同时,进一步放宽金融机构贷款利率浮动区间。

单位:亿元

年份 \ 类型	本年合计	国家预算内资金	国内银行贷款	债券筹资	利用外资	自有资金	其他资金来源
1997	3817.07	12.48	911.19	4.87	460.86	972.88	1454.79
	100%	0.33%	23.87%	0.13%	12.07%	25.49%	38.11%
1998	4414.44	14.95	1053.17	6.23	361.76	1166.98	1811.35
	100%	0.34%	23.86%	0.14%	8.19%	26.44%	41.03%
1999	4795.91	10.05	1111.57	9.87	256.60	1344.62	2063.20
	100%	0.21%	23.18%	0.20%	5.35%	28.04%	43.02%
2000	5970.62	6.87	1358.08	3.47	168.70	1614.21	2819.29
	100%	0.12%	22.75%	0.06%	2.83%	27.04%	47.22%
2001	7696.39	13.63	1692.20	0.34	135.70	2183.96	3670.56
	100%	0.18%	21.99%	0.004%	1.76%	28.38%	47.69%
2002	9749.94	11.80	2220.34	2.24	157.22	2738.44	4619.90
	100%	0.12%	22.77%	0.02%	1.61%	28.09%	47.38%
2003	13127.48	11.14	3125.00	0.34	184.00	3758.00	6049.00
	100%	0.08%	23.81%	0.003%	1.42%	28.63%	38.14%

数据来源[①]:1. 国家统计局编:《中国统计年鉴(2003)》,中国统计出版社。
2. 中国房地产信息网 http://www.realestate.cei.gov.cn。

从上表中,我们看到从1997年到2003年我国银行直接发放给开发企业的房地产开发贷款在房地产企业资金的比例,分别是:1997年的23.87%,1998年的23.86%,1999年的23.18%,2000年的22.75%,2001年的21.99%,2002年的22.77%,2003年的23.81%。上表中的"其他资金来源",很大一部分是定金及预收款,比如2003年的房地产开发资金中银行贷款23.81%,自有资金占28.63%,其他资金来源占38.14%,这38.14%中主要是定金和预收款,还有很大一部分是银行对购房者发放的个人按揭贷款。近年来,房地产开发企业对银行信贷资金的依赖仍保持较高的水平。根据国家统计局统计,2009年房地产开发企业资金来源共57128亿元,其中,第一大资金来源为"其他资金",包括定金及预收款15914亿元,占27.86%,个人按揭贷款8403亿元,占14.7%;第二大资金来源为"房地产开发企业自筹资金",共17906亿元,占31.34%;第三大资金来源是"国内贷款",共11293亿元,占19.77%;第四大资金来源是"利用外资",共470亿

[①] 王希迎、丁建臣、陆桂娟主编:《房地产企业融资新解》,中国经济出版社2005年版,第57页。

元,占 0.82%。2010 年房地产开发企业资金来源共 72495 亿元,第一大资金来源为"其他资金",包括定金及预收款 19020 亿元,占 26.24%,个人按揭贷款 9211 亿元,占 12.71%;第二大资金来源为"房地产开发企业自筹资金",共 26705 亿元,占 36.84%;第三大资金来源是"国内贷款",共 12540 亿元,占 17.29%;第四大资金来源是"利用外资",共 796 亿元,占 1.1%。中国人民银行房地产金融分析小组发布的《2004 年中国房地产金融报告》根据国家统计局的统计数据曾指出:"实际上,房地产开发资金来源中,自筹资金主要由商品房销售收入转变而来,大部分来自购房者的银行按揭贷款,按首付 30% 计算,企业自筹资金中有大约 70% 来自银行贷款;'定金和预收款'也有 30% 的资金来自银行贷款,以此计算房地产开发中使用银行贷款的比重在 55% 以上。"

（二）房地产企业资金对银行贷款的依赖

2004 年 3 月 15 日,中国人民银行课题组发布了《中国房地产业发展和金融的支持》研究报告,报告中指出我国房地产金融存在的四大问题,其中第一个大问题就是"房地产开发资金过多地依赖银行贷款,使房地产投资的市场风险和融资信用风险集中于商业银行"。根据上面的分析,房地产企业资金中直接来源于银行的开发贷款一般在 23% 上下,自筹资金中也有大约 70% 来自于银行贷款,定金和预收款也有 30% 的资金来自银行贷款,而这三者是目前我国房地产企业资金来源的主体,因而房地产企业的资金明显依赖于甚或可以说是完全依赖于银行贷款。究其原因,我们前面分析过,由于房地产业是资本密集型产业,资金投入庞大,仅靠自身的资金不可能完全解决投资中所需要的资金,在我国房地产企业自有资金尤其有限,故在发展之初对信贷的依赖较大不足为奇。同时,由于金融创新的滞后,新金融工具的使用在我国房地产业内还不是很普遍,有待于鼓励和推广;而银行信贷一方面融资成本较低,融资渠道方便,融资手段成熟,便成为房地产企业融资的自然"偏好"。这些原因客观上造成了我国目前房地产企业融资方式的单一,房地产企业本身资本实力脆弱,过度依赖银行贷款,高负债率经营,一方面受金融影响过大,另一方面,一旦出现问题,房地产业的风险就会殃及银行,并进一步向社会转嫁。

（三）何去何从

可以说,房地产业的高速发展是因为先有银行信贷扩大后才形成的,但实践告诉我们银行贷款不能无限制地过量地进入房地产业,房地产企业资金也不应该过分地甚至完全地依赖于银行贷款。因而政府通过一系列土地和信贷政策进行调节,其中尤其值得关注的是政府的信贷紧缩政策,包括央行加息、抬高房地产开发贷款门槛及禁止用流动资金贷款为房地产开发项目垫资、禁止房地产开发流动资金贷款等等。

在这些大的背景下,房地产开发贷款的发放增幅有所控制,但2005年一季度房地产贷款余额仍达到了27650.6亿元,余额同比增长25.7%,增幅比上年末提高2.9个百分点。政府的这些信贷政策,支持者认为能够有效调节房地产金融现状,反对者却认为其基本上还是属于"隔靴搔痒",最终还得依靠其他政策,比如土地政策等。从另一个角度看,在这种政府信贷紧缩政策下,政策提高了银行贷款门槛,倾向于发放贷款给信用高的、实力强的大企业,会使得"强者更强,弱者更弱",很多中小房地产企业面临生存危机。但不管对于大企业还是中小企业,金融创新是必由之路,融资多元化势在必行。央行在研究报告中建议:"大力发展多元化的房地产金融市场,形成具有多种金融资产和金融工具的房地产二级金融市场,以分散银行信贷风险。在成熟的房地产金融市场上,房地产开发和经营不仅有债权融资和股权融资两种基本形式,存在着发达的证券二级市场。正是通过各种投资者在房地产金融市场上对证券化金融资产的自主购买,二级市场把本来集中于房地产信贷机构的市场风险和信用风险有效地分散于整个金融市场的各种投资者。"

此外,按照中国加入WTO的承诺,从2005年12月11日起,中国一些城市对外国金融机构开放人民币业务,外资银行的分支机构将可以面向所有中国客户经营人民币业务,这意味着开发商可向外资银行申请贷款。[①]"那么,外资银行会不会向中国的开发商慷慨解囊呢?北京市银监局负责人曾指出,外资银行人民币业务如期开放后,78亿美元资产能否小部分流向房地产开发,前景并不乐观。在一次融资论坛上,东亚银行的一位负责人表示,即使中国对外资银行放开了人民币业务,东亚银行也不会轻易开办房地产开发贷款业务,除非开发商具有很强的股东背景或担保条件。因为在他们看来,中国的房地产开发很不规范,存在风险较大。另外,对房地产开发商而言,外资银行对其贷款的审批和评估远比中资银行严格。外资银行除了对公司股东背景更看重外,对律师和评估报告的要求非常严格,文件繁

---

① 目前,要求外资银行分支机构须改制注册为中国企业法人之后才能开展此种业务。自2007年4月2日起,首批改制成功的外资银行(包括汇丰控股、渣打、花旗和东亚)已正式挂牌营业,开展包括境内人民币零售业务在内的各项金融业务。

琐,造成贷款门槛更高。"①

六、房地产开发贷款风险的一般控制

一方面房地产企业不能过分依赖于银行贷款,另一方面根据现实情况在未来相当长的一段时间内,银行信贷仍会是我国房地产企业融资的主要渠道。因而风险控制仍然是银行发放房地产开发贷款的关键,我们从以下四个角度讨论商业银行对房地产开发贷款风险的一般控制:

(一)对房地产开发贷款主体资格的法律审查

商业银行在对房地产开发贷款申请进行审批时,首先要审查房地产开发企业的主体资格,这主要包括对房地产开发企业的营业执照和资质的审查。商业银行只能向持有有效营业执照的房地产开发企业发放贷款。营业执照系其法人资格的证明,是其从事民事活动的前提。

房地产开发资质制度是我国规范管理房地产开发企业的一项制度,国务院《城市房地产开发经营管理条例》(1998年)确定了对房地产开发企业实行核定资质等级的制度,该法第9条规定:"房地产开发主管部门应当根据房地产开发企业的资产、专业技术人员和开发经营业绩等,对备案的房地产开发企业核定资质等级。房地产开发企业应当按照核定的资质等级,承担相应的房地产开发项目。"建设部(2008年7月10日之后改称为"住房和城乡建设部",下同)2000年发布实施了《房地产开发企业资质管理规定》,房地产开发企业应当按照该规定申请核定企业资质等级。未取得房地产开发企业资质等级证书的企业,不得从事房地产开发经营业务。房地产开发企业的资质实行年检制度。对于不符合原定资质条件或者有不良经营行为的企业,由原资质审批部门予以降级或者注销资质证书。一级资质房地产开发企业的资质年检由国务院建设行政主管部门或者其委托的机构负责。二级资质及二级资质以下房地产开发企业的资质年检由省、自治区、直辖市人民政府建设行政主管部门制定办法。房地产开发企业无正当理由不参加资质年检的,视为年检不合格,由原资质审批部门注销资质证书。房地产开发主管部门应当将房地产开发企业资质年检结果向社会公布。

一级资质的房地产开发企业承担房地产项目的建设规模不受限制,可以在全国范围承揽房地产开发项目。二级资质及二级资质以下的房地产开

---

① 徐晟:《多元化融资路径猜想》,中国房地产报国际网站(http://www.zgfdcb.com),2005年10月14日访问。

发企业可以承担建筑面积25万平方米以下的开发建设项目,承担业务的具体范围由省、自治区、直辖市人民政府建设行政主管部门确定。各资质等级企业应当在规定的业务范围内从事房地产开发经营业务,不得越级承担任务。

企业未取得资质证书从事房地产开发经营的,由县级以上地方人民政府房地产开发主管部门责令限期改正,处5万元以上10万元以下的罚款;逾期不改正的,由房地产开发主管部门提请工商行政管理部门吊销营业执照。企业超越资质等级从事房地产开发经营的,由县级以上地方人民政府房地产开发主管部门责令限期改正,处5万元以上10万元以下的罚款;逾期不改正的,由原资质审批部门吊销资质证书,并提请工商行政管理部门吊销营业执照。①

一般而言,企业法人自领取营业执照之日起即成为独立的民事主体,可以进行民事活动。但作为房地产开发企业,其从事房地产开发经营活动还应取得相应的资质,这是行政法规和部门规章的要求。为此商业银行不仅要审查房地产开发企业的营业执照,还要审查房地产开发企业是否已取得相应的资质证书。

如果商业银行向没有取得营业执照或营业执照中并不包含房地产开发经营内容的申请人发放房地产开发贷款,则显然违反了中国人民银行的规定(在银监会成立之后,这一监管权转由银监会行使)。换句话说,商业银行只能向具有相应房地产开发资质的房地产开发企业发放房地产开发贷款,也即借款人须适格。同时,如果商业银行违规向未取得相应资质证书的房地产开发企业发放房地产开发贷款,是否意味着借款合同无效?根据《合同法》第52条第(五)项的规定,违反法律、行政法规强制性规定的合同无效。从学理上看,强制性规定分为效力性强制性规定和管理性强制性规定,前者以否定其法律效力为目的,后者以禁止其行为为目的。根据最高人民法院《关于适用〈中华人民共和国合同法〉若干问题的解释(二)》第14条,《合同法》第52条第(五)项规定的"强制性规定",是指效力性强制性规定。我们认为国务院《城市房地产开发经营管理条例》第9条和建设部《房地产开发企业资质管理规定》的相关规定,并非是合同法所称的导致合同无效的"效力性强制性规定",而是一种"管理性强制性规定",借款合同违反这些规定,并不必然导致合同无效。不过,如果房地产开发企业未取得相应的资

---

① 建设部《房地产开发企业资质管理规定》第17至20条。

质，其就没有取得相应的房地产开发经营权，因而不能合法地进行相应的房地产开发，自然会影响贷款的回收。此外，如果商业银行违规发放房地产开发贷款，还可能受到银监会的行政处罚。

房地产开发企业除了应依法经工商行政管理部门或主管机关核准登记，具备相应的房地产开发资质等级，符合国家对拟投资项目的投资主体资格和经营资质要求之外，根据《固定资产贷款管理暂行办法》第9条的规定，其信用状况应良好，无重大不良记录，而如果房地产开发企业为新设项目法人的，其控股股东应有良好的信用状况，无重大不良记录。近年来，为遏制上涨过快的房价，促进房地产市场的健康发展，国家加强了对房地产市场的宏观调控，相关主体申请房地产开发贷款的资格受到了进一步的限制。根据国务院2010年4月17日发布的《关于坚决遏制部分城市房价过快上涨的通知》（国发【2010】10号）第五（八）项的规定，"房地产开发企业在参与土地竞拍和开发建设过程中，其股东不得违规对其提供借款、转贷、担保或其他相关融资便利"；"严禁非房地产主业的国有及国有控股企业参与商业性土地开发和房地产经营业务"；"对存在土地闲置及炒地行为的房地产开发企业，商业银行不得发放新开发项目贷款，证监部门暂停批准其上市、再融资和重大资产重组。"

（二）对房地产开发贷款项目的法律审查

建设部、国家计委、财政部、国土资源部、中国人民银行和国家税务总局联合发布的《关于加强房地产市场宏观调控促进房地产市场健康发展的若干意见》（建住房［2002］217号）第7条规定："要严格审核房地产开发项目贷款条件，切实加强对房地产开发贷款使用的监管。对未取得土地使用权证书、建设用地规划许可证、建设工程规划许可证和施工许可证（开工报告）的项目，商业银行不得发放任何形式贷款。"中国人民银行《关于进一步加强房地产信贷业务管理的通知》第1条要求各商业银行要严格执行上述建住房【2002】217号文第7条的规定。因此，立项批准文件和"四证"齐全是房地产开发项目合法的前提，同时也是项目完成后办理房产销售相关证书和办理过户登记的依据。而房地产项目的销售决定资金的回收，进而影响贷款的归还，为此商业银行发放房地产开发贷款只能针对已取得立项批准文件和"四证"的项目。近年来的房地产宏观调控和金融监管政策，例如中国人民银行、银监会《关于加强商业性房地产信贷管理的通知》（银发【2007】359号）等文件也重点强调了这一要求，其基本出发点都是为了确保房地产项目的顺利进行，防范商业银行的金融风险。

为遏制房地产开发企业利用银行贷款囤积土地和房源,我国从1996年开始试行固定资产投资(包括房地产开发)项目资本金制度。按照《国务院关于固定资产投资项目试行资本金制度的通知》(国发【1996】35号)要求,投资项目资本金指在投资项目总投资中,由投资者认缴的出资额,对投资项目来说是非债务性资金,项目法人不承担这部分资金的任何利息和债务;投资者可按其出资的比例依法享有所有者权益,也可转让其出资,但不得以任何方式抽回。投资项目必须首先落实资本金才能进行建设,而且项目资本金只能用于项目建设,不得挪作他用,更不得抽回。银行承诺贷款后,要根据投资项目建设进度和资本金到位情况分年发放贷款。可见,项目资本金制度既是宏观调控手段,也是风险约束机制,可以保障银行稳健经营,防范金融风险。为此,银行要严格执行房地产项目资本金要求,严禁对不符合信贷政策规定的房地产开发企业或开发项目发放房地产开发贷款。目前,根据《国务院关于调整固定资产投资项目资本金比例的通知》(国发【2009】27号),保障性住房和普通商品住房项目的最低资本金比例为20%,其他房地产开发项目的最低资本金比例为30%;银监会颁布的《商业银行贷款风险管理指引》(银监发【2004】57号)规定商业银行对申请贷款的房地产开发企业,应要求其开发项目资本金比例不低于35%(第16条)。商业银行等贷款人应根据《固定资产贷款管理暂行办法》第9条和第28条的规定,在受理固定资产贷款申请时审核其是否符合国家有关投资项目资本金制度的规定,在固定贷款发放和支付过程中,应确认与拟发放贷款同比例的项目资本金足额到位,并与贷款配套使用。

商业银行不仅要审查立项批准文件、"四证"及项目资本金的到位,还要注意防范房地产开发项目运作不规范引起的风险以及房地产开发项目转让引起的风险。一方面,要审慎审查项目公司和设立项目公司的母公司之间的关系,并保持一种长期的监督,防止原设立公司违规控制项目公司,转移项目公司的资金或利润,或违规担保等,防止其利用"公司的面纱"进行不法行为影响项目进展和贷款安全。另一方面,也要防止恶意的开发项目转让,实践中经常有开发商在获得大部分商品房预售款之后就已经收回投资和获得大部分预期利润的,但为逃避还款义务而将预售款转移,然后将项目也低价转移给他人,这样便会直接危及贷款安全。因此商业银行应对其进行有效的监督,而不能仅仅停留在静态的审查上。

(三) 资信评估和贷后管理

商业银行接到申请人的贷款申请后,不仅要对申请人提供的申请材料

进行审查,还要及时通过中国人民银行企业信用信息基础数据库对申请人和保证人的资信状况进行查询,做好担保品的评估工作,这是房地产开发贷款的一个重要环节,更是防范贷款风险的关键。同一般流动资金贷款一样,银行应对借款人的资信状况做出必要的和相对充分的调查,以决定贷与不贷或贷多贷少及贷款期限等。其主要内容有:对申请人提供的资料的合法性和真实性进行审查,对申请人的还款能力、还款意愿进行审查,对项目的可行性和概预算进行评估,考查贷款的风险度,并对抵押物、质押物及保证人进行审查评估,进而提出贷款意见,报负责人审批。实践中,与之匹配的制度便是通常所说的商业银行的授信制度,所谓"授信"就是"给予信用",各商业银行为客户办理的以银行承担资产风险的各项信贷业务都是对客户的授信,商业银行控制和防范风险主要是采取所谓的"额度授信"制度,即各商业银行根据各自的信贷政策对客户确定授信控制总量,以控制风险和提高效率。而这个授信额度的确定一般是各商业银行根据自己客户的实际情况来确定的,主要的确定依据也就是前文所讲的资信评估。

除了资信评估,商业银行在批准贷款之后,要严格按照房地产项目工程进度发放贷款,加强房地产开发贷款使用的全过程监控。银行应定期对借款人和项目发起人的履约情况及信用状况、项目的建设和运营情况、宏观经济变化和市场波动情况、贷款担保的变动情况等内容进行检查与分析,建立贷款质量监控制度和贷款风险预警体系。银行还应健全开发贷款的封闭性管理措施,严密监控房屋销(预)售资金流向,条件成熟时可实行销(预)售资金专户管理,确保专款专用。在此基础上,一旦发现房地产开发企业有违约或者危害银行贷款债权的行为,银行要及时采取必要的措施,比如催收、协议变更、变卖抵押物、提前收回贷款等方式降低风险,最大限度地减少损失。

(四)担保及其他

可以说,要求借款人提供担保是防范信贷风险最直接也是最有效的方式。当房地产开发贷款到期不能归还时,银行可以请求法院就抵押物、质押物变卖或拍卖的价款优先受偿,或者要求保证人承担连带责任。此外,银行还应该注意宏观经济政策对房地产开发贷款风险的影响,比如中国人民银行可能会通过加息的方式控制房地产业的过快增长,这会使得商业银行面临较大的生存压力,也会使得开发贷款审核变得更加严格,以控制贷款风险。

七、几类特殊房地产开发贷款风险的法律控制

（一）住房项目储备贷款

住房项目储备贷款是商业银行发放给房地产开发企业用于支付前期费用不足的贷款。这是在我国房地产市场发展初期，国家为支持房地产产业发展而允许银行推出的一类贷款。为避免企业借用银行资金炒作房地产，抬高地价并把风险转移给银行业，这类贷款本身对借款人的资格要求很严格，且该类贷款仅限于住房类开发项目，属于商业银行严格控制的贷款种类。例如，工商银行曾开展过这类贷款业务，其要求的贷款对象和条件为：经工商行政管理机关核准登记并按规定办理年检手续，在工商银行开立基本账户或一般账户的房地产开发企业；注册资金1亿元或所有者权益2亿元以上（含）；借款人为综合性房地产开发企业的，或具有建设部门核准的二级（含）以上开发资质；经营状况稳定，财务状况良好，开发业绩优良，无不良信用记录，企业信用等级在AA级（含）以上；建设项目已经得到有权部门批准，符合项目用地规划要求，具备开发可行性；申请贷款用于购置土地的，借款人应先期或同步投入不低于土地购置成本50%的自有资金，且所购置土地在权属等方面无争议或纠纷；有贷款人认可的有效担保；贷款人规定的其他条件。贷款额度、期限、利率及方式为：住房项目储备贷款总额不超过土地购置成本的50%；贷款期限最长不超过12个月；贷款利率执行中国人民银行规定的期限利率；住房项目储备贷款采取担保贷款方式。贷款程序为：借款人向工商银行提交借款申请书、同意借款的董事会决议、经年检的营业执照副本、税务登记证、贷款证、开发资质证书、财务报表、项目批文等相关的贷款资料；工商银行受理借款申请后，进行调查、审查、审批；同意后发放贷款。

一方面，由于此类贷款主要用于项目的前期开发，尤其用于项目用地的购置，如果银行发放了该类贷款之后，该项目落空，将直接影响其还本付息：因为该类贷款和其他贷款一样，同样取决于开发项目的销售资金回笼，而项目一旦不能进行下去，自然会影响贷款安全。另一方面，开发商为了获得充分的资金，往往就同一项目既申请住房项目储备贷款，又申请住房开发贷款：此种情形下，银行对同一借款人的贷款数额过大，不符合风险分散原则，一旦借款人出现信用危机，偿债能力恶化，将直接危及银行的贷款安全。因此，对于住房项目储备贷款，一方面，银行应该严格限定借款人的资格，并加强贷后管理，密切关注开发项目进程；另一方面，可在条件成熟时，通过约定或其他方式将住房项目储备贷款转换为住房开发贷款。

近年来,我国房地产市场获得了蓬勃发展,在一些地方出现了房价上涨过快和房地产开发过热的现象,国家为此强化了对房地产市场的宏观调控,住房项目储备贷款业务已丧失了当初的开展条件。中国人民银行《关于进一步加强房地产信贷业务管理的通知》(银发【2003】121号)、中国人民银行、银监会《关于加强商业性房地产信贷管理的通知》(银发【2007】359号)等都明文规定"商业银行不得向房地产开发企业发放专门用于缴纳土地出让金的贷款",而国土资源部、住房和城乡建设部《关于进一步加强房地产用地和建设管理调控的通知》(国土资发【2010】151号)也规定要严格土地竞买人资格审查,国土资源主管部门对竞买人参加招拍挂出让土地时,应要求其除提供有效身份证明文件、缴纳竞买(投标)保证金外,还应提交竞买(投标)保证金不属于银行贷款、股东借款、转贷和募集资金的承诺书及商业金融机构的资信证明,这是值得注意的。

因此,对于住房项目储备贷款,一方面,银行应该严格限定借款人的资格,并加强贷后管理,密切关注开发项目进程;另一方面,可在条件成熟时,通过约定或其他方式将住房项目储备贷款转换为住房开发贷款。

(二)经济适用住房开发贷款

经济适用住房开发贷款的贷款人为我国境内依法设立的商业银行和其他银行业金融机构。各政策性银行未经批准,不得从事这项业务。经济适用住房开发贷款的借款人为具有法人资格,并取得房地产开发资质的房地产开发企业。

根据《经济适用住房开发贷款管理办法》(银发【2008】13号)第4条的规定,借款人申请经济适用住房开发贷款,应具备如下条件:(1)借款人已取得贷款证(卡)并在贷款银行开立基本存款账户或一般存款账户;(2)借款人产权清晰,法人治理结构健全,经营管理规范,财务状况良好,核心管理人员素质较高;(3)借款人实收资本不低于人民币1000万元,信用良好,具有按期偿还贷款本息的能力;(4)建设项目已列入当地经济适用住房年度建设投资计划和土地供应计划,能够进行实质性开发建设;(5)借款人已取得建设项目所需的《国有土地使用证》、《建设用地规划许可证》、《建设工程规划许可证》和《建设工程开工许可证》;(6)建设项目资本金(所有者权益)不低于项目总投资的30%,并在贷款使用前已投入项目建设;(7)建设项目规划设计符合国家相关规定;(8)贷款人规定的其他条件。

经济适用住房开发贷款的方式为担保贷款,借款人申请经济适用住房开发贷款必须提供贷款人认可的有效担保。经济适用住房开发贷款的贷款期限由借贷双方根据经济适用住房建设周期协商确定,一般为3年,最长不超过5年。贷款利率按照中国人民银行利率政策执行,可适当下浮,但下浮比例不得超过10%。借款人应按合同约定,将贷款专项用于经济适用住房项目建设,不得挪作他用。经济适用住房贷款应以项目销售收入及借款人其他经营收入作为还款来源,借款人要按合同约定按时、足额地归还贷款本息。为保护银行债权,维护经济适用住房建设的正常进行,经济适用住房开发贷款实行封闭管理。借贷双方应签订资金监管协议,设立资金监管账户。贷款人通过资金监管账户对资金的流出和流入、贷款使用等情况进行有效监控管理和检查,借款人要定期向贷款人提供项目建设进度、贷款使用、项目销售等方面的信息以及财务会计报表等有关资料。一旦借款人出现不按约定用途使用贷款、未及时偿还本息、套取贷款相互借贷牟取非法收入、提供虚假财务报表资料,以及拒绝接受贷款人监督检查等违规违约行为,贷款人有权根据法律和合同约定,采取责令改正、停止支付借款人尚未使用的贷款、提前收回部分或者全部贷款等措施。

任何单位和个人不得强令银行发放经济适用住房贷款,贷款人的工作人员对单位或者个人强令其发放贷款应予拒绝。借款人采取欺诈手段骗取贷款、构成犯罪的,应当依照《中华人民共和国商业银行法》等法律规定处以罚款并追究刑事责任。贷款人应依法发放经济适用住房开发贷款,不得以流动资金贷款形式发放这类贷款。在发放经济适用住房贷款时,贷款人应对借款人和建设项目进行调查、评估,加强贷款审查;在发放贷款后,应把经济适用住房开发贷款列入房地产贷款科目核算。这一过程同样也要遵守《固定资产贷款管理暂行办法》等法律法规关于放贷审查、贷款发放与支付、贷后管理等方面的规定。贷款人一旦违反,则由银监会依法采取责令改正等监管措施,并视情形进行行政处罚。

经济适用住房不同于一般的商品房,前者之用地一般为划拨用地,开发商取得土地的成本较低,其销售价格低于市场价,且销售对象主要是城市中低收入的无房户和困难户。总体而言,经济适用房基本无销售风险,由于这些特点和实践中的一些原因①,经济适用住房开发贷款属于房地产开发贷款中的相对优良贷款。目前我国的经济适用住房的开发形式较为复杂:有经济适用房的专门开发商,有政府招标方式,有城市居住区发展中心和房地产

---

① 我国经济适用房的现状是计划一出台马上被抢空,而且一个更大的实际是经济适用房很大一部分并非卖给了中低收入者;即便有空置的房子(可能性极小),政府也会以廉租房的形式进行处理。

开发企业共同开发方式,有政府授权房地产开发企业开发建设方式等。其中第四种形式可以要求政府部门提供书面承诺。

(三) 高校学生公寓建设贷款

根据中国建设银行《高等院校学生公寓建设贷款暂行办法》(建总发[2000]99号)的规定,高校学生公寓建设贷款的对象是经国家有关部门批准设立的高等院校,及承担高等院校学生公寓建设任务的企业。申请学生公寓建设贷款的高等院校需符合下列条件:(1) 经主管机关核准登记,具有事业法人资格,取得事业法人登记证及事业法人代码证书;(2) 实行独立核算,有健全的管理机构;(3) 按规定办理年检手续,并持有中国人民银行核发并经过年审的《贷款卡》或《贷款证》;(4) 在建设银行开立基本结算账户或一般存款账户,并开立公寓租金收入专户;(5) 具有良好的业绩和信誉,无不良信用记录;(6) 生源充足,具有偿还贷款本息的能力;(7) 贷款行规定的其他条件。申请学生公寓建设贷款的承建高等院校学生公寓的企业需符合以下条件:(1) 经工商行政管理机关核准登记,具有企业法人资格,取得企业法人营业执照及企业法人代码证书;(2) 经工商行政管理机关办理年检手续,并持有中国人民银行核发并经过年审的《贷款卡》或《贷款证》;(3) 有健全的管理机构和财务管理制度;(4) 在建设银行开立基本结算账户或一般存款账户;(5) 具有良好的经营业绩和信誉,具有偿还贷款本息的能力;(6) 具有承担学生公寓开发建设的资格;(7) 与业主正式签订了公寓建设工程合同及公寓收益分配协议;(8) 贷款行规定的其他条件。申请贷款的学生公寓建设项目应具备以下条件:(1) 建设项目已经有权部门批准,建设手续完备、合法,并通过了可行性研究论证;(2) 银行贷款前,借款人投入贷款项目的自有资金不少于总投资的30%;(3) 制定了公寓出租方案,公寓出租方案及收益分配协议已征得其有关管理部门同意;(4) 贷款行规定应具备的其他条件。

学生公寓建设贷款方式分为担保贷款和信用贷款。采用担保方式发放的学生公寓建设贷款,需由符合《担保法》规定的保证人提供连带责任保证或以贷款行认可的财产进行抵押、质押及采取贷款行认可的其他担保方式。采用信用贷款方式发放的学生公寓建设贷款,贷款对象仅限于高等院校。对高等院校发放信用贷款,除需具备《中国建设银行高等院校学生公寓建设贷款暂行办法》第6条的有关规定外,还必须符合以下条件:(1) 国家级重点高等院校及具有明显办学特色和较强竞争力的高等院校;(2) 经调查评估,信用优良、偿还贷款能力强;(3) 学生收费账户在本行开立;(4) 与本行签订了合作协议,明确本行为贷款主办行,由本行提供贷款、结算、信用卡、财务顾问等全方位服务;(5) 贷款行规定应具备的其他条件。

学生公寓建设贷款必须专项用于高等院校收费学生公寓的开发建设,贷款额度最高不得超过项目建设总投资的70%,贷款期限最长为10年。贷款利率按照中国人民银行规定的相应期限档次贷款利率执行。借款人偿还学生公寓建设贷款的资金来源为包括租金收入在内的,国家政策允许用于偿还贷款的各种收入。借款人为高等院校的,除以学生公寓租金收入归还贷款外,应同时书面承诺以国家拨付的基建款、其他预算外资金收入等作为偿还贷款的资金来源,并报其主管部门备案;借款人为承建高等院校学生公寓的企业的,应书面承诺以所建学生公寓租金收入和企业其他经营收入作为还款资金来源。学生公寓建设贷款按季结息。学生公寓建设贷款本金分次偿还;期限在1年以内(含1年)的,可在贷款到期后一次偿还贷款本金。

借款人到期未归还贷款或挪用贷款,贷款行可按中国人民银行的有关规定计收罚息。对未按规定在结息日清付的贷款利息,计收复利。借款人在借款期限内,发生下列情况之一的,贷款行有权停止发放贷款,并提前收回已发放的贷款和相应的利息,同时收取一定比例的违约金,或采取其他保全贷款资产的措施:(1) 提供虚假的计划、统计、财务会计报表等资料;(2) 未按规定用途使用贷款,经贷款行要求纠正仍不改正的;(3) 担保人违反担保合同或丧失担保能力,借款人又无法落实符合贷款行要求的新担保;(4) 卷入或即将卷入重大的诉讼或仲裁程序及其他法律纠纷,可能侵害贷款行权益的;(5) 发生的其他足以影响借款人偿债能力的事件或表明借款人缺乏偿债诚意的行为。①

此外,高校学生公寓建设贷款涉及政府相关部门出具的承诺函的效力问题。在此类贷款中,政府主管部门为使借款人取得贷款,往往会向贷款银行出具书面承诺,在这些承诺函中,教育部门或财政部门往往列举了本部门年度基金款拨款计划中有无为借款人拨款建学生宿舍的计划及承诺借款人可用此拨款归还贷款的承诺。这类承诺函在法律性质上属于"安慰函"性质。② 其仅表明对借款人还款进行督促或提供道义上的支持。

---

① 中国建设银行《高等院校学生公寓建设贷款暂行办法》(建总发[2000]99号)第5—14条、第23—25条、第27条、第28条。

② 张炜主编:《住房金融业务与法律风险控制》,法律出版社2004年版,第120页。

高校的财产属于公益性财产,如果到期不能偿还贷款,银行不能请求法院强制执行,因而存在一定的风险。政府出具的承诺函从性质上不同于担保,但并非没有任何意义:一方面,高校的财政一般依赖于政府,政府的承诺函一定意义上增加了还款的确定性;另一方面虽然政府的承诺函没有法律上的拘束力,但代表了政府信用,反映了民众对政府的信赖,政府不应不信守承诺。当然,银行仍应通过其他途径加强对此类贷款的风险控制。

(四)土地储备贷款

土地储备贷款的借款人是政府土地储备机构,实践中一般称为土地储备中心。土地储备机构是市、县人民政府批准成立,具有独立的法人资格,隶属于地方国土资源管理部门,统一承担本行政辖区内土地储备工作的事业单位。土地储备机构受地方政府委托,依法取得储备土地,进行前期开发、保护、管理、临时利用和择机出售等活动,以实现政府调控和规范土地市场运行,促进土地资源合理利用的目标。根据《土地储备管理办法》(国土资发【2007】277号)第10条的规定,可以纳入土地储备的范围包括:(1)依法收回的国有土地;(2)收购的土地;(3)行使优先权取得的土地;(4)已办理农用地转用、土地征收批准手续的土地;(5)其他依法取得的土地。

我国内地的土地储备制度借鉴了香港经验,即采用政府收购"生地"——未完成拆迁、水电气热等基础设施的土地,而后经由一级开发环节达到"熟地"标准——即通给水、通排水、通电、通讯、通路、通燃气、通热力以及场地平整(通常称为"七通一平"),再通过"招(标)拍(卖)挂(牌)"进入土地市场进行转让的土地开发模式。从1996年第一家土地储备机构在上海诞生以来,全国已有2000多个市、县相继建立了这项制度。

由于早期发展不规范,我国土地储备机构在设立之初往往角色定位不明,自有资金稀缺,银行发放储备贷款时未办理有效的贷款担保,或者只是由地方政府部门出具承诺函;与此同时,土地储备贷款受宏观政策调控明显,如果土地储备机构从收购到出售土地这一过程中土地价格发生波动,例如土地价格因投资过热而下降,便会影响土地储备机构土地开发补偿费的回收,进而影响银行债权的偿还。在中国人民银行发布的《2004年中国房地产金融报告》中,土地开发贷款被列为六大房地产信用风险之一。该报告指出:"土地开发贷款有较大信用风险。我国土地储备贷款2004年底余额为828.4亿元,综合授信额度更大。银行土地开发贷款面临四方面风险:一是土地储备中心资产负债率较高。虽然各地土地储备机构均由政府全额拨款组建,但目前一部分地区存在政府投入的注册资本金过少、注册资金不到位等问题,造成其对银行资金过分依赖,抵御风险的能力极低。二是银行难以对土地储备中心进行有效监管。各地土地储备机构大都实行财政收支两条线,土地出让金上缴财政专户,各银行对其资金使用很难监管。在地方政府资金紧张的情况下,土地储备机构极可能成为财政融资渠道,出让土地的收入有可能被挪作他用,甚至受地方利益驱使而悬空逃废银行债务。三是银行向土地整理储备中心发放的贷款没有有效的担保措施。当前土地储备机构向商业银行贷款的担保主要采用政府保证和土地使用权质押两种方式,这两种方式的合法性尚存在问题。从《担保法》的规定来看,政府及以公益为目的的事业单位不能作为保证人。土地储备中心只是代行政府部分职权的代理机构,并不是实质意义上的土地使用者,因而对其储备的土地也就谈不上拥有真正意义的使用权。可见,对于银行来说,土地质押并未落到实处。四是土地储备中心的运营风险。土地市场价格有很大的不确定性,譬如受政策影响土地价格可能大幅下滑,拍卖中土地流拍或中标人违约,都可导致土地出让的收入低于土地收购价格,形成银行信贷风险。"

土地储备中心帮助各地政府加快了土地资源向土地资本的转变,提高了土地收益,为城市建设提供了强大的资金支持,但同时,土地储备贷款金额巨大,政策性强,政府干预较多,近年来随着房地产价格大幅度上涨,一些地方政府依靠出让土地使用权来维持地方财政收入,形成"土地财政",更增加了土地储备贷款的违规操作和这类贷款的政府信用风险及宏观政策风险。为此,银监会陆续颁布《关于加强土地储备贷款和城市基础设施建设贷款风险提示的通知》(银监通〔2004〕75号)、《商业银行房地产贷款风险管理指引》(银监发〔2004〕57号)、《关于加强商业性房地产信贷管理的通知》(银发〔2007〕359号)等文件进行规范,而国土资源部、财政部和中国人民银行2007年11月19日联合发布《土地储备管理办法》也设立"资金管理"专章规范土地储备贷款。相比之前,我国已初步建立一整套防范土地储备贷款风险的法律框架。

根据这些监管要求,土地储备贷款的借款人仅限于负责土地一级开发的机构,并且必须满足银行的贷款要求。对于资本金没有到位或资本金严重不足、经营管理不规范的借款人,银行不得发放土地储备贷款。土地储备机构向银行申请的贷款应为担保贷款,各类财政性资金不得用于土地储备贷款担保,土地储备机构也不得以任何形式为第三方提供担保;抵押贷款必

须具有合法的土地使用证,政府储备土地设定抵押权的,其价值按照市场评估价值扣除应当上缴政府的土地出让收益确定,抵押程序参照划拨土地使用权抵押程序执行。商业银行发放土地储备贷款时,应对土地的整体情况,包括该土地的性质、权属关系、测绘情况、土地契约限制、在城市整体综合规划中的用途与预计开发计划是否相符等进行调查分析。土地储备机构申请贷款时,应持财政部门的贷款规模批准文件及同级人民政府批准的项目实施方案等书面材料向银行申请担保贷款,其贷款规模应当与年度土地储备计划、土地储备资金项目预算相衔接,并报经同级财政部门批准,不得超计划、超规模贷款。商业要严格按照商业原则在批准的规模内发放土地储备贷款,对土地储备机构的贷款额度不得超过所收购土地评估价值的70%,贷款期限最长不得超过2年。

银行决定发放土地储备贷款之后,应设立土地储备机构资金专户,加强对土地经营收益的监控,对土地储备贷款应实行专款专用、封闭管理,防范土地储备机构及地方政府挪用。与此同时,商业银行还要密切关注政府有关部门及相关机构对土地经济环境、土地市场发育状况、土地的未来用途及有关规划、计划等方面的政策和研究,实时掌握土地价值状况,避免由于土地价值虚增或其他情况而导致的贷款风险。总之,商业银行要敦促土地储备机构按照贷款合同约定,合理使用贷款并及时足额偿还贷款本息。

八、房地产开发贷款的担保

房地产开发贷款相较于其他流动资金贷款更强调贷款担保,如前文所述,根据中国人民银行的规定和各商业银行的内部文件,一般都要求发放房地产开发贷款必须提供贷款担保,仅中国建设银行《高等院校学生公寓建设贷款暂行办法》第12条规定:"学生公寓建设贷款方式分为担保贷款和信用贷款",信用贷款的对象限于符合条件的高等院校。

担保用来控制贷款风险,因此贷款的有效与否或担保的实际效果大小直接关系到银行贷款的回收有无保障。由于房地产开发贷款金额大、期限长,相较于一般流动资金贷款,房地产开发企业要找到适当的担保人也较为困难,所以往往房地产开发企业会以开发项目的土地使用权作担保或者以其他自有资产作担保。实践中,房地产开发企业多设立项目公司,一些大的房地产企业往往相互持股,或者直接或间接地控制着数家或数十家的子公司。在这种情况下,房地产开发贷款由这些有着关联关系的关联企业提供担保,对借款人来说是相对容易获得的担保,但对于贷款银行来说,则需要承担额外的法律风险。

对于子公司为母公司担保的情形,不办理相关手续,容易导致担保无效。根据2005年10月27日第十届全国人大常委会第十八次会议修订通过的《公司法》第149条的规定,董事、高管人员不得"违反公司章程的规定,未经股东会、股东大会或者董事会同意,将公司资金借贷给他人或者以公司财产为他人提供担保"。子公司为母公司担保的情形恰恰就是以公司资产为公司的股东提供担保,不履行公司法规定的程序,该担保是被禁止的。要使得该担保有效,要求公司章程授权或股东(大)会、董事会授权。只有符合了该条件并办理的相关手续,担保才能确保担保的有效性。

对于设立项目公司情形,应该要求母公司为其提供保证,同时出具承诺函,承诺不得抽逃子公司的资金和利润以逃避还款。对于同属一母公司的子公司之间提供担保的,还应同时要求母公司承诺不得抽逃子公司的资金或利润或提供连带保证担保,避免母公司抽逃其子公司的资金或利润而降低借款人或担保人的还款能力。

因此,对于关联企业的贷款担保,应当从整体上进行考虑,以防止可能存在的规避还款义务的风险。银监会于2010年6月1日修改了2003年制定的《商业银行集团客户授信业务风险管理指引》,该指引中的"集团客户"是指具有以下特征的商业银行的企事业法人授信对象:(1)在股权上或者经营决策上直接或间接控制其他企事业法人或被其他企事业法人控制的;(2)共同被第三方企事业法人所控制的;(3)主要投资者个人、关键管理人员或与其近亲属(包括三代以内直系亲属关系和二代以内旁系亲属关系)共同直接控制或间接控制的;(4)存在其他关联关系,可能不按公允价格原则转移资产和利润,商业银行认为应当视同集团客户进行授信管理的。前款所指企事业法人包括除商业银行外的其他金融机构。商业银行应当根据上述四个特征结合本行授信业务风险管理的实际需要确定单一集团客户的范围。该指引是就商业银行多头信贷、过度授信与不适当分配授信等现象颁布的,从法律的角度讲就是进一步规范关联企业或关联方的贷款问题,其中第16条指出:"商业银行在给集团客户授信时,应当注意防范集团客户内部关联方之间互相担保的风险。对于集团客户内部直接控股或间接控股关联方之间互相担保的,商业银行应当严格审核其资信情况,并严格控制"。

操作流程

某商业银行发放房地产开发贷款的具体流程步骤如下[①]：

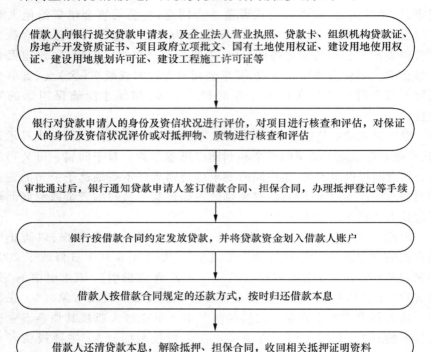

（一）贷款申请与受理

借款人申请借款时，应首先填写《借款申请书》，并按贷款人提出的贷款条件和要求提供有关资料。贷款人接到申请人的申请即为受理。贷款申请对借款人至少有两个方面的要求，一是要求主体合格，即符合银行规定的借款条件；二是提交相关资料。

---

① 张炜主编：《住房金融业务与法律风险控制》，法律出版社2004年版，第44页。关于发放房地产开发贷款的具体流程，各商业银行的内部文件规定得比较详细，例如《中国工商银行商品房开发贷款管理暂行办法》。总体上，各商业银行的操作流程大同小异，往往将房地产开发贷款归入中长期项目贷款范畴进行操作。另根据中国人民银行121号文件，即2003年6月13日颁布的《关于进一步加强房地产信贷业务管理的通知》，全部禁止流动资金贷款（短期借款）。

要求借款人符合银行规定的借款条件,是为了规范金融市场和减少风险。以中国银行为例,《中国银行房地产开发贷款管理办法(试行)》第7条规定:

"申请房地产开发贷款,借款人应具备以下条件:

(1)符合本办法中第四条[1]规定的贷款对象条件;(2)具有健全的经营管理机构和合格的领导班子,以及严格的经营管理制度;(3)企业信用和财务状况良好,确有偿还贷款本息的能力;(4)在中国银行开立基本结算账户或一般存款账户,并在中国银行办理结算业务;(5)已取得贷款项目的土地使用权,且土地使用权终止时间长于贷款终止时间;(6)已取得贷款项目规划投资许可证、建设许可证、开工许可证、内外销房屋许可证,并完成各项立项手续,且全部立项文件完整、真实、有效;(7)贷款项目申报用途与其功能相符,并能够有效地满足当地房地产市场的需求;(8)贷款项目工程预算、施工计划符合国家和当地政府的有关规定,工程预算投资总额能满足项目完工前由于通货膨胀及不可预见等因素追加预算的需要;(9)具有一定比例的自有资金(一般应达到项目预算投资总额的30%)[2],并能够在银行贷款之前投入项目建设;(10)将财产抵(质)押给中国银行或落实中国银行可接受的还本付息连带责任保证;(11)落实中国银行规定的其他贷款条件。"

此外,程序上要求借款人提交相关资料,各商业银行的规定不尽相同,但一般都包括三方面的资料,即:房地产企业自身资料、项目资料和担保资料。《中国银行房地产开发贷款管理办法(试行)》第8条规定:

"借款人应向中国银行提交下列文件、证明和材料:

(1)借款申请书。其主要内容包括:借款项目名称、金额、用途、期限、用款计划和还款来源等。(2)借款人营业执照、章程、资质证书副本和资信证明材料。(3)经有权部门或会计(审计)事务所核准的近三年及最近一个

---

[1] 《中国银行房地产开发贷款管理办法(试行)》第4条规定了贷款对象须为"经国家房地产业主管部门批准设立,在工商行政管理部门注册登记,并取得企业法人营业执照及由行业主管部门核发的房地产开发企业资质证书的各类房地产开发企业"。

[2] 2009年5月27日,国务院颁布的《国务院关于调整固定资产投资项目资本金比例的通知》(国发【2009】27号)规定,"保障性住房和普通商品住房项目的最低资本金比例为20%,其他房地产开发项目的最低资本金比例为30%";"金融机构在提供信贷支持和服务时,要坚持独立审贷,切实防范金融风险。要根据借款主体和项目实际情况,参照国家规定的资本金比例要求,对资本金的真实性、投资收益和贷款风险进行全面审查和评估,自主决定是否发放贷款以及具体的贷款数量和比例"。2004年9月2日银监会颁布的《商业银行贷款风险管理指引》(银监发【2004】57号)第16条规定:"商业银行对申请贷款的房地产开发企业,应要求其开发项目资本金比例不低于35%。"

月的财务报表。(4)贷款项目开发方案或可行性研究报告。(5)开发项目立项文件、工程设计和批准文件。(6)土地使用权使用证书、土地使用权转让合同和施工合同。(7)企业董事会或相应决策机构关于借款和抵(质)押、担保的决议和授权书。(8)开发项目资金落实文件。(9)开发项目的现金流量预测表及销售和预售对象、销售价格和计划。(10)抵(质)押财产(有价证券除外)的资产评估报告书、鉴定书、保险单和抵(质)押物清单、权属证明、抵(质)押人同意抵(质)押的承诺函。(11)还款保证人的资信证明材料。(12)贷款人要求提供的其他证明文件和材料。"

(二)贷款调查、审查与评估

贷款人受理借款人申请后,应按照银监会的相关规定和银行的内部规程,落实责任部门和人员进行贷款尽职调查并形成书面报告,尽职调查的内容主要包括借款人及项目发起人等相关关系人是否符合贷款条件;核实抵押物、质物、保证人的情况和贷款项目的情况等,尽职调查人员应当确保调查报告内容的真实性、完整性和有效性。

《商业银行房地产贷款风险管理指引》规定了"深入调查"制度,该指引第18条规定:"商业银行应对申请贷款的房地产开发企业进行深入调查审核:包括企业的性质、股东构成、资质信用等级等基本背景,近三年的经营管理和财务状况,以往的开发经验和开发项目情况,与关联企业的业务往来等。对资质较差或以往开发经验较差的房地产开发企业,贷款应审慎发放;对经营管理存在问题、不具备相应资金实力或有不良经营记录的,贷款发放应严格限制。对于依据项目而成立的房地产开发项目公司,应根据其自身特点对其业务范围、经营管理和财务状况,以及股东及关联公司的上述情况以及彼此间的法律关系等进行深入调查审核。"

银行完成贷款尽职调查之后,应进一步落实具体的责任部门和人员,对贷款进行全面的风险评价,形成风险评价报告。银行要建立完善的贷款风险评价制度,设置定量或定性的指标和标准,从借款人、项目发起人、项目合规性、项目技术和财务可行性、项目产品市场、项目融资方案、还款来源可靠性、担保、保险等角度进行贷款风险评价,测定贷款的风险度,提出贷与不贷、贷款额度、期限、利率和担保方式等方面的意见,以备贷款审批参考。

(三)审批贷款

在调查、审查和评估的基础上,由商业银行有关负责人在银行总行规定的审批权限内审批贷款。根据中国人民银行《关于进一步加强房地产信贷业务管理的通知》(银发【2003】121号)房地产开发贷款对象应为具备房地产开发资质、信用等级较高、没有拖欠工程款的房地产开发企业。贷款应重点支持符合中低收入家庭购买能力的住宅项目,对大户型、大面积、高档商品房、别墅等项目应适当限制。对商品房空置量大、负债率高的房地产开发企业,要严格审批新增房地产开发贷款并重点监控。

近年来为规范房地产市场,国家更严格了房地产开发贷款的管理,除了对未取得土地使用权证书、建设用地规划许可证、建设工程规划许可证和施工许可证的项目,商业银行不得发放任何形式的贷款之外,根据中国人民银行、中国银行业监督管理委员会《关于加强商业性房地产信贷管理的通知》(银发【2007】359号)的要求,商业银行不得对经国土资源部门、建设主管部门查实具有囤积土地、囤积房源行为的房地产开发企业发放贷款,不得接受其空置3年以上的商品房作为贷款的抵押物;根据国务院《关于坚决遏制部分城市房价过快上涨的通知》(国发〔2010〕10号),对存在土地闲置及炒地行为的房地产开发企业,商业银行不得发放新开发的项目贷款。根据银监会《关于规范银行业金融机构搭桥贷款业务的通知》(银监发【2010】35号)的要求,银行业金融机构不得向项目发起人或股东发放项目资金搭桥贷款①,禁止银行业金融机构在借款人取得项目核准手续前,以提供流动资金贷款、项目前期贷款以及搭桥贷款的名义直接或变相向项目业主、项目发起人以及股东发放贷款用于固定资产项目的建设。

商业银行发放的房地产开发贷款原则上只能用于本地区的房地产开发项目,不得跨地区使用。对确需用于异地房地产开发项目并已落实相应风险控制措施的贷款,商业银行在贷款发放前应向监管部门报备。商业银行对房地产开发企业发放的贷款只能通过房地产开发贷款科目发放,不得以房地产开发流动资金贷款或其他贷款科目发放。

(四)签订借款合同

贷款人同意贷款的,应与借款人签订符合《贷款通则》、《固定资产贷款管理暂行办法》等管理规定的书面借款合同、担保合同等合同,在合同中详细约定各方当事人的权利、义务及违约责任,尤其应约定具体的贷款金额、期限、利率、用途、支付、还贷保障及风险处置等要素和有关细节;约定提款

---

① 搭桥贷款,又称过桥贷款(bridge loan),属于过渡性的贷款,通常是为解决企业法人的临时性资金需要,在符合条件下由银行向其发放的流动资金贷款。为应对2008年国际金融危机的冲击,银监会曾颁布《关于当前调整部分信贷监管政策促进经济稳健发展的通知》(银监发〔2009〕3号),允许银行业金融机构在一定额度内向非生产性项目发起人或股东发放搭桥贷款。

条件以及贷款资金支付接受贷款人管理和控制等与贷款使用相关的条款，提款条件应包括与贷款同比例的资本金已足额到位、项目实际进度与已投资额相匹配等要求；约定借款人出现未按约定用途使用贷款、未按约定方式支用贷款资金、未遵守承诺事项、申贷文件信息失真、突破约定的财务指标约束等情形时借款人应承担的违约责任和贷款人可采取的措施。同时，贷款人还应要求借款人在合同中对与贷款相关的重要内容作出承诺，承诺内容包括但不限于：贷款项目及其借款事项符合法律法规的要求；及时向贷款人提供完整、真实、有效的材料；配合贷款人对贷款的相关检查；发生影响其偿债能力的重大不利事项及时通知贷款人；进行合并、分立、股权转让、对外投资、实质性增加债务融资等重大事项前征得贷款人同意等。此外，贷款人还要根据有关规定严格审查担保的合法性、有效性和可靠性，并依法办理相应的担保手续。

（五）贷款的发放与支付

借款合同签订生效后，贷款人确认借款人满足合同约定提款条件的（包括但不限于确认借款人与拟发放贷款同比例的项目资本金足额到位，并与贷款配套使用），则按合同约定的方式发放贷款，并监督借款人按约定用途使用贷款资金。根据《固定资产贷款管理暂行办法》的要求，贷款人可以通过受托支付或借款人自主支付的方式管理和控制贷款资金的支付。贷款人受托支付指贷款人根据借款人的提款申请和支付委托，将贷款资金支付给符合合同约定用途的借款人交易对手。单笔金额超过项目总投资5%或超过500万元人民币的贷款资金支付，必须采用受托支付方式。借款人自主支付指贷款人根据借款人的提款申请将贷款资金发放至借款人账户后，由借款人自主支付给符合合同约定用途的借款人交易对手。在这种支付中，贷款人要求借款人定期汇总报告贷款资金支付情况，并通过账户分析、凭证查验、现场调查等方式核查贷款支付是否符合约定用途。

如果借款人出现：（1）信用状况下降；（2）不按合同约定支付贷款资金；（3）项目进度落后于资金使用进度；（4）违反合同约定，以化整为零方式规避贷款人受托支付的情形的，贷款人要与借款人协商补充贷款发放和支付条件，或者根据合同约定停止贷款资金的发放和支付，以保护银行债权的安全。

（六）贷后管理

贷款发放以后，贷款人要定期检查借款人和项目发起人的履约情况及信用状况、项目的建设和运营情况，贷款抵（质）押物的价值和担保人的担保能力变动情况,分析宏观经济变化和市场波动情况对贷款的影响,建立贷款质量监控制度和贷款风险预警体系。如果项目实际投资超过原定投资金额,贷款人决定追加贷款的,应要求项目发起人配套追加不低于项目资本金比例的投资和相应担保。在借款合同有效期间,借款人应当接受贷款人的监督管理,定期向贷款人报送有关贷款项目建设和销售进度情况,提供企业财务计划、会计报表及其有关资料,为贷款人实施贷后监督和管理提供便利条件。一旦借款人出现违约,贷款人应及时采取有效措施,并依法追究借款人的违约责任。

贷款人要建立和完善贷款质量考核制度,对不良贷款按规定进行分类、登记、考核等专门管理,及时制定清收或盘活措施。对于借款人确因暂时经营困难不能按期归还贷款本息的,贷款人可与借款人协商进行贷款重组。对确实无法收回的固定资产不良贷款,贷款人按照相关规定对贷款进行核销后,还应继续向债务人追索或进行市场化处置,以最大化银行债权,降低银行损失。

争议焦点与案例分析

一、争议焦点

(一)房地产开发在建工程抵押权与建设工程优先权的冲突问题

根据建设部颁布的《城市房地产抵押管理办法》(2001年修订)第3条的规定,所谓房地产开发在建工程抵押是指"抵押人为取得在建工程继续建造资金的贷款,以其合法方式取得的土地使用权连同在建工程的投入资产,以不转移占有的方式抵押给银行作为偿还贷款履行担保的行为"。根据我国《合同法》第286条的规定,所谓建设工程优先权是指:"发包人未按照约定支付价款的,承包人可以催告发包人在合理期限内支付价款。发包人逾期不支付的,除按照建设工程的性质不宜折价、拍卖的以外,承包人可以与发包人协议将该工程折价,也可以申请人民法院将该工程依法拍卖。建设工程的价款就该工程折价或者拍卖的价款优先受偿。"

实践中,一旦房地产开发企业未能及时支付承包人工程价款,承包人就可以主张建设工程优先权,而如果房地产开发企业之前已将建设工程抵押给银行申请贷款,则可能发生银行对房地产开发在建工程抵押权与承包人

建设工程优先权的冲突,应如何排定二者的优先次序。根据 2007 年颁布的《物权法》第 180 条第(五)项的规定,正在建造的建筑物可以设定抵押,这既弥补了《担保法》的立法空白,又确立了《城市房地产抵押管理办法》第 3 条规定的在建工程抵押的法律地位。因此,如果银行接受房地产开发企业以在建工程进行抵押申请贷款,也就享有了在建工程抵押权。根据《最高人民法院关于建设工程价款优先受偿权问题的批复》(法释〔2002〕16 号)第一条的规定,"人民法院在审理房地产纠纷案件和办理执行案件中,应当依照《合同法》第 286 条的规定,认定建筑工程的承包人的优先受偿权优于抵押权和其他债权",因此,承包人所享有的建设工程优先权,应该优先于在法律性质上属于抵押权的银行房地产开发在建工程抵押权。其道理在于,没有承包人的建设行为就没有该工程的最终完成,也就没有抵押权等其他权利存在的物理基础,因此应首先保护承包人的合法权益。当然,这种权利也并非无所限制,按照上述司法解释的规定,建设工程承包人行使优先权的期限为 6 个月,自建设工程竣工之日或者建设工程合同约定的竣工之日起计算;如果消费者交付购买商品房的全部或者大部分款项后,承包人就该商品房享有的工程价款优先受偿权不得对抗买受人。

商业银行防范建设工程优先权带来的贷款风险,不在于否定建设工程优先权的存在或其优先性,而在于防止建设工程价款的比例过大而使得在建工程抵押权名存实亡。商业银行对于工程价款应当有个量化的考察,考察其在项目资产中的比例,进而决定是否接受在建工程抵押还是要求借款人提供其他担保。当然,银行也可以直接在在建工程抵押金额中将工程价款部分相应地剔出或与承包人约定排除其优先权。

(二)房地产开发在建工程抵押与预售商品房贷款抵押的冲突问题

实践中,房地产开发商多以房地产项目及其土地使用权作为抵押申请房地产开发贷款,贷款银行因此享有在建工程抵押权,而在工程进行过程中,开发商为了缓解资金不足的困难,往往将符合条件的在建房屋预售给买受人。通常,买受人在支付了首付款之后,会将所购的商品房抵押给贷款银行申请个人住房抵押贷款,以向房地产开发企业支付剩余的购房款,由此,贷款银行享有了预售商品房抵押权。这样就可能产生在建工程抵押权与预售商品房贷款抵押权的冲突。

虽然发放房地产开发贷款和个人住房抵押贷款的往往会是同一家银行,因为实践中开发商会以后者作为谈判条件申请房地产开发贷款,但二者有可能不是同一家银行。当贷款人同为一家银行时,两个抵押权的存在可能造成重复抵押,对贷款银行不利,因为它为同一抵押物发放了双份贷款;当贷款人为不同银行时,按照抵押权顺序理论,先成立的抵押权优先于后成立的抵押权,发放房地产开发贷款的银行地位基本不受影响,而发放个人住房抵押贷款的银行却存在不能实现抵押权或不完全能实现抵押权的风险。

在2007年《物权法》颁布实施之前,我国《担保法》(1995年)第49条规定:"抵押期间,抵押人转让已办理登记的抵押物的,应当通知抵押权人并告知受让人转让物已经抵押的情况;抵押人未通知抵押权人或者未告知受让人的,转让行为无效",因此,开发商转让设立抵押的房地产,并不需要取得放贷银行的同意,而商品房预售之后,也不影响银行对其行使抵押权。实践中,一些房地产开发商在预售商品房时,并未通知享有抵押权的银行,也未告知买受人房屋已设立抵押的情况;一些房地产开发商未将收到的个人住房抵押贷款用于偿还开发贷款,从而未能消灭在建工程抵押权,购房者拥有的仍是负有前期抵押的房产。当开发商财务状况恶化无法偿还开发贷款时,抵押权冲突的风险集中爆发,要么发放房地产开发贷款的银行对房屋行使物上追及权,使购房人和发放住房抵押贷款银行的合法权益大受影响,并打乱整个市场交易秩序;要么宣告商品房预售无效,但此时银行发放的住房抵押贷款可能已无法追回,购房者也将蒙受巨大损失。为了避免上述风险的产生,一些地方在制定本地的商品房预(销)售规定时,都要求房地产开发商必须以土地使用权、在建工程没有抵押或已解除抵押关系作为发放商品房预售许可证的必要条件,例如《深圳经济特区房地产转让条例》(1999年)第34条、《广州市商品房预售管理实施办法》(2000年修订)第6条等。不过,全国许多城市并没有类似的规定,两个抵押权可能引起的冲突和问题,需要更高层面的立法予以统一解决。

2007年10月1日《物权法》和2008年7月1日建设部《房屋登记办法》的实施,以及近年来关于预售项目抵押信息公示、预售款管理的加强,有力地促进了上述问题的解决。效力优先于《担保法》[①]的《物权法》第191条规定:抵押期间,抵押人经抵押权人同意转让抵押财产的,应当将转让所得的价款向抵押权人提前清偿债务或者提存。转让的价款超过债权数额的部分归抵押人所有,不足部分由债务人清偿。抵押期间,抵押人未经抵押权人同意,不得转让抵押财产,但受让人代为清偿债务消灭抵押权的除外。"按

---

① 我国《物权法》第178条规定:担保法与本法的规定不一致的,适用本法。

照本条的制度设计,转让抵押财产,必须消除该财产上的抵押权"①,而且《房屋登记办法》第 34 条规定:"抵押期间,抵押人转让抵押房屋的所有权,申请房屋所有权转移登记的,除提供本办法第 33 条规定的材料外,还应当提交抵押权人的身份证明、抵押权人同意抵押房屋转让的书面文件、他项权利证书。"因此,房地产开发商只有取得(或事后取得)在建工程抵押权人的同意,才能进行商品房预售并办理相应的房屋所有权转移登记,购房者取得的将是解除了在建工程抵押的房屋。与此同时,为了避免房地产开发商挪用商品房预售款,不少地方出台了商品房预售资金监管办法,要求商品房预售资金全部纳入银行的预售款监管账户,实现封闭式管理,专款专用,确保预售资金用于商品住房项目工程建设(包括偿还房地产开发贷款)。上述制度安排理顺了开发商、两家放贷银行及购房者的法律关系,有效平衡了他们之间的利益,既加快商品房的流通,提高了经济效率,也促进了房地产市场和金融市场的健康发展,可谓一举多得。

二、案例分析

案例1:2005 年"东华金座"案②

[案情]

位于北京市广安门大街的东华金座项目是总建筑面积达 10 万平方米的商住公寓,以其地理位置较好、承诺"高品质"、宣扬"豪华理念"等吸引了一批购房者,2003 初开始却成为该区域最显眼的"金箔烂尾房"。1998 年东华金座批准立项,2001 年 10 月取得预售许可证,从 2001 年底至 2002 年底,该项目业主就陆续与开发商签订了房屋买卖预售合同并交付了房款,但开发商承诺的最早入住时间为 2002 年底的楼盘,在 2003 年年初就因停工成了烂尾楼。该项目起初由北京房开置业有限公司(原北京市宣武区房地产经营开发公司)负责对该项目进行商务开发,该公司由于缺少项目启动资金,所以在取得项目开发权之后便将东华金座转给中鼎地产进行开发。在中鼎地产支付了一半项目转让金后,也由于缺少必要的启动资金,在向银行申请贷款的同时,又通过房屋预售的方式,从购房者处集资。2003 年初,在项目土建部分将近竣工时,中鼎地产因贷款纠纷、拖欠施工费等多种债务原

---

① 胡康生主编:《中华人民共和国物权法释义》,法律出版社 2007 年版。
② 案例来源:《"金箔烂尾楼"东家日前四面楚歌》,载《新京报》(http://www.thebeijingnews.com),2005 年 7 月 1 日访问。

因，只好被迫将东华金座停工。房屋交付期限届满后，中鼎方面称自己缺乏足够资金，既无法履行当初的购房合同，也无法对购房者进行退款和赔偿。法院2005年判开发商退还购房者已付房款并赔违约金，但被告却以资金短缺为由拒不执行。据了解，开发商所在集团曾在北海后街和密云等地开发过其他项目，未有不良事件发生。

[评析]

1. 开发企业对商业银行的信贷依赖问题

房地产业是资本高度密集型行业，房地产企业一般会尽可能地利用外部资金，我国目前房地产企业融资的现状是融资形式相对单一，开发企业的主要资金渠道便是商业银行贷款。一旦商业银行贷款出现问题，开发企业本身又缺乏足够的资金储备，资金链马上断裂，项目便无法进展下去。东华金座项目批准立项后，先由现在的北京房开置业有限公司（原北京市宣武区房地产经营开发公司）负责对该项目进行商务开发，而该公司从一开始便缺少项目启动资金，所以在取得项目开发权后便将东华金座转给中鼎地产进行开发。而后继的中鼎地产应该说是一个资质相对良好的开发企业，已经完成的开发项目无不良事件发生，但是其开发资金也是过多依赖于银行贷款，当与中国银行北京分行发生纠纷，银行要求其退回贷款并不再为其提供贷款时，东华金座项目便陷入困境，中鼎公司没有相应有效的融资方式解决资金问题；其后中鼎公司又向中国建设银行北京分行申请贷款，还是采取同一种融资方式，接受同样的"信贷依赖"。对于银行信贷的依赖，不仅使得商业银行承担了本属于房地产行业的资金风险，也使得开发企业在资金问题上长期陷于被动。因而，有必要开拓新的融资方式，利用新的融资工具，在未来的发展中应当鼓励和提倡融资多元化。

2. 商业银行房地产开发贷款的回收与建设工程价款优先权及购房者退款和赔偿请求权的相互制约问题

本案中，中鼎公司面临多方的压力：中国银行北京分行要求其归还开发贷款，并上报市房管局，请求该局禁止东华金座的销售；购房者起诉，法院判决中鼎公司返还购房款并支付违约金；承建商北京城乡五建筑工程有限公司"为讨工程款一守三年"。其中中国银行发放的抵押贷款，承建商也有建设工程价款优先权，而购房者在工程没有完工之前对其所购房产享有期待权，并已经过登记。这三者的权利法律都有特殊的保护，商业银行的贷款因为有抵押权，所以其优于一般的债权；承建商的工程价款优先权，因为其权利性质和保护劳工权利等考虑，我国《合同法》赋予其优先于抵押权和一般债权;而购房者作为消费者由于其处于弱势地位而受到法律的特殊保护,根据最高人民法院《关于建设工程价款优先受偿权问题的批复》(法释〔2002〕16号)第2条的规定:"消费者交付购买商品房的全部或者大部分款项后,承包人就该商品房享有的工程价款优先受偿权不得对抗买受人。"因此,在开发企业的融资过分依赖于商业银行信贷的情况下,商业银行须得严格审查,提高贷款门槛,强调事前控制、事中监督和事后救济"三管"齐下,尽量保证经手的房地产开发项目有一个良好的预期,这实际上也间接地维护了承建企业和购房者的权益。

案例2:2004年"华运达骗贷"案[①]
[案情]

一年半时间"融资"8亿元,从2000年11月至2002年6月,华运达房地产公司董事长邹庆借建设森豪公寓之机,以不同方式从不同银行3次骗取巨额资金,无一失手。截至2004年4月,邹庆接手8年的森豪公寓项目仍处于停工状态,估值约4亿元,债务逾10亿元,该项目已经被法院查封。此外,森豪公寓在建设过程中,共欠下47家债权人(包括施工单位和建材商等)共计1700万元债务。2004年5月,华运达经贸公司递交给工商部门的"情况说明"显示,公司所有权益为416万元,少于实收资本3000万元,负债8亿元。

自2000年12月至2002年6月间,华运达房地产公司以开发"森豪公寓"为名,与中国银行北京市分行签订了"楼宇按揭贷款合作协议",后虚构销售"森豪公寓"事实,借用他人身份证,提供虚假收入证明及首付款证明,从中国银行北京市分行骗取个人住房按揭贷款共计6.449亿元。在中国银行北京市分行骗贷案之外,华运达房地产公司还涉及中国建设银行北京市分行另一笔1.5亿元的贷款。中科公司在2001年中期报告中披露:2000年11月13日,华运达房地产公司以森豪公寓中2.5万平方米可销售面积的全部所有权作为抵押,经中科公司担保,从建设银行北京市分行获取了一笔1.5亿元的贷款,2001年11月12日到期。当时的中科公司由北京住总公司控股。而住总公司与华运达房地产公司又同为森豪公寓项目的出资人。但该笔贷款到期后,华运达没有按时还款。

---

① 案例来源:《华运达带病骗贷屡屡得手,三银行被套8亿尴尬收局》,载《新京报》(http://www.thebeijingnews.com),2005年8月17日访问。

[评析]

1. "空手套白狼"现象

购地、盖楼、出售是一个房地产项目运作的正常程序,由于投资数目巨大,开发商通常都会在运作过程中尽可能利用外部资金:在开始批地时就向银行抵押贷款,再用贷款支付土地出让金,在工程开始时又让建筑公司垫资建造,工程还在建设中,又开始预收买房业主的购房款。这便是典型的"空手套白狼",在开发企业中并不少见,其违背了法律法规对于开发企业必须有一定比例的自有资金的强制性规定。而在本案中,华运达主要采取的是"假按揭"方式套取银行贷款,是另一种形式的"空手套白狼",其实质上通过"假按揭"的方式骗取房地产开发资金,即名为"个人住房抵押贷款",实为"房地产开发贷款",不同于通过"假按揭"骗取银行贷款归个人占有,这种方式也被称为"曲线救国"。

2. 房地产开发贷款的风险

本案一个重要的特征是商业银行内部人员(被称为银行"内鬼")在这起重大骗贷案中所起的作用。据分析,如果按每个人平均贷款100万元计算,要骗贷6.4亿元,也需要借用六百多个身份证,伪造三百多份合同及相关资料,如此大规模的、明显的造假,没有银行内部人员的配合是很难完成的。因此,商业银行控制和防范信贷风险还应该加强内控机制建设,加强员工队伍的职业操守,对关键岗位重点监管,否则,最终损失仍将由银行承担。本案中两起贷款中,中国银行的是"假按揭",建设银行的是抵押贷款,因而也涉及最高人民法院《人民法院民事执行中查封、扣押、冻结财产的规定》。森豪公寓项目中的房屋已在法院查封前办理了预售登记,根据该司法解释第6条的规定,银行将不能就该部房产拍卖、变卖或者抵债。[①] 且不论最高人民法院这一规定是否值得商榷,商业银行发放房地产开发贷款对于抵押物的法律审查须得谨慎,尤其防止借款人到期不能还款时抵押权也无法实现,否则,最终损失也是由银行承担。

(唐勇)

---

① 银行的这种信贷风险状况在最高人民法院于2005年12月14日发布《关于人民法院执行设定抵押的房屋的规定》之后,有所缓解。具体参见本书第十五章《房地产抵押制度》中有关"房地产抵押权的实现"的分析。

第二章 房地产企业上市融资制度

- 我国房地产企业上市的概况
- 股票发行的条件与操作流程
- 买壳上市的操作与法律问题

基本原理

一、股票发行与上市的一般原理

通过发行股票并在证券交易所公开上市,是企业融资的重要渠道。目前,我国企业的融资渠道中,作为直接融资渠道的发行股票并上市并非占据主要地位,直接融资的比例还比较小。但是,作为发展趋势,直接融资将在企业融资中扮演越来越重要的角色。

股票是股份公司签发的证明股东所持股份的凭证。股票的发行人必须是具有股票发行资格的股份有限公司,包括已成立的股份有限公司和经核准拟设立的股份有限公司。股票发行一般有两种:一是为设立新公司而首次发行股票,即设立发行;二是为扩大已有的公司规模而发行新股,即增资发行。对不同种类的股票发行,法律规定了不同的发行条件。

股票具有以下特征:(1)它是一种出资证明,用以证明持有股票的股东享有发行该股票的股份有限公司一定数额或一定比例的股份。(2)它是股东分取股息或红利的凭证。股票是表明股东权利的有价证券,股东享有的权利除取得股息和红利以外,还有参与重大决策、选举董事、监事等权利。(3)股东的收益取决于公司的盈利水平和公司的盈利分配政策,并且股东无权退股,不能要求退还股款,具有一定的风险性。(4)具有流通性。股票是一种灵活有效的集资工具和有价证券,虽不能退股,但可以转让、抵押和买卖流通。

按不同的标准,股票可作出若干分类,比如:按照股东所享有的股东权益和风险大小的不同,股票可以分为普通股、优先股、混合股;依照股票是否记载股东姓名和名称,分为记名股票和不记名股票;按照股票票面是否记载票面金额,分为额面股股票和无额面股股票。

目前,我国发行的股票按照投资主体的不同,可分为国家股、法人股、内部职工股①和社会公众个人股;按照股东权益和风险大小,可以分为普通股、优先股及普通和优先混合股;按照认购股票投资者身份和上市地点的不同,可以分为境内上市内资股(A股)、境内上市外资股(B股)和境外上市外资股(包括H股、N股、S股等)三类。

股票与债券的相同之处在于:二者都是有价证券的主要形式,具有有价证券共同的性质和特征。它们都须依法发行,并可在流通市场上转让,同属可流通证券。股票与债券的区别在于:(1)性质不同。股票表示的是股东权,是股权凭证,实质是表示所有权,债券表示的是债权,是债权凭证。(2)收益不同。股票持有人是从公司利润中分取股息、红利,并且所分数额与公司盈利的大小成正比,而债券持有人是依据事先约定的利率计取利息,不受公司盈利情况的影响。(3)承担的风险不同。股票持有人(股东)承担的风险相对于债券持有人(债权人)承担的风险要大。(4)股票与债券持有人对公司经营管理享有的权利不同。股东按所持股份享有重大决策、选择管理者等权利,而债券持有人无权参与公司经营管理。

发行股票必须符合法律规定的条件,遵守法律规定的程序。我国《证券法》第10条规定,公开发行证券,必须符合法律、行政法规规定的条件,并依法报经国务院证券监督管理机构或者国务院授权的部门核准;未经依法核准,任何单位和个人不得公开发行证券。对于什么是"公开发行",该条规定,有下列情形之一的,为公开发行:(1)向不特定对象发行证券;(2)向累计超过200人的特定对象发行证券;(3)法律、行政法规规定的其他发行行为。

我国《证券法》还规定,发行人申请公开发行股票、可转换为股票的公司债券,依法采取承销方式的,或者公开发行法律、行政法规规定实行保荐制度的其他证券的,应当聘请具有保荐资格的机构担任保荐人。

设立股份有限公司公开发行股票,应当符合《公司法》规定的条件和经国务院批准的国务院证券监督管理机构规定的其他条件,向国务院证券监

---

① 1998年11月,中国证监会作出决定,停止发行职工股,并且规定,凡是有职工股的企业必须清退以后才能上市。

督管理机构报送募股申请和公司章程等相关文件。

  股票发行后,可以通过一定的程序在证券交易所公开挂牌交易,这就是股票上市。股票上市是连接股票发行和股票交易的"桥梁"。股票上市后,上市公司就成为公众的投资对象,因而容易吸收投资大众的资金,再融资将更加便利。股票上市也促使公司建立更加完善的治理结构。

  在我国,对于股票的上市,修订前的《证券法》第43条规定,股份有限公司申请其股票上市交易,必须报经国务院证券监督管理机构核准。《证券法》修订后,放松了对股票上市的管制,将上市批准权下放到证券交易所,其第48条规定,申请证券上市交易,应当向证券交易所提出申请,由证券交易所依法审核同意,并由双方签订上市协议。

二、我国房地产企业上市概况

  我国房地产企业通过资本市场融资经历过曲折的过程。证券市场发展初期即有一部分房地产公司上市,如深市股票代码为0001—0010的前十只股票中,有5只为房地产股或以房地产为主要业务的综合类股票。从1993年起,国务院明确提出不鼓励房地产企业上市运作。1996年底,中国证券会《关于做好1997年股票发行工作的通知》中规定:在产业政策方面,要重点支持农业、能源、交通、通讯、重要原材料等基础产业和高新技术产业,从严控制一般加工工业及商业流通性企业,金融、房地产行业暂不考虑。1997年9月,中国证监会《关于做好股票发行工作的通知》中又提出在产业政策方面继续"对金融、房地产行业、企业暂不受理"。这些规定对90年代中期抑制房地产热、防止经济泡沫和调整经济结构而作出的。但1997年后国家提出将住宅建设作为国民经济新增长点,房地产业经过几年的调整、规范,也面临一个新的发展阶段,所以房地产企业上市禁令有所松动。随着中国证监会2006年《首次公开发行股票并上市管理办法》的颁布,《关于股票发行工作若干规定的通知》、《关于做好1997年股票发行工作的通知》都已经被废止,房地产企业获得了和其他行业平等的上市融资机会。不过,2008年为配合国务院关于房地产的宏观调控政策,证监会专门制定了有关房地产开发企业并购重组的一系列标准,对拟借壳上市的房地产开发企业所开发产品的类型、户型等是否符合国家产业政策,近3年取得土地过程中是否存在违法违规行为,以及拟借壳上市的房地产开发企业应当具备的资质、行业地位等予以详尽规范,同时对拟借壳房地产开发企业在历史经营业绩等方面提出较高要求,从而限制运作不规范、盈利能力弱的房地产开发企业进入证券市场。2010年,为贯彻国务院4月发布的《关于坚决遏制部分城市房价过快上涨的通知》(国发[2010]10号)的精神,证监会暂缓受理房地产开发企业重组申请,并对已受理的房地产类重组申请征求国土资源部的意见。① 截至目前,相关的政策规则和沟通审批程序尚未出台,但可以明确的是,房地产作为关系国计民生的行业和主要经济支柱产业,该领域企业的上市融资和并购重组活动将受到更多关注和监管,以推动房地产市场和资本市场的健康稳定发展。

房地产企业的投资特点是建设周期长、资金需求量大、资金回收慢。因此通过股市筹集发展资金是房地产企业发展的较好的模式。一些效益好、有发展前景的房地产企业上市,可以利用证券市场的筹资优势和机制灵活的优势,迅速扩大企业的经营规模,通过优胜劣汰对我国房地产业进行整合,促进房地产行业的良性发展。

房地产企业可以通过发行新股并申请公开上市达到融资的目的。但由于我国《公司法》、《证券法》对企业的首次公开发行(IPO)和申请上市有比较严格的条件限制,有关管理部门对房地产企业上市申请的控制得比较严格,所以实践中很多房地产企业并非直接发行股票和申请上市,而是通过"买壳上市"的方式到资本市场进行融资。

买壳上市是指在证券市场上通过买入一个已经合法上市的公司(壳公司)的控股比例的股份,掌握该公司的控股权后,通过资产的重组,把自己公司的资产与业务注入壳公司。这样,无须经过上市发行新股的申请就直接取得上市的资格。买壳上市具有上市时间快,节约时间成本的优点,因为无须排队等待审批,买完壳通过重组整合业务即可完成上市计划。因此,买壳上市则可以避过上市的严格审查,快速进入资本市场,拓展有效的资金渠道。买壳上市后,通过对资产与业务的重组可以改善上市公司的经营状况,保持良好的融资渠道,可以向社会公众筹集发展资金,使上市公司获得良好的经营项目,进一步提高经营业绩,维持再融资的可能。据不完全统计,从1997年以来,在国内买壳上市的房地产企业达到了40家左右。比较成功的买壳上市有"金融街"买壳"重庆华亚","世茂中国"买壳"万象集团"等等。

截至2010年,我国共有119家沪深房地产上市公司和33家大陆在港

---

① 《证监会落实国务院房地产调控政策 规范房地产并购重组》,2010年10月15日,资料来源:中国证监会网站,http://www.csrc.gov.cn/pub/newsite/bgt/xwdd/201010/t20101015_185559.htm,最后访问于2011年2月18日。

上市房地产公司。根据国务院发展研究中心企业研究所、清华大学房地产研究所和中国指数研究院三家研究机构共同组成的研究组的分析与评比，2010年沪深房地产上市公司综合实力10强分别为：万科A、保利地产、金地集团、招商地产、金融街、华侨城、首开股份、陆家嘴、新湖中宝、北京城建。据统计，截至2009年末，这些TOP10房地产上市公司的总资产均值达493.52亿元，为同期沪深房地产上市公司总资产均值的5.40倍；营业利润均值达25.71亿元，是同期沪深房地产上市公司营业利润均值的5.86倍。2010年大陆在港上市房地产公司10强分别为：中国海外发展、华润置地、合生创展、富力地产、碧桂园、雅居乐、绿城中国、远洋地产、龙湖地产、SOHO中国。截至2009年末，这些房地产公司的总资产均值达到639.79亿元，为同期在港房地产上市公司总资产均值的1.9倍；营业收入均值142.81亿元，为同期在港上市房地产公司营业收入均值的2.08倍。①

操作流程

一、股份制公司的成立

按照我国《公司法》第78条的规定，股份有限公司的设立，可以采取发起设立或者募集设立两种方式。发起设立，是指由发起人认购公司应发行的全部股份而设立公司。募集设立，是指由发起人认购公司应发行股份的一部分，其余股份向社会公开募集或者向特定对象募集而设立公司。

（一）设立的条件

根据我国《公司法》，设立股份有限公司应当符合以下条件：

（1）发起人符合法定人数。

设立股份有限公司，应当有2人以上200人以下为发起人，其中须有半数以上的发起人在中国境内有住所。

（2）发起人认购和募集的股本达到法定资本最低限额。

股份有限公司注册资本的最低限额为人民币500万元。法律、行政法规对股份有限公司注册资本的最低限额有较高规定的，从其规定。

股份有限公司采取发起设立方式设立的，注册资本为在公司登记机关

---

① 《2010中国房地产上市公司TOP10》，2010年6月3日，来源：证券时报网，http://www.stcn.com/content/2010-06/03/content_722305.htm，最后访问于2011年2月20日。

登记的全体发起人认购的股本总额。公司全体发起人的首次出资额不得低于注册资本的 20%,其余部分由发起人自公司成立之日起两年内缴足;其中,投资公司可以在五年内缴足。在缴足前,不得向他人募集股份。

股份有限公司采取募集方式设立的,注册资本为在公司登记机关登记的实收股本总额。

(3) 股份发行、筹办事项符合法律规定。
(4) 发起人制订公司章程,采用募集方式设立的经创立大会通过。
(5) 有公司名称,建立符合股份有限公司要求的组织机构。
(6) 有公司住所。

根据中国证监会 2006 年 5 月 17 日发布《首次公开发行股票并上市管理办法》,首次公开发行股票并上市的发行人应当符合下列条件:

(1) 最近 3 个会计年度净利润均为正数且累计超过人民币 3000 万元,净利润以扣除非经常性损益前后较低者为计算依据;
(2) 最近 3 个会计年度经营活动产生的现金流量净额累计超过人民币 5000 万元;或者最近 3 个会计年度营业收入累计超过人民币 3 亿元;
(3) 发行前股本总额不少于人民币 3000 万元;
(4) 最近一期末无形资产(扣除土地使用权、水面养殖权和采矿权等后)占净资产的比例不高于 20%;
(5) 最近一期末不存在未弥补亏损。

(二) 设立的程序

第一,确定发起人,签订发起人协议。
第二,制订公司章程。
股份有限公司章程应当载明下列事项:
(1) 公司名称和住所;
(2) 公司经营范围;
(3) 公司设立方式;
(4) 公司股份总数、每股金额和注册资本;
(5) 发起人的姓名或者名称、认购的股份数、出资方式和出资时间;
(6) 董事会的组成、职权和议事规则;
(7) 公司法定代表人;
(8) 监事会的组成、职权和议事规则;
(9) 公司利润分配办法;
(10) 公司的解散事由与清算办法;

（11）公司的通知和公告办法；

（12）股东大会会议认为需要规定的其他事项。

第三，向省级或者国家工商行政管理部门申请名称预先核准。

股份有限公司在发起设立或募集设立时，首先应向公司登记机关申请名称预先核准。公司登记机关对符合规定、准予使用的名称，发给《企业名称预先核准通知书》，预先核准的名称保留期为6个月。

第四，申请与报批。

法律、行政法规或者国务院决定规定设立股份有限公司必须报经批准的，应向有关部门申请。

第五，认购股份和缴纳股款。

发起人可以用货币出资，也可以用实物、知识产权、土地使用权等可以用货币估价并可以依法转让的非货币财产作价出资；但是，法律、行政法规规定不得作为出资的财产除外。对作为出资的非货币财产应当评估作价，核实财产，不得高估或者低估作价。法律、行政法规对评估作价有规定的，从其规定。

以发起设立方式设立股份有限公司的，发起人应当书面认足公司章程规定其认购的股份；一次缴纳的，应缴纳全部出资；分期缴纳的，应缴纳首期出资。以非货币财产出资的，应当依法办理其财产权的转移手续。

发起人不依照前述规定缴纳出资的，应当按照发起人协议承担违约责任。

发起人首次缴纳出资后，应当选举董事会和监事会，由董事会向公司登记机关报送公司章程、报送由依法设定的验资机构出具的验资证明和法律、行政法规规定的其他文件，申请设立登记。

以募集设立方式设立股份有限公司的，发起人认购的股份不得少于公司股份总数的35%；但是，法律、行政法规另有规定的，从其规定。

发起人向社会公开募集股份，必须公告招股说明书，并制作认股书。

第六，召开创立大会，建立公司组织结构。

发行股份的股款缴足后，必须经依法设立的验资机构验资并出具证明。发起人应当自股款缴足之日起30日内主持召开公司创立大会。创立大会由发起人、认股人组成。

发行的股份超过招股说明书规定的截止期限尚未募足的，或者发行股份的股款缴足后，发起人在30日内未召开创立大会的，认股人可以按照所缴股款并加算银行同期存款利息，要求发起人返还。

发起人应当在创立大会召开15日前将会议日期通知各认股人或者予以公告。创立大会应有代表股份总数过半数的发起人、认股人出席,方可举行。

创立大会行使下列职权:

(1) 审议发起人关于公司筹办情况的报告;

(2) 通过公司章程;

(3) 选举董事会成员;

(4) 选举监事会成员;

(5) 对公司的设立费用进行审核;

(6) 对发起人用于抵作股款的财产的作价进行审核;

(7) 发生不可抗力或者经营条件发生重大变化直接影响公司设立的,可以作出不设立公司的决议。

创立大会对前款所列事项作出决议,必须经出席会议的认股人所持表决权过半数通过。

第七,设立登记并公告。

我国《公司法》规定,董事会应于创立大会结束后30日内,向公司登记机关报送下列文件,申请设立登记:

(1) 公司登记申请书;

(2) 创立大会的会议记录;

(3) 公司章程;

(4) 验资证明;

(5) 法定代表人、董事、监事的任职文件及其身份证明;

(6) 发起人的法人资格证明或者自然人身份证明;

(7) 公司住所证明。

以募集方式设立股份有限公司公开发行股票的,还应当向公司登记机关报送国务院证券监督管理机构的核准文件。

2005年12月18日修订的《中华人民共和国公司登记管理条例》细化了上述规定:

设立股份有限公司,应当由董事会向公司登记机关申请设立登记。以募集方式设立股份有限公司的,应当于创立大会结束后30日内向公司登记机关申请设立登记。

申请设立股份有限公司,应当向公司登记机关提交下列文件:

(1) 公司法定代表人签署的设立登记申请书;

(2) 董事会指定代表或者共同委托代理人的证明;
(3) 公司章程;
(4) 依法设立的验资机构出具的验资证明;
(5) 发起人首次出资是非货币财产的,应当在公司设立登记时提交已办理其财产权转移手续的证明文件;
(6) 发起人的主体资格证明或者自然人身份证明;
(7) 载明公司董事、监事、经理姓名、住所的文件以及有关委派、选举或者聘用的证明;
(8) 公司法定代表人任职文件和身份证明;
(9) 企业名称预先核准通知书;
(10) 公司住所证明;
(11) 国家工商行政管理总局规定要求提交的其他文件。

以募集方式设立股份有限公司的,还应当提交创立大会的会议记录;以募集方式设立股份有限公司公开发行股票的,还应当提交国务院证券监督管理机构的核准文件。

法律、行政法规或者国务院决定规定设立股份有限公司必须报经批准的,还应当提交有关批准文件。

公司申请登记的经营范围中属于法律、行政法规或者国务院决定规定在登记前需经批准的项目的,应当在申请登记前报经国家有关部门批准,并向公司登记机关提交有关批准文件。

依法设立的公司,由公司登记机关发给《企业法人营业执照》。公司营业执照签发日期为公司成立日期。公司凭公司登记机关核发的《企业法人营业执照》刻制印章,开立银行账户,申请纳税登记。

第八,交付股票。

股票是公司签发的证明股东所持股份的凭证。股份有限公司成立后,即向股东正式交付股票。公司成立前不得向股东交付股票。

二、首次公开发行股票申请文件的准备

股票发行准备阶段的实质性工作是由发行参与人准备招股说明书及作为其根据和附件的专业人员的结论性审查意见。这些文件统称为首次公开发行股票申请文件。

(一) 首次公开发行股票申请文件的要求

申请首次公开发行股票的公司(发行人)应按中国证监会 2006 年 5 月

修订发布的《公开发行证券的公司信息披露内容与格式准则第 9 号——首次公开发行股票并上市申请文件》的要求制作申请文件。申请文件是发行人为首次公开发行股票向中国证监会报送的必备文件。发行人报送的申请文件应包括公开披露的文件和一切相关的资料。

发行申请是发行核准的法定程序,一经申报,非经中国证监会同意,不得随意增加、撤回或更换材料。发行人及主承销商、负责出具专业意见的律师、注册会计师以及注册资产评估师等应审慎对待所申报的材料及所出具的意见。发行人全体董事及有关中介机构应按要求在所提供的有关文件上发表声明,确保申请文件的真实性、准确性和完整性。依据《公开发行证券的公司信息披露内容与格式准则第 9 号——首次公开发行股票并上市申请文件》的要求,主承销商应按有关规定履行对申请文件的核查及对申请文件进行质量控制的义务,出具核查意见;发行人、主承销商及其他有关中介机构应结合中国证监会对发行申请文件的审核反馈意见提供补充材料,发行人全体董事应对补充内容出具正式回复意见。有关中介机构应履行对相关问题进行尽职调查或补充出具专业意见的义务。

首次公开发行股票并上市申请文件包括招股说明书与发行公告、发行人关于本次发行的申请及授权文件、保荐人关于本次发行的文件、会计师关于本次发行的文件、发行人律师关于本次发行的文件、发行人的设立文件、关于本次发行募集资金运用的文件,以及与财务会计资料相关的其他文件。

(二)招股说明书

招股说明书是股份有限公司发行股票时就发行中的有关事项向公众作出披露,并向非特定投资人提出购买或销售其股票的要约邀请性文件。公司首次公开发行股票必须根据中国证监会 2006 年 5 月修订发布的《公开发行证券的公司信息披露内容与格式准则第 1 号——招股说明书》来制作招股说明书。发行人及其全体董事、监事和高级管理人员应当保证预先披露的招股说明书(申报稿)的内容真实、准确、完整。

根据中国证监会 2006 年 5 月发布的《首次公开发行股票并上市管理办法》,招股说明书的内容与格式准则是信息披露的最低要求。不论准则是否有明确规定,凡是对投资者作出投资决策有重大影响的信息,均应当予以披露。

发行人及其全体董事、监事和高级管理人员应当在招股说明书上签字、盖章,保证招股说明书的内容真实、准确、完整。保荐人及其保荐代表人应当对招股说明书的真实性、准确性、完整性进行核查,并在核查意见上签字、盖章。

招股说明书中引用的财务报表在其最近一期截止日后6个月内有效。特别情况下发行人可申请适当延长,但至多不超过1个月。财务报表应当以年度末、半年度末或者季度末为截止日。

招股说明书的有效期为6个月,自中国证监会核准发行申请前招股说明书最后一次签署之日起计算。

2005年修订的《证券法》首次引入预披露制度,要求首次公开发行的申请人预先披露申请上市的有关信息,以拓宽社会监督渠道,防范发行人采取虚假手段骗取发行上市资格。《首次公开发行股票并上市管理办法》对此作了具体规定,即申请文件受理后、发行审核委员会审核前,发行人应当将招股说明书(申报稿)在中国证监会网站(www.csrc.gov.cn)预先披露。发行人可以将招股说明书(申报稿)刊登于其企业网站,但披露内容应当完全一致,且不得早于在中国证监会网站的披露时间。

招股说明书摘要是对招股说明书内容的概括。发行人应当在发行前将招股说明书摘要刊登于至少一种中国证监会指定的报刊,同时将招股说明书全文刊登于中国证监会指定的网站,并将招股说明书全文置备于发行人住所、拟上市证券交易所、保荐人、主承销商和其他承销机构的住所,以备公众查阅。

(三)房地产公司招股说明书的具体要求

从事房地产开发业务的公司(包括专营房地产业务公司及兼营房地产业务公司,以下简称发行人)首次公开发行股票而编制招股说明书时,除应遵循中国证券监督管理委员会有关招股说明书内容与格式准则的一般规定外,还应遵循《公开发行证券公司信息披露编报规则第10号——从事房地产开发业务的公司招股说明书内容与格式特别规定》。根据这一信息披露编报规则,从事房地产开发业务公司的招股说明书内容与格式的特别规定包括:

(1)发行人应针对自身实际情况披露风险因素。对这些风险因素能够作出定量分析的,应进行定量分析;不能作出定量分析的,应进行定性描述。

第一,结合自身具体情况,披露以下风险因素,包括但不限于:

项目开发风险。应披露在房地产开发过程中,因为设计、施工条件,环境条件变化等因素导致开发成本提高的风险。

筹资风险。应披露公司筹措资金时,受经济周期、产业政策、银行贷款政策、预售情况等因素影响的风险。

销售风险。应披露开发项目销售受项目定位、销售价格变动、竞争楼盘供应情况等因素影响的风险。

土地风险。应披露土地开发时面临的各种风险,包括市政规划调整的风险、土地闲置风险、地价变化的风险。

合作和合资项目的控制风险。应披露对合作、合资开发项目,如果没有实际控制权将增加不确定性的风险。

工程质量风险。应披露已完工项目或在建项目如果存在质量缺陷,将会对公司产生不利影响的风险。

其他风险。应披露税收制度、房改制度和购房贷款政策、对房地产投资开发方面的其他政策变化对公司的不利影响的风险。

第二,项目开发中如存在"停工"、"烂尾"、"空置"的情况,应作特别风险提示。

第三,披露的风险对策应是已采取的或拟采取的切实可行的具体措施。

(2)发行人应专节披露公司资质等级取得情况和相关证书,持有房地产专业或建筑工程专业资格专职技术人员数目,公司开发建设中采用的新工艺和新技术等情况。

(3)发行人应披露公司的主要经营策略及市场推广模式,包括但不限于:

第一,房地产经营的市场定位及主要消费者群体。

第二,主要从事房地产项目的类型:如主要以出售为主,还以出租为主;经营模式是自主经营开发,还是合作、合资开发;主要从事住宅开发还是办公楼开发等。

第三,房地产项目的定价模式和销售理念。

第四,采用的主要融资方式。

第五,采用的主要销售模式。

第六,采用的物业管理模式。

第七,公司经营管理、品牌建设、员工素质、企业文化等方面的竞争力。

(4)发行人应专节披露公司经营管理体制及内控制度。包括但不限于:

第一,房地产开发项目决策程序;

第二,开发项目管理架构的设置;

第三,公司质量控制体系,包括对施工单位的质量考核办法;采用新材料、新工艺的质量控制办法;对特殊环境的项目的质量控制。

(5)发行人应专节披露房地产行业概况及业务特点,包括但不限于:

第一,房地产行业概况;

第二,房地产业务的性质和特点;

第三,主要开发项目所处地区的市场分析;

第四,房地产开发流程图。

(6)行人应专节详细披露在开发过程中涉及的各项具体业务的运行情况,包括但不限于:

第一,如何选择房地产项目的设计单位、设计方案;

第二,如何选择施工单位,如何管理、监督施工单位;

第三,如何选择监理单位;

第四,对出租物业的经营方式。

(7)发行人应专节披露公司所开发的主要房地产业务项目的情况。可按照已开发完工项目、开发建设中项目、拟开发项目的顺序披露各项目的基本情况,包括但不限于下列情况:

第一,项目应具备的资格文件(含土地使用证、建设用地规划许可证、建设工程规划许可证、建设工程开工证、商品房销售许可证、房产证等)取得情况;

第二,项目经营模式,如属合作、合资开发,应简要说明合作方情况、合作方式、协议履行情况等;

第三,披露项目位置及土地的取得手续是否完备;

第四,对完工或开工项目应披露主体工程施工是自建还是出包方式,承包方是否分包。并披露施工单位的资质等级及基本情况;

第五,对在建项目应披露预计总投资和已投资额,工程进度(包括开工时间、预计竣工时间,实际进度与计划进度出现的较大差异及原因,项目是否存在停工可能);

第六,工程质量情况,如监理单位的意见及质量监管部门的验收报告。对已交付使用的商品房是否有质量纠纷;

第七,项目的销售情况,对采用预售方式的,应披露预售比例;

第八,代为收取的住宅共用部分、共用设施设备维修基金的执行情况。

(8)发行人应披露募股资金拟投资项目,及募股资金占项目总投资的比例,缺口资金的解决方式。

(9)行人应专节披露公司的土地资源。包括但不限于项目名称、所处地理位置、占地面积、规划建筑面积、土地用途、相关法律手续是否完备等。

(10)发行人发行上市前应聘请具有证券从业资格的资产评估机构对公司存货,包括开发成本及开发产品(但不包括代建工程)、出租开发产品、周转房等进行资产评估。在招股说明书中披露资产评估结果和主要项目的资产评估方法,并注明本次资产评估仅为投资者提供参考,有关评估结果不进行账务调整。

三、股票的发行

中国证监会在2006年9月发布,2010年10月修订的《证券发行与承销管理办法》,对发行人在境内发行股票或者可转换公司债券(以下统称证券)、证券公司在境内承销证券,以及投资者认购境内发行的证券进行了规范。发行人、证券公司和投资者参与证券发行,还要遵守证监会有关证券发行的其他规定,以及证券交易所和证券登记结算机构的业务规则。证券公司承销证券,还要遵守证监会有关保荐制度、风险控制制度和内部控制制度的相关规定。证券的发行和承销主要按以下规定进行:

(一)询价与定价

首次公开发行股票,应当通过向特定机构投资者(即"询价对象")询价的方式确定股票发行价格。

询价对象是指符合规定条件[①]的证券投资基金管理公司、证券公司、信托投资公司、财务公司、保险机构投资者、合格境外机构投资者、主承销商自主推荐的具有较高定价能力和长期投资取向的机构投资者,以及经证监会认可的其他机构投资者。主承销商自主推荐机构投资者的,要制订明确的推荐标准,建立透明的推荐决策机制,并报中国证券业协会登记备案。

主承销商应当在询价时向询价对象提供投资价值研究报告。投资价值研究报告应当对影响发行人投资价值的因素进行全面分析,运用行业公认的估值方法对发行人股票的合理投资价值进行预测;投资价值研究报告应当由承销商的研究人员独立撰写并署名,承销商不得提供承销团以外的机构撰写的该类报告。除证监会另有规定外,发行人、主承销商和询价对象不得以任何形式公开披露投资价值研究报告的内容。

发行人及其主承销商应当在刊登首次公开发行股票招股意向书和发行公告后向询价对象进行推介和询价,并通过互联网向公众投资者进行推介。

询价分为初步询价和累计投标询价。发行人及其主承销商应当通过初步询价确定发行价格区间,在发行价格区间内通过累计投标询价确定发行价格。但首次发行的股票在中小企业板、创业板上市的,发行人及其主承销商可以根据初步询价结果确定发行价格,不再进行累计投标询价;上市公司

---

① 参见中国证监会《证券发行与承销管理办法》第7、8条。

发行证券的,可以通过询价的方式确定发行价格,也可以与主承销商协商确定发行价格。

询价对象可以自主决定是否参与初步询价,询价对象申请参与初步询价的,主承销商无正当理由不得拒绝。未参与初步询价或者参与初步询价但未有效报价的询价对象,不得参与累计投标询价和网下配售。主承销商的证券自营账户不得参与本次发行股票的询价、网下配售和网上发行。与发行人或其主承销商具有实际控制关系的询价对象,不得参与本次发行股票的询价、网下配售,但可以参与网上发行。

发行人及其主承销商在发行价格区间和发行价格确定后,应当分别报证监会备案,并予以公告。而且,发行人及其主承销商应当在发行价格确定后,披露网下申购情况、网下具体报价情况。

如果初步询价结束后,公开发行股票数量在4亿股以下,提供有效报价的询价对象不足20家的,或者公开发行股票数量在4亿股以上,提供有效报价的询价对象不足50家的,发行人及其主承销商不得确定发行价格,并应当中止发行。中止发行后,在核准文件有效期内,经向中国证监会备案,可以重新启动发行。

(二)证券发售

首次公开发行股票数量在4亿股以上的,可以向战略投资者配售股票。发行人应当与战略投资者事先签署配售协议,并报证监会备案。发行人及其主承销商应当在发行公告中披露战略投资者的选择标准、向战略投资者配售的股票总量、占本次发行股票的比例,以及持有期限制等。战略投资者不得参与首次公开发行股票的初步询价和累计投标询价,并应当承诺获得本次配售的股票持有期限不少于12个月,持有期自本次公开发行的股票上市之日起计算。发行人及其主承销商应当在网下配售结果公告中披露战略投资者的名称、认购数量及承诺持有期等情况。

发行人及其主承销商应当向参与网下配售的询价对象配售股票。[①] 公

---

① 根据中国证监会《证券发行与承销管理办法》第25条,股票配售对象限于以下类型:(1)经批准募集的证券投资基金;(2)全国社会保障基金;(3)证券公司证券自营账户;(4)经批准设立的证券公司集合资产管理计划;(5)信托投资公司证券自营账户;(6)信托投资公司设立并已向相关监管部门履行报告程序的集合信托计划;(7)财务公司证券自营账户;(8)经批准的保险公司或者保险资产管理公司证券投资账户;(9)合格境外机构投资者管理的证券投资账户;(10)在相关监管部门备案的企业年金基金;(11)主承销商自主推荐机构投资者管理的证券投资账户;(12)经中国证监会认可的其他证券投资产品。询价对象应当为其管理的股票配售对象分别指定资金账户和证券账户,专门用于累计投标询价和网下配售(第26条)。

开发行股票数量少于4亿股的,配售数量不超过本次发行总量的20%;公开发行股票数量在4亿股以上的,配售数量不超过向战略投资者配售后剩余发行数量的50%。询价对象应当承诺获得本次网下配售的股票持有期限不少于3个月,持有期自本次公开发行的股票上市之日起计算。如果本次发行的股票向战略投资者配售的,发行完成后无持有期限制的股票数量不得低于本次发行股票数量的25%。

发行人及其主承销商通过累计投标询价确定发行价格的,当发行价格以上的有效申购总量大于网下配售数量时,应当对发行价格以上的全部有效申购进行同比例配售。

发行人及其主承销商网下配售股票,应当与网上发行同时进行。首次公开发行股票达到一定规模的,发行人及其主承销商应当在网下配售和网上发行之间建立回拨机制,根据申购情况调整网下配售和网上发行的比例。网上申购不足时,可以向网下回拨由参与网下的机构投资者申购,仍然申购不足的,可以由承销团推荐其他投资者参与网下申购。网下机构投资者在既定的网下发售比例内有效申购不足,不得向网上回拨,但可以中止发行。网下报价情况未及发行人和主承销商预期、网上申购不足、网上申购不足向网下回拨后仍然申购不足的,可以中止发行。中止发行的具体情形可以由发行人和承销商约定,并予以披露。中止发行后,在核准文件有效期内,经向中国证监会备案,可重新启动发行。

上市公司发行证券,存在利润分配方案、公积金转增股本方案尚未提交股东大会表决或者虽经股东大会表决通过但未实施的,只有在实施方案后才能发行证券;方案未实施前,主承销商不得承销上市公司发行的证券。上市公司向不特定对象公开募集股份(即"增发")或者发行可转换公司债券,主承销商可以对参与网下配售的机构投资者进行分类,对不同类别的机构投资者设定不同的配售比例,对同一类别的机构投资者应当按相同的比例进行配售。主承销商应当在发行公告中明确机构投资者的分类标准。主承销商未对机构投资者进行分类的,应当在网下配售和网上发行之间建立回拨机制,回拨后两者的获配比例应当一致。当然,上市公司增发股票或者发行可转换公司债券,也可以全部或者部分向原股东优先配售[1],优先配售比例应当在发行公告中披露。如果上市公司非公开发行证券,发行对象及其

---

[1] 根据中国证监会《证券发行与承销管理办法》第34条,上市公司选择向原股东配售股票(即"配股")的,应当向股权登记日登记在册的股东配售,且配售比例应当相同。

数量的选择应符合证监会关于上市公司证券发行的相关规定。

(三) 证券承销

证券公司承销证券,应当按照我国《证券法》第28条的规定,采用包销或者代销方式。上市公司非公开发行股票未采用自行销售方式或者上市公司配股的,应当采用代销方式。证券代销是指证券公司代发行人发售证券,在承销期结束时,将未售出的证券全部退还给发行人的承销方式;证券包销是指证券公司将发行人的证券按照协议全部购入或者在承销期结束时将售后剩余证券全部自行购入的承销方式。

股票发行采用代销方式的,应当在发行公告中披露发行失败后的处理措施。股票发行失败后,主承销商应当协助发行人按照发行价并加算银行同期存款利息返还股票认购人。

证券发行依照法律、行政法规的规定应当由承销团承销的,组成承销团的承销商应当签订承销团协议,由主承销商负责组织承销工作。承销团成员应当按照承销团协议及承销协议的规定进行承销活动,不得进行虚假承销。证券公司在承销过程中,不得以提供透支、回扣或者证监会认定的其他不正当手段诱使他人申购股票。

投资者申购缴款结束后,主承销商应当聘请具有证券相关业务资格的会计师事务所对申购资金进行验证,并出具验资报告;首次公开发行股票的,还应当聘请律师事务所对向战略投资者、询价对象的询价和配售行为是否符合法律、行政法规及本办法的规定等进行见证,并出具专项法律意见书。证券发行及承销结束后,主承销商应依法向证监会报备相关情况。

首次公开发行股票数量在4亿股以上的,发行人及其主承销商可以在发行方案中采用超额配售选择权。根据2001年9月3日证监会发布的《超额配售选择权试点意见》,超额配售选择权是指发行人授予主承销商的一项选择权,获此授权的主承销商按同一发行价格超额发售不超过包销数额15%的股份,即主承销商按不超过包销数额115%的股份向投资者发售。在本次增发包销部分的股票上市之日起30日内,主承销商有权根据市场情况选择从集中竞价交易市场购买发行人股票,或者要求发行人增发股票,分配给对此超额发售部分提出认购申请的投资者。超额配售选择权的实施要遵守证监会、证券交易所和证券登记结算机构的规定。

(四) 保荐制度

为规范证券发行上市行为,提高上市公司质量和证券公司执业水平,保护投资者的合法权益,促进证券市场健康发展,证监会于2003年12月发布了《证券发行上市保荐制度暂行办法》,自 2004 年 2 月 1 日起,股份有限公司首次公开发行股票并上市和上市公司发行新股、可转换公司债券,都实行保荐制度。2005 年修订的《证券法》第 11 条确立了保荐制度的法律地位。2008 年 8 月 14 日,证监会颁布《证券发行上市保荐业务管理办法》(以下简称《管理办法》),废止了 2003 年的《证券发行上市保荐制度暂行办法》。2009 年 5 月 13 日,证监会再次修改了《管理办法》,使之适应证券市场发展和新股发行改革的需要。

新《管理办法》规定,证券公司从事证券发行上市保荐业务,应依法向证监会申请保荐机构资格。保荐机构履行保荐职责,应当指定取得保荐代表人资格的个人具体负责保荐工作。申言之,保荐机构应当指定 2 名保荐代表人具体负责 1 家发行人的保荐工作,出具由法定代表人签字的专项授权书,并确保保荐机构有关部门和人员有效分工协作。

保荐机构及其保荐代表人应当遵守法律、行政法规和证监会的相关规定,恪守业务规则和行业规范,诚实守信,勤勉尽责,尽职推荐发行人证券发行上市,持续督导发行人履行规范运作、信守承诺、信息披露等义务。同次发行的证券,其发行保荐和上市保荐应当由同一保荐机构承担。保荐机构依法对发行人申请文件、证券发行募集文件进行核查,向证监会、证券交易所出具保荐意见,保证所出具的文件真实、准确、完整。保荐机构及其保荐代表人不得通过从事保荐业务谋取任何不正当利益。

保荐机构应当与发行人签订保荐协议,明确双方的权利和义务,按照行业规范协商确定履行保荐职责的相关费用。保荐机构及其保荐代表人履行保荐职责可对发行人行使下列权利:(1) 要求发行人依照有关规定和保荐协议约定的方式,及时通报信息;(2) 定期或者不定期对发行人进行回访,查阅保荐工作需要的发行人材料;(3) 列席发行人的股东大会、董事会和监事会;(4) 对发行人的信息披露文件及向证监会、证券交易所提交的其他文件进行事前审阅;(5) 对有关部门关注的发行人相关事项进行核查,必要时可聘请相关证券服务机构配合;(6) 按照证监会、证券交易所信息披露规定,对发行人违法违规的事项发表公开声明;(7) 证监会规定或者保荐协议约定的其他权利。

发行人及其董事、监事、高级管理人员,为证券发行上市制作、出具有关文件的律师事务所、会计师事务所、资产评估机构等证券服务机构及其签字人员,应当依照法律、行政法规和证监会的规定,配合保荐机构及其保荐代表人履行保荐职责,并承担相应的责任。保荐机构及其保荐代表人履行保荐职责，不能减轻或者免除发行人及其董事、监事、高级管理人员、证券服务机构及其签字人员的责任。

保荐机构应当尽职推荐符合法定要求的发行人证券发行上市。在推荐上市之前，保荐机构应当对发行人进行辅导，对发行人的董事、监事和高级管理人员、持有5%以上股份的股东和实际控制人（或者其法定代表人）进行系统的法规知识、证券市场知识培训，使其树立进入证券市场的诚信意识、自律意识和法制意识。

保荐机构应当对发行人进行全面调查，对发行人申请文件、证券发行募集文件等有关事项进行尽职调查和审慎核查，并据此进行独立判断，充分了解发行人的经营状况及其面临的风险和问题。

保荐机构推荐发行人发行证券的，要向证监会提交发行保荐书、保荐代表人专项授权书以及证监会要求的其他文件。保荐机构法定代表人、保荐业务负责人、内核负责人、保荐代表人和项目协办人应当在发行保荐书上签字，保荐机构法定代表人、保荐代表人应同时在证券发行募集文件上签字。根据我国《证券法》第69条的规定，发行人、上市公司公告的招股说明书、公司债券募集办法、财务会计报告、上市报告文件、年度报告、中期报告、临时报告以及其他信息披露资料，有虚假记载、误导性陈述或者重大遗漏，致使投资者在证券交易中遭受损失的，发行人、上市公司应当承担赔偿责任；保荐人、承销的证券公司，应当与发行人、上市公司承担连带赔偿责任，但是能够证明自己没有过错的除外。

发行人证券上市后，保荐机构应当持续督导发行人履行规范运作、信守承诺、信息披露等义务。首次公开发行股票并在主板上市的，持续督导的期间为证券上市当年剩余时间及其后2个完整会计年度；主板上市公司发行新股、可转换公司债券的，持续督导的期间为证券上市当年剩余时间及其后1个完整会计年度。首次公开发行股票并在创业板上市的，持续督导的期间为证券上市当年剩余时间及其后3个完整会计年度；创业板上市公司发行新股、可转换公司债券的，持续督导的期间为证券上市当年剩余时间及其后2个完整会计年度。持续督导的期间自证券上市之日起计算。持续督导期届满，如有尚未完结的保荐工作，保荐机构应当继续完成。保荐机构在履行保荐职责期间未勤勉尽责的，其责任不因持续督导期届满而免除或者终止。督导结束后，保荐机构应当在发行人公告年度报告之日起的10个工作日内向证监会及交易所报送保荐总结报告书。

证券发行后，保荐机构不得更换保荐代表人，但因保荐代表人离职或者被撤销保荐代表人资格的,应当更换保荐代表人。

四、股票的上市

股票上市是指经核准同意股票在证券交易所挂牌交易。2005 年修订前的《证券法》第 43 条规定,股份有限公司申请其股票上市交易,必须报经国务院证券监督管理机构核准。而 2005 年修订后的《证券法》将上市批准权下放到证券交易所,其第 48 条规定,申请证券上市交易,应当向证券交易所提出申请,由证券交易所依法审核同意,并由双方签订上市协议。

(一)股票上市的条件

根据我国《证券法》,股份有限公司申请股票上市,应当符合下列条件:

(1)股票经国务院证券监督管理机构核准已公开发行;

(2)公司股本总额不少于人民币 3000 万元;

(3)公开发行的股份达到公司股份总数的 25% 以上;公司股本总额超过人民币 4 亿元的,公开发行股份的比例为 10% 以上;

(4)公司最近三年无重大违法行为,财务会计报告无虚假记载。

证券交易所可以规定高于前款规定的上市条件,并报国务院证券监督管理机构批准。

国家鼓励符合产业政策并符合上市条件的公司股票上市交易。

(二)股票的上市保荐

我国《证券法》规定,申请股票、可转换为股票的公司债券或者法律、行政法规规定实行保荐制度的其他证券上市交易,应当聘请具有保荐资格的机构担任保荐人。(保荐的工作流程见上文)

(三)股票上市申请

我国《证券法》对股票申请上市进行了原则性的规定。上海证券交易所和深圳证券交易所都根据《证券法》规定,对其《股票上市规则》进行了具体规定,股份有限公司申请股票上市应该按照《股票上市规则》规定的程序进行。按照我国《证券法》,申请股票上市交易,应当向证券交易所报送下列文件:

(1)上市报告书;

(2)申请股票上市的股东大会决议;

(3)公司章程;

(4)公司营业执照;

(5)依法经会计师事务所审计的公司最近三年的财务会计报告;

(6) 法律意见书和上市保荐书;
(7) 最近一次的招股说明书;
(8) 证券交易所上市规则规定的其他文件。

股票上市交易申请经证券交易所审核同意后,签订上市协议的公司应当在规定的期限内公告股票上市的有关文件,并将该文件置备于指定场所供公众查阅。

签订上市协议的公司除公告前条规定的文件外,还应当公告下列事项:
(1) 股票获准在证券交易所交易的日期;
(2) 持有公司股份最多的前十名股东的名单和持股数额;
(3) 公司的实际控制人;
(4) 董事、监事、高级管理人员的姓名及其持有本公司股票和债券的情况。

根据《上海证券交易所股票上市规则(2008 年修订)》及《深圳证券交易所股票上市规则(2008 年修订)》的规定,发行人首次公开发行股票的申请获得证监会核准后,可以向交易所提出股票上市申请。

发行人首次公开发行股票后申请在上海证券交易所上市,应当符合下列条件:(1) 股票经证监会核准已公开发行;(2) 公司股本总额不少于人民币 5000 万元;(3) 公开发行的股份达到公司股份总数的 25% 以上;公司股本总额超过人民币 4 亿元的,公开发行股份的比例为 10% 以上;(4) 公司最近三年无重大违法行为,财务会计报告无虚假记载;(5) 证券交易所要求的其他条件。

发行人向上海证券交易所申请其股票上市,应当提交下列文件:(1) 上市申请书;(2) 证监会核准其股票首次公开发行的文件;(3) 有关本次发行上市事宜的董事会和股东大会决议;(4) 营业执照复印件;(5) 公司章程;(6) 经具有执行证券、期货相关业务资格的会计师事务所审计的发行人最近三年的财务会计报告;(7) 首次公开发行结束后发行人全部股票已经中国证券登记结算有限责任公司上海分公司托管的证明文件;(8) 首次公开发行结束后,具有执行证券、期货相关业务资格的会计师事务所出具的验资报告;(9) 关于董事、监事和高级管理人员持有本公司股份的情况说明和《董事(监事、高级管理人员)声明及承诺书》;(10) 发行人拟聘任或者已聘任的董事会秘书的相关资料;(11) 首次公开发行后至上市前,按规定新增的财务资料和有关重大事项的说明(如适用);(12) 首次公开发行前已发行股份持有人,自发行人股票上市之日起一年内持股锁定证明;(13) 第 5.5.1

条所述承诺函①;(14)最近一次的招股说明书和经证监会审核的全套发行申报材料;(15)按照有关规定编制的上市公告书;(16)保荐协议和保荐人出具的上市保荐书;(17)律师事务所出具的法律意见书;(18)证券交易所要求的其他文件。

发行人及其董事、监事、高级管理人员应当保证向证券交易所提交的上市申请文件真实、准确、完整,不存在虚假记载、误导性陈述或者重大遗漏。

(四)上市审核

证券交易所在接到发行人提交的全部上市申请文件之后7个工作日内,②由其设立的上市委员会对上市申请进行审议,做出独立的专业判断并形成审核意见,证券交易所再根据上市委员会的审核意见,作出是否同意上市的决定并通知发行人。出现特殊情况时,证券交易所可以暂缓作出是否同意上市的决定。证券交易所并不保证发行人符合交易所规定的上市条件,其上市申请一定能够获得申请。发行人不服证券交易所决定的,可以在规定的时间内向证券交易所复核委员会申请复核,复核期间证券交易所的决定不停止执行。

五、上市公司的再融资

房地产公司上市后,还可以继续在资本市场通过发行证券进行再融资。根据中国证监会2006年5月发布的《上市公司证券发行管理办法》,上市公司申请在境内发行证券的品种包括股票、可转换公司债券和中国证监会认可的其他品种。

《上市公司证券发行管理办法》第二章规定了上市公司公开发行证券的条件,其中"一般规定"包括以下几方面:上市公司的组织机构健全、运行良好;上市公司的盈利能力具有可持续性;上市公司的财务状况良好;上市公司最近36个月内财务会计文件无虚假记载,且不存在重大违法行为;上市

---

① 根据该条规定:发行人向证券交易所申请其首次公开发行股票上市时,控股股东和实际控制人应当承诺:自发行人上市之日起36个月内,不转让或者委托他人管理其直接和间接持有的发行人首次公开发行股票前已发行股份,也不由发行人回购该部分股份。

但转让双方存在控制关系,或者均受同一实际控制人控制的,自发行人股票上市之日起1年后,经控股股东和实际控制人申请并经证券交易所同意,可豁免遵守前款规定。

发行人应当在上市公告书中披露上述承诺。

② 发行人按证券交易所要求提交补充文件的时间、因委员回避而调整会议日期的时间以及证券交易所聘请相关专业机构或者专家发表专业意见的时间,不计入证券交易所作出有关决定的期限内。

公司募集资金的数额和使用应当符合规定等。

上市公司发行股票,向原股东配售股份(简称"配股"),除符合上述"一般规定"外,还应当符合下列规定:

(1) 拟配售股份数量不超过本次配售股份前股本总额的30%;

(2) 控股股东应当在股东大会召开前公开承诺认配股份的数量;

(3) 采用证券法规定的代销方式发行。

控股股东不履行认配股份的承诺,或者代销期限届满,原股东认购股票的数量未达到拟配售数量70%的,发行人应当按照发行价并加算银行同期存款利息返还已经认购的股东。

向不特定对象公开募集股份(简称"增发"),除符合《上市公司证券发行管理办法》第二章第一节的规定外,还应当符合下列规定:

(1) 最近三个会计年度加权平均净资产收益率平均不低于6%。扣除非经常性损益后的净利润与扣除前的净利润相比,以低者作为加权平均净资产收益率的计算依据。

(2) 除金融类企业外,最近一期末不存在持有金额较大的交易性金融资产和可供出售的金融资产、借予他人款项、委托理财等财务性投资的情形。

(3) 发行价格应不低于公告招股意向书前20个交易日公司股票均价或前一个交易日的均价。

上市公司申请发行证券,董事会应当依法就本次证券发行的方案、本次募集资金使用的可行性报告、前次募集资金使用的报告和其他必须明确的事项作出决议,并提请股东大会批准。股东大会就发行股票作出的决定,至少应当包括下列事项:本次发行证券的种类和数量;发行方式、发行对象及向原股东配售的安排;定价方式或价格区间;募集资金用途;决议的有效期;对董事会办理本次发行具体事宜的授权;其他必须明确的事项。

股东大会就发行证券事项作出决议,必须经出席会议的股东所持表决权的2/3以上通过。向本公司特定的股东及其关联人发行证券的,股东大会就发行方案进行表决时,关联股东应当回避。

上市公司申请公开发行证券或者非公开发行新股,应当由保荐人保荐,并向中国证监会申报。保荐人应当按照中国证监会的有关规定编制和报送发行申请文件。

中国证监会收到申请文件后,在5个工作日内决定是否受理。中国证监会受理后,对申请文件进行初审;发行审核委员会审核申请文件,然后由中国证监会作出核准或者不予核准的决定。

自中国证监会核准发行之日起,上市公司应在 6 个月内发行证券;超过 6 个月未发行的,核准文件失效,需重新经中国证监会核准后方可发行。

上市公司发行证券,应当由证券公司承销;非公开发行股票,发行对象均属于原前十名股东的,可以由上市公司自行销售。证券发行申请未获核准的上市公司,自中国证监会作出不予核准的决定之日起 6 个月后,可再次提出证券发行申请。

上市公司发行证券,应当按照中国证监会规定的程序、内容和格式,编制公开募集证券说明书或者其他信息披露文件,依法履行信息披露义务。

上市公司发行的新股和可转换公司债券申请上市,应该按照上海证券交易所和深圳证券交易所发布的《股票上市规则(2008 年修订)》进行。

六、买壳上市

上述介绍了成立股份有限公司以及首次公开发行股票的程序。对于房地产公司,近年来多采取买壳上市的方式到证券市场进行融资,因此下面对借壳上市进行简单介绍。

买壳上市,是指非上市公司在证券市场上通过协议转让、拍卖、收购流通股等方式购买一家已经上市的公司(即"壳公司")一定比例的股权来取得上市地位,然后通过反向收购或资产置换等方式注入自己有关业务和资产,实现间接上市的目的。壳公司往往是业绩较差、筹资能力弱化的上市公司。

与买壳上市相关的是借壳上市。借壳上市是指上市公司的控股股东利用子公司的上市地位将尚未上市的其他业务和资产注入上市子公司中,以达到上市的目的。

买壳上市和借壳上市的共同之处在于,它们都是对上市公司壳资源进行重新分配利用的活动,都是为了实现间接上市,因此,通常情况下都被统称为借壳上市。它们的不同之处在于,买壳上市的企业首先必须取得一家上市公司的控股权,而借壳上市的企业在准备运作时就已经拥有了对上市公司的控制权。

房地产企业买壳上市的基本步骤为[①]:

(1)作为买壳方的房地产企业必须拥有一个优质的项目准备或充裕的资金准备(包括有形资产、无形资产、现成的生意或资金等等)。这一项是吸

---

① 参见张国生:《房地产企业买壳上市融资攻略》,载《房地产世界》2004 年第 4 期。

引空壳上市公司原有控股人愿意出让控股权和证券投资商为其提供中介服务的关键。房地产业刚刚被定义为国民经济发展的支柱产业,其所具有的利润空间一直以来是房地产行业火热的重要原因,所以提供一个具有对原空壳公司有吸引力的方案或项目,不会太难。

（2）聘请财务顾问。房地产企业在准备买壳上市时,要聘请专业质素较高且富有经验的财务顾问,以便为公司的买壳上市进行整体策划和组织实施,并由财务顾问协助公司聘请买壳上市所需的会计、资产评估、法律等方面的中介机构。

（3）由中介公司代表协助房地产企业股票市场选择一家合适的、干净的空壳上市公司作为收购目标（所谓"合适的"是指已发行和流通的股本要相对较小,因为盘子小容易操作;"干净的"是指没有任何法律及债务纠纷）。买壳一般而言可以采用以下买壳方式：股权转让,原控股股东以一定的价格（通常以每股净资产为报价基准再溢价）,将其持有的国有股（包括国家股和国有法人股）或法人股转让给房地产企业,使其成为上市公司第一大股东;间接控股,原控股股东以持有该上市公司的全部股份,加入拟上市房地产企业的母公司或控股的子公司,从而使房地产企业间接控股上市公司。

另一种方式是在股票市场上直接购买上市公司的股票,这种方式适合于那些流通股占总股本比例较高的公司。但是,这种方法一般成本较高。因为一旦开始在二级市场上收购上市公司的股票,必然引起公司股票价格的上涨,造成收购成本的提高。

（4）完成对上市公司的收购后,房地产企业入主上市公司的董事会,全面和主持上市公司的经营,将自身的优质资产作价进入上市公司,对上市公司原有不良资产作价进入原控股股东,或将上述不良资产进入买壳方,或原有资产继续留在上市公司。重组一般是在买壳以后进行,但有时为配合整体方案也可以在与卖壳方达成一致的条件下,在买壳以前实施。重组以后,买壳方的优质资产和主营业务进入上市公司,将大幅度提高上市公司业绩进而满足再筹资条件。

（5）完成项目方案、招股说明书和其他相关报告的制作;然后同证券商、投资公司和金融机构接触,进行项目招股的洽谈,并同上述机构签约,由他们协助进行项目所需的资金募集。

（6）完成项目所需资金的募集,达到公司预定的经营目标。

上述步骤中,各方均应严格遵守有关法律规定。一旦房地产企业与壳公司及其股东进行磋商和进行收购事宜时,企业必须按照《证券法》、《股票发行与交易管理暂行条例》、《上市公司收购管理办法》(2008年修订)等法律、法规和规范性文件的规定,履行信息披露、要约收购(或申请豁免)、交割价款等法律义务。

在对壳公司进行资产重组时,上市公司及其控股或者控制的公司购买、出售资产,达到下列标准之一的,构成重大资产重组:(1)购买、出售的资产总额占上市公司最近一个会计年度经审计的合并财务会计报告期末资产总额的比例达到50%以上;(2)购买、出售的资产在最近一个会计年度所产生的营业收入占上市公司同期经审计的合并财务会计报告营业收入的比例达到50%以上;(3)购买、出售的资产净额占上市公司最近一个会计年度经审计的合并财务会计报告期末净资产额的比例达到50%以上,且超过5000万元人民币。上市公司要在股东大会作出重大资产重组决议后的次一工作日公告该决议,并按照证监会的有关规定编制申请文件,委托独立财务顾问在3个工作日内向证监会申报。证监会根据《上市公司重大资产重组管理办法》(第53号令)规定的条件和程序对重大资产重组申请作出核准或者不予核准的决定。如果上市公司重大资产重组存在下列情形之一,应提交证监会在上市审核委员会中设立的上市公司并购重组审核委员会审核:(1)上市公司出售资产的总额和购买资产的总额占其最近一个会计年度经审计的合并财务会计报告期末资产总额的比例均达到70%以上;(2)上市公司出售全部经营性资产,同时购买其他资产;(3)证监会在审核中认为需要提交并购重组委审核的其他情形。重大资产重组也涉及需要进行审计、评估、独立财务顾问、律师事务所、会计师事务所等服务机构出具意见以及公司报告等信息披露的强制性要求。

利用重组后壳公司发行新股,必须满足《公司法》、《证券法》的有关规定,以及证监会发布的《上市公司证券发行管理办法》等规范性文件的规定。根据我国2005年修订后的《证券法》第13条规定,公司公开发行新股,应当符合下列条件:具备健全且运行良好的组织机构;具有持续盈利能力,财务状况良好;最近三年财务会计文件无虚假记载,无其他重大违法行为;经国务院批准的国务院证券监督管理机构规定的其他条件。上市公司非公开发行新股,应当符合经国务院批准的国务院证券监督管理机构规定的条件,并报国务院证券监督管理机构核准。

房 地 产 金 融

案例分析

案例：金融街买壳重庆华亚
[案情]

金融街控股股份有限公司的前身是重庆华亚现代纸业股份有限公司，成立于1996年6月18日，其主营业务为纸包装制品、聚乙烯制品、包装材料等。金融街集团是北京市西城区国资委全资拥有的以资本运营和资产管理为主要任务的全民所有制企业。

1999年12月27日，原重庆华亚的控股股东华西集团与北京金融街集团签订了股权转让协议，华西集团将其持有的4869.15万股（占股权比例的61.88%）国有法人股转让给金融街集团；2000年1月15日，财政部批准了该股权转让行为；2000年4月6日，中国证监会批准同意豁免金融街集团要约收购义务；2000年4月12日，金融街控股、金融街集团及华西集团就股权转让事宜分别进行了公告；2000年5月24日，金融街集团在深圳证交所办理了股权过户手续。至此，公司第一大股东就由华西集团变更为金融街集团，基本完成了股权转让过程。

金融街集团取得控股权后，迅速对"重庆华亚"进行一系列的资产重组工作。2000年5月15日，股东大会审议批准了《资产置换协议》，协议主要内容为：金融街控股将所拥有的全部资产及全部负债整体置出公司，金融街集团按照净资产相等的原则将相应的资产及所对应的负债置入公司，置入净资产大于置出净资产的部分作为金融街控股对金融街集团的负债，由金融街控股无偿使用3年。2000年8月8日，公司名称由"重庆华亚现代纸业股份有限公司"变更为"金融街控股股份有限公司"，公司股票简称由"重庆华亚"变更为"金融街"。2001年4月，金融街控股将注册地由重庆迁往北京。金融街控股整体资产置换完成后，全面退出包装行业，主要从事房地产开发业务。2001年5月，"金融街"与控股股东金融街集团进行关联交易，加大重组力度，收购了关联公司北京金融街建设开发公司位于北京金融街区域与土地开发有关的资产，并收购了控股股东金融街集团持有的北京宏基嘉业房地产公司51%的股权。这样，上市公司将独家承担北京金融街规划区域剩余的全部土地开发工作，获得了位于北京金融街的50万平方米的土地储备，足够公司5年开发100万平方米的可销售地上建筑面积的需要，保持了公司的可持续发展。

金融街集团买壳后的资产重组效果是非常显著的,2000年5月上市公司进行整体置换后,当年中报披露,公司半年实现1129万元的利润,比1999年同期的225万元增长了403%;2001年,公司当年实现利润15100万元,净资产收益率43.59%,净资产从买壳前的16400万元增值到34650万元。

在优良业绩的支持下,公司在2002年2月,以每股19.58元的高价增发2145万股A股,融资42000万元。到2002年末,公司实现利润16700万元,净资产增长至88500万元,净资产收益率达14.54%。2004年12月,金融街再次以9.3元的价格增发7600万股。

[评析]

1. 上市公司收购中的要约收购义务及其豁免

"买壳上市"实际上是上市公司收购的过程,即投资者通过证券交易场所交易方式或者协议方式,单独或者共同购买某上市公司股份,以取得对该上市公司的管理权或者控制权。收购的过程不可避免地会遇到要约收购义务的问题。2005年修订前的《证券法》实行的是"强制全面要约制度",即收购人持有、控制一个上市公司的股份达到该公司已发行股份的30%时,继续增持股份或者增加控制的,应当以要约收购方式向该公司的所有股东发出收购其所持有的全部股份的要约。2005年修订后的《证券法》对此做了修改,其第88条规定,通过证券交易所的证券交易,投资者持有或者通过协议、其他安排与他人共同持有一个上市公司已发行的股份达到30%时,继续进行收购的,应当依法向该上市公司所有股东发出收购上市公司全部或者部分股份的要约。这实质上是修改了原有的全面要约制度,即由强制全面要约收购转向允许部分要约收购,从而放松了收购方的义务。部分要约收购为收购人提供了一个更为灵活和成本相对较低的选择,收购人可以根据其需要和市场情况,在收购数量上自行设定收购目标,而不必强制接受被收购公司的所有股份,一定程度上避免了全面要约收购可能导致公司终止上市的情形。部分要约收购制度也有利于推进上市公司收购的市场化行为。

2005年修订前的《证券法》规定了强制要约收购义务可以由中国证监会豁免,即第81条规定:"通过证券交易所的证券交易,投资者持有一个上市公司已发行的股份的30%时,继续进行收购的,应当依法向该上市公司所有股东发出收购要约。但经国务院证券监督管理机构免除发出要约的除外。"2005年修订后的《证券法》将此规定删除,而只规定了协议收购符合一定条件的可以向中国证监会申请豁免,即第96条规定:"采取协议收购方式的,收购人收购或者通过协议、其他安排与他人共同收购一个上市公司已发行的股份达到30%时,继续进行收购的,应当向该上市公司所有股东发出收购上市公司全部或者部分股份的要约。但是,经国务院证券监督管理机构免除发出要约的除外。"

2006年9月1日施行,并于2008年4月29日修改的《上市公司收购管理办法》对豁免申请进行了具体规定。该《管理办法》第62条规定,有下列情形之一的,收购人(投资者及其一致行动人)可以向证监会提出免于以要约方式增持股份的申请:

(1) 收购人与出让人能够证明本次转让未导致上市公司的实际控制人发生变化;

(2) 上市公司面临严重财务困难,收购人提出的挽救公司的重组方案取得该公司股东大会批准,且收购人承诺3年内不转让其在该公司中所拥有的权益;

(3) 经上市公司股东大会非关联股东批准,收购人取得上市公司向其发行的新股,导致其在该公司拥有权益的股份超过该公司已发行股份的30%,收购人承诺3年内不转让其拥有权益的股份,且公司股东大会同意收购人免于发出要约;

(4) 证监会为适应证券市场发展变化和保护投资者合法权益的需要而认定的其他情形。

《管理办法》第63条规定,当事人可以向证监会申请以简易程序免除发出要约:

(1) 经政府或者国有资产管理部门批准进行国有资产无偿划转、变更、合并,导致投资者在一个上市公司中拥有权益的股份占该公司已发行股份的比例超过30%;

(2) 在一个上市公司中拥有权益的股份达到或者超过该公司已发行股份的30%的,自上述事实发生之日起一年后,每12个月内增加其在该公司中拥有权益的股份不超过该公司已发行股份的2%;

(3) 在一个上市公司中拥有权益的股份达到或者超过该公司已发行股份的50%的,继续增加其在该公司拥有的权益不影响该公司的上市地位;

(4) 因上市公司按照股东大会批准的确定价格向特定股东回购股份而减少股本,导致当事人在该公司中拥有权益的股份超过该公司已发行股份的30%;

(5) 证券公司、银行等金融机构在其经营范围内依法从事承销、贷款等业务导致其持有一个上市公司已发行股份超过30%,没有实际控制该公司

的行为或者意图,并且提出在合理期限内向非关联方转让相关股份的解决方案;

(6)因继承导致在一个上市公司中拥有权益的股份超过该公司已发行股份的30%;

(7)证监会为适应证券市场发展变化和保护投资者合法权益的需要而认定的其他情形。

根据前款第1项和第3项至第7项规定提出豁免申请的,证监会自收到符合规定的申请文件之日起10个工作日内未提出异议的,相关投资者可以向证券交易所和证券登记结算机构申请办理股份转让和过户登记手续;根据前款第2项规定,相关投资者在增持行为完成后3日内应当就股份增持情况做出公告,并向证监会提出豁免申请,证监会自收到符合规定的申请文件之日起10个工作日内作出是否予以豁免的决定。证监会不同意其以简易程序申请的,相关投资者应当按照第62条的规定提出申请。

本案例中,证监会批准豁免了金融街集团的要约收购义务。

2. 买壳上市后的重组与融资

从上述"金融街"案例中,我们可以发现房地产企业买壳上市的共同特点:在买壳后对壳公司进行实质性重组,把优质的房地产资产和业务注入壳公司,迅速提高盈利水平,取得再融资的资格进行融资。

在买壳上市后的重组与融资中,企业必须严格遵守《公司法》、《证券法》、《上市公司收购管理办法》等法律、法规和规范性文件的有关规定。

在对壳公司进行资产重组时,如果触及重大资产重组的条件,需要向证监会申请并取得其核准。利用重组后壳公司发行新股,必须满足《公司法》、《证券法》的有关规定,以及证监会发布的《上市公司证券发行管理办法》等规范性文件关于发行新股的规定。

(曾金华)

第三章 房地产企业债券(公司债券)发行制度

- 企业债券的种类
- 企业债券的发行与上市
- 企业债券的担保

基本原理

一、债券的概念

债券是发行人直接向社会筹措资金时,向投资者发行,并且承诺按一定利率支付利息并按约定条件偿还本金的债权债务凭证。债券的本质是债的证明书,具有法律效力。投资者(债券持有人)与发行者之间是一种债权债务关系,债券发行人是债务人,投资者(或债券持有人)是债权人。债券作为一种重要的融资手段和金融工具具有如下特征:

(1)偿还性。债券一般都规定有偿还期限,发行人必须按约定条件偿还本金并支付利息。

(2)流通性。债券一般都可以在流通市场上自由转让。

(3)安全性。与股票相比,债券通常规定有固定的利率,与企业绩效没有直接联系,收益比较稳定,风险较小。此外,在企业破产时,债券持有者享有优先于股票持有者对企业剩余财产的索取权。

(4)收益性。债券的收益性主要表现在两个方面,一是投资债券可以给投资者定期或不定期地带来利息收益;二是投资者可以利用债券价格的变动,买卖债券赚取差额。

根据发行主体的不同,债券可分为政府债券、金融债券和企业债券:

1. 政府债券

发行主体是政府。中央政府发行的债券也称为国债。国债是目前债券市场上流动性最佳、风险最低的债券。从债券形式看,我国发行的国债又可分为无记名(实物)国债、凭证式国债和记账式国债三种。

2. 金融债券

发行主体是银行和非银行金融机构。我国目前的金融债券主要是由国家开发银行、进出口银行等政策性银行发行的政策性金融债券。目前,政策性金融债券均在银行间债券市场发行和交易。证券公司也可以根据中国证监会的相关规定发行债券。

3. 企业债券

发行主体是金融机构之外的企业。按债券是否含有股票转换权,我国债券市场上的企业债券可分为普通企业债券和可转换公司债券两类,其中可转换债券是指在一定条件下能够转换成为公司股票的企业债券,一般为上市公司所发行。企业为缓解流动资金短缺而发行的短期(期限一般为一年以内)债券,称为短期融资券。

二、企业债券(公司债券)

企业债券是企业依照法定程序发行,约定在一定期限内还本付息的债券。在国外,一般只有股份公司和有限责任公司才能发行企业债券,所以企业债券也即公司债券。在我国,除了股份有限公司和有限责任公司之外,一些组织形式不是股份有限公司或有限责任公司的企业也可以发行债券,所以企业债券(或称企业债)广义上泛指各种企业发行的债券,既包括股份有限公司和有限责任公司发行的公司债券,也包括非公司型企业发行的狭义的企业债券。我国企业债券的发行始于1983年。以公司作为组织形式的房地产企业,其发行的债券即为公司债券。

企业债券代表着发债企业和投资者之间的一种债权债务关系,债券持有人是企业的债权人,有权按期收回本息。企业债券与股票一样,同属有价证券,可以自由转让。企业债券风险与企业本身的经营状况直接相关。如果企业发行债券之后,经营状况不好,连续出现亏损,可能无力支付投资者本息,投资者就面临着受损失的风险。所以,在企业发行债券时,一般要对发债企业进行严格的资格审查或要求发行企业有财产抵押,以保护投资者利益。另一方面,在一定限度内,证券市场上的风险与收益成正相关关系,高风险伴随着高收益。企业债券由于具有较大风险、它们的利率通常也高于国债。

与企业的另外两种重要筹资渠道(发行股票和向银行贷款)相比,企业发行债券有其突出的特点。发行债券所筹集的资金期限较长,资金使用自由，而已购买债券的投资者无权干涉企业的经营决策，现有股东对公司的所有权保持不变。因此，发行债券是许多企业非常愿意选择的筹资方式。当然，债券筹资也有其不足之处，主要是由于公司债券投资的风险性较大，发行成本一般高于银行贷款，还本付息对公司构成较重的财务负担。

企业在决定通过债券筹集资金后，接着就要考虑发行何种类型的债券以及发行债券的条件。债券发行的条件指债券发行者发行债券筹集资金时所必须考虑的有关因素，具体包括发行额、面值、期限、偿还方式、票面利率、付息方式、发行价格、发行费用、有无担保等。由于企业债券通常是以发行条件进行分类的，所以确定发行条件的同时也就确定了所发行债券的种类。在选择债券发行条件时，企业应根据债券发行条件的具体内容综合考虑下列因素：

（1）发行额。债券发行额指债券发行人一次发行债券时预计筹集的资金总量。

（2）债券面值。债券面值即债券票面上标出的金额，企业可根据不同认购者的需要，使债券面值多样化，既有大额面值，也有小额面值。

（3）债券的期限。从债券发行日起到偿还本息日止的这段时间称为债券的期限。企业通常根据资金需求的期限、未来市场利率走势、流通市场的发达程度、债券市场上其他债券的期限情况、投资者的偏好等来确定发行债券的期限结构。

（4）债券的偿还方式。按照债券的偿还日期的不同，债券的偿还方式可分为期满偿还、期中偿还和延期偿还三种或可提前赎回和不可提前赎回两种；按照债券的偿还形式的不同，可分为以货币偿还、以债券偿还和以股票偿还三种。

（5）票面利率。票面利率可分为固定利率和浮动利率两种。

（6）付息方式。付息方式一般可分为一次性付息和分期付息两种。

（7）发行价格。债券的发行价格即债券投资者认购新发行债券的价格。

（8）发行方式。企业可根据市场情况、自身信誉和销售能力等因素，选择采取向特定投资者发行的私募方式或向社会公众发行的公募方式；自己直接向投资者发行的直接发行方式或让证券中介机构参与的间接发行方式；公开招标发行方式或与中介机构协商议价的非招标发行方式等。

（9）担保情况。发行的债券有无担保以及采取什么形式的担保，是债券发行的重要条件之一。一般而言，由信誉卓著的第三方担保或以企业自己的财产作抵押担保，可以增加债券投资的安全性，减少投资风险，提高债券的吸引力。

（10）债券选择权情况。附有选择权的公司债券指在债券发行中,发行者给予持有者一定的选择权,如可转换公司债券、有认股权证的公司债券、可退还的公司债券等。

（11）发行费用。债券发行费用,指发行者支付给有关债券发行中介机构和服务机构的费用,债券发行者应尽量减少发行费用。

三、可转换公司债券

可转换公司债券是被赋予了股票转换权的公司债券,也称"可转换债券"。发行公司事先规定债权人可以选择有利时机,按发行时规定的条件把其债券转换成发行公司的等值股票(普通股票)。

《公司法》第 162 条规定,上市公司经股东大会决议可以发行可转换为股票的公司债券,并在公司债券募集办法中规定具体的转换办法。上市公司发行可转换为股票的公司债券,应当报国务院证券监督管理机构核准。发行可转换为股票的公司债券,应当在债券上标明可转换公司债券字样,并在公司债券存根簿上载明可转换公司债券的数额。第 163 条规定,发行可转换为股票的公司债券的,公司应当按照其转换办法向债券持有人换发股票,但债券持有人对转换股票或者不转换股票有选择权。

《证券法》第 16 条规定,上市公司发行可转换为股票的公司债券,除应当符合发行公司债券的条件外,还应当符合《证券法》关于公开发行股票的条件,并报国务院证券监督管理机构核准。第 49 条规定,申请股票、可转换为股票的公司债券或者法律、行政法规规定实行保荐制度的其他证券上市交易,应当聘请具有保荐资格的机构担任保荐人。

可转换公司债是一种混合型的债券形式。当投资者不太清楚发行公司的发展潜力及前景时,可先投资于这种债券。待发行公司经营实绩显著,经营前景乐观,其股票行市看涨时,则可将债券转换为股票,以受益于公司的发展。

根据《上市公司证券发行管理办法》,可转换公司债券的期限最短为 1 年,最长为 6 年。可转换公司债券每张面值一百元,其利率在符合国家相关规定的基础上由发行公司与主承销商协商确定。

可转换公司债券自发行结束之日起 6 个月后方可转换为公司股票,转股期限由公司根据可转换公司债券的存继期限及公司财务状况确定。投资者(债券持有人)对是否将债券转换为股票享有选择权,如果转股,则于转股次日成为发行公司的股东;如果未转股,上市公司应在可转换公司债券期满后5个工作日内办理完毕偿还债券余额本息的事项。

转股价格,也即募集说明书事先约定的可转换公司债券转换为每股股份所支付的价格,应不低于募集说明书公告前20个交易日该公司股票交易均价和前一交易日的均价。募集说明书应当约定转股价格调整的原则及方式。如因配股、增发、送股、派息、分立及其他原因引起上市公司股份变动的,发行公司应当同时调整转股价格。募集说明书约定转股价格向下修正条款的,还应同时约定:(1)转股价格修正方案须提交公司股东大会表决,且须经出席会议的股东所持表决权的2/3以上同意。股东大会进行表决时,持有公司可转换债券的股东应当回避;(2)修正后的转股价格不低于前项规定的股东大会召开日前20个交易日该公司股票交易均价和前一交易日的均价。

可转换公司债券的募集说明书可以约定赎回条款或回售条款。赎回是指上市公司股票价格在一段时期内连续高于转股价格达到某一幅度时,公司有权按事先约定的条件和价格赎回尚未转股的可转换公司债券;回售是指上市公司股票在一段时期内连续低于转股价格达到某一幅度时,可转换公司债券持有人有权按事先约定的条件和价格将所持债券回售给上市公司。如果上市公司改变公告的募集资金用途的,应授予可转换公司债券持有人一次回售的权利。

四、企业短期融资券

企业短期融资券是企业为缓解因银行银根紧缩所造成的流动资金短缺,而发行的短期(期限一般为一年以内)债券。我国1987年开始在上海推行企业短期融资券试点,当年实际发行11.24亿元。1989年,基于试点经验出台了《企业短期融资债券管理办法》,将该债券的发行试点推向全国,20世纪90年代中期,因为一些企业出现了偿付问题而被叫停。①

2005年,考虑到在银行间市场引入短期融资券的条件基本具备,面向合格机构投资者发行短期融资券是以货币市场发展促进金融整体改革的重要政策措施,中国人民银行于2005年5月23日发布了《短期融资券管理办

---

① 企业短期融资券在20世纪90年代的发展情况,可参见郑振龙等编著:《中国证券发展简史》,经济科学出版社2000年版,第97—98页;王咏年著:《复苏与起步:1980—1991年中国证券市场简史》,中国财政经济出版社2004年版,第97—98页。

法》,并在其后发布了《短期融资券承销规程》、《短期融资券信息披露规程》两个配套文件,允许符合条件的企业在银行间债券市场向机构投资者发行短期融资券。2008年3月14日,中国人民银行吸收之前的经验并进一步简化管理,发布《银行间债券市场非金融企业债务融资工具管理办法》(以下简称《办法》),并自2008年4月15日起正式施行,启动了非金融企业债务融资工具(以下简称中期票据)市场。根据该《办法》,上述调整短期融资券的规定同时终止执行,今后短期融资券的发行、交易等事项适用调整中期票据的《办法》及银行间交易商协会制定的自律规则(详见下文)。

根据《办法》及银行间交易商协会制定的《银行间债券市场非金融企业短期融资券业务指引》,短期融资券是指具有法人资格的非金融企业在银行间债券市场发行的,约定在1年内还本付息的债务融资工具。企业发行短期融资券由原来向中国人民银行备案转向银行间交易商协会注册,其发行利率、发行价格和所涉费率以市场化方式确定,任何商业机构不得以欺诈、操作市场等行为获取不正当利益。

、短期融资券在债权债务登记日次一工作日即可在全国银行间债券市场机构投资者之间流通转让,并在中央国债登记结算有限责任公司办理登记、托管和结算事务。投资者应自行判断和承担投资风险,发行人应按期兑付融资券本息,不得违反合同约定变更兑换日期。

与其他融资方式相比,短期融资券的优势有:成本优势,根据目前债券收益率结构,1年期短期融资券与短期贷款利率相比,具有一定的成本优势;短期融资券灵活性较强,企业短期融资券的发行实行注册制,发行手续相对简单,发行周期明显缩短。余额管理制则使发行人可根据市场利率、供求情况和自身融资需要、现金流特点,灵活决定产品的发行时机和产品期限结构。银行间市场聚集了市场上最主要的机构投资者,包括商业银行、保险公司、基金等,它们资金规模大,有利于发行人在短期内完成融资。

中国人民银行发布《短期融资券管理办法》,尤其是2008年发布《银行间债券市场非金融企业短期融资券业务指引》之后,企业掀起了一股发行短期融资券的高潮。截至2011年5月末,短期融资券的托管量高达6827.4亿元,这一金融工具为几百家企业提供了资金融通便利。

短期融资券同样也吸引了房地产企业,例如,金融街控股股份有限公司于2006年5月发行了第一期规模为9亿元,期限为270天的短期融资券,其他的如南京高科、浦东金桥、张江高科等不少知名房地产开发和经营企业也纷纷加入到短期融资券的发行队伍中。公司发行短期融资券,有利于缓

解基础设施建设的资金压力,降低公司财务费用,也有利于改善公司的融资结构,补充公司营运资金。

操作流程

一、企业债券(公司债券)、中期票据的发行与上市

受我国经济发展阶段和企业公司制改造进程的影响,目前我国存在三类由不同监管者主导的企业债券(公司债券)发行模式[①]:

一类债券称为企业债券(狭义意义),是指具有法人资格的企业在境内依照法律程序发行,约定于一定期限内还本付息的有价证券,适用的是1993年8月2日国务院发布的《企业债券管理条例》(第121号令)和《公司法》、《证券法》的相关规定,由国家发展和改革委员会(以下简称国家发改委)进行核准,主要在银行间债券市场发行和交易。1999年,国家暂停了正常的企业债券发行工作,但仍通过国务院特批方式发行规模较大的企业债券。1993年发布的《企业债券管理条例》正在修改,目前执行的主要是国家发改委发布的《关于进一步改进和加强企业债券管理工作的通知》(发改财金〔2004〕1134号)和《关于推进企业债券市场发展,简化发行核准程序有关事项的通知》(发改财金〔2008〕7号)的规定,其规范对象包括依公司法设立的公司(不包括上市公司)发行的公司债券和其他企业发行的企业债券。2011年6月27日,国家发改委办公厅发布了《关于利用债券融资支持保障性住房建设有关问题的通知》(发改办财金〔2011〕1388号),支持地方政府设置的投融资平台公司和其他企业通过发行企业债券进行保障性住房项目融资。

第二类债券称为公司债券,是指公司依照法定程序发行,约定在一年以上期限内还本付息的有价证券,适用的主要是《公司法》、《证券法》及《公司债券发行试点办法》的规定,由证监会进行核准,在沪深证券交易所发行和交易。《公司债券发行试点办法》由证监会于2007年8月14日公布,并自公布之日起施行,是为落实2007年全国金融工作会议关于"加快发展债券市场"的工作部署而推出的新规定。相比《企业债券管理条例》,《公司债券

---

① 参见洪艳蓉:《公司债券的多头监管、路径依赖与未来发展框架》,载《证券市场导报》2010年第4期。

发行试点办法》规定了一系列市场化的制度和改革内容,并强化了对债券持有人的保护(详见下文)。为积极稳妥地推进公司债券市场的建设,有效防范市场风险,公司债券发行试点从上市公司入手。初期,试点公司范围限于沪深证券交易所上市的公司及发行境外上市外资股的境内股份有限公司。

第三类债券称为非金融企业债务融资工具(以下简称中期票据),是指具有法人资格的非金融企业在银行间债券市场发行的,约定在一定期限内还本付息的有价证券。中期票据市场是中国人民银行于2008年4月新启动的市场,央行在《银行间债券市场非金融企业债务融资工具管理办法》中下放债券发行核准权,开创了由银行间交易商协会负责债券发行注册并全权自律监管的高度市场化债券管理模式。由于中期票据采用了市场化的自律性管理,发行手续相对简便、快捷,其市场规模发展迅速,受到许多企业的青睐。

基于上述三套债券发行模式和债券分别在银行间债券市场、证券交易所两个场所交易的状况,房地产企业(公司)发行债券时,要根据公司是否上市、自身需求等因素选择不同的债券发行途径并适用相应的法律规范。下面对三类债券发行与上市进行说明:

(一)发行条件

相关法律法规和文件对企业债券、公司债券和中期票据的发行条件都做了规定,因为不同时期的经济形势不同,以及立法或政策的指导原则的差异,这些规定也有所区别。

首先看企业债券的发行条件。根据《企业债券管理条例》第12条规定,企业发行企业债券必须符合下列条件:

(1)企业规模达到国家规定的要求;
(2)企业财务会计制度符合国家规定;
(3)具有偿债能力;
(4)企业经济效益良好,发行企业债券前连续三年盈利;
(5)所筹资金用途符合国家产业政策。

《企业债券管理条例》第16条还规定,企业发行企业债券的总面额不得大于该企业的自有资产净值。

根据国家发改委2008年发布的《关于推进企业债券市场发展,简化发行核准程序有关事项的通知》第2条的规定,企业公开发行企业债券应符合以下条件:

(1)股份有限公司的净资产不低于人民币3000万元,有限责任公司和其他类型企业的净资产不低于人民币6000万元；

（2）累计债券余额不超过企业净资产（不包括少数股东权益）的40%；

（3）最近三年可分配利润（净利润）足以支付企业债券一年的利息；

（4）筹集资金的投向符合国家产业政策和行业发展方向，所需相关手续齐全。

（5）债券的利率由企业根据市场情况确定，但不得超过国务院限定的利率水平；

（6）已发行的企业债券或者其他债务未处于违约或者延迟支付本息的状态；

（7）最近三年没有重大违法违规行为。

其次看公司债券的发行条件。根据2005年10月修订的《证券法》第16条的规定，公开发行公司债券，必须符合以下条件：

（1）股份有限公司的净资产不低于人民币3000万元，有限责任公司的净资产不低于人民币6000万元；

（2）累计债券余额不超过公司净资产的40%；

（3）最近三年平均可分配利润足以支付公司债券一年的利息；

（4）筹集的资金投向符合国家产业政策；

（5）债券的利率不超过国务院限定的利率水平；

（6）国务院规定的其他条件。

《证券法》第18条规定，有下列情形之一的，不得再次公开发行公司债券：

（1）前一次公开发行的公司债券尚未募足；

（2）对已公开发行的公司债券或者其他债务有违约或者延迟支付本息的事实，仍处于继续状态；

（3）违反本法规定，改变公开发行公司债券所募资金的用途。

《公司债券发行试点办法》进一步细化了《证券法》的上述规定，其第7条要求发行公司债券，应当符合下列规定：

（1）公司的生产经营符合法律、行政法规和公司章程的规定，符合国家产业政策；

（2）公司内部控制制度健全，内部控制制度的完整性、合理性、有效性不存在重大缺陷；

（3）经资信评级机构评级，债券信用级别良好；

（4）公司最近一期未经审计的净资产额应符合法律、行政法规和中国证监会的有关规定；

（5）最近三个会计年度实现的年均可分配利润不少于公司债券一年的利息；

（6）本次发行后累计公司债券余额不超过最近一期末净资产额的40%；金融类公司的累计公司债券余额按金融企业的有关规定计算。

《公司债券发行试点办法》第8条要求，存在下列情形之一的，不得发行公司债券：

（1）最近36个月内公司财务会计文件存在虚假记载，或公司存在其他重大违法行为；

（2）本次发行申请文件存在虚假记载、误导性陈述或者重大遗漏；

（3）对已发行的公司债券或者其他债务有违约或者迟延支付本息的事实，仍处于继续状态；

（4）严重损害投资者合法权益和社会公共利益的其他情形。

最后看中期票据的发行条件。《银行间债券市场非金融企业债务融资工具管理办法》未规定（限定）中期票据的发行条件，执行的是审查信息披露是否完备的注册制，其第3条规定，中期票据的发行与交易应遵循诚信、自律原则（第3条）；其第11条规定，中期票据发行利率、发行价格和所涉费率以市场化方式确定，任何商业机构不得以欺诈、操纵市场等行为获取不正当利益。企业如能获得银行间市场交易商协会的发行注册，即可发行中期票据。根据央行的授权，银行间市场交易商协会组织注册会议①，对发行企业拟披露文件是否符合中期票据自律规则、指引要求进行评议，对符合条件者向企业发送《接受注册通知书》。

从上述规定可以看出，公司债券的发行条件大多有明确的衡量标准，企业债券一改之前发行条件政策性强，操作标准较模糊的不足，逐步向公司债券的发行标准靠近，尤其是以"最近三年可分配利润（净利润）足以支付企业债券一年的利息"取得之前的"发行企业债券前连续三年盈利"，显得更为灵活和合理，较能满足企业融资的现实需求。中期票据不限定发债主体及具体条件，理论上只要企业信息披露文件完备，就能获得发行注册，其市场准入门槛最低而市场自治程度最高，有利于中小企业融资。不过，从实践

---

① 根据2011年4月26日修订的《银行间债券市场非金融企业债务融资工具注册工作规程》第12条，注册会议由5名经济金融理论知识丰富、熟知相关法律法规、从业经验丰富、职业声誉较高的金融市场专家（简称注册专家）参加。

操作来看,其发行主体主要是大型的中央、地方国有企业或国有控股公司,平均单笔发行规模都在 10 亿元以上,并未向中小企业倾斜。

对于募集资金的投向,《企业债券管理条例》第 20 条规定,企业发行企业债券所筹资金应当按照审批机关批准的用途,用于本企业的生产经营。企业发行企业债券所筹资金不得用于房地产买卖、股票买卖和期货交易等与本企业生产经营无关的风险性投资。《关于推进企业债券市场发展,简化发行核准程序有关事项的通知》再次重申了债券筹集资金必须按照核准的用途,用于本企业的生产经营,不得擅自挪作他用。不得用于弥补亏损和非生产性支出,也不得用于房地产买卖、股票买卖以及期货等高风险投资。所募集的资金如用于固定资产投资项目的,应符合固定资产投资项目资本金制度的要求,原则上累计发行额不得超过该项目总投资的 60%。用于收购产权(股权)的,比照该比例执行。用于调整债务结构的,不受该比例限制,但企业应提供银行同意以债还贷的证明;用于补充营运资金的,不超过发债总额的 20%。总体而言,企业债券募集资金的投向,受到比较严格的限制。对公司债券,《证券法》第 16 条规定,公开发行公司债券筹集的资金,必须用于核准的用途,不得用于弥补亏损和非生产性支出。《公司债券发行试点办法》第 13 条规定,发行公司债券募集的资金,必须符合股东会或股东大会核准的用途,且符合国家产业政策。公司所募集的资金用途不再与固定资产投资项目挂钩,包括可以用于偿还银行贷款、改善财务结构等股东大会核准的用途,在使用范围上授予公司更大的自主权,体现了市场化的价值取向。对于中期票据,相关立法及自律规则未进行限定,而由发行企业自行决定,但需要进行信息披露。

(二)债券的条款设计及其他安排

企业债券的票面应当载明下列内容:

(1)企业的名称、住所;

(2)企业债券的面额;

(3)企业债券的利率;

(4)还本期限和方式;

(5)利息的支付方式;

(6)企业债券发行日期和编号;

(7)企业的印记和企业法定代表人的签章;

(8)审批机关批准发行的文号、日期。

企业债券持有人有权按照约定期限取得利息、收回本金,但是无权参与企业的经营管理。企业债券持有人对企业的经营状况不承担责任。企业债券可以转让、质押和继承。公司债券的票面记载事项大抵与企业债券的相同。不过,《公司债券发行试点办法》第9条明确规定,公司债券每张面值一百元。

近年来,各类债券的发行采用无纸化方式,也即投资者在证券发行时,不再持有实物债券,而是将所购买的债券登记在证券登记结算公司(中国证券登记结算公司或中央国债登记结算公司)的证券持有人账户中,再据此主张权益和进行交易,投资者与发行公司的关系由债券募集说明书进行约束。

(三) 债券的发行

1. 发行额度

企业债券的发行规模,主要受到国家宏观经济环境和产业发展政策的制约,曾经执行由国务院确定企业债券发行总规模,国家发改委会同有关部门,具体批准企业发行方案的做法,带有浓厚的行政性色彩。① 随着2008年《关于推进企业债券市场发展,简化发行核准程序有关事项的通知》的发布,国家发改委简化了企业债券的发行程序,以核准制取代之前的审批制,并取消了发行额度的限制;对企业而言,其累计债券余额不超过企业净资产(不包括少数股东权益)的40%。

公司债券的发行,则放松了行政性管制,致力于市场化的改革方向,其发行规模由公司自主确定之后,报证监会核准。具体而言,根据《公司债券发行试点办法》第12条规定,申请发行公司债券,应当由公司董事会制订方案,由股东会或股东大会对下列事项做出决议:(1) 发行债券的数量;(2) 向公司股东配售的安排;(3) 债券期限;(4) 募集资金的用途;(5) 决议的有效期;(6) 对董事会的授权事项;(7) 其他需要明确的事项。

公司债券的发行规模,应满足"最近三个会计年度实现的年均可分配利润不少于公司债券一年的利息",并且"此次发行后累计公司债券余额不超过最近一期末净资产额的百分之四十"等发行条件要求。

中期票据的发行规模实行市场化的做法,由发行公司自主决定,但其累

---

① 例如,经国务院批准,国家发展改革委以发改财金[2007]602号文下达了发行规模,共95家发债主体,总规模992亿元。其中,能源307亿元、交通219亿元、工业190亿元、城建209亿元、高新技术及其他67亿元。此次债券按照"区别对待,有保有压,调整结构,协调发展"的原则,贯彻国家产业政策和宏观调控政策,在投资项目上严把土地、环评、市场准入和技术、安全门槛,重点支持能源、交通等基础设施建设;支持环境整治和循环经济,促进节能减排工作;选择中小高科技企业集合发行债券,增强自主创新能力。

计余额不得超过公司净资产的40%。

2. 发行申报与核准

企业债券的发行申报已从审批制过渡到核准制,原本先核定规模,后核准发行的两个环节,现在已改为直接核准发行一个环节。根据《关于推进企业债券市场发展,简化发行核准程序有关事项的通知》第5条的规定,国家发改委受理企业发债申请后,依据法律法规及有关文件规定,对申请材料进行审核。符合发债条件、申请材料齐全的直接予以核准。申请材料存在不足或需要补充有关材料的,及时向发行人和主承销商提出反馈意见,后者根据反馈意见对申请材料进行补充、修改和完善,重要问题应出具文件进行说明。国家发改委自受理申请之日起3个月内(发行人及主承销商根据反馈意见补充和修改申报材料的时间除外)作出核准或者不予核准的决定,不予核准的,应说明理由。

公司债券的发行申报与核准步骤如下:

(1) 公司作出发行公司债券的决议之后,聘请保荐人对发行公司债券进行保荐,并向证监会申报。保荐人应当按照证监会的有关规定编制和报送募集说明书和发行申请文件。

(2) 证监会依照下列程序审核发行公司债券的申请:

① 收到申请文件后,5个工作日内决定是否受理;

② 证监会受理后,对申请文件进行初审;

③ 发行审核委员会按照《中国证券监督管理委员会发行审核委员会办法》规定的特别程序审核申请文件;

④ 证监会作出核准或者不予核准的决定。

与企业债券的申报和核准程序相比,公司债券发行引入保荐制度,将有助于公司更好地把握发债时机,充分发挥中介机构识别风险、分散风险和化解风险的作用,而建立债券发行审核委员会制度,将进一步规范公司债券发行核准程序,更好地依法行政,提高债券发行核准效率。

中期票据的发行注册程序如下:

(1) 企业作出发行中期票据的决议后,向银行间市场交易商协会注册办公室提出中期票据注册申请,注册办公室根据相关自律规则指引接收注册文件,要件齐备的予以办理接收手续,要件不齐备的,予以退回;

(2) 注册办公室对申请进行初审之后,提交注册会议对发行企业及中介机构注册文件拟披露信息的完备性进行评议,作出接受注册、有条件接收注册及推迟接受注册三种意见。

（3）如果五名注册专家均发表"接受注册"意见的，交易商协会接受发行注册，向企业发送《接受注册通知书》，企业据此可以发行中期票据。

3. 债券的担保

为降低投资人的风险，确保企业债券发行的顺利进行，尽管《企业债券管理条例》未明文规定企业债券的担保要求，但在审批过程中，国家发改委曾要求企业为债券发行提供相应的担保。《关于进一步改进和加强企业债券管理工作的通知》要求，为了防范和化解企业债券兑付风险，发行人应当切实做好企业债券发行的担保工作，按照《担保法》的有关规定，聘请其他独立经济法人依法进行担保，并按照规定格式以书面形式出具担保函。以保证方式提供担保的，担保人应当承担连带责任。2008年以来，随着国家发改委进一步推动企业债券市场发展，探索建立和完善相应的市场化约束机制，目前已取消了债券担保的强制要求，企业可以发行无担保信用债券、资产抵押债券或第三方担保债券。

相比企业债券的发行一直以来主要依靠担保提供信用支持，公司债券的发行试图建立以发债主体的信用责任机制为核心的公司债券市场体系，《公司债券发行试点》允许但未强制要求公司提供担保，而是通过建立债券发行保荐制度、债券信用评级制度等市场化制度帮助投资者评估公司债券的价值，并通过强化对债券持有人的保护，保障投资者的合法权益。这种制度设计，不仅可以减轻公司发债的成本负担，提高市场机制对公司的约束，也能增强投资者的风险意识，促进成熟投资者群体的形成。

中期票据的发行也采取市场化的方法，并未强制企业发行时需提供相应的担保。是否提供担保或者提供怎样的担保，交由企业自行决定；投资者自行判断和承担投资中期票据的风险。

4. 债券的资信评级

债券资信评级是近年来我国在债券发行上引入的新制度，有利于发挥市场机制对债券风险的识别作用。企业债券的评级，原先在《企业债券管理条例》只是规定"企业发行企业债券，可以向经认可的债券评信机构申请信用评级"，但《关于进一步改进和加强企业债券管理工作的通知》强制要求"发行人应当聘请有资格的信用评级机构对其发行的企业债券进行信用评级，其中至少有一家信用评级机构承担过2000年以后下达企业债券发行规模的企业债券评级业务"，反映了企业债券本身的市场化改革方向。

作为债券发行市场化制度的重要组成部分，公司债券的发行，一开始就强制要求进行债券的资信评级，把债券经过资信评级机构评级并且债券信

用等级良好作为公司债券的发行条件之一。《公司债券发行试点办法》第10条规定,公司债券的信用评级,应当委托经中国证监会认定、具有从事证券服务业务资格的资信评级机构进行。公司与资信评级机构应当约定,在债券有效存续期间,资信评级机构每年至少公告一次跟踪评级报告。

根据《银行间债券市场非金融企业债务融资工具管理办法》第9条规定,企业发行中期票据要由在中国境内注册且具备债券评级资质的评级机构进行信用评级。

5. 发行方式与发行价格

根据《关于进一步改进和加强企业债券管理工作的通知》,发行人应在企业债券批准文件印发之日起2个月内开始发行。通常企业应按债券核准的规模一次发行,而不能一次核准,多次发行。发行企业债券应当由具有承销资格的证券经营机构承销,企业不得自行销售企业债券。主承销商由企业自主选择。为防止企业债券发行过程中不利于市场健康发展的现象发生,企业债券发行应按照公正、公平、公开的原则进行,提高发行透明度。严禁名义承销、虚假销售行为。随着近年来企业债券发行制度的改革,一些市场化的做法开始被引入,例如在2007年第一批企业债券发行上,国家发改委允许"本次企业债券通过承销团设置的网点发行或在证券交易所网上发行。企业债券的利率由发行人和承销团协商确定,提倡采取簿记建档等市场化方式确定利率和进行配售,采用浮动利率的,可使用上海银行间同业拆放利率为基准利率。

对以市场化为价值取向的公司债券,《公司债券发行试点办法》第9条规定,公司债券每张面值一百元,发行价格由发行人与保荐人通过市场询价确定。第21条规定,发行公司债券,可以申请一次核准,分期发行。自中国证监会核准发行之日起,公司应在6个月内首期发行,剩余数量应当在24个月内发行完毕。超过核准文件限定的时效未发行的,须重新经中国证监会核准后方可发行。首期发行数量应当不少于总发行数量的50%,剩余各期发行的数量由公司自行确定,每期发行完毕后5个工作日内报中国证监会备案。市场定价和一次核准,多次发行的方式,有助于公司把握市场时机,降低发行成本并提高发行效率。按照《证券法》第28条的规定,发行人向不特定对象公开发行的证券,法律、行政法规规定应当由证券公司承销的,发行人应当同证券公司签订承销协议。证券承销业务采取代销或者包销方式。第29条规定,公开发行证券的发行人有权依法自主选择承销的证券公司。证券公司不得以不正当竞争手段招揽证券承销业务。

根据《银行间债券市场非金融企业债务融资工具管理办法》，中期票据在银行间债券市场发行，发行企业可以一次注册，多次发行。按照市场化的约束要求，企业发行中期票据应由金融机构承销，但可以自主选择主承销商。如需要组织承销团，则由主承销商进行组织(第8条)；中期票据的发行利率、发行价格和所涉费率以市场化方式确定，任何商业机构不得以欺诈、操纵市场等行为获取不正当利益(第11条)。

(四) 债券的上市

目前，企业债券可以在上海、深圳证券交易所上市交易，也可以在银行间债券市场上市交易；公司债券在上海、深圳证券交易所上市交易；中期票据则在银行间债券市场上市交易。根据上海、深圳证券交易所2009年11月2日修订的《公司债券上市规则》，公司债券在证券交易所上市交易，需符合以下条件并经以下程序，企业债券在证券交易所的上市交易，参照这一规则执行。下文以上海证券交易所的《公司债券上市规则》为例解说债券在证券交易所的上市。

1. 债券申请上市的条件

发行人申请债券上市，应当符合下列条件：

(1) 经有权部门批准并发行；
(2) 债券的期限为一年以上；
(3) 债券的实际发行额不少于人民币5000万元；
(4) 债券须经资信评级机构评级，且债券的信用级别良好；
(5) 申请债券上市时仍符合法定的公司债券发行条件；
(6) 上海证券交易所规定的其他条件。

上海证券交易所对符合上述条件的债券，根据其资信等级和其他指标对该债券的上市交易实行分类管理，不能同时达到下列条件的债券，只能通过证券交易所的固定收益证券综合电子平台进行上市交易。证券交易所可根据市场情况，调整债券上市条件及分类标准。

(1) 发行人的债项评级不低于AA；
(2) 债券上市前，发行人最近一期末的净资产不低于15亿元人民币；
(3) 债券上市前，发行人最近3个会计年度实现的年均可分配利润不少于债券一年利息的1.5倍；
(4) 证券交易所规定的其他条件。

2. 债券上市的申请

发行人申请债券上市，应向证券交易所提交下列文件：

（1）债券上市申请书；
（2）有权部门批准债券发行的文件；
（3）同意债券上市的决议；
（4）债券上市推荐书；
（5）公司章程；
（6）公司营业执照；
（7）债券募集办法、发行公告及发行情况报告；
（8）债券资信评级报告及跟踪评级安排说明；
（9）债券实际募集数额的证明文件；
（10）上市公告书；
（11）具有证券从业资格的会计师事务所出具的发行人最近3个完整会计年度审计报告；
（12）担保人资信情况说明与担保协议（如有）；
（13）发行人最近三年是否存在违法违规行为的说明；
（14）债券持有人名册及债券托管情况说明；
（15）证券交易所要求的其他文件。

经中国证监会核准发行公司债券的上市公司可以豁免上述第（5）、（11）和（13）等项内容。

申请债券上市的发行人应当保证向证券交易所提交的文件内容真实、准确、完整，不存在虚假、误导性陈述或重大遗漏。

证券交易所对债券上市实行上市推荐人制度，债券在证券交易所上市，必须由一至两个证券交易所认可的机构推荐并出具上市推荐书。上市推荐人应当保证发行人的上市申请资料、上市公告书及其他有关宣传资料没有虚假、误导性陈述或重大遗漏，并保证对其承担连带责任。

3. 债券上市的核准

根据《证券法》第48条的规定，申请证券上市交易，应当向证券交易所提出申请，由证券交易所依法审核同意。有基于此，《公司债券上市规则》第4.1条规定，证券交易所设立上市委员会对债券上市申请进行审核，作出独立的专业判断并形成审核意见，证券交易所根据上市委员会意见作出是否同意上市的决定。

债券发行人在提出上市申请至债券核准上市前，未经证券交易所同意不得擅自披露有关信息。

债券发行人和上市推荐人必须在债券上市交易前完成上市债券在证券

交易所指定托管机构的托管工作,将债券持有人名册核对无误后报送证券交易所指定托管机构,并对该名册的准确性负全部责任。

与此同时,发行人应当在债券上市交易前在证监会指定的信息披露报刊或/及证券交易所网站上公告债券上市公告书,并将上市公告书、核准文件及有关上市申请文件备置于指定场所供公众查阅。

另外,债券上市前,发行人要与证券交易所签订上市协议。

4. 信息披露及持续性义务

发行人除了在公开发行债券之时应履行信息披露义务之外,还应在债券存续期间持续公开信息,以便利投资者决策和监督。根据《公司债券上市规则》第5.1条的规定,债券上市后发行人应遵守以下信息披露的基本原则:

(1) 发行人的董事会全体成员必须保证信息披露内容真实、准确、完整,没有虚假、误导性陈述或重大遗漏,并就其保证承担个别和连带的责任;

(2) 发行人应该披露的信息包括定期报告、临时报告。定期报告包括年度报告和中期报告;

(3) 发行人的报告在披露前须向证券交易所进行登记,并向证券交易所提交相同内容的电子格式文件。证券交易所对定期报告实行事后审查,对临时报告实行事前审查;

(4) 发行人信息在正式披露前,发行人董事会及董事会全体成员及其他知情人,有直接责任确保将该信息的知悉者控制在最小范围内。在公告前不得泄露其内容;

(5) 发行人公开披露的信息涉及财务会计、法律、资产评估、资信评级等事项的,应当由会计师事务所(证券从业资格)、律师事务所、资产评估和评级机构等专业性中介机构审查验证,并出具书面意见;

(6) 证券交易所根据各项法律、法规、规定对发行人披露的信息进行形式审查,对其内容不承担责任。

(7) 发行人公开披露的信息应在至少一种证监会指定的报刊或/及本所网站上予以公告,其他公共传媒披露的信息不得先于指定报刊或/及本所网站。发行人不能以新闻发布或答记者问等形式代替信息披露义务;

(8) 如发行人有充分理由认为披露有关的信息内容会损害企业的利益,且不公布也不会导致债券市场价格重大变动的,经证券交易所同意,可以不予公布;

(9) 发行人认为根据国家有关法律法规不得披露的事项,应当向证券

交易所报告,并陈述不宜披露的理由;经证券交易所同意,可免予披露该内容。

在债券上市期间,发行人应当在每一会计年度结束之日起4个月内,每一会计年度的上半年结束之日起2个月内,向证券交易所分别提交年度报告和中期包括,并予以公告。这些定期报告至少应记载如下内容:

(1)发行人概况;
(2)发行人上半年财务会计状况或经审计的年度财务报告;
(3)已发行债券兑付兑息是否存在违约以及未来是否存在按期偿付风险的情况说明;
(4)债券跟踪评级情况说明(如有);
(5)涉及和可能涉及影响债券按期偿付的重大诉讼事项;
(6)已发行债券变动情况;
(7)证券交易所要求的其他事项。

在债券上市期间,如发生下列可能导致债券信用评级发生重大变化,对债券按期偿付产生任何影响等事件或者存在相关的市场传言,发行人应在第一时间向证券交易所提交临时报告,并予以公告澄清。

(1)公司发生重大亏损或者重大损失;
(2)公司发生重大债务和未能清偿到期重大债务的违约情况;
(3)公司减资、合并、分立、解散、申请破产及其他涉及债券发行人主体变更的决定;
(4)公司涉及或可能涉及的重大诉讼;
(5)公司债券担保人主体发生变更或担保人经营、财务状况发生重大变化的情况(如属担保发行);
(6)国家法律、法规规定和证监会、证券交易所认为必须报告的其他事项。

此外,发行人应与债券信用评级机构就跟踪评级的有关安排作出约定,并于每年6月30日前将上一年度的跟踪评级报告向市场公告。债券信用评级机构也应及时跟踪发行人的债券资信变化情况,债券资信发生重大变化的,应及时调整债券信用等级,并及时向市场公布。

债券到期前一周,发行人应按规定在证监会指定的信息披露报刊或/及证券交易所网站上公告债券兑付等有关事宜。

如果发行人申请将债券在银行间债券市场上市交易,则应按《全国银行间债券市场债券交易流通审核规则》(中国人民银行公告2004第19号)的相关规定,报中国人民银行审核,获得其同意之后进行上市交易。其具体要求、程序及信息披露义务与债券在证券交易所上市流通的做法大体相同,不再赘述。

中期票据则按照银行间市场交易商协会制定的《银行间债券市场非金融企业债务融资工具信息披露规则》的要求,履行相应的信息披露义务。

(五)债券持有人的权益保护

与企业债券主要通过主管部门的核准把关和企业债券担保保护投资者的利益不同,《公司债券发行试点办法》在将一系列市场化制度引入公司债券发行当中的同时,特别强化了对债券持有人权益的保护,具体而言,包括了如下几方面:

(1)强化发行债券的信息披露,要求公司及时、完整、准确地披露债券募集说明书,持续披露有关信息;

(2)引进债券受托管理人制度,要求债券受托管理人应当为债券持有人的最大利益行事,并不得与债券持有人存在利益冲突。

(3)建立债券持有人会议制度,通过规定债券持有人会议的权利和会议召开程序等内容,让债券持有人会议真正发挥投资者自我保护作用;

(4)强化参与公司债券市场运行的中介机构如保荐机构、信用评级机构、会计师事务所、律师事务所的责任,督促它们真正发挥市场中介的功能。

以市场化为导向的中期票据,在市场建立早期,主要靠投资者个体的自我风险识别和保护,缺乏系统的制度性保护措施。伴随市场的发展和行业自律经验的积累,银行间市场交易商协会于2010年9月1日发布了《银行间债券市场非金融企业债务融资工具持有人会议规程》,为中期票据投资者提供了通过债券持有人会议明确各方的权利义务,更好地保护自身合法权益的途径。

二、可转换公司债券的发行与上市

我国规范可转换公司债券发行与上市的法律法规和规范性文件主要包括:《证券法》和中国证监会于2006年5月发布的《上市公司证券发行管理办法》。中国证监会2006年9月发布的《证券发行与承销管理办法》,对可转换公司债券的发行和承销也作了规定。此前规范可转换公司债券发行与上市的三个重要文件,即《可转换公司债券管理暂行办法》《上市公司发行可转换公司债券实施办法》和《关于做好上市公司可转换公司债券发行工作的通知》,已经废止。

（一）发行条件

2005年10月修订的《证券法》第16条规定，上市公司发行可转换为股票的公司债券，除应当符合该条第1款规定的发行公司债券的条件[①]外，还应当符合该法关于公开发行股票的条件[②]，并报国务院证券监督管理机构核准。

《上市公司证券发行管理办法》第二章对发行可转换公司债券进行了具体规定。发行可转换公司债券首先要符合该章第一节规定的一般性条件，包括：上市公司的组织机构健全、运行良好；上市公司的盈利能力具有可持续性；上市公司的财务状况良好；上市公司最近36个月内财务会计文件无虚假记载，且不存在重大违法行为；上市公司募集资金的数额和使用应当符合规定。

公开发行可转换公司债券的公司，还应当符合下列规定：

（1）最近三个会计年度加权平均净资产收益率平均不低于6%。扣除非经常性损益后的净利润与扣除前的净利润相比，以低者作为加权平均净资产收益率的计算依据。

（2）本次发行后累计公司债券余额不超过最近一期末净资产额的40%。

（3）最近3个会计年度实现的年均可分配利润不少于公司债券1年的利息。

公开发行可转换公司债券，应当委托具有资格的资信评级机构进行信用评级和跟踪评级。资信评级机构每年至少公告一次跟踪评级报告。

公开发行可转换债券，应当约定保护债券持有人权利的办法，以及债券持有人会议的权利、程序和决议生效条件。有存在下列事项之一的，应当召开债券持有人会议：(1)拟变更募集说明书的约定；(2)发行人不能按期支付本息；(3)发行人减资、合并、分立、解散或者申请破产；(4)保证人或者担保物发生重大变化；(5)其他影响债券持有人重大权益的事项。

公开发行可转换公司债券，应当提供担保，但最近一期未经审计的净资产不低于人民币15亿元的公司除外。提供担保的，应当为全额担保，担保范围包括债券的本金及利息、违约金、损害赔偿金和实现债权的费用。以保证方式提供担保的，应当为连带责任担保，且保证人最近一期经审计的净资产额应不低于其累计对外担保的金额。证券公司或上市公司不得作为发行可转债的担保人，但上市商业银行除外。设定抵押或质押的，抵押或质押财产的估值应不低于担保金额。估值应经有资格的资产评估机构评估。

---

① 见上文。
② 见本书第二章"房地产企业上市融资制度"。

此外,上市公司发行可转换公司债券募集资金的数额和使用应当符合下列规定:

(1)募集资金数额不超过项目需要量;

(2)募集资金用途符合国家产业政策和有关环境保护、土地管理等法律和行政法规的规定;

(3)除金融类企业外,本次募集资金使用项目不得为持有交易性金融资产和可供出售的金融资产、借予他人、委托理财等财务性投资,不得直接或间接投资于以买卖有价证券为主要业务的公司。

(4)投资项目实施后,不会与控股股东或实际控制人产生同业竞争或影响公司生产经营的独立性;

(5)建立募集资金专项存储制度,募集资金必须存放于公司董事会决定的专项账户。

(二)发行程序

上市公司申请发行可转换公司债券,董事会应当依法就下列事项作出决议,并提请股东大会批准:

(1)本次证券发行的方案;

(2)本次募集资金使用的可行性报告;

(3)前次募集资金使用的报告;

(4)其他必须明确的事项。

股东大会就发行股票作出的决定,至少应当包括下列事项:

(1)本次发行证券的种类和数量;

(2)发行方式、发行对象及向原股东配售的安排;

(3)定价方式或价格区间;

(4)募集资金用途;

(5)决议的有效期;

(6)对董事会办理本次发行具体事宜的授权;

(7)其他必须明确的事项。

股东大会就发行可转换公司债券作出的决定,至少应当包括下列事项:

(1)《上市公司证券发行管理办法》第41条规定的事项[①];

[①] 包括:本次发行证券的种类和数量;发行方式、发行对象及向原股东配售的安排;定价方式或价格区间;募集资金用途;决议的有效期;对董事会办理本次发行具体事宜的授权;其他必须明确的事项。

(2) 债券利率；

(3) 债券期限；

(4) 担保事项；

(5) 回售条款；

(6) 还本付息的期限和方式；

(7) 转股期；

(8) 转股价格的确定和修正。

股东大会就发行证券事项作出决议，必须经出席会议的股东所持表决权的 2/3 以上通过。向本公司特定的股东及其关联人发行证券的，股东大会就发行方案进行表决时，关联股东应当回避。

上市公司申请公开发行证券或者非公开发行新股，应当由保荐人保荐，并向中国证监会申报。保荐人应当按照中国证监会的有关规定编制和报送发行申请文件。

中国证监会依照下列程序审核发行证券的申请：

（1）收到申请文件后，5 个工作日内决定是否受理；

（2）中国证监会受理后，对申请文件进行初审；

（3）发行审核委员会审核申请文件；

（4）中国证监会作出核准或者不予核准的决定。

自中国证监会核准发行之日起，上市公司应在 6 个月内发行证券；超过 6 个月未发行的，核准文件失效，须重新经中国证监会核准后方可发行。

上市公司发行证券，应当由证券公司承销；非公开发行股票，发行对象均属于原前十名股东的，可以由上市公司自行销售。

证券发行申请未获核准的上市公司，自中国证监会作出不予核准的决定之日起 6 个月后，可再次提出证券发行申请。

（三）上市程序

根据上海证券交易所和深圳证券交易所的《股票上市规则（2008 年修订）》，上市公司申请可转换公司债券在交易所上市，应当符合下列条件：

（1）可转换公司债券的期限为 1 年以上；

（2）可转换公司债券实际发行额不少于人民币 5000 万元；

（3）申请上市时仍符合法定的可转换公司债券发行条件。

深圳证券交易所的《股票上市规则（2008 年修订）》，上市公司向交易所申请可转换公司债券上市，应当提交下列文件：

（1）上市报告书（申请书）；

第三章 房地产企业债券（公司债券）发行制度

（2）申请上市的董事会和股东大会决议；

（3）按照有关规定编制的上市公告书

（4）保荐协议和保荐机构出具的上市保荐书；

（5）发行结束后经具有执行证券、期货相关业务资格的会计师事务所出具的验资报告；

（6）登记公司对可转换公司债券登记托管的书面确认文件；

（7）交易所要求的其他文件。

（四）分离交易的可转换公司债券的发行

《上市公司证券发行管理办法》除完善了可转换公司债券的发行制度外，通过金融创新，规定上市公司可以公开发行认股权和债券分离交易的可转换公司债券（简称"分离交易的可转换公司债券"），即认股权证与债券捆绑发行、但分离交易的可转债券（其中债券是纯粹的公司债，不能转股，需要还本付息）。该种金融产品付息压力更大，因此对发行人的要求较高；对认股权证的发行量进行限制，要求权证全部行权后募集的资金总量不超过拟发行的债券金额。分离交易的可转换公司债券的期限最短为1年。认股权证上市交易的，认股权证约定的要素应当包括行权价格、存续期间、行权期间或行权日、行权比例。认股权证的行权价格应不低于公告募集说明书日前20个交易日公司股票均价和前1个交易日的均价。认股权证的存续期间不超过公司债券的期限，自发行结束之日起不少于6个月。认股权证自发行结束至少已满6个月起方可行权，行权期间为存续期限届满前的一段期间，或者是存续期限内的特定交易日。

发行分离交易的可转换公司债券，除必须符合《上市公司证券发行管理办法》第二章第一节规定的一般性条件外，还应当符合下列规定：

（1）公司最近一期末经审计的净资产不低于人民币15亿元；

（2）最近三个会计年度实现的年均可分配利润不少于公司债券1年的利息；

（3）最近三个会计年度经营活动产生的现金流量净额平均不少于公司债券1年的利息，符合《上市公司证券发行管理办法》第14条第（一）项规定的公司除外[1]；

（4）本次发行后累计公司债券余额不超过最近一期末净资产额的

---

[1] 即：最近三个会计年度加权平均净资产收益率平均不低于6%。扣除非经常性损益后的净利润与扣除前的净利润相比，以低者作为加权平均净资产收益率的计算依据。

40%,预计所附认股权全部行权后募集的资金总量不超过拟发行公司债券金额。

分离交易的可转换公司债券应当申请在上市公司股票上市的证券交易所上市交易。分离交易的可转换公司债券中的公司债券和认股权分别符合证券交易所上市条件的,应当分别上市交易。根据上海证券交易所和深圳证券交易所分别发布的《权证管理暂行办法》,申请上市的权证,其标的证券为股票的,标的股票在申请上市之日应符合以下条件:

(1) 最近20个交易日流通股份市值不低于30亿元;
(2) 最近60个交易日股票交易累计换手率在25%以上;
(3) 流通股股本不低于3亿股;
(4) 交易所规定的其他条件。

申请在交易所上市的权证,应符合以下条件:
(1) 约定权证类别、行权价格、存续期间、行权日期、行权结算方式、行权比例等要素;
(2) 申请上市的权证不低于5000万份;
(3) 持有1000份以上权证的投资者不得少于100人;
(4) 自上市之日起存续时间为6个月以上24个月以下;
(5) 由标的证券发行人以外的第三人发行并在交易所上市的权证,发行人按照规定提供了履约担保;
(6) 交易所规定的其他条件。

案例分析

案例:2002年中国金茂(集团)股份有限公司企业债券
[案情]

经国家发展计划委员会计经调[2002]615号文件批准,2002年4月28日中国金茂(集团)股份有限公司企业债券在京正式发行。本期债券是2002年国内获准发行的第一个企业债券,并且首次由商业银行提供担保,开创了企业债券担保的新形式。

本期债券发行规模为10亿元人民币,为10年期固定利率品种,年利率为4.22%,每年付息一次,到期一次还本,信用级别为AAA。本期债券采用实名记账方式发行,使用由中央国债登记结算有限责任公司统一印制的托管凭证。发行期为20个工作日。

据介绍,本期债券具有较高的投资价值,发行人经营状况良好。金茂集团注册资本26.35亿元人民币,截至2001年末,公司总资产规模达55.61亿元人民币,净资产为27.33亿元人民币,当年实现净利润为4882万元。该公司主营的中华第一高楼金茂大厦运营状况良好,大厦出租率高,经营收入和现金流稳定增长,2001年公司主营业务收入10.13亿元人民币。金茂大厦已成为上海的标志性建筑。优良的有形和无形资产为本期债券的偿还提供了保证。

本期债券由中国建设银行上海分行提供不可撤销担保。这是国内第一个由商业银行提供不可撤销担保的企业债券。债券到期时,发行人如不能全部兑付债券本息,担保人将主动承担担保责任。这将为本期债券到期按时足额兑付提供强有力的保障。

本期债券的另一特点是票面利率高。自2月21日降息后,市场利率水平普遍下调。目前,银行1年期存款利率仅为1.98%;年初以来的历次国债招投标利率也呈明显的下降趋势;交易所现券市场的国债平均收益率约为2.41%,企业债的平均收益率约为3.41%。因此本期债券4.22%的票面利率对投资者具有较大的吸引力。本次是中国金茂(集团)股份有限公司第一次发行企业债券,没有已发行尚未兑付的债券。

本期债券由主承销商中信证券股份有限公司组织的承销团在全国范围内公开发售。债券发行结束后,持有人可按照有关规定进行债券的转让、挂失和抵押。同时发行人已承诺,在本期债券发行结束后将尽快申请在证券交易所上市交易。

经中国证券监督管理委员会证监发行字[2003]35号文批准,2002年中国金茂(集团)股份有限公司企业债券于2003年4月21日在上海证券交易所正式上市交易。债券简称"02金茂债",证券代码为"120288",上市总额为2.65亿元人民币,上市推荐人为中信证券股份有限公司。

[评析]

1. 企业债券发行的条件

我国近年来对企业债券的发行控制很严格,而且多集中在电力、铁路、城建公路等企业,房地产企业较难进入企业债券的融资行列。

由于企业债券的门槛过高,难度很高,房地产企业往往把它列为最后的考虑范畴。尽管如此,有实力、有背景的大型地产企业;有一定规模,经营稳定、管理规范,有长期明确获利能力的房地产企业可以积极考虑通过发行债券进行融资。本案例中,中国金茂(集团)股份有限公司由于具备了发行企业债券的条件,并经过申请,终于获得国家发展计划委员会的批准,而成功地发行了债券。

2. 企业债券的担保

按债券有无担保划分,企业债券可分为信用债券和担保债券。信用债券指仅凭筹资人的信用发行的、没有担保的债券,信用债券只适用于信用等级高的债券发行人。担保债券是指以抵押、质押、保证等方式发行的债券。其中,抵押债券是指以不动产作为担保品所发行的债券,质押债券是指以其有价证券作为担保品所发行的债券,保证债券是指由第三者担保偿还本息的债券。发行的债券有无担保,是债券发行的重要条件之一。一般而言,由信誉卓著的第三方担保或以企业自己的财产做抵押担保,可以增加债券投资的安全性,减少投资风险,提高债券的吸引力。企业可以根据自身的资信状况决定是否以担保形式发行债券,通常,大金融机构、大企业发行的债券多为无担保债券,而信誉等级较低的中小企业大多发行有担保的债券。

关于企业债券的担保问题,《企业债券管理条例》没有明确规定。《关于进一步改进和加强企业债券管理工作的通知》则要求:为了防范和化解企业债券兑付风险,发行人应当切实做好企业债券发行的担保工作,按照《担保法》的有关规定,聘请其他独立经济法人依法进行担保,并按照规定格式以书面形式出具担保函;以保证方式提供担保的,担保人应当承担连带责任。2008年以来,随着国家发改委发布《关于推进企业债券市场发展,简化发行核准程序有关事项的通知》,已取消了债券担保的强制要求,企业可以发行无担保信用债券、资产抵押债券或第三方担保债券。在实践中,各企业发行债券时采取的担保方式各不一样,包括:一是关联企业之间互相担保,如包钢钢联债券的担保方包头钢铁集团,宝钢债券的担保方宝钢经贸和宝钢财务公司等;二是采用建设基金担保的形式,此方式主要被采用在铁路、三峡等国家大型建设项目上。与此同时,企业债券有时实际上是由政府信誉做隐性担保。

而上海金茂企业债券则首开了商业银行担保的形式。其后,有多家企业发行债券时均采用了这种形式,如2002年7月,神华集团公司债券发行时,福建兴业银行则以无条件不可撤销连带责任的方式为该期债券提供全额担保;中国远洋运输(集团)总公司企业债券于2005年10月9日发行,由中国农业银行授权中国农业银行总行营业部提供全额无条件不可撤销的连带责任担保;2005年12月28日发行的世博企业债券则由中国工商银行上海市分行提供无条件不可撤销连带责任保证。商业银行由于有雄厚的资金实力和较高的信誉保证,因此由其提供担保,将企业债券的信用风险转移给商业银行,有利于提高企业债券的信用等级,吸引投资者。

"无条件不可撤销连带责任担保"来源于国际贷款融资,国际上银行的担保书中通常有此约定。通常认为,"无条件、不可撤销"担保应解释为独立担保。"无条件担保"或"连带担保"是指,当借款人届期不能清偿本息时,贷款人有权要求担保人以等同于债务人的方式立即替代清偿,而不得援引先诉抗辩权程序。"不可撤销"是指担保协议的效力具有相对的独立性,而不完全以主合同的效力为基础,担保人不能以因主合同而产生的抗辩权(例如主合同延期、变更或效力瑕疵等)来对抗债权人。

企业发债担保是银行中间业务中很重要的组成部分。从银行自身发展来讲,企业债券担保等中间业务,实际上也拓展了银行新的利润来源。银行愿意为发债企业提供担保,也是出于自身增加服务手段,锁定优质客户的需要。不过,伴随着近年来企业债券发行规模的快速增长,部分银行忽视企业信用风险,盲目为企业发债提供担保的问题日益突出。银监会为了有效防范企业债券发行担保风险,保障银行资产安全,于2007年10月12日发布《关于有效防范企业债担保风险的意见》(银监发〔2007〕75号),要求各银行(公司总部)进一步完善融资类担保业务的授权授信制度,将该类业务审批权限上收至各银行总行(公司总部)。而且,即日起要一律停止对以项目债为主的企业债进行担保,对其他用途的企业债券、公司债券等其他融资性项目原则上不再出具银行担保;已经办理担保的,要采取逐步退出措施,及时追加必要的资产保全措施。这一监管要求客观上减少了银行为企业债券发行提供担保的做法,对企业发行债券提出了更高的信用和债务偿还能力等方面的要求。

3. 企业债券募集资金的用途

我国《证券法》、《企业债券管理条例》和《关于进一步改进和加强企业债券管理工作的通知》对企业债券募集资金的用途进行了明确的规定。近年来,要求放宽资金使用用途限制的呼声越来越高。

按照以前的惯例,企业发行债券只能用于基础设施建设或者是技术改造等直接投资,而不能用来归还银行债务。上海金茂(集团)股份有限公司发行的企业债券,投向包括用于偿还旧债等,就突破了《企业债券管理条例》

中"募集资金必须用于本企业的生产经营"的条款。这实际上是政府有关部门在新的企业融资形势下,对政策所作的灵活调整,另一方面也说明了《企业债券管理条例》亟须修订。

(曾金华)

第四章 外资参与房地产开发制度

- 外资参与房地产开发的市场准入
- 外资房地产开发企业的设立
- 当事人不具备房地产开发经营资格签订的房地产联合开发合同的效力问题
- 在中国境内从事房地产开发,应否成立房地产开发企业并履行审批手续

基本原理

一、外资参与房地产开发概述

房地产业作为我国国民经济的支柱产业之一,近年来得到了较快的发展。然而,随着房地产业的蓬勃发展,房地产开发企业对资金的需求量增加,"融资难"的问题逐渐暴露出来。一般来说,房地产开发企业的资本来源主要依靠两部分,一个是自有资金,一个是外来的债务型或权益型投资资金。这其中自有资金仅占很小的一部分,绝大多数资本来源于外来的债务型或权益型投资。我国房地产开发企业融资主要依靠外来的债务型投资,提供者主要是国有控股的商业银行,债务投资的方式以附抵押的中短期贷款为主。近几年,虽然国家允许房地产企业上市融资,但由于限制条件过高,能够上市融资的公司寥寥无几。总体看来,我国房地产开发企业融资渠道比较单一,主要依靠银行贷款和股市融资,其中银行贷款占到房地产开发企业投资资金的70%以上,更有一些实力弱小的企业,通过各种变通的办法,使得实际银行贷款占总投资额的90%以上,这无形中增加了银行的信贷风险。2003年到2004年,政府主管部门相继出台《关于进一步加强房地产信贷业务管理的通知》(银发[2003]121号)、国务院《关于促进房地产市场

持续健康发展的通知》(国发[2003]18号),以及随后到来的"8·31土地大限"①,造成了不少房地产开发企业资金链极度紧张,使得对银行资金依赖最大的房地产业受到了剧烈冲击。

鉴于我国房地产开发企业融资渠道和融资工具相对单一、筹措资金困难,吸引外资参与房地产开发便成为缓解"融资难"的重要途径。事实上,国外资金一直在寻求进入中国市场的机会。受房价快速上涨和人民币升值预期的影响,境外资金正通过多种渠道进入上海、北京等热点地区的房地产市场,方式之一便是直接设立外资房地产投资公司或参股境内房地产开发企业。根据中国人民银行房地产金融分析小组发布的《2004中国房地产金融报告》的统计,2004年全国房地产开发利用外资228.2亿元,同比增长34.2%,占到开发资金来源的1.3%。根据最新的国家统计局关于2010年全国房地产市场运行情况的统计,房地产开发企业2010年资金来源72494亿元,其中利用外资796亿元,占比1.1%,大体保持了相当的水平。

在论述外资参与房地产开发制度的具体内容之前,有必要对"外资"和"房地产开发"这两个核心概念加以界定。

首先,何谓"外资"?"外资"不是一个精确的法律概念,通常所说的外资是从资本输入国的角度对来自外国的投资约定俗称的称谓。从我国外资立法的语义推定和学界的通说来看,通常指外国的投资者,或指国外的资金或资本,包括了外国投资者和外来资本两个方面的内容。目前,我国立法与司法实践中对"外资"也存在不同的理解,交互采用"设立地标准"和"资本来源地标准"。我国有关外商投资企业法规定,外商投资企业是指外国的公司、企业和其他经济组织以及个人在中国境内投资或与中国的机构合资合作设立的企业,属于中国法人,这是采用设立地标准;关于外商投资企业再投资及外商投资性公司的相关规定中认为,外商投资企业及外商投资性公司再投资设立的企业仍然属于外商投资企业,实际上就是将外商投资企业认定为外国投资者,这就是采用"资本来源地标准"。同时,基于我国的特殊国情,港、澳、台投资者及其投资视为外资,外国投资者在我国境内的合法收入属于外资。

---

① 所谓"8月31日大限",是指2004年8月31日这一天新的全国土地政策将正式实施。2004年3月,国土资源部、监察部联合下发了《关于继续开展经营性土地使用权招标拍卖挂牌出让情况执法监察工作的通知》,要求从2004年8月31日起,所有经营性的土地一律都要公开竞价出让。以前盛行的以协议出让经营性土地的做法被正式叫停。文件还规定,8月31日以后,发展商必须及时缴纳土地出让金,而且如果在两年内不开发,政府可把该土地收回。

其次,何谓"房地产开发"?根据我国《城市房地产管理法》(2007年修订)第2条的规定,房地产开发是指在城市规划区内依法取得国有土地使用权的土地上进行基础设施、房屋建设的行为。房地产产开发内容广泛而且繁杂,可以从纵向、横向两个角度来探讨。从纵向角度来说,房地产开发是指从工程勘察、规划设计、征地拆迁、土地开发、房屋开发项目建设到竣工验收的全过程;从横向角度来说,房地产开发包括两种行为,其一是进行基础设施建设,通常称为土地开发或者再开发。土地开发也称"三通一平"或"七通一平"。"三通一平"包括实现区域以外的道路通、给水排水通、供电线路通和对施工现场上的土地进行平整;"七通一平"包括道路通、上下水通、雨污排水通、电力通、通讯通、煤气通、热力通和场地平整。土地开发就是通过"三通一平"或"七通一平",把自然状态的土地变为可供建造房屋或各类设施的建筑用地,即把生地变成熟地。土地再开发,就是在不增加城区现有土地使用面积的情况下,对城区原有土地进行再开发即改造,通过一定量资金、劳动等的投入,调整用地结构,完善城市基础设施,以提高现有土地的使用功能,提高土地利用效率。其二是进行房屋建设,也称为房屋开发,包括住宅、商业楼宇、办公用房和其他专门月房的开发。

可见,外资参与房地产开发涉及工程勘察、规划设计、征地拆迁、土地开发到房屋开发项目建设等多个环节,但是我们通常所说的外商投资房地产业,是指外商直接投资房地产开发项目,以房地产开发企业的身份介入房地产开发。《外商投资产业指导目录》所使用的"房地产业"也是从这个意义上展开的。至于外商投资建筑业企业、建设工程设计企业、城市规划服务企业等领域,则由《外商投资建筑业企业管理规定》、《外商投资建设工程设计企业管理规定》、《外商投资城市规划服务企业管理规定》等专门法规规章予以规范,本书不再赘述。为此,本书所论述的外资参与房地产开发,仅指外商直接投资房地产开发项目,以房地产开发企业的身份介入房地产开发的经济活动。

二、外资参与房地产开发制度的具体内容

外资参与房地产开发涉及多个部门和诸多环节,是一项非常复杂的经济活动。考虑到本书的主旨和篇幅,本章将重点讨论外资参与房地产开发的外资市场准入和行业准入政策。

(一) 外资市场准入规定

法律法规是一个国家市场准入的门槛,下面从宏观和微观两个角度,在法律制度的层面上分析我国外资房地产开发企业市场准入方面的规定。

1. 外资市场准入规定概述

我国现行的外资法制是一个由多层次、多部门的法律、法规和部门规章等构成的体系,根据立法的效力由上而下分别为:(1)全国人大及其常委会制定的外资法律,如《中外合资经营企业法》、《中外合作经营企业法》和《外资企业法》等,它们是我国外资法制体系的核心内容;(2)国务院制定的外资行政法规,如《指导外商投资方向规定》及其附件《外商投资产业指导目录》、《外汇管理条例》等;(3)国务院各部委制定的外资规章及地方政府制定的地方外资法规等,如国家发改委、商务部等六部委制定的《关于规范房地产市场外资准入和管理的意见》(2006年7月11日),国家外汇管理局等发布的《关于规范房地产市场外汇管理有关问题的通知》(2006年9月1日),商务部等发布的《关于进一步加强、规范外商直接投资房地产业审批和监督的通知》(2007年5月23日),商务部发布的《关于做好外商投资房地产业备案工作的通知》(2008年6月18日)等。

在我国,外资投向须符合国家产业政策,投资项目应履行核准手续。根据《外商投资项目核准暂行管理办法》(国家发展和改革委员会令第22号,2004年10月9日)的规定,按照《外商投资产业指导目录》分类,总投资(包括增资额,下同)1亿美元及以上的鼓励类、允许类项目和总投资5000万美元及以上的限制类项目,由国家发展改革委核准项目申请报告,其中总投资5亿美元及以上的鼓励类、允许类项目和总投资1亿美元及以上的限制类项目由国家发展改革委对项目申请报告审核后报国务院核准。总投资1亿美元以下的鼓励类、允许类项目和总投资5000万美元以下的限制类项目由地方发展改革部门核准,其中限制类项目由省级发展改革部门核准,此类项目的核准权不得下放。地方政府按照有关法规对上款所列项目的核准另有规定的,从其规定。2010年5月4日,国家发改委发布《关于做好外商投资项目下放核准权限工作的通知》(发改外资[2010]914号),下放了外商投资项目核准权限。原由国家发改委核准的《外商投资产业指导目录》中总投资3亿美元以下的鼓励类、允许类项目,除《政府核准的投资项目目录》规定需由国务院有关部门核准之外,由省级发展改革委核准;但限制类项目核准权限暂不下放;国家法律法规和国务院文件对项目核准有专门规定的,从其规定。核准权限下放后,项目申请报告、核准内容、条件、程序等仍按照《外商投资项目核准暂行管理办法》规定执行。

根据《外商投资产业指导目录》(2007年修订)的规定,房地产业中的(1)土地成片开发(限于合资、合作);(2)高档宾馆、别墅、高档写字楼和国际会展中心的建设、经营;(3)房地产二级市场交易及房地产中介或经纪公司,属于限制外商投资产业,其他的则属于允许类产业。

因此,上述房地产限制外商投资项目,如果总投资5000万美元及以上的,由国家发改委核准项目申请报告;总投资1亿美元及以上的,由国家发展改革委对项目申请报告审核后报国务院核准;总投资5000万美元以下的,由省级发展改革部门核准,此类项目的核准权不得下放。其他房地产允许类外商投资项目,则根据总投资规模,按照国家发改委下放核准权限后的外商投资项目核准管理办法进行核准。

项目申请人凭国家发展改革部门的核准文件,依法办理土地使用、城市规划、质量监管、安全生产、资源利用、企业设立(变更)、资本项目管理、设备进口及适用税收政策等方面的手续。未经核准的外商投资房地产项目,土地、城市规划、质量监管、安全生产监管、工商、海关、税务、外汇管理等部门不得办理相关手续。

2. 外资房地产开发企业的设立

房地产开发作为一项非常复杂的经济活动,具有综合性强、涉及面广、投资量大、建设周期长等特征,往往涉及多方主体的参与。房地产开发企业作为房地产开发的主体,主导了整个房地产开发的过程,在房地产开发市场上扮演了重要的角色。

外国投资者直接投资我国房地产开发市场,也必须借助房地产开发企业这个平台。外国直接投资进入房地产的方式,又可细分为两类:第一类是外资直接在华设立房地产开发企业,例如新加坡嘉德置地集团在华设立了全资子公司凯德置地(Capital Land),致力于高品质住宅和商用房产的投资与开发。自1994年进入中国以来,凯德置地就一直活跃于中国房地产市场,截至2010年在华总开发业绩已超过450亿元人民币。第二类是外资通过收购境内著名房地产开发企业股份的方式,介入境内房地产市场,目前投资额通常较小。例如,美林集团2005年2月注资3000万美元入股北京银泰置业就算是较大金额了。由于外资新设房地产开发企业更能反映房地产开发企业设立的全貌,而后者只需要在并购完成后变更企业性质为外资企业即可。① 因此下文将重点论述外资房地产开发企业的设立条件和程序。

(1) 外资房地产开发企业的设立条件

境外机构和个人在我国境内投资购买非自用房地产,其目的是用于出租、出售等经营活动,属于投资经营行为,应当遵循商业存在的原则,根据我国《中外合资经营企业法》、《中外合作经营企业法》、《外资企业法》等的规定,依法申请设立外商投资企业,经审批部门批准并办理注册登记后,才可在核准的经营范围内从事房地产开发和经营活动。所谓外资房地产开发企业,或称外商投资房地产企业,是指从事普通住宅、公寓、别墅等各类住宅、宾馆(饭店)、度假村、写字楼、会展中心、商业设施、主题公园等建设经营,或以上述项目建设为目的的土地开发或成片开发项目的外商投资企业。因外资投资企业从事的是房地产开发和经营业务,因此也应遵循我国《建筑法》、《城市房地产管理法》、《城市房地产开发经营管理条例》等相关规定。以下结合我国《城市房地产管理法》第 30 条关于设立房地产开发企业的规定及上述法律法规的相关内容,分析设立外资房地产开发企业应满足的条件。

第一,有自己的名称和组织机构。

房地产开发企业是一个法人组织,应当有自己的名称和组织机构。房地产开发企业的名称包括字号、行业和组织形式三方面的内容。如果设立有限责任公司或股份有限公司的,还必须在公司名称中标明"有限责任"或"股份有限"的字样。企业名称必须在企业设立登记时由工商行政主管部门核准。有组织机构,就是要有完整系统的经营决策层,有职能明确、分工合理的生产经营组织以及相应的分支机构和下属机构。因为唯有具备健全的组织机构,才能形成法人的意志,对内执行法人事务,对外代表法人参加民事活动。在具体的房地产开发过程中,外资房地产开发企业通常以项目公司的形式进行开发。

第二,有固定的经营场所。

企业必须拥有固定的经营场所,有企业法人的固定地址,这是企业对外

---

① 根据 2006 年 7 月 11 日国家发改委、商务部等六部委制定的《关于规范房地产市场外资准入和管理的意见》,境外投资者通过股权转让及其他方式并购境内房地产企业,或收购合资企业中方股权的,须妥善安置职工、处理银行债务、并以自有资金一次性支付全部转让金。对有不良记录的境外投资者,不允许其在境内进行上述活动。根据商务部、国家外汇管理局 2007 年 5 月 23 日发布的《关于进一步加强、规范外商直接投资房地产业审批和监管的通知》,严格控制以返程投资方式(包括同一实际控制人)并购或投资境内房地产企业。境外投资者不得以变更境内房地产企业实际控制人的方式,规避外商投资房地产审批。外汇管理部门一经发现以采取蓄意规避、虚假陈述等手段违规设立的外商投资房地产企业,将对其擅自汇出资本及附生收益的行为追究其逃骗汇责任。

进行经营联系的主要场所,也是国家对房地产开发企业进行管理所必需的,企业不能流动性地从事生产经营活动。法律之所以要求房地产开发企业必须有固定的经营场所,是因为可以此确定房地产开发企业的活动中心,以便与各方面进行联系,开展房地产开发经营活动。固定的经营场所是指企业的住所,即为企业主要办事机构所在地,并且该固定经营场所要在工商登记部门登记。企业登记的住所只能是一个,而不能有两个。对于外资房地产开发企业而言,办公用房应当是永久性建筑,而不能是临时建筑。

第三,有符合国务院规定的注册资本。

注册资本既是企业顺利开展经营活动的根本条件,同时又是维护企业债权人利益的重要保障,也是判断企业经济实力的依据之一。由于房地产开发企业是资金密集型企业,其开发具有投资量大、资金占用周期长的特点,注册资金的要求比一般企业要高。根据国务院 1998 年 7 月颁布的《城市房地产开发经营管理条例》(国务院令第 248 号)的第 5 条第 1 款规定,房地产开发企业应当有 100 万元以上的注册资本。此外,《城市房地产开发经营管理条例》授权省、自治区、直辖市人民政府根据本地方的实际情况,对设立房地产开发企业的注册资本条件作出高于前款的规定。根据 2006 年 7 月 11 日国家发改委、商务部等六部委制定的《关于规范房地产市场外资准入和管理的意见》和 2006 年 8 月 14 日商务部办公厅发布的《关于贯彻落实〈关于规范房地产市场外资准入和管理的意见〉有关问题的通知》,对外商投资设立房地产企业的注册资本金进行了调整:投资总额在 1000 万美元(含 1000 万美元)以上的,其注册资本金不得低于投资总额的 50%;投资总额在 300 万美元至 1000 万美元的,其注册资本不得低于投资总额的 50%;投资总额在 300 万美元以下(含 300 万美元)的,其注册资本不得低于投资总额的 70%。一旦外商投资房地产企业注册资本金未全部缴付的,不得办理境内、境外贷款,外汇管理部门不予批准该企业的外汇借款结汇。

第四,有足够多的专业技术人员。

房地产开发是一个技术性很强的行业,这就决定了房地产开发企业必须拥有足够的会计、统计、财务、营销等方面的经营管理人员和规划、设计、施工等方面的工程技术人员,而且需要经济、财会等方面的专业人员。《城市房地产开发经营管理条例》第 5 条第 1 款第 2 项明确规定设立房地产开发企业应当有 4 名以上持有资格证书的房地产专业、建筑工程专业的专职技术人员,2 名以上持有资格证书的专职会计人员。此外,《城市房地产开发经营管理条例》授权省、自治区、直辖市人民政府根据本地方的实际情况,对设立房地产开发企业的专业技术人员的条件作出高于前款的规定。

第五,法律、行政法规规定的其他条件。

设立外资房地产开发企业,除了应当遵守《城市房地产管理法》、《城市房地产开发经营管理条例》等专门性法规规定的条件外,还应满足外商投资方面的法律、法规规定的条件。例如根据《关于规范房地产市场外资准入和管理的意见》,外商投资房地产企业的中外投资各方,不得以任何形式在合同、章程、股权转让协议以及其他文件中,订立保证任何一方固定回报或变相固定回报的条款。根据商务部、国家外汇管理局2007年5月23日发布的《关于进一步加强、规范外商直接投资房地产业审批和监管的通知》(商资函[2007]50号)相关规定,外商投资从事房地产开发、经营,应遵循项目公司原则:(1)申请设立房地产公司,应先取得土地使用权、房地产建筑物所有权,或已与土地管理部门、土地开发商/房地产建筑物所有人签订土地使用权或房产权的预约出让/购买协议。未达到上述要求,审批部门不予批准;(2)已设立外商投资企业新增地产开发或经营业务,以及外商投资房地产企业从事新的房地产项目开发经营,应按照外商投资有关法律法规向审批部门申请办理增加经营范围或扩大经营规模的相关手续。

(2)外资房地产开发企业的设立程序

根据中国法律、法规的规定,在中华人民共和国境内投资设立的中外合资经营房地产开发企业、中外合作房地产开发企业和外商独资房地产开发企业统称为外资房地产开发企业。根据外商投资方面的法律法规和《城市房地产管理法》第30条和《城市房地产开发经营管理条例》第5条的规定,外资房地产开发企业的设立大致要经过外资审批、工商登记等步骤。以下按照外资房地产开发企业设立的种类分别展开论述。

第一,中外合资经营房地产开发企业的设立程序。

中外合资经营的房地产开发企业是由中方和外方在商定的期限内共同投资,进行房地产开发和经营的有限责任公司,具有中国法人的法律地位。合资各方以自己的投资额为限承担责任,同时按出资比例分配利润。

① 申请设立

申请设立中外合资房地产开发企业,由中外合营者共同向商务部或各地商务主管部门报送下列正式文件:设立合营企业的申请书;合营各方共同编制的可行性研究报告;由合营各方法定代表人或其授权代表签署的合资企业协议合同章程;由合营各方委派的合资企业董事长、副董事长及董事组成名单(包括各方法定代表人签署的委派书);审批机关规定的其他文件(主要包括:企业名称预先核准通知书、合营各方的合法开业证明、合营各方在注册地开户银行出具的资信证明、计划部门或行业管理部门的批复文件等)。

② 审查批准

凡在中国境内设立中外资房地产开发企业,须经商务部或各地商务主管部门审查批准。审批机构自接到规定的全部文件之日起,3个月内决定批准或者不批准。审批机关如果发现上述文件不齐备或者有不当之处,可以要求限期补报或者修改。审批同意后发给批准证书。

③ 注册登记

《中外合资经营企业法实施条例》(2001年修订)第9条规定:"申请者应当自收到批准证书之日起1个月内,按照国家有关规定,向工商行政管理机关办理登记手续。合营企业的营业执照签发日期,即为该合营企业的成立日期。"需要注意的是,如果外国投资者在收到批准证书之日起满30天未向工商行政管理机关申请登记的,外资企业批准证书自动失效。

第二,中外合作经营房地产开发企业的设立程序。

中外合作经营的房地产开发企业是指建立在合同制基础上的契约式或非股权式的合作型开发公司,应具有中国法人的法律地位。合作双方的投资或提供的合作条件可以是现金、实物、土地使用权等。通常情况下是由中方提供土地使用权,外方提供资金,合作进行开发建设。合作双方的权利、义务和责任,诸如投资方式、资金回收方式、利润分配方式和比例、债务以及亏损的负担、经营管理的分工安排等,均由双方磋商确定,并在合同中明确规定。

① 申请设立

申请设立中外合资房地产开发企业,由中外合营者共同向商务部或各地商务主管部门报送下列正式文件:设立合作企业的项目建议书,并附送主管部门审查同意的文件;合作各方共同编制的可行性研究报告,并附送主管部门审查同意的文件;由合作各方的法定代表人或其授权代表签署的合作企业协议、合同、章程;合作各方的营业执照或者注册登记证明资信证明及法定代表人的有效证明文件,外国合作者是自然人的,应当提供有关身份、履历和资信情况的有效证明文件;合作各方协商确定的合作企业董事长、副董事长、董事或联合管理委员会主任、副主任、委员的人选名单;审批机关要求报送的其他文件。

② 审查批准

申请设立中外合作房地产开发企业,应当将中外合作者签订的协议、合同、章程等文件报商务部或地方商务主管部门(以下简称审查批准机关)审查批准。审查批准机关应当自接到申请之日起 45 天内决定批准或者不批准。审批机关如果发现上述文件不齐备或者有不当之处,可以要求限期补报或者修改。审批同意后发给批准证书。

③ 登记注册

《中外合作经营企业法》第 6 条规定:"设立合作企业的申请经批准后,应当自接到批准证书之日起 30 天内向工商行政管理机关申请登记,领取营业执照。合作企业的营业执照签发日期,为该企业的成立日期。"

第三,外商独资房地产开发企业。

外商独资房地产开发企业是指依法在我国境内设立的、全部资本由外国投资者投资的房地产开发企业,不包括外国的企业和其他经济组织在国内从事房地产开发的分支机构。在中国境内设立外商独资房地产开发企业,必须经商务部或各地商务主管部门审查批准后发给批准证书。外国投资者在提出设立外商独资房地产开发企业的申请前,应当就下列事项向拟设立外商独资房地产开发企业所在地的县级或者县级以上地方人民政府提交报告。报告内容包括:设立外商独资房地产开发企业的宗旨;经营范围、规模;生产产品;使用的技术设备;用地面积及要求;需要用水、电、煤、煤气或者其他能源的条件及数量;对公共设施的要求等。县级或者县级以上地方人民政府应当在收到外国投资者提交的报告之日起 30 天内以书面形式答复外国投资者。

① 申请设立

外国投资者设立外商独资房地产开发企业,应当通过拟设立外资企业所在地的县级或者县级以上地方人民政府向审批机关提出申请,并报送下列文件:设立外资企业申请书;可行性研究报告;外资企业章程;外资企业法定代表人(或者董事会人选)名单;外国投资者的法律证明文件和资信证明文件;拟设立外资企业所在地的县级以上地方人民政府的书面答复;需要进口的物资清单;其他需要报送的文件。

② 审查批准

设立外商独资房地产开发企业的申请,由商务部或各地商务主管部门审查批准。审批机关应当在收到申请设立外资企业的全部文件之日起 90 天内决定批准或者不批准。审批机关如果发现上述文件不齐备或者有不当之处,可以要求限期补报或者修改。审批同意后发给批准证书。

③ 登记注册

设立外商独资房地产开发企业的申请经审批机关批准后,外国投资者应当在收到批准证书之日起30天内向工商行政管理机关申请登记,领取营业执照。外资企业的营业执照签发日期,为该企业成立日期。外国投资者在收到批准证书之日起满30天未向工商行政管理机关申请登记的,外资企业批准证书自动失效。

近年来,我国房地产领域外商投资增长较快,而为了保障房地产市场的健康发展,降低行业风险,国家近期也加强了对房地产市场的宏观调控。为适应这些新变化,监管部门适当调整了企业设立的审批准程序,以保证审批机关掌握更多的企业信息,克服监管中的薄弱环节。根据2006年7月11日发布的《关于规范房地产市场外资准入和管理的意见》,设立外商投资房地产企业,由商务主管部门和工商行政管理机关依法批准设立和办理注册登记手续,颁发一年期《外商投资企业批准书》和《营业执照》。企业付清土地使用权出让金之后,凭上述证照到土地管理部门申办《国有土地使用证》,根据《国有土地使用证》到商务主管部门换发正式的《外商投资企业批准证书》,再到工商行政管理机关换发与《外商投资企业批准证书》经营期限一致的《营业执照》,到税务机关办理税务登记。

(二) 外资行业准入政策

1. 行业备案

我国《城市房地产管理法》第30条第4款规定:"房地产开发企业在领取营业执照后的一个月内,应当到登记机关所在地的县级以上地方人民政府规定的部门备案。"企业除了须符合必要的条件方能直接登记外,还须接受政府行业主管部门的监督管理。这一程序性规定,目的是将设立登记后的房地产开发企业纳入房地产业的行业管理,保证房地产开发企业的健康发展和企业市场行为的规范化,并为具体落实第31条关于"房地产开发企业的注册资本与投资总额的比例应当符合国家有关规定"和"分期投资额应当与项目规模相适应"的规定创造条件。

根据我国《城市房地产开发经营管理条例》第8条的规定,房地产开发企业向房地产开发主管部门备案时应提交下列文件:营业执照复印件,企业章程,验资证明,企业法定代表人的身份证明,专业技术人员的资格证书和聘用合同。

新设立的房地产开发企业应当自领取营业执照之日起30日内,持上述

文件到房地产开发主管部门备案,房地产开发主管部门应当在收到备案申请后30日内向符合条件的企业核发《暂定资质证书》。凡1个月内未办理备案手续的企业,城市规划、建设和房地产等行政管理部门不予办理规划、项目开工建设、商品房预售等各项手续。

2. 资质申请

企业的资本实力、管理能力决定了企业承担开发任务的规模、数量。为避免由于资金不足、管理能力不足损害消费者和社会公共利益的现象,国家对房地产开发企业实行资质管理,根据企业的资金、人员素质、管理水平等指标对房地产开发企业进行等级管理,并颁发相应证书,以加强对房地产开发企业经营管理活动的指导和监督。

我国《城市房地产开发经营管理条例》第9条规定:"房地产开发主管部门应当根据房地产开发企业的资产、专业技术人员和开发经营业绩等,对备案的房地产开发企业核定资质等级。房地产开发企业应当按照核定的资质等级,承担相应的房地产开发项目。"建设部2000年3月9日修订发布的《房地产开发企业资质管理规定》,进一步完善了外资房地产开发企业的资质管理。

房地产开发企业应当按照《房地产开发企业资质管理规定》申请核定资质等级,未取得房地产开发资质等级证书(以下简称"资质证书")的企业,不得从事房地产开发经营业务。房地产开发企业按照企业条件分为一、二、三、四共四个资质等级。各资质等级企业的条件如下:

(1)资质一级企业:注册资本不低于5000万元;从事房地产开发经营5年以上;近3年房屋建筑面积累计竣工30万平方米以上,或者累计完成与此相当的房地产开发投资额;连续5年建筑工程质量合格率达100%;上一年房屋建筑施工面积15万平方米以上,或者完成与此相当的房地产开发投资额;有职称的建筑、结构、财务、房地产及有关经济类的专业管理人员不少于40人,其中具有中级以上职称的管理人员不少于20人,持有资格证书的专职会计人员不少于4人;工程技术、财务、统计等业务负责人具有相应专业中级以上职称;具有完善的质量保证体系,商品住宅销售中实行了《住宅质量保证书》和《住宅使用说明书》制度;未发生过重大工程质量事故。

(2)资质二级企业:注册资本不低于2000万元;从事房地产开发经营3年以上;近3年房屋建筑面积累计竣工15万平方米以上,或者累计完成与此相当的房地产开发投资额;连续3年建筑工程质量合格率达100%;上一年房屋建筑施工面积10万平方米以上,或者完成与此相当的房地产开发投资额;有职称的建筑、结构、财务、房地产及有关经济类的专业管理人员不少于 20 人,其中具有中级以上职称的管理人员不少于 10 人,持有资格证书的专职会计人员不少于 3 人;工程技术、财务、统计等业务负责人具有相应专业中级以上职称;具有完善的质量保证体系,商品住宅销售中实行了《住宅质量保证书》和《住宅使用说明书》制度;未发生过重大工程质量事故。

(3) 资质三级企业:注册资本不低于 800 万元;从事房地产开发经营 2 年以上;房屋建筑面积累计竣工 5 万平方米以上,或者累计完成与此相当的房地产开发投资额;连续 2 年建筑工程质量合格率达 100%;有职称的建筑、结构、财务、房地产及有关经济类的专业管理人员不少于 10 人,其中具有中级以上职称的管理人员不少于 5 人,持有资格证书的专职会计人员不少于 2 人;工程技术、财务等业务负责人具有相应专业中级以上职称,统计等其他业务负责人具有相应专业初级以上职称;具有完善的质量保证体系,商品住宅销售中实行了《住宅质量保证书》和《住宅使用说明书》制度;未发生过重大工程质量事故。

(4) 资质四级企业:注册资本不低于 100 万元;从事房地产开发经营 1 年以上;已竣工的建筑工程质量合格率达 100%;有职称的建筑、结构、财务、房地产及有关经济类的专业管理人员不少于 5 人,持有资格证书的专职会计人员不少于 2 人;工程技术负责人具有相应专业中级以上职称,财务负责人具有相应专业初级以上职称,配有专业统计人员;商品住宅销售中实行了《住宅质量保证书》和《住宅使用说明书》制度;未发生过重大工程质量事故。

对于新设立的外资房地产开发企业,应当自领取营业执照之日起 30 日内到房地产开发主管部门备案,房地产开发主管部门在收到备案申请后 30 日内向符合条件的企业核发《暂定资质证书》。申请《暂定资质证书》的条件不得低于四级资质企业的条件。申请核定资质等级的外资房地产开发企业,应当提交下列证明文件:① 企业资质等级申报表;② 房地产开发企业资质证书(正、副本);③ 企业资产负债表和验资报告;④ 企业法定代表人和经济、技术、财务负责人的职称证件;⑤ 已开发经营项目的有关证明材料;⑥ 房地产开发项目手册及《住宅质量保证书》、《住宅使用说明书》执行情况报告;⑦ 其他有关文件、证明。

《暂定资质证书》有效期为 1 年。房地产开发主管部门可以视企业经营情况延长《暂定资质证书》有效期,但延长期限不得超过 2 年。自领取《暂定资质证书》之日起 1 年内无开发项目的,《暂定资质证书》有效期不得延

长。外资房地产开发企业应当在《暂定资质证书》有效期满前1个月内向房地产开发主管部门申请核定资质等级。房地产开发主管部门应当根据其开发经营业绩核定相应的资质等级。

外资房地产开发企业成立后应当在规定的业务范围内从事房地产开发经营业务,不得越级承担任务。一级资质的外资房地产开发企业承担房地产项目的建设规模不受限制,可以在全国范围承揽房地产开发项目;二级资质及二级资质以下的外资房地产开发企业可以承担建筑面积25万平方米以下的开发建设项目,承担业务的具体范围由省、自治区、直辖市人民政府建设行政主管部门确定。

案例分析

案例1:武汉市江汉公司诉环宇房地产开发(武汉)有限公司、香港嘉实贸易公司联合开发合同纠纷案①

[案情]

1993年1月30日,武汉市江汉公司(以下简称江汉公司)与香港嘉实贸易公司(以下简称嘉实公司)签订"武汉职工大厦"联合开发建房合同一份,合同规定,江汉公司(甲方)与嘉实公司(乙方)对位于解放大道669号江汉公司临街东侧围墙至精武副食店地段,由乙方出资,双方合作开发兴建"一底二主"综合性大楼;工程总占地4150平方米;该地段内的医院、副食、餐馆及居民住房等拆迁由乙方安排还建补偿;原甲方所有汽修厂、小影院等处的房产由甲方负责拆除,由乙方一次性支付拆迁补偿费500,000元;开发合建的房产1/3的产权归甲方所有;甲方向乙方提供土地、产权、规划红线图等有关文件及资料;还规定了双方不履约的违约责任等。合同签订后,嘉实公司于1994年3月1日投资设立环宇房地产开发(武汉)有限公司(以下简称环宇公司)。同年5月4日,江汉公司与环宇公司共同向武汉市土地规划局申请规划定点。9月7日,武汉市规划管理局、武汉市土地管理局就"武汉职工大厦"项目下发局技(1994)14号文,原则上同意"职工大厦"项目的设计方案,同年12月30日武汉市土地管理局与环宇公司签订《国有土地使用权批租合同》,将位于汉口解放大道669号、面积为6084平方米的土

---

① 实例分析所涉当事人名称均系化名。

地使用权批租给环宇公司,并向环宇公司签发《国有土地使用权证》。江汉公司依约拆除还建部分居民住房;嘉实公司依约支付拆迁补偿费500,000元。但环宇公司取得使用权证后至今没有建房,因此江汉公司向法院提起诉讼,要求嘉实公司和环宇公司承担民事责任。

[评析]

1. 当事人不具备房地产开发经营资格签订的房地产联合开发合同是否有效?

根据中华人民共和国最高人民法院《关于审理房地产管理法施行前房地产开发经营案件若干问题的解答》(法发[1996]2号,1995年12月17日,以下简称《解答》)第1、2条的规定,"从事房地产的开发经营者,应当是具备企业法人条件、经工商行政管理部门登记并发给营业执照的房地产开发企业(含中外合资经营企业、中外合作经营企业和外资企业)。不具备房地产开发经营资格的企业与他人签订的以房地产开发经营为内容的合同,一般应当认定无效,但在一审诉讼期间依法取得房地产开发经营资格的,可认定合同有效。"因此,在中华人民共和国境内从事房地产的开发经营者,应当是中华人民共和国企业法人,而不是外国企业和香港企业。嘉实公司是香港企业,无权在中华人民共和国内地从事房地产开发经营业务。《解答》第21条规定:"《中华人民共和国城镇国有土地使用权出让和转让暂行条例》施行后,以划拨方式取得国有土地使用权的一方未办理土地使用权出让手续,以其土地使用权作为投资与他人合建房屋的,应认定合建合同无效,但在一审诉讼期间,经有关主管部门批准,依法补办了出让手续,可认定合同有效。"本案的联合开发建房合同是江汉公司与嘉实公司签订的,江汉公司签约时对以划拨方式取得的土地使用权并没有办理出让手续。尽管后来环宇公司履行了批租手续,但环宇公司与嘉实公司是两个不同的企业,均为独立的民事主体,环宇公司既没有嘉实公司对其授权的委托书,也没有与嘉实公司及江汉公司签订三方转让联合开发建房合同权利义务的协议。环宇公司办理的土地使用权批租手续,既不能视为履行江汉公司与嘉实公司的联合开发建房合同项下的权利义务,也不能视为江汉公司或嘉实公司补办了批租手续。由于嘉实公司无权在我国内地从事房地产开发经营业务,江汉公司将以划拨方式取得而又未办理出让手续的土地使用权作为投资与嘉实公司合建房屋,江汉公司与嘉实公司的行为均违反了《解答》第1条、第2条和第21条的规定,嘉实公司与江汉公司签订的联合开发建房合同应认定为无效。对此双方均有过错。江汉公司起诉的重要依据是其与嘉实公司签订

的联合开发建房合同,之所以将环宇公司作为被告,是因为江汉公司认为环宇公司由嘉实公司独资设立且代嘉实公司履行联合开发建房合同的权利义务。环宇公司与江汉公司之间虽然存在合作的事实,但没有证据证实这些合作事实是为了履行嘉实公司与江汉公司签订的合同,环宇公司与江汉公司的关系属另一种法律关系。因此,江汉公司以其与嘉实公司签订的合同为依据要求环宇公司承担民事责任,法院不应支持。

案例2:合作开发房地产纠纷案
[案情]

南海市平洲房地产开发公司(以下简称平洲房地产公司)与富南投资有限公司(以下简称富南公司,系港商投资设立的公司)、南海市平洲区经济发展总公司(以下简称平洲发展公司)、南海市建设实业总公司(以下简称南海建设公司)、南港进出口仓储集运公司(以下简称仓储公司)合作开发房地产纠纷案。

1993年6月8日,平洲发展公司、南海建设公司、富南公司、仓储公司签订《关于合作发展南海市平洲富南中心之协议书》;同年9月16日平洲房地产公司、平洲发展公司、南海建设公司、富南公司签订《关于合作发展南海市平洲区沙尾桥东之富南中心协议书》,1994年1月3日签订《联合开发南海市平洲区富南中心的补充协议》,约定由平洲房地产公司提供项目开发资质及办理规划用地、权证手续,富南公司负责投资及经营销售,平洲发展公司提供土地,南海建设公司成立富南经营部,由经营部负责项目建设的行政、财务、销售等事务,第三人仓储公司以土地464平方米换取富南中心住宅四个套间。协议还约定各方当事人利益分配办法及其他条款。

上述协议签订后,各方当事人依约履行,兴建富南中心大楼。1995年4月28日、5月29日、6月29日、8月23日、10月11日、11月30日、1996年1月29日,平洲房地产公司与富南公司、富南公司经营部签订合作补充协议,约定由房地产公司向富南中心投入1100万元资金,该资金实为借款,协议约定利息计算及还款方式。在履约过程中,富南公司对大楼资金的投入,主要靠境内外预售楼款及上述1100万元的借款。

1995年12月28日,平洲房地产公司与平洲发展公司签订《土地产权交换协议书》,约定由房地产公司用另一块土地换取平洲发展公司在富南中心的土地及权益。

1996年10月3日,承建该大楼的建筑商致函给平洲房地产公司及富南经营部,称该工程因拖欠工程款及水、电费、材料等,被迫将于同年10月20日起全部停止施工。10月18日,平洲房地产公司致函富南公司,通知其于10月24日前投入资金以满足建筑商的要求。否则,解除协议,由平洲房地产公司单方完成富南中心项目的建设,富南中心将归平洲房地产公司所有。同年10月19日,富南公司向平洲房地产公司发函认为,平洲房地产公司单方解除合约,应承担一切损失,如平洲房地产公司接收项目权益及债项,则其投入此项目的700万元,平洲房地产公司应在15日内偿还。10月28日,富南公司复函给平洲房地产公司称:富南公司在没有合法地位的情况下,冒着极大风险经营了四十多个月,现被迫于1996年10月25日撤退。待对1996年10月24日前的数据核对后,富南中心项目的一切权益、债务及法律与富南公司无关。

1996年10月26日始,平洲房地产公司独自投入资金继续承建富南中心大楼,并于1996年12月30日、1997年1月25日分别与南海建设公司、仓储公司签订了合同,确认他们之间对富南中心大楼的权利与义务。

上述各方当事人所签订的合作协议没有办理合建审批手续以及土地使用权变更登记手续,也未成立项目公司。平洲房地产公司有开发经营房地产范围、资质,并持有富南中心大楼的土地所有权证、建设工程规划许可证、施工许可证、预售商品房许可证。

平洲房地产公司起诉,请求判令终止平洲房地产公司与富南公司1993年9月16日签订的《关于合作发展南海市平洲区沙尾桥东之富南中心协议书》及补充协议,恢复平洲房地产公司对"富南中心"房地产项目的自主开发经营权,并由富南公司承担本案的诉讼费。

[评析]

1. 在中国境内从事房地产开发,是否应成立房地产开发企业并履行审批手续

房地产开发企业作为房地产开发的主体,主导了整个房地产开发的过程,在房地产开发市场上扮演了重要的角色。为了规范房地产开发秩序,国家对房地产开发经营权有严格的规定,未经审批不得从事房地产开发。《国务院关于发展房地产业若干问题的通知》(国发[1992]61号)要求所有从事房地产开发经营的中、外资企业,都必须经过严格的资质审批。

此后,建设部1993年4月16日颁布了《关于贯彻国务院〈关于发展房地产业若干问题的通知〉有关问题的通知》(建房字第298号),明确规定:"要按照建设部、国家工商行政管理局的规定,严格对各类房地产开发企业

的资质审批,并建立年检制度,实行动态管理。对取得房地产开发经营权的企业,在一年内无开发任务或未进行任何项目建设的,应及时取消其房地产开发经营权。对项目型公司,凡项目结束或因故终止,应及时取消其该项目的开发经营权。要严格限制那些不从事房地产开发而热衷于投机牟利的行为。要加强对开发公司经理及管理人员的培训,切实提高企业管理水平。"外资参与我国房地产开发,也必须借助于房地产开发企业这个平台,依据相关外商投资法律的规定成立外资房地产开发企业,并取得相应资质方能从事房地产开发。

富南公司作为香港公司与平洲房地产公司等内地公司在内地合作开发房地产,既未按《中华人民共和国中外合作经营企业法》的规定成立合作企业,也未按1992年国务院《关于发展房地产业若干问题的通知》第11条的规定办理有关审批手续。因此,平洲发展公司、南海建设公司、富南公司、仓储公司签订的《关于合作发展南海市平洲富南中心之协议书》,平洲房地产公司、平洲发展公司、富南公司、南海建设公司签订的《关于合作发展南海市平洲区沙尾桥东之富南中心协议》及《联合开发南海市平洲区富南中心补充协议》,因违反法律、行政法规的强制性规定,依法均应认定为无效合同。造成合同无效,各方当事人均有一定过错,各自应承担相应责任。富南公司依据无效合同产生的"富南中心"开发经营权,应当归还给对该项目依法享有开发经营权的开发商平洲房地产公司,基于"富南中心"商住楼开发项目产生的权利义务依法应当由平洲房地产公司承受,富南公司取得的预售房款,扣除投资款后,应当归平洲房地产公司所有;富南公司投入"富南中心"项目的资金,应当由平洲房地产公司负责返还。

(王志刚)

第五章 房地产项目融资

- 房地产开发项目中运用项目融资方式的可能性
- 房地产项目融资中的主要风险及相应的担保形式
- 房地产项目融资的法律管制问题

基本原理

一、项目融资的概念

项目融资(Project Financing)作为一个金融术语到目前为止还没有一个准确公认的定义。在国外的经济学界,大致有两种理解:一种是认为项目融资仅指无追索或有限追索的融资,即狭义的项目融资,主要流行于北美地区;另一种是认为一切为了建设一个新项目、收购一个现有项目或者对已有项目进行债务重组所进行的融资活动都可以被称为项目融资,即广义的项目融资,欧洲即是如此。本章所讨论的仅指上述狭义的项目融资。笔者认为,项目融资是项目投资人为募集项目建设所需要的资金而进行的金融活动。其中,资金的借款人将项目本身的自有资金和项目收益作为还款资金的来源,并且将其项目资产作为还款的担保条件。

二、项目融资的特征

与传统的融资方式相比较,二者关键的差异是信用基础的不同和还款义务实际承担者的不同。项目融资主要有以下特征:

1. 项目导向

这是指项目融资主要依赖项目本身的现金流量和资产,而不是依赖项目投资者或发起人的资信来进行安排。贷款人如银行在项目融资中主要关注的是该项目本身在贷款期间能够产生多少现金流量用于还款,贷款的数量、融资成本的高低以及融资结构的设计都与项目的预期现金流量密切相

关,有机地结合在一起。

这一特点带来的好处是:与传统融资方式相比,一些因投资者无法取得担保条件而难以借到资金的项目可以通过项目融资安排来实现融资,采用项目融资一般可以获得较高的贷款比例。进一步,由于项目导向,项目融资的期限可以根据项目的具体需要和项目的经济生命期来安排设计,可以做到比一般商业贷款期限长。

2. 有限追索或无追索

追索是指在借款人未按期偿还债务时,贷款人要求借款人用其资产偿还债务的权利。贷款人对项目借款人的追索形式和程度是区分该融资是属于项目融资还是传统融资的重要标准。在传统融资中,贷款人的追索形式是完全追索,有权要求借款人以其包括项目资产在内的全部资产清偿拖欠的贷款。而在项目融资中,按照融资结构的安排,贷款人或者是在某个特定的阶段(如项目的建设开发阶段)对项目借款人实行追索,或者是在某个特定的范围(如金额和形式、比例等的限制)内对项目借款人实行追索,除此之外,无论项目出现任何问题,贷款人均不能追索到项目借款人除项目资产、资金流量等之外的任何形式的财产。

"无追索"是有限追索的特例,即在项目融资的任何阶段,贷款人均不能追索到项目借款人除项目资产、资金流量等之外的任何形式的财产。这种安排对贷款人来说风险很大,融资完全依靠项目的经营效益和资产,因此在实践中非常少见。

3. 风险分散

在传统的融资形式下,由于是完全追索,因此偿还借款的风险完全由借款人独自承担。而在项目融资中,由于要实现有限追索甚至是无追索的安排,与项目有关的各种风险要素就在项目投资人(借款人)、贷款人和与项目有各种直接或间接利益关系的其他参加人之间进行分担。这是通过项目融资中的一系列合同安排来实现的,比如通过交钥匙合同来分散建筑风险。

4. 非公司负债型融资

非公司负债型融资,或称公司资产负债表外型融资,是指项目的债务不表现在项目投资人(借款人)的公司资产负债表中的一种融资方式。为进行项目融资,项目发起人组建一个在法律上独立的项目公司,然后以项目公司的名义对外借款。由于项目公司是独立于发起人的法律实体,因此其对外借款不必表现在发起人的资产负债表中,这样就不会影响发起人的信用状况,使其可以在该项目之外筹措新的资金开展新的项目。这种融资方式的价值在一个公司从事超出自身资产规模的项目投资,或者同时进行几个较大的项目开发时,就会得到充分的体现。

5. 资金来源和信用结构的多样化

在资金来源方面,项目融资中既包括直接融资也包括间接融资。项目发起人设立项目公司而做的股权融资属于直接融资,项目公司成立后若能发行债券所募得的资金也属于直接融资,银行的贷款属于间接融资。限于篇幅,下文仅讨论项目取得银行贷款的间接融资的有关问题。

在信用结构方面,由于项目贷款的风险形式和特点与一般商业贷款有很大区别,用于支持贷款的信用结构的安排也是灵活多样的,"交钥匙"工程合同、项目投资者的备用担保的使用等,在下文"房地产项目融资中的主要风险以及相应的担保形态分析"的题目下将作具体的讨论。

6. 融资成本较高

项目融资涉及面广,结构复杂,需要做好大量的有关风险分担、税收结构、资产抵押等一系列技术性的工作,筹资文件比一般商业贷款要多得多,大量的前期工作导致融资成本的增高。

三、项目融资的意义与作用

项目融资的上述特征,使其作用主要在于帮助项目投资者解决传统融资方式无法解决的以下问题:

(1) 为超过投资人自身筹资能力的大型项目提供融资。

房地产项目是投资大并且周期相对较长的建设项目,有些大型的项目投资金额巨大,风险也相应加大,依照传统的融资方式,一旦项目出现问题,投资者所受到的损失将不仅仅是项目中的投入,而且会牵扯到其他的业务和资产,甚至导致破产。项目融资利用项目本身的资产价值和现金流量安排有限追索的贷款,则使得这类项目安排资金成为可能。

(2) 为国家和政府建设项目提供形式灵活多样的融资。

房地产业中不仅包括以营利为主要目的的商业房地产(如商业住宅、写字楼等),也包括以非营利为主要标志的公共房地产(如博物馆、体育馆等),后一类项目的产权多数属于政府或其下属部门,传统的投资渠道也是通过政府安排财政拨款,但资金的充足度往往不够。并且,由于政府预算以及政府借债的种类和数量均有较严格的限制,由此也限制了政府在金融市场上安排贷款的能力。此时,对于一些可能产生较好经济效益的公共房地产项目,政府可以通过安排项目融资的方法较为灵活地解决这类项目的资

金紧缺问题,例如澳大利亚悉尼奥运体育场的建设。

(3) 实现公司的目标收益率。

许多公司都设有内部的项目投资目标收益率,以此作为衡量新项目投资的尺度。如果一个项目的可行性研究结果表明,该项目预期收益率低于公司的内部目标收益率,那么一般情况下该项投资就很难得到批准。但是,一个精心安排的项目融资可以将与项目有关的各个方面的利益有机结合起来,以提供直接担保和间接担保的方式,增强项目的经济强度,提高项目的融资能力,减少项目股本资金的投入,进而提高项目股本资金的投资收益率。

(4) 为跨国公司安排海外投资项目中的债务追索权。

一些大的跨国公司虽然其经济实力雄厚,但是当这些公司投资于海外的合资企业,特别是投资在没有经营控制权的企业以及投资在风险较高或者情况不熟悉的国家,多数情况下希望将项目风险与公司其他业务在一定程度上分离,以达到限制项目风险或者国家风险的目的,采用有限追索权的项目融资方式既可以实现这一目的,同时又具有对海外项目的债务追索权。这对于我国的项目取得国际的融资有很大帮助。

四、项目融资的框架结构及各结构的参与人

1. 投资结构

项目的投资结构,即项目的所有权结构,是指项目的投资者对项目资产权益的法律拥有形式和其他项目投资者之间(如果有两个以上的投资者的话)的法律关系。如果仅有一个投资者,无疑其拥有对项目百分之百的所有权,而如果两个以上的投资者,则需要在现有的法律条件下寻求最合适的合资关系。采用不同的项目投资结构,投资者对其资产的拥有形式,对项目产品、项目现金流量的控制程度以及投资者在项目中所承担的债务责任等方面都会有很大差异。

在一般性的融资中,普遍采用的投资结构有公司型合资结构、合伙制(含有限合伙)投资结构和非公司型(又可称契约型)合资结构。在我国目前的现有法律环境下,如果有两个以上的投资人对某房地产项目进行投资开发,公司型合资结构往往更多地被适用(具体原因分析详见下文的"争议焦点")。公司型合资结构是指由投资者通过股权投资成立公司,公司作为与投资者(股东)完全分离的独立法律实体,拥有一切公司资产和处置资产的权利,以公司所有的资产独立对外承担公司债务。在公司存续期间,公司对于公司资产和权益始终存在,不受股东变化的影响。投资者拥有公司的股份,通过任命董事会成员对公司进行管理。公司的一切对外债务均以公司的全部资产承担,股东个人不负责公司的债务。在此结构中,该两个以上的投资者,可以是法人也可以是自然人,彼此之间的法律关系通过项目投资契约和经登记的公司章程予以体现。

投资契约是投资者各方基于平等的法律关系,自愿合意形成一定投资法律关系的契约,既是投资者之间权利义务的法律基础,也是产生项目公司的法律基础和前提,其内容与一般的投资组建公司的协议大体相同,主要包括合资项目的经营范围、资本的注入方式和数量、项目的管理和控制条款、各投资者的投资和收益比例以及其他认为需要明确的权利义务。

公司章程是公司的基础性法律文件,是规范公司的组织和活动的基本规则。从项目公司的角度来看,项目投资者是公司的股东,项目投资者与项目公司的关系由公司章程规定。

2. 融资结构

融资结构是项目融资的核心部分,指为了实现投资者在融资方面的要求,设计和采取什么样的融资模式。在我国的现有法律环境下,适宜于房地产开发项目采用的融资结构主要包括:通过单一项目公司融资以及在大型公共房地产项目中可以采用的 BOT 模式(具体的原因分析详见下文的"争议焦点")。

在融资结构中,主要参与人包括项目投资人、项目公司、项目贷款人以及其他可能参与的贷款担保人。

(1)通过单一项目公司融资

投资者通过建立一个单一目的的项目公司来安排融资,最主要的形式是由投资者共同投资组建一个项目公司,再以该公司的名义拥有经营项目和安排融资。如果只有一个投资者,则为单独投资,按照《公司法》关于"一人有限责任公司的特别规定",成立一人公司。

在这一结构中,各参与人之间形成如下法律关系:① 项目投资者之间形成合资法律关系,项目投资者是项目公司的股东,对项目公司负有法定或章程规定的出资义务,有权从项目公司收取由其股份所生的股利;② 项目公司独立负责安排项目贷款,其与项目贷款人形成贷款法律关系,项目公司是借款人;③ 项目贷款人(通常为银行)一般会要求对贷款提供担保,具体的担保方式视各个项目的具体情况而定,由此形成不同形式的担保法律关系,各方的权利义务在各类的担保合同中予以安排。

(2) 大型公共房地产的 BOT 模式

BOT 是 Build(建设)、Operate(经营)和 Transfer(转让)三个英文单词第一个字母的缩写,代表着一个完整的项目融资的模式,是在 20 世纪初期和中期发展起来的,主要用于公共基础设施建设的融资模式。这种模式的基本思路是,由项目所在国政府或所属机构为项目的建设和经营提供一种特许权协议作为项目融资的基础,由本国公司或外国公司作为项目的投资者和经营者安排融资、承担风险、开发建设项目,并在有限的时间内经营项目获取商业利润,最后根据协议将该项目转让给相应的政府机构。BOT 从出现之初,就被认为是代表国际融资发展趋势的一种新型结构,主要被发展中国家广泛应用,以解决在安排融资时面对的增强对抗政治风险、金融风险、债务风险的能力和提高项目投资收益与经营管理水平等问题。笔者认为,在公共房地产(如博物馆、体育馆等)领域,也完全可以适用,并且不仅仅包括用以国际融资。

特许权协议的本质是使原本由国家专营的项目变得可以吸收私人资本。并不是所有的项目都适合用这种融资方式:首先,该项目必须是属于国家专营的;其次,许多国家专营的公共项目是出于公共需要,本身并不要求盈利,但采用 BOT 模式融资的项目则应具有盈利的可能。就公共房地产项目而言,比如某些体育场管可以通过出租使用而获得盈利,展览馆等也是大体如此,不过应该承认,在目前这种项目仍然是不多的。总的来说,BOT 模式迄今为止仍然是一种出现时间较短的新型项目融资结构,还没有任何一个项目可以证明它是一种完善的成功模式。①

BOT 模式主要由以下几部分参与人组成:

第一,项目发起人。

项目发起人是项目所在国(或所在地)国家政府或政府机构或政府指定的公司,是项目的最终所有者。在国家专营的公共房地产领域,私人投资者想要直接投资建设并经营,必须获得国家的直接授权。国家政府或政府机构通过与投资者签订特许权协议或者颁发许可证,对私人投资予以授权。特许权协议表现的是政府与投资者之间的契约关系,这种协议未经双方当事人协商一致,不能随意修改或撤销,否则构成违约。许可证则略有不同,它是政府的单方授权,无须征得被授权方的同意即可由授权者单方撤销或更改。特许权协议有两个层次:一是草签特许权协议,这是

---

① 张极井:《项目融资》,中信出版社 2003 年版,第 144 页。

在项目公司成立之前,由国家政府或政府机构与项目主办人之间签订,以表明该项目的建设运营能够获得政府的特许和各种必要的承诺;二是正式特许权协议,是由国家政府或政府机构与项目公司签订的,该协议中既有政府的授权条款,又有双方经协商一致的权利义务条款,是最完备和正式的特许权协议。

与其他的融资模式不同之处在于,在 BOT 融资和经营期间,项目发起人在法律上并不拥有项目,在事实上也不经营项目,而是通过给予项目特许经营权或外加一定数额的从属性贷款或贷款担保作为项目开发建设的支持。项目主办人之所以采用 BOT 融资方式,是为了要达到减少项目的初始投入和引进新技术、改善项目的管理水平这两个目的。

第二,项目主办人。

项目主办人是特许权协议草案的一方当事人,主要为今后成立的项目公司争取特权。政府作为授予特许权的条件,往往要求项目主办人承担一些保证责任,例如保证向项目公司投入一定资金等。

第三,项目公司。

项目公司是正式特许协议的一方当事人,是项目的直接投资者和经营者,是 BOT 融资模式的主体。多数情况下,由于 BOT 融资涉及巨额资金,又有政府的特许权协议为支持,投资者都愿意安排成有限追索的形式,因此项目公司一般是专门为开发建设该项目而成立的有限责任公司,负责组织项目的建设和经营,提供项目开发所必需的股本资金和技术,安排融资,并以自身所有资产承担项目的风险和债务。由于在特许权协议终止时,项目最终要交还项目发起人,因此,从项目发起人的角度,在选择项目公司时要非常注意对其资质的审查。

第四,项目贷款银行。

由于是项目公司独立安排融资,因此贷款银行仅与项目公司发生贷款法律关系。贷款的条件在很大程度上依赖特许权协议的具体内容。在其他方面,贷款银行与项目公司的关系与其他项目融资下的关系没有区别。

3. 资金结构

项目的资金结构设计主要用来决定在项目中股本资金、准股本资金和债务资金的形式、相互之间的比例关系以及相应的来源。项目融资重点要解决的是债务资金问题,但在整个结构中也需要适当数量和适当形式的股本资金和准股本资金作为信用支持。在房地产开发项目融资中主要采用的债务形式是银行贷款。

4. 信用保证结构

项目的信用保证结构是指在项目融资过程中所采取的各种担保形式的组合。之所以要采取担保的形式,是因为项目的运营过程中会存在许多不同类型的风险,因此,银行和其他债权人为增强项目资金的安全性,在考虑项目本身的经济强度之外,还会要求有来自项目之外的各种直接或间接的担保。在项目融资实践中可供采取的担保方式是灵活多样的,通常要根据各个项目具体的风险类型来决定该采取相应的哪些方式。

五、项目融资的缘起、现状和趋势

项目融资作为有别于传统融资的一种新型融资方式,其雏形在20世纪初期就已经出现了。20世纪20年代,美国在开发得克萨斯油田时,创新地采用了一种无追索权的融资技术。到了20世纪60年代开发北海油田时,英国又创造了有限追索权的项目融资技术,被称为现代意义上的项目融资,并被许多国家效仿。其后,随着有限追索权的广泛运用,项目融资逐渐成为具有特定含义并以有限追索权为根本特征的金融技术,最初被大量运用于矿产资源开发的融资,后来逐渐在一些大型基础设施项目如机场、港口、公路等建设中得到了广泛运用,近几十年来已经发展成为一种为大型工程项目的建设开发筹集资金的卓有成效并且日趋成熟的手段,对一些资金占用量大、投资回收期长的项目尤其有吸引力。

操作流程

一、投资者通过项目公司安排项目融资模式

项目融资的操作流程,是根据各个项目的不同特点和不同要求,设计具体的项目融资的整体结构并付诸实施,通过项目建设和运营的顺利开展以项目收益偿还贷款的全部过程。项目融资的整体结构并不是在上述的项目融资的基本结构独立完成之后再加以简单拼加,而是有一个复杂的多次谈判的过程。并且,作为项目融资核心的融资结构模式需要根据各个项目的不同特点和不同要求而作具体设计,基本上是一个通过合同来安排的过程,所以从实践中来看,没有两个完全相同融资模式的项目融资。而以不同的融资模式为中心展开的不同的整体结构会有很大的不同,其间的各方法律

关系和操作流程也会有所不同,但这不妨碍我们对其中具有共性的部分作一归纳和描述。

1. 项目融资准备阶段

这一阶段包括对项目的经济效益预测、技术可行性研究和项目风险预测。经济效益预测,即对项目建成投产后现金流量和收益预测,这是项目发起人决定是否采用项目融资技术的主要依据,也是项目贷款人和投资人的重要参考。技术可行性研究是指对项目的顺利实施所必需的各类技术(包括勘探技术、经营管理技术等)进行研究和评估,主要目的是要充分认识项目所用的技术可能产生的风险。一般来说,项目所用技术多为成熟技术时,项目成功的可能性就比较大,反之则相反。项目风险预测就是对项目开发、建设和运营中可能遇到的风险进行定性和定量分析。

以上三项工作,是项目发起人在作出投资决策前必须要完成的工作。在这个阶段,主要是项目专家、金融财务专家以及法律专家等参与评估和研究的过程,项目融资的实质阶段并未实质上开始,各可能的参与人之间也未实质上发生与项目融资相关的法律关系。

2. 选择和确定项目融资的投资结构和融资模式

项目发起人通过上述准备,根据项目特点和财务要求,选择合适的融资模式,并与相关参与人进行谈判,最终以合同等法律文件确定各方的法律关系。

(1) 项目投资者根据股东协议出资设立项目公司,完成法律关于公司设立所需的文件和相应手续;

(2) 以项目公司的名义向政府申请房地产开发项目的报批,并完成所有相关手续,取得相应政府及有关部门的批文;

(3) 项目公司签署一切与项目开发建设有关的合同,包括与房地产拆迁公司签署拆迁合同、与被拆迁户签署拆迁安置补偿协议、与工程公司签署工程建设开发合同等;同时,以项目公司名义安排融资,与银行签订项目贷款合同。

与项目有关的担保方式以及相应的担保合同也在这一阶段确定和签署。

3. 项目的开发和建设

项目开发建设的开始,项目融资就进入执行阶段。在这一阶段,除项目公司外,贷款银行还将经常监督项目的进展,根据资金预算和建设日程表,安排贷款的提取。银行监督权限的大小是由其与项目公司、项目投资人所订立的一揽子项目贷款合同来确定的。2009年7月8日,银监会发布《项目融资业务指引》,从审慎经营、防范风险的角度对银行开展项目融资业务提出具体要求,例如要求贷款人应当与借款人约定专门的项目收入账户,要求所有项目收入进入约定账户,并按照事先约定的条件和方式对外支付;在贷款存续期间,贷款人应当持续监测项目的建设和经营情况,根据贷款担保、市场环境、宏观经济变动等因素,定期对项目风险进行评价,并建立贷款质量监控制度和风险预警体系。出现可能影响贷款安全情形的,应当及时采取相应措施,等等。今后在银行与项目公司签订的合同中将体现指引的这些要求,项目公司在运用银行贷款的过程中,也会受到银行更全面、规范和严格的监督。

4. 项目的经营和还款

在项目的经营阶段,项目公司将以销售收入或项目产生的其他收益来清偿贷款。为保证贷款的清偿,银行一般都指定开设项目收益账户,项目的收益全部进入该账户,银行监督项目收益的进入,并可按照合同约定的比例收款。同时,按照通行的做法,银行会派人参与一部分项目生产经营决策,在项目的重大决策问题上有一定的发言权,具体的权利范围同样也在其与项目公司、项目投资人所订立的一揽子项目贷款合同中加以确定。

二、大型公共房地产的 BOT 融资模式

其一,政府选择拟用以融资建设的项目,并寻找潜在项目投资者或项目主办者。

BOT融资模式本质上是私人资本进入国家专营的项目,基础是政府与项目投资者之间的特许权协议,因此政府的批准和授权是前提。首先必须要有政府基于一定的经济、技术和政策等因素测算后选定用于融资建设的项目,可以以招标公告方式通告潜在的投资者,也可以直接找到潜在投资者协商。

如果采用招投标方式,则招标文件主要包括以下:

(1) 招标通告;

(2) 招标须知:介绍项目基本情况、特许条件、投标准备期、评标准则与办法、投标方法、投标书应具备的内容、投标保证金、开标时间与地点以及履约准备金等;

(3) 与项目有关技术参数说明、技术标准要求以及相应图纸;

(4) 合同格式和合同条款,内容主要包括:特许权的内容、特许权的转

让和抵押、政府和项目主办人的权利和义务、政府和项目公司的权利和义务、项目建设和经营、收费、特许权的违约和终止等;

(5)附件。

以上招标文件是投标者进行投标的依据,开标后政府不得进行实质性修改。

其二,投资者或项目主办人准备投标文书。

投资者或项目主办人通过对项目的经济效益的预测、技术可行性研究和项目风险预测,制作一整套投标文书,用以投标或直接与政府部门谈判。

投标文书主要包括:

(1)BOT项目标书,内容包括:项目投资人、项目总投资、项目公司、股本结构、资金结构、投资回收计划、项目盈利水平、收费和特许期、建设进度和运营计划、维修和养护计划等;

(2)意向书,包括:项目公司和项目主办人(股东)间的投资意向书、项目公司与银行(团)间的融资意向书、项目公司与建筑承包商间的设计和建设意向书、项目公司与运营公司间的运营和维修意向书、项目公司与保险公司间的保险意向书等。

如果不是以招投标方式而是以直接协商的方式,则上述内容可作为协商的必备内容。

其三,确定项目主办人和项目公司。

项目主办人和项目公司一般经开标和评标确定,或者政府直接选定。

其四,相关合同谈判和签约,一般包括:

(1)政府或相关部门与项目公司之间签订特许权协议;

(2)项目公司与银行(团)之间的贷款合同;

(3)项目主办人与银行(团)之间的完工担保合同(或条款),是上述贷款合同的附属性文件;

(4)建筑物长期使用协议,是项目公司与项目的长期使用者订立的使用合同,实际上起着对项目公司的财务担保作用,在资源性项目的融资方式中常被设计为无论提货与否均须付款的方式;

(5)项目公司与运营公司签订的关于经营管理项目的合同,其目的是加强对项目的经营管理,使项目有更大的成功把握,核心条款为运营成本的控制及相应的奖惩制度;

(6)其他与项目建设、运营有关的合同,比如保险合同、建筑设计合同和施工合同等。

以上所有的合同和文件构成了大型公共房地产的 BOT 融资模式的总体合同框架,并由此确定了各参与人的法律地位,他们之间的权利义务由上述合同和协议予以安排。

其五,项目的开发、建设和经营。

其六,按照特许权协议的约定,项目经营期间届满后,项目所有权由政府收回。

争议焦点

一、房地产开发项目中应用项目融资方式的可能性探讨

(一)项目融资的适用领域认识

近三十年来,项目融资作为大型项目的卓有成效的融资手段日益受到重视。与传统贷款相比,由于项目融资以项目本身的资金强度作为决定是否提供贷款的首要因素,贷款银行始终着眼于对项目资金流量的控制和积极影响,将项目融资作为一个完整系统的项目运行的全过程,并且能够根据项目的不同特点设计出不同的融资结构以满足项目投资者的不同需求,使一些在传统融资条件下可能无法取得贷款资金的项目能够通过项目融资的方法得以开发。这一特点,使其对于资金占用量大、投资回收期长的工业部门具有特别的吸引力。因此,尽管项目融资最初的成功是在 20 世纪 70 年代石油危机之后能源工业的繁荣期运用于当时的一些大型能源项目,但随后其本身的适用领域也不断扩展于同样具有资金占用量大、投资回收期长的其他大型项目,如大型矿产资源开发、大型基础设施建设工程等。从总的趋势来看,其适用范围呈不断扩张的趋势。其中,尤其值得一提的是"欧洲迪斯尼乐园项目"。该项目本身在建成后的经营中虽然屡遭困境,但就其项目融资本身来看,该项目的融资是成功的,并且具有相当的创造性和典型意义。该项目完全不同于传统的项目融资工作的领域,如资源型或能源型工业项目、大型基础设施项目等,其项目边界以及项目经济强度的确定要比工业和基础设施项目复杂得多,在该项目中,不仅要建迪斯尼乐园,而且还要开发饭店、办公楼、小区式工业住宅、高尔夫球场、度假村等设施。与传统的项目融资结构不同,它没有一个清楚的项目边界的界定,但是经过一系列巧妙而严密的合同安排,最终该项目融资得到成功。由此看来,就项目融资的适用领域而言,其本身的外延是开放性的,只要被融资的项目能够符合项目融资本身的特点,经过严密的经济、技术、法律等方面的认证,并且有一个合适的合同框架的安排,在传统的能源工业或基础设施领域之外的其他项目同样有适用项目融资的可能性。

(二)房地产业开发融资的特点

房地产开发投资要求巨大的资金投入。投资规模大、投资回收期长是房地产开发投资的共性。商业房地产具有高风险、高收益的特性,对资金的要求尤为突出。购物中心、特色商业区、Shopping mall 等的建设一般都需要大量的资金。而且,商业房地产经营一般还要经过 2—3 年的过渡期,需要有雄厚的资金准备。目前,我国商业房地产资金主要来自于房地产开发商、商业经营者自身的积累和传统的外源融资方式。开发商自身资金积累主要是指开发企业自身的资金和以企业为基础的股权融资,前者积累过程相当缓慢,而后者目前在我国利用有限。传统的外源融资主要是银行贷款、信托投资、承包商带资承办等,其中尤以银行贷款为主。而银行贷款提供资金的数量和使用期限都有严格的限制。银行贷款项目的风险首先是由开发企业完全承担,然后由银行承担,非常不利于风险分散。而项目融资具有融资金额巨大、风险分担的特点,对于大型的商业房地产项目可以考虑采用项目融资的方式,来实现融资目标和风险屏蔽的作用。

(三)房地产开发项目中应用项目融资与现有传统融资方式的比较分析

我国目前房地产业的融资方式仍然主要依靠传统的银行贷款,与之相比,如果采用项目融资的方式,则有以下几点不同:

1. 对项目投资者而言

传统的银行贷款方式一般是,项目投资者先取得项目用地的政府批文,然后自筹资金支付土地使用权出让金,取得项目用地的土地使用权,然后以该土地使用权向银行抵押贷款。由于抵押贷款需要进行登记,此时要求投资者必须已经获得土地使用权的登记,而根据我国相关法律规定和相关部门的登记做法,此时投资者必须已经完成该土地上的拆迁安置和补偿,因此投资者至少必须先行筹措到用以支付土地使用权出让金和支付拆迁补偿安置费用的款项。如果该项目本身非常大,如土地的成片开发,则投资者需要首先筹措的资金将十分庞大,虽然也可以用其现有的其他资产或资信提供担保向银行贷款,但这样就享受不到在项目融资方式下实现公司目标收益率和表外融资的好处,并且投资者显然无法进行超出其现有筹资能力的项

目开发。而在采用项目融资的情况下,按照国际上十分流行的做法,大多采用"浮动担保"的贷款担保方式,项目将来新增的资产自动列入贷款担保的范畴,因此在投资者取得项目批文后,银行即可对其贷款,项目公司取得土地使用权之前的筹资也都可以通过合同的安排获得银行的贷款支持,这对于本身有技术上的开发和经营能力但一时难以筹措巨额资金的项目投资者无疑具有很大的吸引力。

2. 对贷款银行而言

一般的商业贷款,银行一旦将款放出,实际上已经无法有效控制贷款的用途,而且此时贷款的担保来源于借款人的信誉及本身资产和其所提供的其他担保,银行对于贷款的用途也没有特别的限制。而在项目融资的情况下,主要看重的是项目本身的预期收益,银行在一定程度上分担了项目的经营风险,因此规定和有效控制贷款的用途就十分重要,除了设立专门的监管账户外,银行还把监督贷款使用的权利写入合同,并规定了在紧急情况下的救济措施,比如项目公司濒临破产或主要供应商不能履约时,贷款人有权终止借款合同等,这在一般商业贷款中都是没有的。与一般贷款不同的地方在于,一般商业贷款是可以独立于借款人的其他商业关系和法律关系之外的单独的贷款关系,而项目融资从一开始就是一系列相关参与人之间的"一揽子"合同安排,虽然单纯从法律关系角度来看,贷款合同仅是标志着投资者与银行间的单独的借款关系,但在实际上,贷款合同已经将其他参与人有可能影响到的情况作了一并的考虑。在这样的安排中,允许贷款银行拥有对项目的一定的控制权也是顺理成章的,而一般的商业贷款显然无法做到这点。另外,尽管项目融资可以通过合同安排进行有效的风险分散,但项目融资本身就是项目投资者在做远远超出其自身现有筹资水平的投资,"借鸡生蛋",做"无米之炊",其本身的风险程度就比一般商业贷款要高,因此,项目融资贷款的利率也通常更高。以上两点是项目融资对贷款银行的吸引力所在。

3. 风险问题的认识

尽管与传统贷款相比项目融资拥有许多的优点,但不容忽视的是其本身固有的局限性。上面已经提到,项目融资本身就是项目投资者在做远远超出其自身现有筹资水平的投资,其本身的风险程度就比起一般商业贷款要高,其分散风险的方法之一就是银行承担了部分的项目开发和运营风险,因此项目一旦失败,银行的资金就非常危险,更加要防范的是利用开发项目套取银行资金的情况。而在传统意义的项目融资需要现金流量稳定,但商业房地产的现金流量却具有波动性,这就进一步加大了贷款的风险。因此,对风险的控制就成为项目融资的生命线。如果在某个房地产项目中可以做到有效地控制风险,则项目融资不失为一个好的选择。

(四) 小结

资金瓶颈是我国目前房地产业急需解决的关键问题。我国目前房地产业的融资方式仍然主要依靠传统的银行贷款融资,如上所述,由于传统贷款方式无法更有效地分担风险,而商业房地产又具有高风险、高收益的特性,因此,银行为有效防范金融危险,必然严格控制房地产业的贷款供应,甚至在一定时期适度减少供应量。虽然我国目前鲜有在房地产领域采用项目融资的方式,但并不表明项目融资本身不适用于房地产业。2009 年 7 月,中国银监会发布了《项目融资业务指引》(银监发〔2009〕71 号),认可了房地产项目融资的可能性并提供了操作指引。但并不表明项目融资方式本身不适宜用于房地产业之中。对于某些资金占用量巨大而远远超过投资者现有筹资能力的项目中,比如大型的成片开发建设项目中,项目融资可以成为有效的融资方式。而对于本身需要政府投资的大型公共房地产项目中,一些在未来的使用中可能产生稳定的现金流收入的项目,如博物馆、展览馆、体育场等,利用 BOT 融资的方式也存在可能。项目融资的成功运用对于缓解目前的房地产开发中的资金瓶颈将大有帮助。就某个具体房地产开发项目而言,能否成功运用项目融资,则至少取决于以下三方面:(1) 该项目的经济效益预测、技术分析以及对项目投资者实力的评估表明该项目有很大可能成功;(2) 该项目可能存在的风险能够通过合同安排得到有效控制;(3) 该项目各环节在我国没有法律上的障碍。其中第一方面内容不是本书所涉,以下仅就后两个方面的问题,从项目融资的主要风险以及相应的担保形态分析和项目融资的法律管制角度分别阐述。

二、房地产项目融资中的主要风险以及相应的担保形态分析

风险的控制可以说是项目融资的生命线,项目融资的成败很大程度上可以说是项目风险的配置。在房地产项目融资中,常见的风险有完工风险、成效风险和市场风险,在设计项目融资的合同时应对每一种风险有较为准确的预估和妥善的防范和分配机制。对于贷款银行来说,最主要的风险防范手段是各种各样的担保方式的合理运用。

(一) 完工风险及其防范措施和担保方式

完工风险是指项目建设不能按照预定的时间达到规定的各项经济技术

指标的风险。这里所说的"完工"并不等于工程本身的"竣工"。在项目融资中,引入了"商业完工"的概念,即在融资文件中具体规定出项目产品的产量、质量以及其他一些经济技术指标和项目达到这些指标的时间下限等,只有项目在规定的时间范围内满足这些指标时,才被贷款银行接受为"完工"。① 尤其对于商业房地产项目来说,房屋的预售是常见的经营手段,此时项目本身并未竣工。

在商业房地产项目融资中,完工标准可以有以下几种:

1. 完工和运行标准

指项目需要在规定的时间达到商业完工的标准,在商业房地产项目中又可分为两个层次,一是规定在某个时间内达到符合法律规定和合同规定的预售标准;二是项目整体竣工验收后应达到的各项标准必须在规定时间内做到,二者都是直接影响到项目正常运营的关键。

2. 技术完工指标

即规定的技术是否在项目建设中得到完全的应用,项目运作是否达到规定的技术参数等。

3. 现金流量完工指标

即银行不考虑项目的技术完工和实际运行情况,只要求项目在一定时期内达到预期的最低现金流量水平。商业房地产项目的现金流量通常难以准确预估,因此这一标准要视项目具体情况而定。

造成完工风险的原因很多,成本超支、基本建设拖延、技术上的挫折或者政府干预甚至不可抗力,都足以造成不能按时完工。风险分散的原则是:风险由谁引起,就由谁承担和防范;无法确定风险负责者的,项目参与人平均分摊,或由最有能力控制风险的人承担,同时给予相应的回报作为激励。在其他产业项目融资实践中有许多做法同样可以适用于房地产项目中:

1. 固定价格的"交钥匙合同"

这是由项目公司与工程承包商签订固定价格的"交钥匙合同",工程建设费用一次性包死,不管发生什么意外,项目公司都不会增加对工程的拨款。这主要是用来控制成本超支,实际上是把成本超支风险转嫁到工程承包商身上。这种方法也有局限性的一面:它一般只适用于工程程序确定的项目,显然不是所有的项目都可以做到这点,尤其是越大型的项目越难以做到,至多在某个较为明确的阶段可以阶段性地使用,而且也不能排除工程承

---

① 蒋先玲:《项目融资法律与实务》,对外经济贸易大学出版社2004年版,第134页。

包商在工程变更工程的谈判中找各种借口找回其在"交钥匙合同"中的损失的可能性,因此这对于项目投资者和项目公司的技术要求、合同完善性的要求以及贷款银行对于工程现金流量的测算准确性要求都非常高。极端的情况是,即便合同非常完善,项目投资者和贷款银行仍然无法完全消除完工风险,比如承包商破产。因此贷款银行可能仍然要求有其他的担保方式,比如下面将提到的完工担保。

2. 项目投资者的完工担保和备用担保

项目投资者的完工担保即由项目的一个或几个投资者以连带责任或个别责任的形式,保证项目能够按照融资协议的要求如期完工。该项合同条款在谈判中应当注意的法律点是:项目投资者所承担的责任是否包括偿还贷款(因为融资协议中银行可以要求在项目不能如期完工时提前收回贷款),还是仅仅是赔偿损失。如果仅是后者,那么一旦情况发生,银行必须借助精确的数据来证明:如果能够按照融资协议的要求如期完工,项目产生的现金流量足以偿还贷款。由于存在上述的证明难度,会导致在一些项目中,双方对经济前景的预估不尽一致,银行会坚持要求投资者的完工担保责任,包括上述的偿还贷款,而投资者可能不愿意承担这么重的责任。此时,常见的做法是银行要求投资者提供或保证提供一笔备用资金作为担保,这就是项目投资者的备用担保,项目投资者承担的责任以此备用金为限。如果采用了上述担保方式,至少在项目如期完工前这一阶段,项目融资并不完全是有限追索的。

3. 贷款银行的提款控制

许多项目融资中都包括严格的提款控制权,做法是在融资协议中赋予贷款银行的提款控制权,这使银行比起一般商业贷款来需要更多地介入到项目的开发运营过程中。提款控制权可以用来保证贷款都运用于项目中,同时也有控制成本超支风险的作用。控制提款权的加入影响到了合同价格和其他担保方式的应用,实际上,这是银行分担了一部分的完工风险。

除上述方法外,实践中还有一些别的方法,比如通过保险来分散完工风险等,限于篇幅,不再赘述。

(二) 项目的成效风险及其担保方式

成效风险是指项目建设完成之后,收入并未达到预计中设想的水准。[1]

---

[1] 朱怀念:《国际项目融资法律问题研究》,武汉大学出版社2002年版,第90页。

成效风险直接关系着项目是否能够有足够的现金流量支付费用和偿还贷款。对此常见的防范措施是以下几种担保方式的运用：

1. 投资者信用担保

即由项目投资者向贷款人提供信用保证，保证在因各种原因引起项目成效风险造成项目收益不足清偿全部贷款时，自己补足差额，常采用的方式是订立资金差额补偿协议。由于项目融资的主要魅力在于其能实现有限追索，所以项目投资者通常不会愿意承担所有差额的补偿要求，因此这种担保协议通常规定一个上限，或者按照贷款原始总额的百分比确定，或者按照预期项目资产价值的百分比确定。这样一来，项目投资者能够享受到的有限追索的好处就打了折扣，因此实践中这种做法并不常见。

2. 物权担保

物权担保是指债务人或第三人以自己的财产或财产性权利向债权人设定担保物权，在债务人不能清偿到期债务时，债权人可以变卖或以其他形式处分该财产并从中优先受偿。由于物权担保对债权人实现债权的保障程度最高，因此被广泛应用于融资活动中，项目融资也不例外。成效风险产生的直接后果将是无法如期清偿贷款，贷款银行此时通常要求设立物权担保。在房地产项目融资中便于使用的担保方式主要是不动产抵押以及在国际项目融资中上常见的浮动抵押。

（1）不动产抵押

不动产抵押主要是项目公司为偿还项目贷款提供的担保措施。在房地产开发项目中，常见的是项目的土地使用权抵押和项目在建工程抵押。贷款银行可以要求项目公司将土地使用权或者项目在建工程抵押给银行，一旦因任何原因导致贷款不能被如期清偿，银行即有权变卖抵押物从中优先受偿。关于这方面，我国的法律规定和实践中的做法已经相对成熟，具体规定和操作流程请参见本书第十五章。

除项目公司外，其他人包括项目投资者也可以以其相当的财产提供抵押，问题在于：其所担保的债权范围有多大？成效风险不同于完工风险，是指项目已完工但不能产生足够的现金流量支付费用和偿还贷款，其所危及的是整个贷款的安全，因此必然要求相应的担保是对全部贷款的担保，如果项目投资者可以有相当的财产提供抵押或可以找到第三人以相当的财产提供抵押，则不但说明投资者的融资能力已经足够采用一般商业融资的方法，而且也没有了有限追索的好处，则投资者此时不会选择项目融资这种高成本的方式。

（2）浮动抵押

上述抵押是以特定的物作为抵押物，称为"特定抵押"，而浮动抵押与比不同。浮动抵押（floating charge）是英美衡平法上的创造，在成文法中没有准确的定义，而只在法官的判例中作出描述，一般是指企业以其财产的一部分或全部设定抵押，设押财产可以自由流转，于特定情形发生后，设押财产固定（crystallistion，亦有译成"结晶"）为特定抵押以偿还债权的抵押。根据学者归纳，浮动抵押有以下特征：① 浮动抵押的标的物可以是企业财产的一部分或全部；② 企业对于已设定浮动抵押的抵押物在日常经营范围内可以自由处分和收益；③ 浮动抵押的效力及于企业现在已有和将要获得的财产，但不及于企业因为营业而处分的部分；④ 浮动抵押因为特定事由的发生而转变为特定抵押。①

由于浮动抵押的上述特征，在企业的财产上设定浮动抵押，企业不因抵押的设定而丧失对抵押物的占有，企业在利用抵押取得融资后，仍然可以利用担保物继续生产经营活动；浮动抵押设定后，企业对抵押物享有广泛的处分权利，可以不受抵押权的约束而自由消费或转让。浮动抵押是一种物的担保形式，若设定抵押的企业不能稳健经营而有解散的情形发生，或者企业有抵押权人行使抵押权的事由存在时，浮动抵押转化为固定抵押，抵押权人有权支配抵押物优先受偿。因此，浮动抵押特别适合用于企业融资。目前，被英国和以英国法为母法的加拿大、印度等国家普遍采用，日本、阿根廷等大陆法系国家亦经修正而采用。②

国际借贷业务中，浮动抵押已被广泛采用，尤其应用在项目融资中最为合适。因为投资者在利用项目融资开发大型项目时，往往可能没有能力或不愿为巨额贷款提供现实的固定物担保或信用保证，而如果以项目现有资产作担保，则价值可能太小，贷款银行不会接受。此时采取浮动抵押的办法，以项目现有和未来全部的资产作为担保，就大大加强了项目的融资能力。另外，在抵押权的实现途径上，浮动抵押与一般的特定抵押不尽相同。在企业不能按期清偿债务，或有不能清偿之危险，或有其他解散的事由时，浮动抵押固定为特定抵押，此时抵押人对抵押物丧失自由处分权，受到如同特定抵押的限制。浮动抵押固定后，抵押的效力不仅及于浮动抵押固定时的企业财产，而且及于固定后企业所取得的财产。抵押权人可以选任或申

---

① 梁慧星主编：《中国物权法研究》，法律出版社1998年版，第903页。
② 黄宗乐：《浮动担保之研究》，载《台大法学论丛》第6卷第2期，第286页。

请法院任命企业的财产代管人,其权限不仅包括为自己的利益处分抵押财产,也包括只要其认为切实可行,可继续企业的营业,这点对于项目融资尤其有意义。如果是一般的特定抵押,抵押权人实现抵押权的途径只能是变卖抵押物优先受偿,因为变卖在实践中往往是贱卖,对于有些项目来说,出现不能还款的结果可能是由于运营上的不善,是可以改进和克服的,此时反倒不如使其得以继续经营对于双方都更有利。

浮动抵押为企业提供了更多的融资便利和可能性,但也有自身的缺陷,主要是由于已抵押的财产由于可被抵押人自由处分,产生了浮动抵押的抵押权人与第三人的权利冲突问题,因此在许多国家尤其在大陆法系国家并未得到承认和实行,已经采用此制度的国家也不断在作出补充和调整。我国在 2007 年《物权法》通过之后已在一定范围内建立浮动抵押制度,这将有助于推动项目融资的运用(具体阐述见下文)。

以上是项目成效风险主要采用的担保方式。除此之外,符合我国《物权法》、《担保法》等相关规定的其他担保方式,例如动产质押、权利质押等,也都可以使用,由于不具有特殊性,在此不赘述。

3. 项目的市场风险及其担保方式

市场风险是指由于项目产品的市场容量或销售价格问题,致使项目收入不足以偿付全部的项目基本费用和贷款所形成的风险。主要受市场对产品的需求量和产品价格影响。房地产项目融资与传统资源性产业的项目融资不同,其产品是一次性的和不可替代的,不可能如同后者那样采用产品购买方与项目公司间的"长期供应协议"和"提货与否均需付款协议"来控制风险,在房地产项目融资的销售阶段,不太可能有第三人参加到风险的分担中来,因此主要必须依靠担保的方式控制风险。具体的担保方式和上述成效风险的担保方式没有什么区别。

三、房地产项目融资的法律管制问题

在本节将讨论我国现有的法律法规对房地产项目融资在某些方面的影响。

(一)专门性项目融资法规

迄今为止,专门制定项目融资立法的国家并不多,主要是那些想急于通过项目融资加快本国基础设施建设的发展中国家,其中大多数是亚洲国家。其他一些发达国家如美国、澳大利亚等,虽然没有制定专门的项目融资立

法,但却在会计制度或税收立法中对项目融资问题作了特别规定。①

目前,我国关于项目融资的专门性法规主要是《境外进行项目融资管理暂行办法》,由原国家计划委员会、国家外汇管理局于 1997 年 4 月联合发布。另外还有一个规范性文件,《关于试办外商投资特许权项目审批管理有关问题的通知》,由原国家计划委员会、电力部和交通部于 1995 年 8 月联合发布,用于规范 BOT 项目融资。《境外进行项目融资管理暂行办法》第 1 条即表明其适用于"以境内建设项目的名义在境外筹措外汇资金",第 2 条规定项目融资主要适用于"发电设施、高等级公路、桥梁、隧道、城市供水厂及污水处理厂等基础设施建设项目,以及其他投资规模大、且具有长期稳定预期收入的建设项目"中;而《关于试办外商投资特许权项目审批管理有关问题的通知》中则规定:"在试点期间,其范围暂定为:建设规模为 2×30 万千瓦及以上火力发电厂、25 万千瓦以下水力发电厂、30—80 公里高等级公路、1000 米以上的独立桥梁和独立隧道及城市供水厂等项目",因此,这两个文件本身并不能直接对房地产业的项目融资产生法律管制的作用。

值得注意的是,2009 年 7 月,中国银监会发布《项目融资业务指引》,确立了银行业金融机构开展项目融资贷款的规则。这一指引的颁布,为房地产行业采用项目融资进行开工建设、筹集必要的资金提供了指导依据。根据《项目融资业务指引》,银行业金融机构所开展的项目融资业务是指符合以下特征的贷款:(1)贷款用途通常是用于建造一个或一组大型生产装置、基础设施、房地产项目或其他项目,包括对在建或已建项目的再融资;(2)借款人通常是为建设、经营该项目或为该项目融资而专门组建的企事业法人,包括主要从事该项目建设、经营或融资的既有企事业法人;(3)还款资金来源主要依赖该项目产生的销售收入、补贴收入或其他收入,一般不具备其他还款来源。为了防范贷款风险,保护银行业金融机构信贷资产的安全和维护金融秩序,《项目融资业务指引》还对银行业金融机构从事项目融资业务提出了一系列审慎经营要求,包括但不限于:(1)融资项目应当符合国家产业、土地、环保和投资管理等相关政策。(2)贷款人应当要求将符合抵质押条件的项目资产和/或项目预期收益等权利为贷款设定担保,并可以根据需要,将项目发起人持有的项目公司股权为贷款设定质押担保;贷款人应当要求成为项目所投保商业保险的第一顺位保险金请求权人,或采取其他措施有效控制保险赔款权益。(3)贷款人应当以要求借款人或者通过

---

① 朱怀念:《国际项目融资法律问题研究》,武汉大学出版社 2002 年版,第 200 页。

借款人要求项目相关方签订总承包合同、投保商业保险、建立完工保证金、提供完工担保和履约保函等方式,最大限度地降低建设期风险。贷款人可以要求借款人签订长期供销合同、使用金融衍生工具或者发起人提供资金缺口担保等方式,有效分散经营期风险。(4)贷款人应当与借款人约定专门的项目收入账户,并要求所有项目收入进入约定账户,并按照事先约定的条件和方式对外支付。贷款人应当对项目收入账户进行动态监测,当账户资金流动出现异常时,应当及时查明原因并采取相应措施。(5)多家银行业金融机构参与同一项目融资的,原则上应当采用银团贷款方式。无疑,这些具体的操作要求将影响采用项目融资进行房地产开发的各个方面。

另外,在项目融资涉及海外资金的情况下,涉及我国外债管理和外汇管理的问题。根据《中华人民共和国外汇管理条例》和国家外汇管理局《境内机构借用国际商业贷款管理办法》的规定,需要获得国家外汇管理局的批准。按照国家外汇管理局《境内机构借用国际商业贷款管理办法》第29条的规定,项目融资条件报外汇局审批或者审核时,项目公司应当提交以下文件:(1)申请文件,包括项目融资的方式、金额、市场,以及贷款的期限、利率、各项费用等融资条件;(2)国家计委批准的项目可行性研究报告或者其他文件;(3)项目融资纳入国家借用国际商业贷款指导性计划的证明文件;(4)项目融资协议;(5)与项目融资相关的具有保证性质的文件;(6)其他必要文件。

(二)相关法律法规的制约和影响

1. 对房地产业项目融资的投资结构和融资模式的影响

在一般性的项目融资中,如果投资者有两个以上,普遍采用的投资结构有公司型合资结构、合伙制投资结构和非公司型合资结构,相应的,融资结构模式也可以有投资者直接安排融资、投资者通过项目公司安排融资以及合伙制安排项目融资的方式。但在我国的现有法律环境下,如果有两个以上的投资者对某房地产项目进行投资开发,公司型合资结构和投资者通过项目公司安排项目融资模式会是更合宜的选择。

房地产开发项目的执行主体,即项目公司,必须是房地产开发企业。项目开发的基本流程是投资者设立、组建房地产开发企业,同时以该企业的名义向有关政府和部门报请拟开发的项目的批准,得到政府批文后进行开发建设和经营,项目的所有权也是归该房地产开发企业所有。《城市房地产管理法》(2007年修订)第30条规定:"房地产开发企业是以营利为目的,从事房地产开发和经营的企业",同时规定了设立的条件。该条第3款规定:"设立有限责任公司、股份有限公司,从事房地产开发经营的,还应当执行公司法的有关规定",从字面意义上看,该条显然没有将房地产开发企业仅限定于有限责任公司和股份有限公司,在我国的企业法律背景之下,似乎还可以包括个人独资企业和合伙企业的方式。但是,按照《个人独资企业法》的规定,其投资者限于自然人;按照《合伙企业法》的规定,其投资者包括自然人、法人和其他组织,除了国有独资企业、国有企业、上市公司以及公益性的事业单位不得成为普通合伙人之外,自然人、非上述类型的法人和其他组织都可以成为普通合伙人,在有限合伙企业的模式下至少要有一名普通合伙人。根据法律的规定,个人独资企业的投资人和合伙企业的普通合伙人都需要对企业债务承担无限责任。以个人独资企业和合伙企业形式组建的房地产开发项目企业显然无法设计成有限追索的项目融资形式。而根据《项目融资业务指引》,银行业金融机构开展项目融资贷款业务,也要求"借款人通常是为建设、经营该项目或为该项目融资而专门组建的企事业法人,包括主要从事该项目建设、经营或融资的既有企事业法人"(第3条第(二)项),而不是其他非法人组织形式。因此,如果有两个以上的项目投资者,不论其是自然人、法人还是其他组织形式,最合宜的投资结构是组建公司型的房地产开发企业作为项目开发经营的基础,相应地在融资模式上采用投资者通过项目公司安排融资的结构模式;如果某项目只有一个投资者,则不存在投资结构的问题,但在融资结构上可以采用投资者通过项目公司安排融资的结构模式。

2. 对担保方式的限制

(1) 浮动抵押

浮动抵押在项目融资中具有很多的优点和普遍的应用,但我国过去的法律并不承认浮动抵押。依据物权法定的原则,浮动抵押也就无法成为抵押权之一种,当事人即使合同中作有类似约定也不产生抵押权的效力。虽然依《担保法》第34条第2款规定,企业可以将可抵押的财产"一并抵押",但由于不具备"浮动性"这一根本特征,其仍然不是浮动抵押。并且在司法实践中,对债务人将其全部财产抵押给一个债权人的抵押协议,最高人民法院曾依据《民法通则》的原则性条款,认定该抵押协议无效。[①] 不过,这种状况在2007年《物权法》通过之后得到了改观。根据《物权法》第181条的规定:"经当事人书面协议,企业个体工商户、农业生产经营者可以将现有的以

---

① 见最高人民法院1994年1月26日法(94)2号批复。

及将有的生产设备、原材料、半成品、产品抵押,债务人不履行到期债务或者发生当事人约定的实现抵押权的情形,债权人有权就实现抵押权的动产优先受偿,"从法律上确立了"浮动抵押"制度。在 2007 年 10 月 1 日《物权法》实施之后,这种担保方式就可以运用到项目融资之中。

(2)项目投资者的信用担保方式

项目融资虽然本质上是有限追索的,但在其中某些阶段,项目投资者仍然要承担部分的风险和责任,主要是上文提到的为项目贷款提供完工担保。这种担保可以是信用担保的方式,法律上称为"保证"。《担保法》上规定的保证方式有两种:一般保证和连带保证,二者的根本区别在于承担一般保证的保证人在保证责任产生时(即被保证人不能如期还款时)有先诉抗辩权,在主合同纠纷未经审判或者仲裁、并就债务人财产依法强制执行仍不能履行债务前,对债权人可以拒绝承担保证责任,而连带保证人则没有这个权利。如果项目投资者是公司法人,对外提供担保时,应注意遵守《公司法》(2005 年修订)第 16 条的规定,即公司为他人提供担保,依照公司章程的规定,应由董事会或者股东会、股东大会决议;如果公司章程对担保的总额及单项担保的数额有限额规定的,不得超过规定的限额;也要遵守《公司法》第 122 条规定,即上市公司在一年内担保金额超过公司资产总额 30% 的,应当由股东大会作出决议,并经出席会议的股东所持表决权的 2/3 以上通过。

3. 对项目融资资金结构的影响

项目中资金与股本金之间的比例关系是确定项目的资金结构和资金形式的主要考虑因素之一。安排项目资金的一个基本原则是在不会因为借债过多而伤害项目经济强度的前提下,尽可能降低项目的资金成本。基于税法和相关会计准则,公司贷款的利息支出可以计入公司成本抵所得税,因此债务资金成本要比股本资金低。理论上如果一个项目使用的资金全部是债务资金,它的资金成本是最低的,但它的抗风险能力则是最弱的。因此,项目应当如何确定项目中资金与股本金之间的比例是合理安排资金结构的关键。然而在房地产项目中,这种安排受到相关法律法规、部门规章的制约,主要是对项目公司的资本金下限作出一定的限制:

(1)国务院《城市房地产开发经营管理条例》第 5 条规定,"设立房地产开发企业,除应当符合有关法律、行政法规规定的企业设立条件外,还应当具备下列条件:(一)有 100 万元以上的注册资本……",第 13 条规定,"房地产开发项目应当建立资本金制度,资本金占项目总投资的比例不得低于 20%。"

（2）建设部《房地产开发企业资质管理规定》将房地产开发企业按照企业条件分为一、二、三、四四个资质等级，其中企业注册资金和从事房地产开发的年限是重要的条件，如果为了项目融资需要新设立项目公司，则应按照该规定第 6 条申领《暂定资质证书》，第 8 条同时规定："申请《暂定资质证书》的条件不得低于四级资质企业的条件。"从该规定第 5 条来看，四级资质的注册资金不能少于 100 万元。

（3）《中国人民银行关于进一步加强房地产信贷业务管理的通知》（银发［2003］121 号）第 1 条规定，房地产开发企业申请银行贷款，其自有资金（指所有者权益）应不低于开发项目总投资的 30%。

（4）《国务院关于调整固定资产投资项目资本金比例的通知》（国发［2009］27 号）第 1 条规定，保障性住房和普通商品住房项目的最低资本金比例为 20%，其他房地产开发项目的最低资本金比例为 30%。

项目融资本身是一个牵涉范围极广的金融运作过程，除了上述几个方面外，还将涉及许多法律部门，比如税法，项目融资过程中必然要遵守税法的有关规定，在此不能一一尽述。

（丁峰）

第六章 房地产信托融资制度

- 国内房地产信托融资的沿革、特点与作用
- 房地产信托融资的种类与操作流程
- 房地产信托产品的发售限制与流通渠道
- 房地产信托资金的安全运用与投资者权益保护

基本原理

一、房地产信托融资的相关概念

根据我国《信托法》第 2 条的规定，所谓信托是指委托人基于对受托人的信任，将其财产委托给受托人，由受托人按委托人的意愿以自己的名义、为受益人的利益或特定目的进行管理或处分的行为。

房地产信托融资是我国近年来在特定经济政策背景下为缓解房地产企业资金困难而出现的融资方式，具体指的是房地产企业通过信托公司[①]设立信托从社会上募集资金，用于与房地产开发建设运营等相关的活动。

从类别上看，主要有房地产财产信托和房地产资金信托两种方式。前者指房地产企业作为委托人，以其所有的房地产委托信托公司设立自益信托，通过向社会投资者转让全部/部分信托受益权（凭证），使其成为最终受益人而获得相应的资金用于房地产项目的活动。[②] 后者指信托公司通过设

[①] 随着 2007 年 3 月 1 日《信托公司管理办法》的实行，我国信托投资公司的名称统一改为"信托公司"。按照监管者的旨意，是在参考国际上一般信托机构做法的基础上，更多地考虑引导信托公司突出信托主业，而非限制信托公司的投资功能，参见《银监会有关负责人就修订颁布〈信托公司管理办法〉、〈信托公司集合资金信托计划管理办法〉等信托监管规章答记者问》，http://www.cbrc.gov.cn/chinese/home/jsp/docView.jsp? docID = 20070201F0720A46D553E304FF910E1896DF9B00，2007 年 3 月 1 日访问。为行文方便，本书将同义使用"信托投资公司"和"信托公司"。

[②] 这种结构有些类似采用信托模式进行操作的资产证券化，但在证券化中，投资者所持有的代表信托受益权的资产支持证券具有良好的流通性。目前，我国的资产证券化试点仅限于信贷资产，还未扩及房地产相关权益。有关住房抵押贷款证券化，参见本书第十三章。

立单一或集合资金信托计划募集社会资金,之后再根据信托合同的约定将资金以各种方式投向与房地产相关的活动,在这一过程中,投资者既是委托人也是受益人。这里的房地产,既包括了房地产项目所有权,也包括了房地产经营权、物业管理权、租赁权、受益权和担保抵押权等相关权利。

在国外,房地产资金信托的兴起往往是为了汇集社会闲散资金,让中小投资者参与房地产业投资并分享产业增长利润,因此通常称为房地产投资信托(Real Estate Investment Trust, REIT)①;而国内的房地产资金信托,则是由银行信贷渠道受到限制的房地产企业驱动,实质上是一种"代客(房地产企业)融资"的活动,具有时代的特殊性。尽管从长远来看,我国的房地产资金信托必将朝着房地产投资基金的方向发展②,但在一定时期内,侧重于融资功能的房地产资金信托仍将存在,并以其灵活的资产运用方式发挥作用,因此特设本章予以阐述。此外,房地产财产信托,也是同时期的房地产企业为缓解融资难而推动的,在此一并分析。

二、房地产信托融资的分类

可以根据不同标准对房地产信托融资进行分类。正如上述,根据信托财产的不同,可以分为房地产财产信托和房地产资金信托。典型的房地产财产信托,如北京国际信托公司 2004 年的北京华堂大兴店租金受益权财产信托及随后向投资者转让该受益权的项目。在房地产资金信托中,可以根据信托资金的不同运用,做如下划分:

1. 贷款类信托

此类信托是中国银监会办公厅《关于加强信托投资公司部分业务风险提示的通知》(2005 年)发布之前房地产信托融资形式的主流。这类信托资金运用效仿银行信贷资金模式,通常是贷款给房地产开发企业,用于土地或者房屋的开发建设,贷款利率基本围绕银行同期贷款利率浮动③,一般要求借款方提供财产抵押或担保以保证资金的安全。典型的如北京国际信托投

---

① 国内通常翻译为房地产投资基金,参见本书第七章。
② 有关我国特定时期房地产资金信托与房地产投资基金的比较,参见本书第七章"房地产投资基金法律制度"之二"房地产投资基金同相关概念的区分"。
③ 注意到 2010 年以来,随着国家加强对房地产业的宏观调控,银行信贷资金日益收紧,房地产资金信托逐渐成为房地产融资的主要方式,许多房地产信托的平均年化预期收益率高达 10.86%,远高于银行同期贷款利率。参见杜丽娟:《信托高收益惊艳理财市场》,http://www.trustee.org.cn/xyyw/4739.html,2011 年 7 月 25 日访问。

资公司2002年的北京商务中心区(CBD)土地开发项目资金信托计划,2003年的"三环新城"经济适用住房开发建设项目资金信托计划,中信信托公司2010年的君泰华府房地产信托贷款集合资金信托计划,中诚信托公司2010年的北京溪雅苑贷款项目集合资金信托计划,以及北方信托公司2011年的平阳县昆阳镇城北示范小区项目贷款集合资金信托计划等。此外,贷款类的资金运用,也可通过购买商业银行的房地产贷款或者向购房者提供住房抵押贷款实现。典型的如新华信托投资公司2002年的深圳商业银行住房抵押贷款资金信托计划。

近年来,随着对房地产信托监管的加强,要求信托公司发放贷款的房地产开发项目应满足"四证"①齐全、开发商或其控股股东具备二级资质、项目资本金比例达到国家最低要求等条件,相比银行贷款,信托贷款已无明显优势。因此,不少信托公司已减少采用贷款方式运用信托资金,转向了能够规避上述监管措施的股权投资类信托。

2. 股权投资类信托

这也是实践中运用比较多的方式。具体是信托公司将信托资金以股权方式,合资成立或者入股房地产开发企业(房地产项目公司),之后或者直接参与房地产的开发、建设,从房地产经营中获取收益偿付投资者信托受益权权益;或者协助房地产开发企业满足银行信贷条件,以申请银行贷款完成房地产开发,信托资金股权再择机溢价退出,并以所获溢价偿付投资者信托受益权权益。为保护投资者权益,通常信托公司会要求在项目公司中占据控股地位并为股权安排好相应的退出机制,常见的退出方式包括项目公司清算、原股东回购、第三方(一般为关联股东)受让等。

实践中,"股权+回购"的模式,又被称为"夹层信托"或"假投资真融资",即信托计划资金全部入股房地产项目公司,取得控制权地位,并约定一定期限后由开发商溢价回购。在具体项目开展中,信托公司只有财务监督权,无法落实分红权、人事权等核心权力,因此这种"假股权真债权"模式并未有效改变信托公司的"通道"地位,带给投资者的预期收益和信托公司的手续费都相对较低,但较符合开发商的利益。在房地产宏观调控较松、市场资金充裕的情况下,"夹层信托"模式一度被寻求发展的信托公司所青睐。典型的如重庆国际信托投资公司2003年的"世纪星城住宅项目股权投资信托计划",西部信托投资公司2004年的西安交大科技园配套住宅建设项目

---

① 即土地使用权证书、建设用地规划许可证、建设工程规划许可证和施工许可证。

资金信托计划,联华信托投资公司2005年的联信·宝利七号中国优质房地产投资集合等。

2010年以来,随着房地产宏观调控的加强和监管者要求信托公司更多地发挥主动管理职能,做好"受人之投,代人理财"的信托本质服务,"夹层信托"的主导地位很快被称为"大信托"的模式所取代。所谓"大信托",是将结构化设计引入信托资金募集的信托模式,即房地产开发商以存量资产,主要是开发商在房地产项目公司的股权,认购信托计划的劣后受益权部分,普通投资者则以现金认购优先受益权部分,之后再根据信托合同的约定运用信托资金。在这种模式下,信托计划可以100%控制房地产项目公司,信托公司既保管项目公司的财务印章和监管其银行账户,避免开发商挪用资金;又向项目公司派驻特殊董事,拥有对重大事项的一票否决权,体现了信托公司主动管理职能,可以为其带来更高的收费。① 在投资者权益保障上,由于开发商以存量资产真实过户的方式认购了劣后受益权,在项目亏损时能够首先用以弥补亏损,降低投资者的损失;在项目盈利时能够优先支付给投资者约定的较高收益,并将剩余盈余留给开发商,取得多方共赢的结果。大信托模式目前已成为房地产信托的主流。典型的如中信信托2009年的聚信汇金地产基金Ⅱ号集合信托计划、中投信托2009年的浙大孵化器股权投资集合资金信托计划、新华信托2010年的扬州金达房地产股权投资集合资金信托计划、安信信托2011年的浙江金磊房地产开发有限公司股权投资信托计划等。

3. 购买收益权或购买物业 + 出租收益类信托

这比较接近国外房地产投资信托的资金运用操作。具体是信托公司以信托资金购买房地产物业的租金收益权,或者是先以信托资金买下物业,再通过出租等方式对物业加以利用,获得稳定、长期的租金等收益,用于偿付投资者的信托受益权权益。通常,信托公司在发起设立信托,拟用信托资金购买物业之前,已预签了期限相当的物业租赁合同。典型的如北京国际信托投资公司2004年的法国欧尚天津第一店资金信托计划、天津信托2010年的天信城市名居租金收益权集合信托计划、华宸信托2011年的鄂尔多斯红星美凯龙商场租金收益权转让项目集合资金信托计划、西安信托2011年的重庆康德特定物业收益权投资集合资金信托计划等。

---

① 郑智、张力:《银监会严控时点偿付风险 房地产信托"报备前置"》,http://epaper.21cbh.com/html/2011-07/06/content_2345.htm? div = -1,2011年7月8日访问。

此外,注意到近年来随着信托公司主动管理能力的增强,以及监管当局对贷款类房地产信托监管标准的提高,一些富有创新精神的信托公司开始尝试引入类似基金的多元化、分散化组合投资策略,综合采用包括贷款、股权、购买受益权、购买物业等在内的多种方式,取得信托资金运用的最佳效益,被称为基金化的房地产信托或者全功能的房地产基金集合资金信托计划。典型的如平安信托 2010 年以来的睿石系列全功能房地产基金信托计划、工商信托 2010 年以来的飞鹰系列房地产投资集合资金信托计划等。

可以借用下图来表示信托对房地产金融市场的支持。[①]

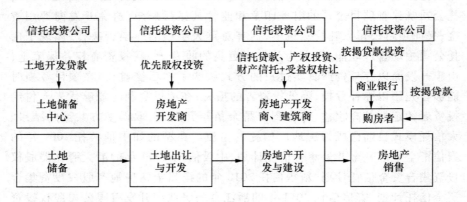

三、房地产信托融资的法律关系

房地产信托融资借用了信托制度原理,无论是房地产财产信托或房地产资金信托,委托人和受托人都要签订信托合同及相关文件(以下简称信托文件),都有委托人、受托人和受益人三方当事人,在法律关系内容上具有一定的相似性。在财产信托中,房地产企业是委托人,信托公司是受托人,当房地产企业设立自益信托,全部转让信托受益权时,投资者为受益人,当转让部分信托受益权时,房地产企业和投资者成为共同受益人。在资金信托中,投资者既是委托人又是受益人,信托公司是受托人。下面以房地产资金信托为例,解说当事人之间的权利义务。

---

① 本图来源于宋林峰:《中国大陆房地产金融市场概览》,http://www.creits.com/refin/market/china_overview.htm,2006 年 1 月 20 日访问。

(一) 委托人的权利和义务

1. 委托人的权利

(1) 委托人有权了解其信托资金的管理运用、处分及收支情况,并有权要求受托人作出说明。

(2) 委托人有权查阅、抄录或者复制与其信托资金有关的信托账目以及处理信托事务的其他文件。

(3) 受托人违反信托目的管理、运用、处分信托资金,或者因违背管理职责、处理信托事务不当,致使信托财产受到损失的,委托人有权申请人民法院撤销该处分行为,并有权要求受托人予以赔偿。

(4) 受托人违反信托目的管理、运用、处分信托资金或者管理、运用、处分信托资金有重大过失的,委托人有权依照信托文件的规定解任受托人,或者申请人民法院解任受托人。

(5) 除法律另有规定外,人民法院对信托财产强制执行时,委托人有权向人民法院提出异议。

(6) 受托人职责终止的,在信托文件未另作规定的情况下,委托人有权选任新受托人。

(7) 法律、行政法规规定的其他权利。

2. 委托人的义务

(1) 委托人必须声明信托资金为其合法拥有的资金,并按信托合同要求及时足额划拨至指定的信托账户,以便于受托人管理运用信托资金。

(2) 委托人必须按照信托合同约定向受托人支付信托报酬并按照相关法规的规定承担相应的税款。

(3) 法律、行政法规规定的其他义务。

(二) 受托人的权利义务

按照《信托公司管理办法》第 7 条第 2 款的规定,未经中国银行业监督管理委员会批准,任何单位和个人不得经营信托业务,任何经营单位不得在其名称中使用"信托公司"字样。法律法规另有规定的除外。根据该法第 2 条的规定,信托公司是指依照《公司法》及该办法设立的主要经营信托业务的金融机构;信托业务是指信托公司以营业和收取报酬为目的,以受托人身份承诺信托和处理信托事务的经营行为。根据《信托公司集合资金信托计划管理办法》(2009 年修订)第 2 条的规定,在中国境内设立的集合资金信托计划,是由信托公司担任受托人,按照委托人意愿,为受益人的利益,将两个以上(含两个)委托人交付的资金进行集中管理、运用或处分的资金信托活动。

1．受托人的权利

（1）有权自信托文件生效之日起，根据法律及信托文件管理、运用和处分信托财产。

（2）除法律另有规定外，人民法院对信托财产强制执行时，受托人有权向人民法院提出异议。

（3）受托人有权依照信托文件的约定或者法律的规定收取适当的报酬。

（4）受托人以其固有财产先行支付因处理信托事务所支出的税款，对信托财产享有优先受偿的权利。

（5）法律、行政法规规定的其他权利。

2．受托人的义务

（1）受托人应当遵守信托文件的规定，必须恪尽职守，履行诚实、信用、谨慎、有效的管理义务，为受益人的最大利益处理信托事务。

（2）受托人应当自己处理信托事务，但信托文件另有规定或者有不得已事由的，可以委托他人代为处理。受托人依法将信托事务委托他人代理的，应当对他人处理信托事务的行为承担责任。

（3）受托人在处理信托事务时应当避免利益冲突，在无法避免时，应向委托人、受益人予以充分的信息披露，或拒绝从事该项业务。

（4）受托人除按规定取得报酬外，不得利用信托财产为自己谋取利益。

（5）受托人不得将信托财产转为其固有财产。

（6）受托人必须将信托财产与其固有财产分别管理、分别记账。

（7）受托人必须保存处理信托事务的完整记录，依法制作《信息备忘录》，定期和于信托届满时将信托财产的管理运用、处分及收支情况，报告委托人和受益人等相关人员。

（8）受托人对委托人、受益人以及处理信托事务的情况和资料负有依法保密的义务。

（9）受托人以信托财产为限向受益人承担支付信托收益的义务。

（10）受托人违反信托目的处分信托财产或者因违背管理职责、处理信托事务不当致使信托财产受到损失的，应当予以赔偿。

（11）受托人辞任的，在新受托人选出前仍应履行管理信托事务的职责。

（12）法律、行政法规规定的其他义务。

（三）受益人的权利义务

受益人，顾名思义，在信托法律关系中，主要作为权利方出现，其享有的权利主要有：

（1）受益人自信托生效之日起享有信托受益权，信托文件另有规定的，从其规定。受益人也有权放弃信托受益权。

（2）受益人有权了解信托资金的管理、运用、处分及收支情况，并有权要求受托人作出说明。

（3）受益人有权查阅、抄录或者复制与其信托资金有关的信托账目以及处理信托事务的其他文件。

（4）受益人有权向人民法院申请撤销受托人对信托资金的不当处分行为，要求受托人予以损害赔偿。

（5）受益人有权依照信托文件的规定解任受托人或者申请人民法院解任受托人。

（6）受益人是受益人大会的当然成员，有权依照法律规定或者信托文件的约定，参加受益人大会，行使表决权。

（7）除法律另有规定外，人民法院对信托资金强制执行时，受益人有权向人民法院提出异议。

（8）受益人有权转让信托受益权。

（9）法律、行政法规规定的其他权利。

值得注意的是，委托人与受益人享有的权利存在部分重合，根据《信托法》第49条第1款规定，当受益人行使重合权利与委托人的意见不一致时，可以申请人民法院作出裁定。另外，根据该条第2款的规定，如果受托人违反信托目的处分信托财产或者因违背其管理职责、处理信托事务不当致使信托财产受到损失的，共同受益人之一申请人民法院撤销该处分行为的，人民法院所作出的撤销裁定，对全体共同受益人有效。

四、我国房地产信托融资的沿革、特点与作用

长期以来，以间接融资为主的金融市场，促使我国房地产这一支柱产业近70%的资金来源主要依赖银行贷款，利用信托融资为房地产开发企业或者项目融资一直都未受到重视。但从2001年《信托法》颁布至今，房地产市场的宏观调控、房地产金融政策、2008年全球金融危机的影响和信托公司的自求发展等多种因素的因缘际会催生了我国特有的房地产信托融资市场，期间大体经历了以下两个阶段，各个阶段的推动原因、特点及所起的作

用不尽相同：

第一阶段：从 2001 年底《信托法》施行至 2006 年底《信托公司管理办法》颁布前。

经历了第五次全国性清理整顿并重新办理登记的信托公司，在 2001 年《信托法》、2002 年《信托投资公司管理办法》及《信托投资公司资金信托管理暂行办法》所谓的"一法两规"陆续颁布之后，渴望在各行各业尤其是房地产业开拓新的业务发展空间。2003 年 6 月 5 日中国人民银行《关于进一步加强房地产信贷业务管理的通知》（121 号文）的颁布，为信托公司介入房地产领域，引爆房地产信托融资热潮带来了契机。为了遏制过度的房地产投资，防范金融风险，121 号采取严厉措施①控制银行的房地产信贷业务，切断房地产企业对银行信贷的过度依赖并提高了对房地产企业自有资金的要求，这正是国内大部分房地产企业的弱项所在，且短期内无以获得实质性改变。银行资金供应渠道的收紧与房地产项目开工进度的紧迫，促使房地产商，尤其是中小型房地产开发企业谋求通过信托筹集资金救急，由此催生了以融资为主要目的的一系列房地产信托产品的操作。据统计，2003 年 9 月房地产信托计划的发行额才 30 亿元；到了 2003 年底猛增至 60 个亿；此后一直到 2004 年底，房地产信托计划发行额达到了 111.74 亿元，比 2003 年翻了一番，且大多数是贷款类信托。②

相比 121 号文的严格规定，信托业的"一法两规"提供了较宽松的制度环境：资金信托业务的许可使信托公司可以通过私募为房地产企业筹集到民间资金；取决于委托人意愿的信托财产运用方式，既可以摆脱对房地产开发企业资质、等级和项目"四证"齐全的硬约束，又可以根据房地产开发企业的实际情况加以运用。灵活的信托制度为情况各异的房地产开发企业或项目量身定做融资结构提供了可能；信托公司通过开办房地产信托业务，找到了信托与房地产业的结合点，开拓了新的业务收入来源。

---

① 包括：（1）房地产开发贷款对象应为具备房地产开发资质、信用等级较高、没有拖欠工程款的房地产开发企业。房地产开发企业申请银行贷款，其自有资金（指所有者权益）应不低于开发项目总投资的 30%，严禁商业银行向未取得"四证"的项目发放任何形式的贷款；（2）商业银行发放的房地产贷款，严禁跨地区使用；（3）商业银行不得向房地产开发企业发放用于缴交土地出让金的贷款；（4）对土地储备机构发放的贷款为抵押贷款，额度不得超过所购土地评估价值的 70%，贷款期限最长不得超过 2 年；（5）承建房地产建设项目的施工企业只能将获得的流动资金贷款用于购买施工所必需的设备，严格防止施工企业使用银行贷款垫资开发项目等。

② 参见《"212 号文件"后的房地产信托业》，来源：http://www.chinado.cn/ReadNews.asp?NewsID = 461,2006 年 1 月 20 日访问。

第六章 房地产信托融资制度

与此同时,监管当局为落实法律规定,从不同方面制订了调整信托公司和信托业务的部门规章和规范性文件,主要有《关于信托投资公司资金信托业务有关问题的通知》(2002年)、《关于进一步规范集合资金信托业务有关问题的通知》(2004年)、《关于信托投资公司集合资金信托业务信息披露有关问题的通知》(2004年)、《关于信托投资公司开设信托专用证券账户和信托专用资金账户有关问题的通知》(2004年)、《信托投资公司信息披露管理暂行办法》(2005年)和《关于加强信托投资公司部分业务风险提示的通知》(2005年)等。这些规范性文件和特定时期的金融政策与社会经济背景,很大程度上影响了该阶段房地产信托融资的特点和作用,归纳而言,主要有:

(1)房地产信托融资由房地产企业推动,主要是为了缓解121号文发布之后银行信贷资金收紧问题。在信托资金用途上,以向房地产企业/项目贷款为主,体现的仍是信托公司的"通道"作用。但因主要是向不符合银行信贷条件的项目发放,加上信托公司不强的风险防范意识和相对薄弱的风险管理经验,部分房地产信托隐含了较大的项目风险。

(2)房地产集合资金信托具有一般信托、集合资金信托的特点,由于这一阶段对集合资金信托诸多的法律限制,例如只能通过私募发行,不得委托非金融机构推介,相对严格的异地推介规定[①],不得通过公共媒体进行营销宣传,尤其是集合计划200份合同份额的制约,使得信托计划无法接触更多具有实力的资金提供者,加上早期投资者对信托产品的不甚熟悉,因此这个阶段单支房地产集合资金信托的规模都不大,大多在1—2亿元之间,很大程度上只能起到"过桥贷款"或帮助房地产企业达到银行信贷要求的作用,部分缓解其融资难题而无法动摇银行信贷在房地产金融中的核心地位。而且,房地产企业利用信托融资既要多支付信托公司的费用,又要承担信托计划下的回购等义务,相比银行贷款要付出更多成本,这也决定了信托融资是房地产企业在银行信贷紧缩之下的暂时替代品。

[①] 中国银监会《关于进一步规范集合资金信托业务有关问题的通知》规定,异地推介集合信托计划的,须先经注册地银监局审批其办理异地集合资金信托业务的资格,并在开始异地推介前向推介地银监局和注册地银监局报告,每个集合信托计划最多只能同时在信托投资公司注册地银监局辖内(城市不限)和另一个银监局辖内不超过两个城市推介,而且接受异地推介的资金信托合同,每份合同金额不得低于人民币100万元(含100万元),且机构委托人需同时出具其投资于该集合信托计划的资金不超过其净资产20%的证明文件,自然人、委托人需同时出具个人稳定的年收入不低于10万元的收入证明。在任一时点,信托投资公司正在异地推介的集合信托计划不得超过两个。

（3）为吸引社会资金，并补偿信托受益权凭证不能作为证券流通的弱流动性，房地产信托尽管不能承诺保底和最低收益，但大都借助宣告能获得比银行存款高得多的投资收益吸引投资者，并通过财产担保、第三方担保、回购等方式保证投资者权益的最终实现；部分信托机构还与商业银行合作，使后者为投资者提供信托受益权凭证质押贷款服务，期待以此改善产品的流动性，增强对投资者的吸引力。

（4）房地产信托融资利用信托灵活的法律制度，结合房地产企业或项目的特点，量体裁衣地设计形式各样的融资结构，既有房地产财产信托，也有房地产资金信托，还有综合二者的双向信托[①]；在资产运用上，既有债权型的贷款，也有所有权型的购买物业，还有权益型的股权投资、租金收益权、经营权等，充分挖掘了房地产的效用。由于贷款操作简便易行，实践中更多的信托公司开展的是准贷款式的融资业务，所发挥的主要是通道或融资平台的作用。

与银行相比，信托公司在委托贷款方面的监控、管理能力和经验都相差甚远，资本金规模、抗风险能力也存有差距，以集合信托计划募集资金并主要通过贷款方式加以运用的房地产信托产品，在 2005 年逐渐暴露出风险性并出现了各种违规操作。例如，据监管者的调查，截至 2005 年 5 月末，部分信托项目到期未能按时清算，其中房地产类业务占比高达 61%；有些信托公司对无法按时清算的信托项目用展期、固有资金垫付、关联交易购买、发新的信托计划置换等方式将风险后置；个别地方在办理财产权信托时，以信托财产受益权转让等方式向社会变相违规筹集资金，将风险向社会扩散。[②] 为防范和化解信托业风险，避免刚经过整顿的信托业重新陷入混乱之中，监管当局的工作重心迅速从积极推进房地产信托业务规则的制定[③]转向纠正上述违法违规行为。2005 年 8 月 28 日，银监会办公厅发布了《关于加强信托投资公司部分业务风险提示的通知》（银监办发[2005]212 号），采取严格于央行 121 号文的措施[④]规范房地产信托业务。这一通知很快令贷款型的房

---

① 参见下文操作流程中的说明。
② 中国银监会办公厅《关于加强信托投资公司部分业务风险提示的通知》（银监办发[2005]212 号）。
③ 中国银监会曾于 2004 年 10 月发布《信托投资公司房地产信托业务管理暂行办法（征求意见稿）》，向社会公开征求意见，后一直未有下文。
④ 例如要求信托投资公司运用信托资金时，对未取得"四证"的项目不得发放贷款；申请贷款的房地产开发企业资质不得低于二级房地产开发资质；开发项目资本金比例不得低于 35%。

地产信托融资大为萎缩。据统计,2005年10月,投资于房地产的信托计划只有8个,资金规模为7.7亿元,比9月份减少4.53亿元,其中真正用于房地产项目开发的只有2个,资金规模也只有0.32亿元。① 总之,随着监管措施的加强,房地产信托融资的作用昙花一现,进入低位发展和探求可行操作模式的过程中。

第二阶段:从2007年初《信托公司管理办法》开始施行至今。

2007年以来,监管者在总结前期监管得失的基础上,整合数十件信托规范性文件,制订了较为系统、明确和更符合国际趋势及实践发展需求的信托公司经营管理和信托业务新规范,主要有被称为新"三规"的《信托公司管理办法》(2007年)、《信托公司集合资金信托计划管理办法》(2007年制定,2009年修订)和《信托公司净资本管理办法》(2010年);此外,还有《信托公司治理指引》(2007年)、《信托公司监管评级与分类监管指引》(2009年)以及规范其他信托业务的《信托公司受托境外理财业务管理暂行办法》(2007年)、《信托公司私人股权投资信托业务操作指引》(2008年)、《银行与信托公司业务合作指引》(2008年)、《信托公司证券投资信托业务操作指引》(2009年)等,这些新规定同时废止了《信托投资公司管理办法》(2002年)和《信托投资公司资金信托管理暂行办法》(2002年)等上述多件规范性文件。随着这些新规定从2007年3月1日起陆续施行,信托投资公司被要求统一更名为"信托公司",逐步清理实业投资和压缩固有业务,按照新规定开展信托活动。到2010年3月三年过渡期结束,我国信托公司的数量减少到50多家并都换发了新的金融许可证。经过这次整顿,我国的信托公司逐步建立了净资本、风险资本监控体系,被定位为"受人之托,代人理财"的专业化金融机构,而不仅仅是融资通道或平台。信托公司管理的信托资产从2008年底的12000亿元人民币,快速增长到2011年第2季度末的37420.15亿元人民币②,信托业成为继银行业、证券业和保险业之后重要的金融领域,信托公司在经济生活中正在发挥越来越大的作用。

与信托公司的新起点相适应,房地产信托融资也进入到不同的发展阶段。自2005年8月28日监管当局强化监管以来,房地产信托业务始终处

---

① 参见《"212号文件"后的房地产信托业》,来源:http://www.chinado.cn/ReadNews.asp?NewsID=461,2006年1月20日访问。

② 数据来源:中国信托业协会,http://www.trustee.org.cn/sjtj/4898.html,2011年7月26日访问。

于低位发展状态;之后为应对 2008 年国际金融危机冲击和国内经济下行风险,中央政府实施了宽松的货币政策和积极的财政措施,房地产企业重新从银行和资本市场获得融资,运作成本较高的房地产信托未找到合适的发展机会。但自 2010 年 1 月起,中央政府为遏制上涨过快的房价,促进房地产市场平稳健康发展,采取包括限购、限贷、提高首付比例和房贷利率、开征房产税等多种空前严厉的房地产调控措施以后,房地产开发企业逐渐不能从银行和资本市场融通资金和利用商品房销售定金及预收款弥补资金缺口,为维持房地产项目开发和公司运营,只能转向信托公司谋求资金,由此再次带来房地产信托的迅猛发展。据统计,截至 2011 年 2 季度,房地产信托业务的余额高达 6051.91 亿元人民币,占资金信托的 16.91%,比 2010 年底的余额 4323.68 亿元增加了 1728.23 亿元,增幅达到 1.96%[1];而根据央行的统计数据,2011 年 1 月至 6 月,银行业金融机构房地产开发贷款累计新增 2098 亿元,如果扣除保障性住房开发贷款 908 亿元,则只有 1190 亿元[2],竟低于房地产信托向房地产开发企业提供的资金,房地产信托一时成为房地产开发企业的主要资金来源。上述信托新规和房地产宏观调控及金融环境下的房地产信托融资,由此具有了不同于前一个阶段的特点:

(1) 房地产信托融资的推动,虽然主力还在于融资渠道受限的房地产开发企业,但信托公司基于自身业务发展和盈利需求,也是不可忽视的力量。信托公司既希望通过兴旺的房地产信托赚取更多的利润,也希望通过对房地产项目的尽职调查,参与房地产项目开发建设和管理等活动,培养和发展自身主动的资产管理、风险防控能力,改变过去信托被认为是融资通道或平台的印象,奠定未来的发展方向。与此同时,监管当局不再简单地打压房地产信托,而是将之视为信托公司正常和合法的业务,通过建立审慎性监管指标和措施,引导信托公司在合法合规和风险可控的前提下开展房地产信托业务。

(2) 房地产信托供需两旺,单支产品规模呈现明显上升趋势,成为房地产开发企业重要的资金来源。根据《信托公司集合资金信托计划管理办法》

---

[1] 数据来源:中国信托业协会,http://www.trustee.org.cn/sjtj/3479.html 和 http://www.trustee.org.cn/sjtj/4898.html,2011 年 7 月 26 日访问。

[2] 数据来源:中国人民银行《2011 年上半年进入机构贷款投向统计报告》,http://www.pbc.gov.cn/publish/goutongjiaoliu/524/2011/20110726163227684463262/20110726163227684463262_.html,2011 年 7 月 26 日访问。

(2009年修订),房地产集合资金信托的委托人必须是合格投资者[①];参与信托计划的委托人为唯一受益人;单个信托计划的自然人人数不得超过50人,但单笔委托金额在300万元以上的自然人投资者和合格的机构投资者数量不受限制。由于新规定通过抬高投资准入门槛突破了原先集合资金信托200份合同份额的限制,在近年来民间资金充裕和投资热情高涨的情况下,具有较高收益率的房地产集合资金信托产品受到了热捧;加之新规定取消了须申请资格才能异地推介的严格规定,信托公司只需在推介前向注册地、推介地的银监会省级派出机构报告后即可异地推介资金信托计划,并允许信托公司通过具有网点和客户优势的商业银行代为向合格投资者推介信托计划,信托公司得以迅速地吸引一批高资产净值(high net worth)客户持续参与信托计划,所募集的单支资金信托产品的规模大多在2.5—4亿元人民币之间,能够较好地满足房地产开发企业短期的资金需求。

(3)在信托资金运用方式上,房地产资金信托改变之前以发放贷款为主的资金运用模式和盈利模式,寻求以股权、物权等多元化运用和其他风险收益更平衡的业务模式,甚至出现了类似基金的分散化投资组合策略。一方面,2005年银监会办公厅212号文的发布严格了信托公司的放贷标准;另一方面,《信托公司集合资金信托计划管理办法》(2009年修订)虽然未禁止以贷款方式运用信托资金,但要求集合资金信托向他人提供贷款不得超过信托公司管理的所有信托计划实收余额的30%(但银监会另有规定的除外),并且同一信托公司所管理的不同集合资金信托不得投资于同一项目。为此,信托公司创设出不同于贷款的股权投资模式,例如上述的"夹层信托"和"大信托"模式,取得房地产开发项目的控制权或100%股权,再通过派驻董事和财务总监,参与房地产项目公司的重大决策和日常管理,监督项目进程和资金往来,在更好地强化风险防控的同时也锻炼和发挥了信托公司的主动管理能力,获取更好的信托服务回报。

(4)房地产信托的平均收益率看涨,期限以中短期为主。房地产企业需求资金的迫切心态和房地产宏观调控带来的投资风险导致房地产信托产

---

① 《信托公司集合资金信托计划管理办法》(2009年修订)第6条规定,合格投资者者是指符合以下条件之一,能够识别、判断和承担信托计划相应风险的人:(1)投资一个信托计划的最低金额不少于100万元人民币的自然人、法人或者依法成立的其他组织;(2)个人或家庭金融资产总计在其认购时超过100万元人民币,且能提供相关财产证明的自然人;(3)个人收入在最近3年内每年收入超过20万元人民币或者夫妻双方合计收入在最近3年内每年收入超过30万元人民币,且能提供相关收入证明的自然人。

品的收益率要比工商企业和基础设施类产品的收益率普遍高出1.5至2个百分点,2010年以来运用于房地产领域的信托产品的平均年收益率接近10%,平均期限短于2年,反映了投资者和信托公司见好就收的审慎心态。① 值得注意的是,这种信托资金尽管能暂时缓解房地产开发企业的资金饥渴,但房地产企业也付出了不菲的融资成本,加之融资期限过短,一旦房地产宏观调控持续加强,房地产项目无法完成或后期销售不畅,则容易造成信托产品到期无法兑付收益,产生时点偿付风险,势必使投资者遭受重大损失并严重损害信托公司的信誉。

(5) 房地产资金信托的风险防控措施和其他投资者权益保护措施有了较大的强化,信托产品配套服务基础设施获得初步发展。尽管新规定仍未解决信托受益权凭证的弱流动性问题②,但在制度设计上却大大加强了对受益人权益的法律保护。例如,通过只允许向合格投资者售卖信托计划,把辨别和承担风险比较弱的普通投资者排除在外;限制了信托资金与信托公司固定资产、不同信托资金之间的关联交易;从立法上保障受益人的知情权和质询权;将受益人大会法定化,规定受益人大会可以就"提前终止信托合同或者延长信托期限、改变信托财产运用方式、更换受托人、提高受托人的报酬标准以及信托文件约定的其他事项"行使权利,从实质上保障受益人对信托资金运用的有效监督。实践中,信托公司除了采用财产担保、第三方担保、回购等常见的风险控制措施外,还创设了结构化信托产品,由房地产开发企业认购劣后受益权、第一顺位承担损失来更好地调和房地产开发企业和投资者的利益冲突,促进项目的平稳开发。值得注意的是,2006年6月,上海成立了国内首家信托登记中心,致力于推进信托法中有关信托登记事项的实现;2010年,北京、天津的金融资产交易所相继推出了已发行信托计划受益权的转让业务。尽管这些实践还停留在民间自发和地方操作的层面,但已属破冰之举,将有利于未来在更高层面推进并彻底解决信托财产独立性与信托受益权的流转问题。

---

① 参见中国人民大学信托与基金研究所:《2011:中国信托业现状与特征分析及趋势展望》,2011年3月2日,来源:http://www.minmetals.com.cn/detail.jsp? article_millseconds=1299026935609&column_no=1504,2011年7月12日访问;以及用益信托网(http://www.yanglee.com)的集合信托产品数据在线统计。

② 根据《信托公司集合资金信托计划管理办法》(2009年修订)第29条,尽管在信托计划存继期间,受益人可以向合格投资者转让其持有的信托单位,但信托受益权进行拆分转让的,受让人不得为自然人;机构持有的信托受益权,不得向自然人转让或拆分转让。

第六章 房地产信托融资制度

自 2010 年以来,房地产资金信托在国家强化房地产宏观调控下的爆发性增长,其日益攀高的预期年化收益率和不长的融资期限,最终引起了监管当局的注意。2010 年上半年,监管当局连续两轮对信托公司的房地产信托业务进行压力测试,发布了《关于加强信托公司房地产信托业务监管有关问题的通知》(银监办[2010]54 号)和《关于信托公司房地产信托业务风险提示的通知》(银监办[2010]343 号),要求信托公司立即对房地产信托业务进行合规性风险自查,审慎选择交易对手,合理把握规模扩张。然而,这些窗口性指导措施未能有效遏制房地产信托 2011 年以来的迅猛发展。房地产信托产品短期内规模的急剧膨胀,不仅可能削弱国家房地产宏观调控的效果,还可能因触发时点偿付风险而引发行业系统性风险并严重损害投资者权益。[①] 为此,自 2011 年 5 月起,银监会要求信托公司每月 10 日前上报上月的《房地产信托业务风险监测表》,开始逐个监测房地产信托项目的资金投向、资金运用方式和风险控制措施等信息,并从 7 月起实行房地产信托业务的"事前报备"制度,取代了之前允许信托公司在集合信托发行完毕后再到监管部门"事后报备"的做法。在层层监管和繁琐的报备之下,房地产信托的速度迅速放缓,其能否继续保持兴旺之势不得而知。

综观信托业和房地产信托十年的发展历程,在信托公司逐步确立其专业理财机构地位的过程中,房地产信托也在逐步摆脱其作为房地产公司阶段性"融资工具"的色彩,朝着更契合信托本质的方向发展。尽管几次的房地产信托都勃兴于国家强化房地产宏观调控和房地产开发企业丧失银行融资渠道的时代背景下,具有较明显的政策效应,但房地产信托发展过程中所创设的股权融资模式、结构化融资模式和基金化投资策略等已凸显了信托公司充当主动管理者角色的功能和信托资金作为房地产资金来源的可能性。展望未来,可以肯定的是,房地产信托是房地产金融市场不可分割的一个组成部分,将来应充分利用新信托规范的内容,适时运用财产信托、单一资金信托和集合资金信托模式,探求除贷款之外的股权投资、物业投资、租赁等多元化权益型资产运用方式,借助立法解决关系信托业发展的信托财产注册登记、信托受益权流动等问题,尽快结束房地产融资和投资市场的割裂局面,适时推出房地产投资基金,推动房地产证券化进程,以使房地产信托回归其本质并进一步完善我国房地产金融市场。

[①] 郑智、张力:《银监会严控时点偿付风险 房地产信托"报备前置"》,http://epaper.21cbh.com/html/2011-07/06/content_2345.htm?div=-1,2011 年 7 月 8 日访问。

操作流程

一、房地产财产信托的操作流程

以北京国际信托投资公司2004年的北京华堂大兴店租金受益权财产信托为例进行说明。

第一步,2004年7月22日,北京方正房地产开发有限公司(以下简称"方正地产")与北京国际信托投资公司(以下简称"北京国投")签订《华堂商场大兴店租金收益权财产信托合同》,约定方正地产作为委托人,将其租赁予华糖洋华堂商业有限公司(以下简称"华糖公司")共20年的华堂商场大兴店租金收益权,委托给北京国投,设立以方正地产为受益人的租金受益权自益财产信托,规模约为7000万元。

第二步,同日,方正地产与北京国投签订《信托受益权转让代理协议》,约定由北京国投独家代理向投资者转让方正地产所拥有的上述全部租金信托受益权。

第三步,北京国投代理方正地产与投资者签订《华堂商场大兴店租金收益权财产信托受益权转让合同》,投资者取代方正地产成为收益权财产信托的受益人,依法享有年预期收益率为6%的收益;方正地产获得约7000万的受益权转让收入,用于华堂商场大兴店的后期购置设备及装修。

第四步,北京国投按照信托合同和转让合同的约定,监督方正地产合法使用资金,及时拨付华堂商场大兴店租金收益,并按时向投资者偿付信托权益。为保证投资者权益,转让合同约定方正地产就信托受益权回赎作出不可撤销的承诺,在信托受益权转让满二年之日届满前一次性回赎全部受益权。为保证方正地产到时履行回赎义务,北京国投与方正地产签订附条件的《商品房买卖合同》,并在房管部门备案登记。一旦方正地产不能到期回赎受益权,则北京国投将持有华堂商场大兴店物业产权,到时可通过处置该物业偿付投资者权益。

二、房地产资金信托[①]的操作流程

第一步,房地产企业与信托公司就房地产信托融资达成一致意见。

---

① 详细案例参见下文案例分析部分。

第二步,信托公司就信托产品的设计与发行向监管当局报备。

第三步,信托公司发起设立房地产资金信托计划,向社会公众发售信托受益凭证,募集信托资金。

第四步,信托公司作为受托人,根据信托合同的约定,将所募集的信托资金以贷款、股权投资、物业投资、购买收益权等方式交由房地产企业使用,并确定回收信托资金及保障相关收益的方法。

第五步,信托公司按照约定监督房地产企业合法合规使用信托资金,按时回收信托资金收益并向投资者偿付。在房地产企业违约的情况下,启动相关保障措施,维护投资者的权益。

三、房地产双向信托的操作流程

房地产双向信托并不是另一新类型的信托模式,而是在运作上,将房地产财产信托与集合资金信托进行连接,完成整个融资过程。具体操作是,当房地产企业委托信托公司设立房地产财产信托之时,信托公司设立房地产集合资金信托,募集社会公众资金,之后再用该信托资金购买房地产财产信托项下的信托受益权,使投资者间接成为财产信托的受益人,房地产企业则取得资金信托项下的信托资金,用于房地产开发建设经营等相关活动。这种操作方式可以有效地实现两种信托的财产运作目标,既避免逐一转让财产信托受益权的繁琐,又可以减少寻找合适信托资金投资项目及后继管理的周折,全面地提高效率,一举两得。典型的如中原信托公司2008年的信息大厦项目不动产信托及随后向投资者转让该受益权的项目,以及2009—2010年推出的宏业系列摩登市商业地产项目集合资金信托计划等。

案例分析

案例1:北京国际信托投资公司——"三环新城"经济适用住房开发建设项目资金信托计划

[案情]

2003年6月,北京国投发起设立北京"三环新城"经济适用住房开发建设项目资金信托计划,信托期限1年半,年化预期收益率4.5%,投资者单笔信托受益权凭证最低认购金额为30万,信托计划最后募集1.6亿资金。根据信托合同约定,北京国投将信托资金放贷给北京懋源苑房地产开发有限公司,专向投入该公司兴建的北京"三环新城"经济适用房开发建设项目。与此同时,北京国投与懋源苑公司全体股东签订《股权质押协议》,由懋源苑公司股东将其持有的该公司全部股权质押给北京国投。如懋源苑公司不能按规定偿还贷款本息时,北京国投将采取必要措施确保信托贷款本金与利息的安全。由于"三环新城"经济适用住房开发建设及销售顺利,北京懋源苑房地产开发有限公司及时归还贷款本息,再加上北京国投对资金辅助进行资本市场和资金市场运作,2005年1月,该资金信托计划顺利进行清算,投资者最终实现4.8529%的年平均收益率。①

案例2:重庆国际信托投资公司——世纪星城住宅项目股权投资信托计划

[案情]

北京"世纪星城"项目预计总投资8.99亿元,项目前期已投入2.8亿元,并已取得一期土地证和建设用地规划许可证,但还要取得开工证和建设工程规划许可证才可向银行申请贷款。而2003年央行121号文件的执行,使项目开发商北京顺华房地产开发有限公司(以下简称顺华公司),凭借自身1.5亿元的注册资本,不能满足30%的最低限,也无法向银行申请贷款。无疑,工程开工将面临资金断流的危险。此种情况下,信托资金扮演了雪中送炭的角色。

2003年11月,重庆国投发起设立"世纪星城"住宅项目股权投资信托计划,信托期限2年,年预期收益率不低于6%,投资者单笔信托受益权凭证最低认购金额为60万,信托计划最后募集2亿资金。根据信托合同,重庆国投将信托资金以股权形式投资入股顺华公司,与此同时,顺华公司的第1大股东福建顺华房地产开发有限公司承诺在2年内溢价收购该股权,以保障投资者信托权益的实现。信托资金入股前的顺华公司股东以其持有的该公司全部股权质押给重庆国投,以此担保福建顺华房地产开发有限公司到时履行收购义务。为保证投资者信托受益权的流动性,项目贷款行兴业银行同意为投资者提供信托受益权质押贷款服务。

重庆国投增资之后,顺华公司自有资金达到3.5亿,满足30%的最低要求,并以此资金直接用于项目的开发,使工程顺利获得开工证和建设工程规划许可证,从而在四证齐全的基础上获得项目原贷款行兴业银行的后续贷

---

① 根据该资金信托计划和清算报告整理,来源:http://www.bjitic.com/service/zxyx_detail.php? newsid=356,2006年1月22日访问。

款支持,实现 2005 年项目竣工销售的预期目标。

2005 年 12 月,该信托计划到期,由于福建顺华房地产开发有限公司按时溢价回购了股权,重庆国投顺利回收了信托资金及收益。信托计划清算公告显示,投资者第一年的信托收益率为 6.7%(含税),第二年的信托收益率为 7.4%(含税)。①

案例 3:北京国际信托投资公司——法国欧尚天津第一店资金信托计划
[案情]

2004 年 1 月,北京国投发起设立法国欧尚天津第一店资金信托计划,信托期限 3 年,年化预期收益率为 6%,投资者单笔信托受益权凭证最低认购金额为 20 万,信托计划最后募集 9873 万元资金。根据信托合同,北京国投运用信托资金向天津隆迪立川房地产开发有限公司购买已与天津欧尚超市有限公司签订长期租约(20+20 年)的天津峰汇广场 1—3 层商铺(即法国欧尚天津第一店)的产权。北京国投以长期、稳定的商铺租金收益保障投资者信托收益的偿付。在信托期末,北京国投将以该优良物业为依托,发行下一个信托计划或处置该物业用于归还上一期投资人的本金。另外,开发商承诺在信托期限内以该信托计划资金购买价格上浮 10% 的价格回购该物业。为吸引投资者,北京国投在信托合同里约定不采用固定信托管理费,在信托收益未达到预期年收益之前不提取管理费。

2005 年 1 月 21 日,北京国投发布信托计划年度管理报告书,公告投资者第 1 年信托收益率为 6%。

2005 年 6 月 28 日,法国欧尚天津第一店正式营业,销售收入良好,预计北京国投可以如期收回资金,按照信托合同约定偿付投资者信托收益。②

案例 4:新华信托——扬州金达房地产股权投资集合资金信托计划
[案情]

2010 年 7 月,新华信托发起设立扬州金达房地产股权投资集合资金信托计划,信托期限为 2 年,拟募集 15000 万元。信托计划受益权分为优先受益权(11250 万元)和劣后受益权(3750 万元)两级,信托本金及收益优先分

---

① 根据该资金信托计划和清算公告整理,来源:http://www.trust-one.com/shownews.asp?newsid=1277,http://www.yanglee.com/products/BBS/2005/pl05122303.htm,2006 年 1 月 22 日访问。

② 根据该资金信托计划和年度管理报告书等整理,来源:http://www.bjitic.com/service/zxyx_detail.php?newsid=335,http://www.bjitic.com/service/zxyx_detail.php?newsid=377,2006 年 1 月 22 日访问。

配给优先受益权人,如有剩余再向劣后受益人分配。认购 100—300 万元(不含 300 万)的优先受益人的预期年化收益率为 9%,认购 300 万元以上的优先受益人的预期年化收益率为 11%。根据信托合同,新华公司作为受托人把信托资金以增资入股的方式投资于扬州市金达西湖置业有限公司(以下简称"项目公司"),用于扬州 607 号地块项目建设。增资后受托人持有项目公司 67% 的股权。除了采用受益权优先/劣后分级防控风险之外,项目公司的股东(扬州市金达房地产开发有限公司)将其持有的 33% 的项目公司股权全部质押给受托人,受托人由此控制项目公司 100% 股权。之后,受托人通过委派董事控制公司经营,行使否决权等各项权利,全程监控项目进展和销售收入情况;信托计划注入项目公司的资金和项目销售收入全部纳入监管账户由受托人监管,其预留印鉴为项目公司财务章和受托人预留的个人名章。为保证信托受益权及时兑付,在信托计划到期前 3 个月,项目公司每月至少从监管账户划入信托专户 2500 万元,到期前 1 个月如监管资金不足以支付信托本金和收益,扬州市金达房地产开发有限公司承诺补足不足部分。否则,受托人将以低价抛售项目公司的房产或项目公司的股权,以保证信托的到期兑付。

2011 年 8 月 13 日,新华信托公告信托计划生效,共募集资金 15000 万元。新华公司于 2010 年 11 月、2011 年 2 月、4 月和 7 月公告的信托资金季度管理报告均显示信托计划运行良好。①

[评析]②

1. 房地产信托产品的发售限制与流通渠道

一项金融产品的效用,很大程度上取决于它的规模和产品的流通性。房地产信托融资尽管为救急房地产业的信贷资金收紧而生,但在产品发售和流通上所受的严格限制却可能严重影响其发挥应有的作用。

同其他资金信托产品一样,房地产资金信托的发售在 2007 年 3 月《信托公司管理办法》施行前受到了如下限制:(1) 发行份额限制。2002 年的《信托投资公司资金信托管理暂行办法》(2007 年 1 月被宣布失效)第 6 条规定,信托投资公司集合管理、运用、处分信托资金时,接受委托人的资金信

---

① 根据该资金信托计划发行信息和季度管理报告等整理,来源:http://www.nct-china.com/findinfo.aspx,2011 年 7 月 28 日访问。

② 为更完整地反映我国房地产信托的发展历程和法制变化,本部分的评析涵盖新旧信托规范,并突出新法对旧法的修订。

托合同不得超过200份(含200份),每份合同金额不得低于人民币5万元(含5万元)。(2)信托产品宣传限制。《信托投资公司资金信托管理暂行办法》第4条第1款第5项规定,信托投资公司办理资金信托业务时,不得通过报刊、电视、广播和其他公共媒体进行营销宣传。(3)异地推介的严格限制。① 这些限制,从一开始就束缚了房地产资金信托的规模和影响力。从上述几个操作实例来看,都不大于2亿元。这样,对于资金需求量大而建设周期较长的房地产业而言,信托资金可谓杯水车薪,无以最终解决问题,这也正是房地产业长期未把信托方式作为融资主要渠道的原因。

在法律未变革的情况下,信托业界曾通过结构设计或其他手段解决规模扩张问题。一种方法是构建伞形信托,在一个主信托之下再设几个子信托,这样每个信托都可以有200份合同,从而可以扩大总体规模。确实,在中煤信托(后改名为中诚信托)的"荣丰2008项目财产信托优先受益权"和北京国投的"盛鸿大厦财产信托优先受益权"项目中曾出现过类似的操作,但中国人民银行2002年的《关于信托投资公司资金信托业务有关问题的通知》(2007年7月被宣布失效)规定,具有相同运用范围并被集合管理、运用、处分的信托资金,为一个集合信托计划。信托投资公司应当依信托资金运用范围的不同,为被集合管理、运用、处分的信托资金分别设立集合信托计划。因此,随着通知的严格执行,这种伞形结构也变得不可行。

另一种方法是对一家房地产公司或项目运用多个房地产信托资金,以此满足大量资金需求。然而,根据《关于信托投资公司资金信托业务有关问题的通知》的规定,一个集合信托计划虽可以同时运用于多个法人或独立核算的其他组织,但属于同一信托投资公司的两个或两个以上的集合信托计划不得同时运用于同一个法人或同一个独立核算的其他组织。不同信托投资公司的集合信托计划可以同时运用于同一个法人或同一个独立核算的其他组织,但一家信托投资公司只能有一个集合信托计划运用于该法人或该独立核算的其他组织。正如上述,房地产信托的运作成本远远高于银行贷款,如果是综合运用多家信托投资公司的多个信托,那么为此要支付的昂贵成本以及由此带来的关系协调、财产担保、保证等措施的配套,将是房地产企业无法承受与不愿面对的。

还有一种方法是在房地产信托设立之后,赋予信托本身发行债券或借

---

① 严格的异地推介,见上文"四、我国房地产信托融资的沿革、特点与作用"第一阶段房地产信托特点(2)中的注释。

债的权利,这样也能扩张资金规模。然而《信托投资公司资金信托管理暂行办法》早已明文规定,信托投资公司办理资金信托业务时,不得发行债券,不得以发行委托投资凭证、代理投资凭证、受益凭证、有价证券代保管单和其他方式筹集资金,办理负债业务;不得举借外债。信托投资公司违反上述规定,按非法集资处理,造成的资金损失由投资者承担。

如此种种,只能使房地产信托在200份限额内谋求信托资金规模的最大化。从案例1-3可以看出,尽管法律要求每份信托合同金额不低于5万元即可,但实践中都大大提高了标准,从二十万到上百万不等。但问题在于,房地产资金信托的推介渠道有限,再加上是新的金融产品,很难吸引到有雄厚实力的投资者,尤其是机构投资者。这样,只有再依靠高收益率吸引散户投资。而散户投资者对风险识别和承担能力的薄弱,以及信托投资公司为保证高收益而不得不更多地涉及高风险操作,事实上又埋下了行业发展的隐患。无形中,房地产信托陷入了自身的恶性循环。这也是促使2005年监管当局发布212号文的所在。

当然,从2007年起开始施行的《信托公司管理办法》和《信托公司集合资金信托计划管理办法》等信托新规则,在保留资金信托私募属性的基础上从许多方面修订了房地产集合资金信托的发售限制:(1)取消了200份的信托合同份额,但要求委托人必须为合格投资者[①],参与信托计划的委托人为唯一受益人;单个信托计划的自然人人数不得超过50人,但单笔委托金额在300万元以上的自然人投资者和合格的机构投资者数量不受限制。(2)取消了异地推介的资格申请管理,允许信托公司进行异地推介,不过要在推介前向注册地、推介地的银监会省级派出机构报告。(3)尽管资金信托还是不能进行公开营销宣传,信托公司却可以委托商业银行代为向合格投资者推介信托计划。上述规定无疑大大提高了投资者对资金信托的知晓和参与,使资金信托获得了和其他金融机构,例如商业银行、证券公司推出的类似理财产品的竞争力,资金规模已不是制约房地产信托发挥作用的障碍。当然,合格投资者不低的准入门槛,会使一些缺乏销售渠道和稳定客户资源的信托公司面临压力,对信托公司的营销能力提出更高要求。

另一方面,房地产资金信托产品的弱流通性也影响这种融资方式的吸引力。根据《信托法》的规定,设立信托之后,投资者作为受益人享有信托受

[①] "合格投资者"的界定,见上文"四、我国房地产信托融资的沿革、特点与作用"第二阶段房地产信托特点(2)中的注释。

益权。在房地产信托中,投资者获得了承载信托受益权的信托受益凭证(合同)。结合现有的法律规定来看,这种信托受益凭证既不属于《证券法》上的证券,不能进入证券交易所流通,也不属于可以进入银行间债券市场交易的证券。实践中,或是投资者自己寻找信托受益凭证的受让人,再一起到信托公司办理权益变更登记;或是借用信托公司的内部交易平台,为投资者发布权益转让公告,寻找买家;或是由项目公司股东或第三方承担投资者信托受益权的回购义务。个别信托公司为了吸引投资者,使产品获得更多的流动性,还通过与银行协商,由银行为投资者提供信托受益权质押贷款。2010年以来,北京、天津的金融资产交易所相继推出已发行的信托计划受益权转让服务,算是又开辟了另一条流通途径。总之,信托受益权产品的流通渠道还是相当有限,而每份合同不低的金额,更使投资者寻找合适的买家难上加难。注意到,《信托公司集合资金信托计划管理办法》第29条虽然允许信托计划存续期间,受益人可以向合格投资者转让其持有的信托单位,但为了避免风险向普通投资者扩散,严格了信托受益权凭证的再转让要求,限制信托受益权进行拆分转让的,受让人不得为自然人;机构所持有的信托受益权,不得向自然人转让或拆分转让,并未最终解决信托受益权凭证的流通问题。

法律对资金信托,包括对房地产资金信托的种种限制,使得在同类业务竞争上,信托公司总逊色于商业银行和基金公司。究其根源,很大程度上是与信托公司"一放就乱"的历史密切相关的。从未来的发展看,除了整平各个金融中介之间的竞争平台,逐渐形成市场化的有序竞争之外,信托公司已应充分发挥自己的专业优势,守法经营,树立行业诚信,才能在市场上占据应有的份额。唯有在这种大环境下,才能使房地产企业获得多样化的融资渠道,并根据企业/项目的发展需要组合运用,避免房地产风险过度集中于银行领域。

2. 房地产信托资金的安全运用与投资者权益保护

信托制度的灵活性,提供了信托公司充分利用专业理财技能,运用信托资金为投资者谋求利益最大化的可能。实践中,主要的信托资金运作方式有贷款类、股权投资类、购买物业收租类以及其他权益类等。然而,不管信托财产的运用方式如何多样化,作为偿付投资者信托受益权的保障,信托财产的运用都应在安全的基础上谋求相应的收益。

信托财产的安全运用,取决于如下诸多因素的综合作用:

其一,《信托法》规定的信托财产独立性,以及监管当局要求信托公司对不同信托资金单独设账、分账管理和资金托管制度的逐步推行,可以在很大程度上保障信托资金与信托公司自有资金的混淆,使信托资金始终服务于投资者权益的偿付。2006年6月,上海成立国内首家信托登记中心,是地方金融创新和完善信托配套基础设施的创举,可为将来建立全国信托登记系统提供有益的借鉴。

其二,信托公司运用信托资产的方式及相应的风险管理能力。尽管信托资金的运用方式很多,但每一种方式都有其特有的投资风险,因此必须对投资项目有足够的风险辨别、衡量、管理及化解能力。但国内的信托公司恢复信托业经营的时间并不长,且又刚刚经历过第6次整顿,对于之前鲜为涉及的房地产业,未必有充分的风险驾驭能力。结合上述几个案例及实践中的操作,良好的项目选择、风险控制和各个方面的担保措施[①],确实可以使信托资金运用取得良好收益,但众所周知,良好的项目从来不用为融资发愁。房地产信托融资于银行信贷业务收紧之机出台,在早期资产运用上完全效仿银行信贷模式进行运用,后期则是采取假股权真融资的夹层模式,一旦信托公司在贷款风险管理、项目运作风险管理上的经验不足,则容易触发时点偿付风险,因流动性不足而造成一些信托资金无法偿还的结果。

其三,担保的有效性与担保权益实现的程度。从已有的房地产资金信托操作来看,大都为信托资金的安全运用设计了相应的退出机制,并且为实现资金的安全退出,也大多由相关方提供了物或人的担保或进行了优先/劣后的结构设计。然而应注意的是,只有合法有效的担保措施,才能为保障资金安全提供可能,而更重要的是,这些保障措施在启动之后可以实现的程度,才会最终关系信托资金的安全。由于信托资金投向的是房地产业,如果是以房地产项目做担保,因房地产处置本身的难度及可能造成的烂尾楼风险,都会影响担保的效果;如果是股权担保,股权所对应的公司价值关系着资金的安全,而这存在着一定的不确定性因素,一旦是以房地产项目公司的股权做抵押,当房地产项目无法顺利完成时,这种损失就会相当明显;如果是第三方做担保,则要求其要有较高的信用等级,一旦其信用级别下降或者资不抵债,也会削弱担保的效果。

第四,信托公司的责任约束与激励。根据信托法及相关监管规范的规定,信托公司只有在违背信托文件的约定管理、运用、处分信托资金导致信托资金受到损失的,才由其承担赔偿责任,否则在资金运用过程中所造成的

---

① 不同种类信托资金运用的风险控制和担保措施,除了参见案例之外,还可参考上文相关内容。

损失,由信托资金承担,这是信托财产独立性要求的体现。但问题是,房地产资金信托是由信托公司发起设立的,信托文件(包含信托财产的运用方式)是由信托公司起草的,而投资信托产品的高资产净值投资者可能并不具备相应的风险识别能力,其如何有效甄别财产管理方式的合法合理性并对信托资金日后的运作进行监督,始终是个问题。实践中,为解决产品对投资者的吸引力问题,消除投资者的恐慌,除了在推介时预期一个比较高的收益率之外,主要通过信托公司管理费的设计贯彻激励与约束原则。具体操作是,信托投资公司不收取固定管理费,而是在信托合同中约定,产品的收益低于预期收益率时不收取管理费,高于预期收益时才收取管理费,但可约定按固定比例收或者按收益的一定比例收取。此外,也可约定,只有在偿付完投资者权益之后,才向信托公司支付管理费或将剩余权益归信托公司所有。① 这种激励性的管理收费,可以有效地保证信托公司安全运作资金并谋求效益最大化。

资金的安全,是获取收益的必要前提。就投资者本身而言,除了通过资金的安全运作获取必要的收益之外,通过信托受益权的流转,实现快捷的变现,也是投资安全的内在需求。因此,如何在房地产资金信托中,构建对投资者权益的保护,是信托产品具有吸引力的关键。

正如上述,资金的安全取决于诸多因素,而这未必是投资者在投资之初就能清楚把握的,更多的时候,投资者关注的是在各种保障措施之下,产品会有多高的回报率。然而,根据资金信托的管理规定,信托公司不得承诺保本保息,不得承诺最低收益,不得承诺赔偿投资者的损失,这是投资者风险自担的必然要求,也是制约投机高风险产品,最后再由国家买单的要求。实践中发售的房地产资金信托产品,大都采用了宣告预期收益率的做法,并通过上述的管理费收取激励等方式予以保障,从而规避了法律的这一约束。不过,这事实上是由信托公司一定程度地为收益提供了担保。

信托设立之后,信托资金的运用就掌控于信托公司手中。尽管信托法赋予了受益人一系列的对受托人监督的权利,但在集合资金信托条件下,如何组织分散的投资人行使监督权而保障投资权益,却始终是个难题。可喜的是,信托产品在中国的迅速发展,也促使信托业者善于从海外借鉴经验,

---

① 《关于加强信托公司结构化信托业务监管有关问题的通知》(银监通[2010]2号)第7条第(四)项禁止信托公司开展结构化信托业务时,以利益相关人作为劣后受益人,利益相关人包括但不限于信托公司及其全体员工、信托公司股东等,可能影响这一设计。

不断地完善信托结构设计。在2005年联华信托投资公司推出的系列联信·宝利中房地产投资集合中,就创造性地设计了受益人大会制度。2007年新的《信托公司集合资金信托计划管理办法》已将受益人大会制度法定化,并规定了大会相应的运作规则。尽管如何组织和有效的发挥这个大会的作用还有待时间检验和在实践中进一步完善,但毕竟已为投资者更好地以群体的力量监督信托资金的运作,保障自己的权益迈出了一大步。

正如上述,信托受益权凭证的弱流动性,是制约信托发展的障碍,也是投资者权益保护要攻克的难题。尽管信托公司各自为政地为投资者提供了内部的交易平台,但毕竟不是一种经济而有效的流通方式;尽管2005年12月10日信托业协会向业内发出了《关于中国信托业协会拟设立信托受益权流动平台的征询建议函》,期望建立业内的交易平台[①];2010年以来,北京、天津的金融资产交易所也在尝试推出已发行的信托受益权凭证的转让服务,但尚处于探索之中。唯有通过立法方式,借鉴房地产投资基金的经验,适时地确认信托受益权凭证的"证券"属性,使其可以进入相关市场进行集中交易,才是能促使信托发扬光大和有效保护投资者权益的最佳方式。

(洪艳蓉)

---

① 中信协函字〔2005〕10号,来源:http://xtxh.net/news1/(ikolly3cfhdg2s55tgrle445)/news/show.aspx?articleid=199,2006年1月22日访问。

第七章　房地产投资基金制度

- 房地产投资基金的特征
- 房地产投资基金的种类与法律结构
- 国内发展房地产投资基金的制度障碍与未来模式
- 内地首个在香港上市的房地产投资基金实例分析

基本原理

一、房地产投资基金的概念与特征

房地产投资基金是通过发行基金份额筹集基金,为基金份额持有人的利益进行投资,以可产生长期收入的房地产项目为投资目标,以房地产租金及其他相关经营收入为主要收入来源的一种产业基金。

中国目前尚无任何有关房地产投资基金的专门法律规定,因此本章的相关内容主要是对国外制度和经验的概括。不过注意到,已有内地企业取道海外市场发行房地产投资基金,为手头物业谋求新的融资渠道;而海外资金以房地产投资基金方式参与中国内地房地产业,正备受关注。例如2005年12月在香港上市的越秀房地产投资基金(首只海外上市的房地产投资基金)[①],2007年6月在香港上市并于2010年2月宣布退市的睿富房地产投资基金,以及2011年4月在香港上市的汇贤房地产投资基金(首只以人民币计价的海外上市房地产投资基金)。鉴于美国是房地产投资基金的起源国,并拥有全球最为发达和完善的房地产投资基金市场及相关法律制度,本章内容以美国为主要着眼点。在涉及具体制度和条件时,如无特别说明,均是以美国的相关法律规定为蓝本。

房地产投资基金具有如下基本特征:

---

① 详见下文"二、案例分析"。

(1) 房地产投资基金是一种投资基金。房地产投资基金首先是一种投资基金,这意味着它同其他投资基金一样,是通过发行基金份额将投资者手中的零散资金汇集成"资金池",投资于基金章程列明或基金合同约定的领域,所得收益返还给投资者,以提高资金利用率的集合投资方式。

(2) 房地产投资基金是一种产业基金。房地产投资基金是以特定产业即房地产业为投资目标的基金,通过拥有、控制和管理特定的房地产实体项目,如写字楼、酒店、公寓等,获取租金及其他相关收入,作为基金收益的主要来源。

(3) 房地产投资基金兼具公司(corporation)和有限合伙的结构优势。一方面,房地产投资基金享有税收上的"传递"待遇("pass-through" treatment),即基金的收益在税法上被视为"传递"给基金份额持有人(投资者),不对基金本身征收企业所得税(即使基金采取公司法人形式建立也是如此)。事实上,1960年《房地产投资信托法》在美国之所以被催生,其基本动因正是在于给予符合条件的房地产集合投资方式以税收优惠。另一方面,房地产投资基金的基金份额持有人(投资者)无需像普通合伙的合伙人那样承担无限责任,而是像公司股东一样,只以所认购份额为限承担有限责任。因此,房地产投资基金在商业形态上兼具公司和有限合伙的有限责任及税收传递的优势。

(4) 房地产投资基金份额属于证券范畴,可以上市交易。房地产投资基金份额同公司股票、债券一样,是证券的一种,不仅可以认购、赎回,还可以在不同投资者之间转让。在符合法律规定和证券交易所上市条件的前提下,房地产投资基金还可以在证券交易所挂牌交易,成为上市基金。

(5) 房地产投资基金受证券法、信托法、公司法、房地产法、物权法、税法等部门法的综合调整。如上所述,房地产投资基金份额属于证券的一种,其发行、交易和上市都必须符合证券法的相关规定。在组织形式上,房地产投资基金可以采取信托或公司的形式,其内部法律关系相应受信托法或公司法的调整。此外,房地产投资基金以房地产为投资目标,涉及房地产的购买、所有、修缮、管理等,不可避免地受到房地产法和物权法的调整。最后,房地产投资基金的主要优势和吸引力之一就是其在税收上的优惠待遇,这一点在美国尤为明显,税法的特别规定及其修订是推动房地产投资信托(Real Estate Investment Trust,以下简称REIT)诞生、调整和发展的最重要因素。因此,房地产投资基金涉及多个法律部门,需要不同部门法之间的相互配合和协调。

同其他房地产投资工具相比,房地产投资基金大致具有如下三方面的优势:

首先,房地产投资基金通过汇集资金,投资于多样化(diversified)的房地产资产。对于普通投资者而言,可以通过房地产投资基金涉足房地产这一传统上为富人所占据的领域,分享其中的收益。对于已经拥有房地产资产的高端投资者而言,也可以通过将其房地产出售(contribute)给基金而换取基金份额,从而一方面通过基金的多样化投资分散其投资风险,另一方面通过基金的有限责任构造而避免其个人投资房地产时可能承担的无限责任。

其次,通过将多样化的房地产资产汇集在一起,房地产投资基金在贷款和服务成本等方面比单个的房地产所有人拥有更强的谈判能力,从而能够获得更多实惠。房地产投资基金可以利用其汇集起的巨大资本量来要求更为优惠的贷款利率,也可以在房地产经营和管理上带来显著的规模经济效应。

最后,房地产投资基金能够提供较好的投资回报。相对于易于波动的股票市场而言,房地产投资基金的投资回报相对连续和稳定。从美国的经验来看,房地产投资基金通常与股票市场的关联度较低,在市场低迷时业绩也优于股票。另一方面,相较于其他"保守"投资方式,如存款和货币市场基金,房地产投资基金通常能够提供更高的收益。此外,有关法律对房地产投资基金规定的最低收益分配要求也使得基金投资者能够确保其收益分配。

二、房地产投资基金同相关概念的区分

(一) 房地产开发企业

房地产投资基金不同于房地产开发企业。房地产开发企业是以营利为目的,从事房地产开发和经营的企业。二者的区别体现在:首先,房地产开发企业一般采取公司形式(有限责任公司或股份有限公司),而房地产投资基金既可采取公司形式,也可采用信托形式,在各国应用较多的是信托形式。其次,房地产开发企业主要从事房地产项目的开发建设,是一个"从无到有"的过程,而房地产投资基金的基本理念是投资于已建成并能产生长期稳定收入流的房地产,以租金或类租金收益作为投资回报,一般不参与房地产开发。最后,房地产开发企业同其他企业一样缴纳企业所得税,不享有税法给予房地产投资基金的优惠待遇。

(二) 证券投资基金

房地产投资基金不同于证券投资基金。由于房地产投资基金和证券投资基金同属投资基金,都可以采用信托形式或公司形式,基金份额均可自由转让和上市交易,并且证券投资基金也可能投资购买房地产类证券,因此二者比较容易混淆。二者的主要区别在于投资对象、投资目标和投资方式的不同。房地产投资基金以房地产为投资对象,通过拥有和经营房地产来获得长期收益;既可以通过购买股权权益的方式,也可以通过资产收购或其他方式进行投资,但投资目标都是对相关房地产资产的拥有和控制;在以购买股权权益方式投资时,所购买的既可以是上市股票,也可以是未上市股票。证券投资基金以证券为投资对象,通过持有风险分散化的证券组合获得价值增值,不限于房地产领域;投资目标是基于证券发行人(公司)的优良业绩而使所投资证券获得增值,不必然涉及对证券发行人(公司)的股权控制或资产收购;根据我国《证券投资基金法》的规定,证券投资基金只能投资于上市交易的股票、债券或证监会规定的其他证券品种。

(三) 房地产信托产品

房地产投资基金也不同于我国现有的房地产信托产品。我国自2002年开始推出的房地产信托产品是以房地产项目为融资对象的一种信托产品。由于中国人民银行2003年6月13日出台的121号文件提高了房地产信贷门槛,导致房地产开发企业融资渠道变得更为狭窄,融资成本提高,诱发房地产开发企业转而利用信托作为替代融资工具。尽管按照监管要求信托公司不得承诺保底收益,但实践中房地产信托产品都有高于银行同期存款利率和国债利率的预期收益率,并且通过第三方担保等方式间接确保固定收益。因此,我国现有的房地产信托产品实际上是类似于债券的固定收益产品,本质上属于信贷融资的范畴,是"代客(房地产开发企业)融资";相反,房地产投资基金是以房地产为投资对象,有管理机构、实际经营和利润分配的股权类投资产品,是"代客(投资者)理财"。我国现有的房地产信托产品主要是作为房地产开发贷款的替代产品,所筹集资金直接用于房地产项目开发;而如上所述,房地产投资基金是投资于已建成且能产生长期收益的房地产,一般不投资于房地产项目的开发建设。此外,现有的房地产信托产品在2007年3月1日之前属于中国人民银行《信托投资公司资金信托管理暂行办法》(2002年6月)所规范的资金信托,受制于该办法中的相关限制条件,如只能采取私募形式(不得通过公共媒体进行营销宣传)、信托份额不超过200份、每份信托金额不低于5万元等。在2007年3月1日之后,则适用取代该暂行办法的《信托公司集合资金信托计划管理办法》,其准入标准和监管要求都变得相当严格,例如,委托人应为合格投资者,参与信托计划的委托人应为唯一受益人,单个信托计划的自然人人数不得超过 50 人,但单笔委托金额在 300 万元以上的自然人投资者和合格的机构投资者数量不受限制(参见第六章的相关内容);而房地产投资基金的目的在于大范围汇集资金,为此可以公开发行和自由转让,还可以上市交易。因此,尽管房地产投资基金往往采用信托方式组建,但它同我国目前的房地产信托在本质上是不同的产品。

三、房地产投资基金的种类

从不同的角度可以对房地产投资基金进行分类。例如,按照房地产投资基金赖以组建的商业组织形态,可以将其分为公司型基金和信托型基金;按照房地产投资基金的结构,可以将其分为基本结构基金、伞型合伙基金(UPREIT)、下属合伙基金(Down REIT)、双股基金(Paired-share REIT)、合订基金(Stapled REIT)和纸夹结构基金(Paperclip REIT)等。较为常见的分类方式则是按照房地产投资基金的投资类型(内容),将其分为股权基金、房地产按揭贷款基金和混合基金。

股权基金(Equity REIT)直接投资于房地产实体资产,通过购买、拥有和管理房地产,以其产生的租金收益作为主要收入来源。房地产按揭贷款基金(Mortgage REIT)以房地产按揭贷款或按揭担保证券(MBS)为投资对象,以贷款或证券的利息收益为收入来源。按揭贷款基金实质上是由基金向房地产所有人提供贷款,并获取利息收益,因此与股权基金专善于拥有实体资产不同,纯粹的按揭贷款基金并不拥有自己的房地产,本质上是一种融资活动。混合基金(Hybrid REIT)则是同时采取上述两种投资策略,即既投资于房地产实体资产,也投资于房地产按揭贷款。在这三种类型中,股权基金是房地产投资基金的主要形态,在数量和资产规模上都占绝对多数。以美国为例,根据全国房地产投资信托协会(the National Association of Real Estate Investment Trusts)的统计,截至 2009 年底,美国上市的 REIT 总数为 142 只,总市值 2711.99 亿美元,其中股权基金 115 只,总市值 2483.55 亿美元,按揭贷款基金 23 只,总市值 221.03 亿美元,混合基金 4 只,总市值 7.41 亿美元。[①]

[①] 资料来源:http://www.reit.com/IndustryDataPerformance/MarketCapitalizationofUSREITIndustry.aspx,2011 年 7 月 3 日访问。

四、房地产投资基金的基本结构及其内部关系

房地产投资基金的基本结构包括基金份额持有人、基金本身及基金所投资的房地产资产。如果基金采取实体形式,即设立公司来运作基金,那么REIT的内部关系就是公司法下的公司股东、公司和董事会/管理层之间的关系。具言之,基金份额持有人作为REIT公司股东,选举产生REIT公司董事会,由董事会负责REIT公司的管理。REIT公司按照法律规定和公司章程投资、控制和管理特定的房地产资产,所获收入以股息的形式派发给持有人。董事会和管理层对基金份额持有人负有公司法下的信义义务(fiduciary duty),必须诚信和勤勉地履行管理职责,否则将对REIT公司及/或持有人承担相应的法律责任。

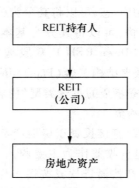

如果房地产投资基金不采用实体形式,而是采用信托形式,那么在基金结构中还需有专门的基金托管人和基金管理人,对基金进行托管和运营。关于基金份额持有人、基金托管人和基金管理人各自的法律地位和相互关系,由于各国信托法律制度设计的不同而不尽一致。例如,德国采用所谓的"二元模式",认为存在两层合同关系,即基金份额持有人和基金管理人之间的信托合同关系,以及基金管理人同基金托管人之间的托管合同关系;两层合同关系相互分离,基金份额持有人同基金托管人没有直接法律关系。日本采取所谓的"一元模式",认为基金份额持有人、基金管理人和基金托管人三者之间的关系由同一个信托合同即基金合同统一规范,其中基金份额持有人作为受益人,基金管理人作为委托人,基金托管人作为受托人。我国《证券投资基金法》在规范同为投资基金的证券投资基金时,采用了一元模式,将基金托管人和基金管理人都作为统一的基金合同的当事人;但与日本

不同的是，我国规定基金份额持有人既是信托受益人也是委托人，而基金托管人和基金管理人则是共同受托人，共同履行信托义务。这一认定对我国将来的房地产投资基金立法也势必产生重大影响。但是不管具体规则上有何差异，可以肯定的一点是，在房地产投资基金中，投资者/基金份额持有人是信托受益人，享有信托收益，而传统信托中负责信托资产保管和经营的受托人角色，则由基金托管人和基金管理人通过不同的解释路径予以承担。

实践中，基金管理人一般由专门的基金管理公司担任，负责房地产投资基金的募集和设立；在基金设立后负责基金的投资运营和日常管理，按照基金合同的约定确定基金收益分配方案，及时向基金份额持有人分配基金投资收益；在必要时，基金管理人还要代表基金份额持有人的利益实施法律行为，包括行使诉讼权利。基金托管人一般由银行或其他符合条件的金融机构担任，主要负责安全稳妥地保管基金财产（资金），为所托管的基金财产设立专门账户，确保其完整和独立；按照基金管理人的投资指令和收益分配方案进行资金划拨，完成相关交易和收益分配；代表基金份额持有人的利益，对基金管理人的投资运营活动进行监督，确保其符合基金合同的约定。

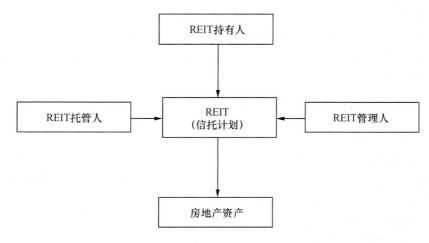

制度借鉴

房地产投资基金起源于美国。美国国会于1960年通过《房地产投资信托法》(Real Estate Investment Trust Act)，允许通过设立房地产投资信托

(Real Estate Investment Trust，REIT)汇集资金，投资于房地产项目，从而使中小投资者也可以通过购买 REIT 份额涉足房地产这一传统上要求投资者具有雄厚实力和专业投资技能的领域，并分享其间的收益。自产生以来，尤其是 1986 年《税收改革法》(Tax Reform Act of 1986)放宽 1960 年《房地产投资信托法》对 REIT 的限制以来，REIT 在美国获得了很大发展，成为房地产投资的主导力量。受美国成功经验的刺激，从 20 世纪 90 年代开始，其他国家相继出台相关法律，设立自己的 REIT 或类 REIT，从而掀起全球范围内的 REIT 热潮。据统计，截至 2004 年初，已有 20 个国家或地区通过立法允许设立 REIT 式投资实体。[1] 致力于经济和金融一体化的欧盟更已开始考虑设立泛欧洲的房地产投资基金工具 Euro REIT。亚洲尤其是东亚近年来在 REIT 方面也比较活跃，日本、新加坡等国家，以及我国台湾、香港等地区都通过立法或指引性文件对 REIT 的设立和运作加以规范。

房地产投资基金在各国的称谓不尽一致。多数国家仿效美国径直称为 REIT；有的国家在 REIT 前加上国名以示区别，如日本的 J-REIT，新加坡的 S-REIT；还有的国家则另有称谓，如澳大利亚的房地产投资基金就不叫 REIT，而是称为"澳大利亚上市地产信托"(Australian Listed Property Trust)，简称 ALPT。同样，各国法律对房地产投资基金的设立条件、组织结构、管理方式、投资范围、收益分配等的规定也不尽一致。以下简要介绍主要国家和地区的房地产投资基金制度。

一、美国房地产投资基金制度

(一) 背景与沿革

美国的房地产投资基金是典型的税收优惠驱动的投资工具。早在 19 世纪 80 年代，美国就已有利用信托公司来投资于房地产的实践。根据当时的税法，信托公司如果将投资收益分配给受益人，可以免征公司所得税。然而，在 20 世纪 30 年代，信托公司的这种税收优惠被取消，公司和投资者个人的收入都必须缴纳所得税。直至 1960 年，为便利普通投资者投资于房地产领域，国会通过了《房地产投资信托法》，由艾森豪威尔总统签署颁布，允许房地产投资信托(REIT)享有利润传递(pass-through)的特殊税收待遇。作为对美国《国内税收法典》(Internal Revenue Code，以下简称 IRC)的增

---

[1] See David M. Einhorn, et al., Focus On REITs: REITs Continue Global March, Real Est. Issues, Spring 2004, p.39.

补,《房地产投资信托法》本质上是一项税收立法,并被吸纳(codify)进了 IRC 的相关条款。

虽然在 1960 年《房地产投资信托法》颁布后很快有 REIT 据此设立,但在较长时间内,其发展并不迅速。原因主要有两个方面。一方面,1960 年法案规定 REIT 只能投资和拥有,而不能直接经营管理房地产,以此作为 REIT 享有税收优惠的前提条件;另一方面,IRC 当时的有关条款允许有限合伙等其他形式的投资工具利用加速折旧扣除(accelerated depreciation deduction)、账面损失(paper loss)等方法减少应税收入,增加可分配利润,从而为投资者提供远比 REIT 更多的税收利益。

1986 年《税收改革法》(Tax Reform Act of 1986)的出台改变了这一局面。该法案废除了此前可以适用于房地产的加速折旧法,并对合伙的账面报亏予以限制,同时取消了此前对 REIT 的限制性规定,使其不仅可以拥有房地产,还可以自行经营和管理。这一法案的出台,使 REIT 获得了迅猛发展的动力。其后,养老基金对 REIT 的投资禁令于 1993 年被取消,1999 年国会又通过《房地产投资信托现代化法》(REIT Modernization Act of 1999),允许 REIT 通过全资子公司的形式涉足房地产开发领域。由此而来的更大制度空间,以及 REIT 在结构方面的创新,使得 REIT 在 20 世纪 90 年代获得了新的发展。

(二)主要规则

如上所述,REIT 在美国主要是税收优惠驱动的投资工具,其产生、发展和创新都是在税法的框架下进行,相关立法都是作为对 IRC 的修订、增补而出台。因此,美国的房地产投资基金法律制度的主体内容是规定一个投资工具要符合哪些条件才能成为享受税法上优惠待遇的 REIT。

1. 组织形式和所有权要求

第一,REIT 必须以商业信托、公司法人或特定的非公司型企业形式存在,这些组织形式如果不是基于 IRC 的 REIT 条款获得 REIT 身份,将在联邦所得税法上被作为公司法人或信托对待,缴纳相应的税收。第二,REIT 必须由一个或一个以上经 REIT 持有人选举产生的信托受托人或董事管理。受托人或董事指派 REIT 的管理团队并对其进行监督。第三,REIT 不能是适用 IRC 第 582(c)(5)节的金融机构或适用 IRC 第 L 章的保险公司。第四,REIT 的受益所有权必须表现为可自由转让的公司股票或受益权凭证,具有 REIT 章程或信托合同所规定的投票权、收益分配权和其他权利。第五,REIT 的受益所有权必须被分散持有,持有人不得少于 100 人,并且在任何应税年度的下半年,不得由 5 个或更少的持有人直接或间接持有 50% 以上的 REIT 份额。这些组织形式要求,尤其是受益所有权分散持有要求,反映了创设 REIT 的基本政策考虑,即让中小投资者有机会投资于房地产领域。通过设定严格的所有权定量要求,这些规则力图避免 REIT 所有权集中在少数富有的房地产投资者手中。

为了具有 REIT 身份,申请人必须在设立后的第一个应税年度的纳税申报单上作出明示选择。如果此后未符合上述要求中的任何一条,则将失去 REIT 身份,被要求就公司或信托的应税收入缴纳企业所得税,并在 5 年内被禁止选择 REIT 身份。

2. 资产要求

因为国会的意图是让 REIT 主要投资于房地产领域,因此 REIT 的资产必须主要由房地产或房地产相关资产构成。为此,REIT 必须满足两项资产要求。首先,REIT 至少 75% 的资产必须由现金、政府债券、房地产资产(包括房地产股权权益、按揭贷款和其他 REIT 的份额)和新增资本对股票和债券的临时投资(不超过 1 年)组成;其次,REIT 的其余资产可以自由投资,但对任何单个发行人的证券(属于上述 75% 范围的证券除外)的投资不得超过 REIT 总资产的 5% 或该发行人全部已发行的有表决权证券的 10%。

如果 REIT 因为其所持有资产的市值变化而违反了上述任何一条要求,不会因此失去 REIT 身份。但是,如果是因为主动的行为,如收购不合格资产而导致违反要求,则将失去 REIT 的特殊税收身份。

3. 收入要求

为确保 REIT 主要投资于房地产领域,并且主要作为被动投资工具,除资产要求外,IRC 还规定了两项收入要求。首先,REIT 至少 75% 的总收入(gross income)必须来自以下渠道:(1)房地产租金;(2)按揭贷款利息;(3)处分房地产或按揭贷款所得;(4)其他 REIT 的分红或处分其份额所得;(5)房地产税收的免除或退还;(6)作为签订按揭贷款或房地产购买、租赁协议的对价而获得的承诺费;(7)新增资本合格临时投资所得。其次,REIT 至少 95% 的总收入必须来自以下渠道:(1)上述 75% 范围内的收入;(2)分红;(3)利息;(4)处分股票或债券所得。这些复杂而颇显机械的要求旨在将 REIT 的投资领域限于房地产和特定类型的被动投资。换言之,通过限制 REIT 可以从事的投资类型,这些要求将 REIT 的收益限于那些既属被动投资又源自与房地产活动密切相关交易的所得。

若 REIT 在任何税收年度违反了上述 75% 或 95% 的收入要求,将失去

REIT 身份。但是,如果 REIT 能够证明其有合理原因,那么可以缴纳罚税的方式代替,罚税数额相当于其未达到上述要求的差额。

4. 收益分配要求

为享有税收优惠,REIT 必须将每年应税收入的 95% 作为红利分配给持有人。如果 REIT 满足了这一要求,就可以将所派发的红利从公司应税所得中扣减,无须再缴纳公司所得税,从而避免双重征税,构成 REIT 同普通公司法人的基本区别。这一要求旨在确保 REIT 是作为利润传递工具而非收入积累工具而存在,同时也确保 REIT 持有人在 REIT 有盈利的前提下能够获得持续稳定的红利分配。

(三)被动投资与主动开发

长期以来,REIT 主要作为传递利润的被动投资工具而存在,只能投资购买既有的房地产资产并进行经营管理,而不能投资开发新的房地产项目。这是确保其相对较低的投资风险和稳定的投资回报,以及同缴纳公司所得税的房地产公司相区别的需要。但是,1999 年《房地产投资信托现代化法》对此项基本限制进行了调整,允许 REIT 以设立全资子公司的方式从事房地产开发活动,从而使得 REIT 可以主动介入创造房地产"增量",并从同房地产公司等其他房地产所有人的竞争中受益。但是,另一方面,REIT 涉足房地产开发领域也将增大持有人(投资者)的风险,并使 REIT 享有税收优惠待遇的合理性在一定程度上受到挑战(房地产公司并不享有税收上的传递待遇)。

(四)证券法相关规则的适用

REIT 份额属于证券法上的证券,因此 REIT 的招募、发行和交易等还必须符合美国联邦和州证券法的相关规定。就联邦层面而言,REIT 的发行必须符合 1933 年《证券法》的规定:如果采用公开发行的方式,必须向证券交易委员会(SEC)申请并注册;如果采用私募发行的方式,必须满足《证券法》及 SEC 相关规则的豁免条件。无论采取哪种发行方式,发行人都必须进行及时、充分和准确的信息披露,不得提供虚假信息或有其他欺诈行为。REIT 设立后,其份额如果上市交易,还需要按照 1934 年《证券交易法》的规定,进行持续信息披露,并不得从事《证券交易法》禁止的交易行为。同时,REIT 的上市和上市后的交易还需要符合所在证券交易所的上市规则和交易规则。

二、澳大利亚房地产投资基金制度

澳大利亚拥有除美国以外最为发达的房地产投资基金市场,其上市地产信托(ALPT)是全球范围内最为成熟的 REIT 式投资工具之一。截至 2011 年 6 月底,澳大利亚约有 57 只 ALPT,总市值 780 亿美元。① 总体而言,澳大利亚上市地产信托(ALPT)的特征和相关要求同美国 REIT 类似,但也存在一些区别。ALPT 通常由公司受托人(corporate trustee)或基金经理管理,主要投资于房地产,旨在获取租金收入。ALPT 采用信托形式,拥有透明的税收结构,享有传递待遇,在收益分配后对基金单位持有人(unit holder)征收所得税,而不对信托本身征税。但是,如果 ALPT 将来源于澳大利亚的收入分配给外国持有人,则 ALPT 受托人必须缴纳相应税收。

澳大利亚对寻求 ALPT 身份的实体没有最低资本要求。在对外负债方面,本国控制的 ALPT 没有限制,而外国控制的 ALPT 负债与资本的比例不得超过 3:1。就管理形式而言,ALPT 既可以是外部管理信托,也可以是内部管理信托,但实践中大多采用外部管理方式。与美国 REIT 不同,澳大利亚法律对 ALPT 单位持有人并无最低人数要求,对于收益也没有最低分配比例的要求。但是,由于未分配给单位持有人的收入需要按公司所得税税率对 ALPT 征税,因此实践中 ALPT 通常将其收入全部进行分配。还有一个显著区别,也是 ALPT 的一大特点是:所有的 ALPT 都必须在证券交易所上市,其基金单位同上市公司股票一样,在证券交易所挂牌交易。

三、我国香港特别行政区房地产投资基金制度

与以税收优惠为主要驱动、以税法规则为主要着眼点的美国 REIT 制度不同,香港通过综合性的专项法规的方式,除对 REIT 的结构、投资范围、收益分配等方面加以调整以外,重点对各方参与人的资格、义务和责任作出详细规定,较之美国更为严格。

香港的房地产投资基金制度建立较晚。2003 年 8 月,香港证券及期货事务监察委员会根据《证券及期货条例》颁布《房地产投资信托基金守则》(以下简称《守则》),对房地产投资信托基金的设立和运作加以全面规范。2005 年 6 月,香港证监会对《守则》进行修订,核心内容是取消 REIT 只可投

---

① 资料来源:澳大利亚证券交易所,http://www.asx.com.au/products/market-update-managed-funds.htm,2011 年 7 月 20 日访问。

资于香港房地产的限制,允许其投资海外房地产(包括中国内地)。尽管《守则》只是香港证监会的指导性文件,不具有法律效力,违反《守则》并不会直接招致法律责任,但在法院依据《证券及期货条例》审理任何相关案件时,《守则》均可作为证据采用,法院如认为《守则》载有的任何条文与有关法律程序中所提出的任何问题有关,也可参照相关条文。更重要的是,如果有关人员违反《守则》,证监会将有可能对其从业资格及其房地产投资基金的经营许可予以重新考虑。因此,《守则》事实上是绝对不容忽视的,目前适用的是 2010 年 6 月 25 日起生效的新版本。

香港 REIT 采用信托方式,是集合投资计划(collective investment scheme)的一种。根据《守则》,REIT 是指以信托方式组成,主要投资于房地产项目的集体投资计划,旨在向持有人提供来自房地产租金收入的回报。REIT 通过出售基金单位获得的资金,根据基金文件的规定加以运用,在其投资组合内维持、管理及购入房地产。REIT 的基本特征或者说获得证监会认可的基本条件有如下几个:(1)专注投资于可产生定期租金收入的房地产项目;(2)积极地买卖房地产项目是受到限制的;(3)收入的较大部分必须源自房地产项目的租金收入;(4)收入的绝大部分必须会定期以股息方式分派给持有人;(5)在基金文件中明确规定最高负债额度;(6)关联交易必须获得持有人的批准。

(一)认可、发售及信息披露

香港的房地产投资信托基金由证监会负责审核和监管。REIT 赖以设立和运作的信托契约必须事先送交证监会批准。信托契约必须载有《守则》附录 D 列出的所有资料;《守则》同时规定,附录 D 的列举并非穷尽式的,证监会有权要求申请人在信托契约提供额外的资料。只有在信托契约和其他相关文件获得证监会认可后,REIT 才可以向公众发售基金单位。在进行发售时,REIT 必须向要约对象发出一份符合现况的销售文件,其中所载的资料应足以使投资者在掌握充分资料的情况下作出投资决定。销售文件需要包括的信息由《守则》附录 B 列明,后者的列举同样是非穷尽式的。邀请他人投资于 REIT 的广告及其他邀请,也必须在其于香港发出或出版之前送交证监会认可。

REIT 在首次发售时,必须等基金单位按最初价格完成首次发行后才可将认购款项用于投资。在增发基金单位时,必须依照现有持有人的持有量,按比例向现行持有人发售;只有现有持有人不予认购的情况下,才可以将其分配或发行给其他人,或不按照现有的持有比例分配或发行。如果新基金

单位并非按比例向持有人发售,则必须在基金持有人大会上获得批准。

在基金运作过程中,REIT管理层必须以及时和透明的方式,将与基金有关的任何重要信息以公告、通函或通告的方式(视不同情况采取不同形式)告知持有人;所有公告、通函及通告必须事先送交证监会批准,在获得批准后必须尽快发送给持有人。REIT每个财政年度必须最少公布两份报告。年报及账目必须在该财政年度结束后的4个月内刊发及分派给持有人;半年报则必须在有关报告所涵盖的期间结束后的2个月内刊发及分派给持有人。报告的格式由《守则》附录C具体规定。REIT的所有财务报告必须在上述期间内呈交证监会存档;在证监会要求下,基金管理公司还必须向证监会提供所有与财务报告及账目有关的资料。

(二)受托人、管理人和估值师

1. 受托人

房地产投资信托基金在结构上必须采用信托形式,并且须委任获证监会接纳的受托人。受托人负有信托义务,以信托形式为持有人的利益而持有基金资产,并监督管理公司的活动是否符合基金文件及有关监管规则,包括确保管理公司的所有投资活动均符合基金的投资目的和政策及其文件的规定,且符合持有人的利益。

能够获得证监会接纳的受托人必须是根据《银行业条例》第16条的规定而获发牌的银行、上述银行的附属信托公司或在香港境外成立而获证监会接纳的银行业机构或信托公司。在资信方面,受托人的账目必须经独立审计,其已发行及实收资本及非分派资本储备最少为1000万港元。在人员和经验方面,受托人拥有的主要人员必须对REIT或类似产品有所认识、具备有关的组织资源及相关经验;或者其所隶属的集团必须具备良好声誉,曾经在海外出任REIT或类似产品的受托人,并可以在所有重要方面向受托人提供足够支持,以便受托人可以履行其职能。在独立性方面,受托人必须独立于管理公司,而管理公司也必须独立于受托人。

2. 管理公司

房地产投资信托基金必须委任获证监会接纳的管理公司。管理公司必须根据基金文件的规定,纯粹以持有人的利益管理基金,确保基金资产按照持有人的利益获得专业管理,包括但不限于:(1)制订基金的投资策略和政策;(2)厘定基金的借款限额;(3)投资于符合基金投资目标的房地产项目;(4)管理基金的现金流量和财务安排;(5)制订基金的股息支付时间表;(6)为基金的房地产项目安排足够的房地产保险及公众保险;(7)策划租户的组合及物色潜在租户;(8)制订和落实租务策略,执行租约条件;(9)确保所管理的房地产项目遵守政府规例;(10)履行租务管理工作,如管理租户租用物业的情况,与租户磋商出租、退租、续订租约、租金检讨、终止租约及重新出租等事宜;(11)进行租金评估、制订租约条款、拟备租约、收取租金及入账、追收欠租及收回物业;(12)确立及执行例行的管理服务,包括保安监控、防火措施、通讯系统及紧急事故管理;(13)制订及落实有关楼宇管理、维修及改善的政策及计划,推动有关修缮和监察活动。

管理公司必须是证监会依据《证券及期货条例》第V部分("发牌及注册")发牌的持牌公司,并且必须经证监会核准管理房地产投资信托基金。管理公司必须具备足够的人力、组织及技术资源,以便可以适当地履行其职务;还必须设立内部监控及书面合规程序,以满足所有适用的监管要求。

管理公司可以将与基金管理有关的一项或多项职能转授,但必须确保获其转授职能者具备经验和可动用足够的财政资源去处理业务及应付负债,并证明已设立适当的尽职审查程序及管理架构,以挑选及持续监察获转授职能者。管理公司与各获转授职能者签订的协议,必须清楚注明如何划分各自职能。管理公司有权检查获其转授职能者就其获转授的职能而备存的簿册及记录,而该获转授职能者则须提供有关的簿册及记录,以供检查。值得注意的是,管理公司的义务和责任并不因转授职能而转授。有关的义务和责任仍然是管理公司的义务和责任。

3. 估值师

房地产投资信托基金必须委任独立的房地产估值师。估值师必须是符合下列条件的公司:(1)定期提供房地产估值服务;(2)从事替香港房地产项目进行估值的业务;(3)其主要人员为香港测量师学会的资深会员或会员,并且具备房地产估值资格;(4)公司的已发行及实收资本与资本储备最少须达100万港元,其资产至少比负债多100万港元;(5)具备稳健的内部监控及制衡机制,以确保估值报告内容完整齐备;(6)备有足够的专业保险,以涵盖一般的风险。估值师必须独立于基金、受托人、管理公司及基金的任何重大持有人。估值师必须每年一次,通过实地视察有关房地产项目的所在地及巡视当中所竖立的建筑物及设施的方式,全面评估基金持有的所有房地产项目的价值。若基金计划购入或出售房地产项目、发售新基金单位或有《守则》指明的任何其他情况,估值师亦须就此制备估值报告,作为相关运作的依据。

(三)投资限制及股息政策

1. 投资领域

房地产投资信托基金只能投资于房地产项目,并且有关的房地产项目一般必须产生收入。基金可以购入空置及没有产生收入或正在进行大规模发展、重建或修缮的建筑物的未完成单位,但这些房地产项目的累积合同价值,不得超过基金在进行有关购买时的总资产净值的10%。基金不得投资于空置土地或从事或参与房地产开发活动,此处的开发活动不包括修缮、加装及装修。

2. 特别目的投资工具

房地产投资信托基金可以不直接持有房地产,而通过特殊目的的载体(special purpose vehicle,SPV)间接持有房地产,但必须满足以下条件:(1)基金合法和实际拥有SPV的全部或至少是大部分所有权和控制权;(2)SPV注册地所确立的法律及公司治理标准与香港公司所需遵守者相似;(3)SPV应纯粹是为了替基金直接持有房地产项目及/或安排融资而设立,在拥有两层SPV结构时,上层SPV应纯粹是为了持有下层SPV而设立;(4)SPV一般不超过两层,只有在有限的情况下(如管理公司能够向证监会证明及使其信纳,为遵守某海外司法管辖区的法律或监管规定起见,有关安排是必需的)或在理由充分的特别情况下,经证监会特别许可,才能安排更多的层级。(5)SPV的董事会由受托人委任。(6)基金与SPV须委任相同的会计师及采用相同的会计原则及政策。但是,如果基金投资于酒店、游乐场或服务式住宅,则该等投资必须由SPV持有。

3. 持有期

REIT必须持有投资范围内的每项房地产项目最少2年,除非其已将在该最低持有期终止之前出售有关房地产项目的理由清楚地传达给持有人,而持有人大会也已通过特别决议(75%以上表决权),同意有关出售。如REIT通过SPV持有房地产,则上述持有期规定也适用于该SPV的任何权益的出售。

4. 借款限制

REIT可以为融资或营运的目的,直接或通过其SPV借入款项,但无论在任何时候,借款总额都不得超逾其资产总值的45%。REIT可以将资产抵押,作为借入款项的担保。REIT必须在销售文件内披露其借款政策,包括最高借款额以及计算有关限额的基础。

5. 股息分配

REIT每年需将每个审计年度税后净收入的至少90%,以股息形式分配给基金单位持有人。

（四）关联交易特别规定

房地产投资信托基金与下列主体（"关联人"）进行的交易属于关联交易：(1)基金的管理人、受托人或估值师；(2)基金的重大持有人（直接或间接持有基金单位10%以上）；(3)上述实体的控权实体、控股公司、附属公司或有联系公司，以及董事、高管人员。此外，如果管理公司管理的REIT不止一个，而某项交易涉及由该管理公司所管理的两个或两个以上的REIT，则该项交易对每个REIT而言，均需作为关联交易处理。

《守则》规定，所有由REIT或替REIT进行的交易：(1)必须公平地进行；(2)如果是房地产交易，必须由独立估值师进行估值；(3)必须与REIT的投资目标及策略一致；(4)必须维护持有人的最佳利益；(5)必须恰当地向持有人披露。除《守则》明确规定的例外情形以外①，任何关联交易都必须在持有人全体大会上以普通决议（半数以上表决权）的形式，事先获得持有人的批准。

（五）上市义务

香港证监会认可房地产投资信托基金的一项条件，是该基金将会在证监会接纳的某个期间内在香港联合交易所（以下简称"联交所"）上市。为此，REIT的管理公司须确保其有足够的资源和专业知识，以应付联交所的要求及遵守其《上市规则》。管理公司必须确保首次公开发售过程以公平、恰当和有序的方式进行，并委任获证监会接纳的代理人，负责为REIT以新申请人身份进行申请上市的筹备工作，向联交所递交申请上市的正式申请表格及所有支持文件，以及就申请上市所产生的一切事宜与联交所交涉。

操作流程

下面以信托式基金为例进行操作流程的说明（见下图）：

(1) 发起人以自有房地产资产为基础，设立房地产投资基金；
(2) 委托合格机构作为基金管理人、托管人和估值师；

---

① 根据《守则》规定，下列关联交易无须获得持有人的事先批准：(1)有关交易所涉金额不超过基金最新资产净值的5%，并且该基金在进行该项交易之前的12个月内并未与同一关联人进行任何其他交易。在此情形下，管理公司只需事后及时向持有人发出公告即可。(2)关联交易的性质如属在普通及日常的物业管理过程中向该基金的房地产项目提供服务，例如装修及维修工作，则无须持有人事先批准，但必须按照普通商业条款，在获得受托人事先批准的情况下订立合同。

(3) 向证券监管机构申请并获许可后,向投资者公开发行基金份额;
(4) 以发行所获资金偿付发起人,以及投资于新的房地产项目;
(5) 向相关证券交易所申请上市,成为上市证券;
(6) 必要时,设立特别目的载体,用于持有房地产;
(7) 持有和经营房地产资产,获得租金及其他相关收入并向投资者分配,按照监管部门和证券交易所的信息披露要求公布相关报表和文件。

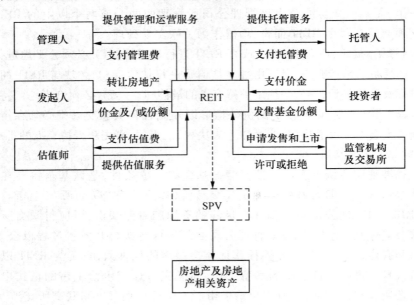

争议焦点与案例分析

一、争议焦点

(一) 我国现有的房地产信托产品是否属于房地产投资基金或准房地产投资基金

我国内地从 2002 年即已开始推出房地产信托产品,即房地产开发企业委托信托投资公司发行信托份额,筹集资金,直接用于房地产项目开发。2003 年 6 月,中国人民银行出台《关于进一步加强房地产信贷业务管理的通知》,即业界通称的 121 号文件,意在收缩房地产信贷,挤压房地产市场泡沫。该通知的核心内容之一是,房地产开发企业申请银行贷款,其自有资金

(指所有者权益)应不低于开发项目总投资的30%。这一规定使得房地产开发企业申请贷款能力减弱,融资渠道受限,从而使得利用房地产信托筹集资金的实践增多。

尽管我国内地已发行多个房地产信托产品,但它们与真正意义上的房地产投资基金有着显著差异。首先,房地产投资基金是投资者驱动,是一种"代客(投资者)理财"的投资活动;而现有的房地产信托产品则是房地产开发企业驱动,实质上是一种"代客(房地产开发企业)融资"的融资活动。其次,房地产投资基金的特点和优势之一在于其投资的多样化(diversification),而在现有的房地产信托产品的实际运作中,一家信托公司只能为一家房地产开发企业发行信托,多样化无从谈起。再次,上市交易以及由此而来的流动性和增值潜力是房地产投资基金的一大特征和优势,而现有的房地产信托产品受限于《信托公司资金信托管理办法》(2007年3月1日之后为《信托公司集合资金信托计划管理办法》所取代),不能公开发行,遑论上市交易。最后,房地产投资基金以建成的、可产生长期稳定收入流的房地产为主要投资对象,以租金收益为主要收入来源,具有非常浓厚的"被动投资"(passive investment)色彩,一般不主动投资进行房地产项目开发;而现有的房地产信托产品本质上是为房地产开发企业融资,所获资金直接用于房地产项目开发。因此,我国内地现有的房地产信托产品不属于房地产投资基金,甚至也不能称为准房地产投资基金。

(二)房地产投资基金能否主动投资进行房地产开发

在其诞生之初,房地产投资基金被定位为"被动投资工具"(passive investment vehicle),即主要投资于建成并能产生长期稳定收入流的商业房地产,以及适当投资于其他方面,包括证券及其他房地产投资基金,以房地产租金、股票分红、债券利息等收益作为主要收入来源,通过被动投资的方式获益。这一定位旨在确保房地产投资基金以相对保守和稳健的方式运行,控制投资风险,避免基金投资者尤其是中小投资者因基金主动介入房地产开发活动而承受较高风险。晚近以来,为提高房地产投资基金的投资效益和灵活性,以及增强其同其他房地产投资工具的竞争力,一些发达金融市场开始允许房地产投资基金有条件和有限度地进行主动投资(active investment),从事房地产开发活动。例如,1999年美国通过《房地产投资信托现代化法》,允许REIT从事房地产开发活动,但必须以设立全资子公司的形式进行。显然,这意味着房地产投资基金的投资者面临更大的投资风险,也将增大监管的复杂性和难度,因此并非被普遍效法。例如,我国香港特别行政

区在 2005 年 6 月修改了《房地产投资信托基金守则》,放宽了此前的一些限制,但仍禁止 REIT 从事房地产开发活动。

(三)我国发展房地产投资基金面临的主要制度障碍

我国发展房地产投资基金的主要制度障碍是专门立法的缺位。我国现在没有针对产业投资基金的立法,遑论房地产投资基金的专门立法。现有的《信托法》仅仅确立了信托领域的基本原则和制度,对房地产投资基金的运作并不能提供充分的规则指引。中国人民银行 2002 年出台的《信托投资公司资金信托管理暂行办法》及 2007 年 3 月 1 日起取代前者的《信托公司集合资金信托计划管理办法》,将资金信托限定在"私募"领域,在人数、份额(或购买人资格)和发行方式上予以严格限制,且只能由信托公司进行,也不能为房地产投资基金提供足够的制度空间。与税法驱动的美国房地产投资基金不同,税收优惠并非我国发展房地产投资基金呼声背后的主因。解决房地产市场资金匮乏和中小投资者缺少有效的长期投资工具两个相互联系的问题,在融资需求和投资取向之间建立通道,才是真正的动因。同时,我国在公司、信托、证券等法律制度方面的不成熟,也决定了我国不可能像美国那样主要通过修改税法规则来掌控房地产投资基金的发展,将相关问题径直留给其本已发达的公司、信托和证券法处理,而只能像日本、新加坡等亚洲国家和我国香港等地区那样,通过综合性的专门立法,对房地产投资基金进行全面规定,从而为其发展提供规范和指引。

(四)我国发展房地产投资基金的组织模式选择

房地产投资基金有两种组织模式可供选择:一是实体形式,即设立公司(corporation)或非公司型企业,投资者作为公司股东,选举产生董事会,由董事会指派经理人,实行内部管理(internal management);基金公司(注意,是指作为公司的基金,而不是基金管理公司)的投资经营领域限于持有和经营房地产,且在收入来源、分红比例等方面遵守相关法律制度的特殊规定。二是信托形式,即以信托方式设立房地产投资基金,投资者作为信托受益人,并由专门的信托受托人对基金进行托管和经营,实行外部管理(external management);基金管理人、基金托管人和基金份额持有人(投资者)之间通过信托合同(信托声明)规定各自权利义务及规范内部关系。

就我国而言,两种模式都面临一定法律障碍,都需要立法支持,但相比之下信托模式更为可行。具言之,若采公司模式,首先需要在现有《公司法》的基础上,以专项立法形式对房地产投资基金公司的公司结构、经营范围、资产要求、负债比例、收入来源等作出规定,使之成为一类特殊公司,同时涉及与《公司法》其他相关条文的衔接与协调;其次,由公司董事会管理层实行内部管理,没有外部托管人的监督,对公司良好治理结构的要求较高;再次,我国现行税法并无针对公司的"传递"待遇,房地产投资基金公司需要同其他公司一样,缴纳企业所得税,使得投资者的可分配利润减少,从而减少基金的优势和吸引力;最后,在我国商业组织法尚不发达的背景下,公司式房地产投资基金也易于同房地产开发公司混淆,从而给投资者和监管机构造成困难。相反,若采用信托模式,可以现有的房地产信托产品为出发点,淡化融资色彩,强化理财功能,使其由贷款替代产品向长期投资工具转变;同时,以《信托法》为基础,以《证券投资基金法》为蓝本,制定专门的《房地产投资基金法》,允许设立可公开发行和上市交易的房地产投资基金。如此,既有现成的证券投资基金管理和运作经验可资借鉴,又无税法上的障碍需要克服,从现有制度环境来看是更为可行的选择。实践中,国务院于2009年批准北京、上海和天津三个城市开展房地产投资基金试点,各种方案正在逐步论证中,具有中国特色的房地产投资基金有可能在不久的将来面市。

二、案例分析

案例:越秀房地产信托投资基金[①]

[案情]

越秀房地产信托投资基金(405.HK,以下简称"越秀 REIT")是首个在香港上市的内地房地产投资基金。越秀 REIT 的资产主要为位于广州的4项房地产,包括白马商贸大厦、财富广场、城建大厦及维多利广场单位,总建筑楼面面积约为16万平方米,估值总额为40.05亿港元。越秀 REIT 共有10亿个基金单位,其中全球发售基金单位数约为5.8亿个,其余基金单位由香港上市公司越秀投资(123.HK)及其关联公司持有。2005年12月,越秀 REIT 全球公开发售,其中原计划国际配售5.2亿个,香港公开发售6000万个,每个基金单位2.85港元至3.075港元。12月20日,越秀 REIT 公布招股结果:香港公开发售及国际配售分别获得496倍及74倍认购;最终发售价以上限定价,每基金单位为3.075港元。由于香港公开发售获超额认购,2.4亿个基金单位由国际发售调配到香港公开发售,最终香港公开发售部分增加至3亿个基金单位,约占全球发售基金单位总数的51.2%。

---

① 资料来源为许应:《越秀 REIT 今起招股》,载《香港商报》2005年12月12日;薛小圣:《破冰者,越秀 REIT》,载《经济观察报》2006年1月9日。

越秀REIT登陆香港是一个漫长而复杂的过程。2001年9月25日,原国家计委批准广州市政府将其持有的广州市城市建设开发集团(以下简称"GCCD集团")95%的权益注入越秀企业(集团)有限公司(以下简称"越秀集团"),而越秀集团是越秀投资的控股股东。越秀集团将重组后的GCCD集团的权益转让予越秀投资。在重组完成后,越秀投资通过在英属维尔京群岛(BVI)注册的城市建设开发集团(中国)有限公司(以下简称"GCCD BVI")和广州华振公司持有白马商贸大厦的物业持有者白马合营公司100%的权益;越秀投资通过GCCD BVI的子公司Acon BVI与GCCD集团合资成立中外合营企业广州市城市建设开发有限公司(下简称"GCCD")持有财富广场、城建大厦、维多利广场三座房地产,双方在GCCD中的权益分别是95%和5%。

2005年10月19日,白马合营公司将白马商贸大厦单位的所有权转让予柏达BVI;分别于2004年9月10日和2005年8月8日,GCCD将财富广场单位的所有权转让予金峰BVI;分别于2005年10月20、21、22日及26日,GCCD将城建大厦单位的所有权转让予福达BVI;分别于2005年7月6日及15日,GCCD将维多利广场单位的所有权转让予京澳BVI;作为房地产单位受让方的上述四个BVI公司都是GCCD BVI的全资子公司。最后,越秀投资通过GCCD BVI将四个BVI公司的股权转让予越秀REIT,形成符合香港《房地产投资信托基金守则》要求的结构。

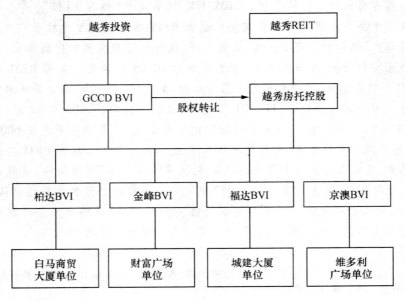

越秀REIT的"发售通函"载明,越秀REIT未来将"透过收购缔造商机及制订发展策略"。越秀REIT份额的主要持有人越秀投资承诺授予越秀REIT优先购买权,在未来5年内收购其位于广州的四处甲级办公及商业楼宇:预计2006年落成的"越秀新都会"、预计2007年落成的维多利广场裙楼上的两幢办公楼、预计2008年落成的"亚太世纪广场"和预计2009年至2010年落成的"珠江新城双塔"之西塔,总建筑楼面面积约为80万平方米。越秀REIT上市所筹集的资金将用于偿还贷款及向越秀投资收购上述四处房地产资产。

[评析]

2005年6月,香港证券及期货事务监察委员会修订其《房地产投资信托基金守则》,允许其认可的房地产投资信托基金进行海外投资,持有和经营香港以外的房地产。这一修订为苦于内地没有相应机制的房地产投资者和经营者提供了契机。本例中的广州越秀房地产项目就是近水楼台先得月,率先在香港发售REIT单位,并在香港交易所上市。

本例中的相关法律关系在"基本情况"部分已有较详细的描述和分析,无须赘述。想要特别指出的一点是,对于想在香港或其他海外REIT市场分得一杯羹的内地房地产项目而言,清晰的权益结构是必须满足的条件,也往往是需要解决的难题。由于体制原因,我国的房地产项目多有国资背景,有的甚至就是政府直接拥有;而土地国有的基本现实和划拨、出让、转让等多种土地使用权获得方式的并存,也使得房地产项目的权益结构易于出现模糊和混乱。因此,为满足海外市场监管要求,达到其发行和上市标准,权益结构调整就成为一道必做的功课。这一点,从越秀REIT发行上市前长达4年的结构调整和重组可见一斑。

还值得一提的是,越秀REIT并未直接持有内地的四处房地产,而是通过两层SPV,包括出于规避税收和监管等考虑而在英属维尔京群岛设立的四个SPV,间接持有内地房地产,用足了香港《房地产投资信托基金守则》提供的制度空间(守则规定特殊目的载体不得超过两层)。

(廖凡)

第八章 个人住房抵押贷款

- 假按揭问题的法律分析
- 提前还贷收取违约金的法律分析
- 直贷式个人住房抵押贷款

基本原理

一、个人住房抵押贷款的概念

个人住房抵押贷款是指不能或不愿一次性支付房款的购房人将其与房产商之住房买卖合同项下的所有权益抵押予按揭银行,或将其因与房产商买卖合同而取得的住房抵押于银行,银行将一定数额的款项贷给购房人并以购房人名义将款项交由开发商所有。

个人住房抵押贷款在我国一般被称为"按揭"。"按揭"一词是英美法中的 mortgage 在香港的粤音译法,英美法上的按揭是指为了担保特定的债务或义务的履行而进行的土地或动产的权利转移和让渡,在按揭人进行清偿前按揭物的所有权属于受揭人,按揭人可占有、使用和收益,但不能为法律上处分。① 香港法按揭与英美法按揭大致相同,只是香港地区的按揭有广义和狭义之分。广义上的按揭是指包括抵押、质押在内的多种形式的物的担保的统称。狭义上的按揭则是与抵押、质押相并列的一种以担保财产的转让为特征的担保形式,是指属主、业主或归属主将其物业转让予受益人作为还款保证的法律行为,经过这样的转让,按揭受益人成为属主、业主或归属主;还款后,按揭受益人将属主权、业主权或归属主权转让予按揭人②,这一狭义概念与英美法的按揭类似。

从上述定义可以看出,英美法、香港法按揭的实质是通过对按揭物所有

---

① Cheshire & Burn: Modern Law of Real Property, Butter, 13th ed.
② 李宗锷著:《香港房地产法》,香港商务印书馆 1998 年版。

权的转移来保障债权的实现,同时赋予按揭人以赎回权,其法律构成具备这样的特点:特定财产所有权转移而占有不转移,债权人在债务人不履行债务时确定地取得所有权,债务人则享有通过履行债务而回赎担保物的权利。

中国内地的按揭概念与上述都不相同。在按揭期间,银行作为受揭人并不取得标的物的所有权,所有权仍归按揭人所有,按揭房屋所有权也不会因按揭人不清偿债务而当然转移于银行手中。实践中通常的做法是由银行将按揭财产变价并优先受偿,或由开发商按之前的约定将该房屋回购,并以回购款偿付银行本息。以下探讨的是我国内地的按揭,为便于叙述,下文将同义使用按揭、个人住房抵押贷款两个概念。①

二、个人住房抵押贷款的分类

按房屋类型,可以分为现房抵押贷款与期房抵押贷款。由于现房抵押贷款是购房人以担保清偿贷款为目的,不转移占有的就所购房屋为银行设定处分权和卖得价金优先受偿权的行为,符合我国抵押权的构成条件,其实质是我国抵押权的一种表现形式。期房抵押贷款合同订立后,借款人拥有的是对开发商交付房屋的请求权。根据最高人民法院《关于适用〈中华人民共和国担保法〉若干问题的解释》第47条和《物权法》第180条第5项的规定,正在建造的建筑物可以作为抵押权的对象,由此解决了期房设定抵押的问题。根据原建设部(现为住房和城乡建设部)2008年颁布的《房屋登记办法》第67条第2项的规定,以预购商品房设定抵押的,当事人可以申请预告登记。不过,实践中,期房抵押往往是一个短暂的过渡。根据中国人民银行2003年发布的《关于进一步加强房地产信贷业务管理的通知》和中国人民银行、银监会2007年发布的《关于加强商业性房地产信贷管理的通知》,商业银行只能对购买主体结构已封顶住房的个人发放住房贷款,借款人在设定期房抵押的时候,期房转变为现房即在眼前。一俟期房竣工购房人取得房地产权属证书后,应按照《城市房地产抵押管理办法》(2001年修订)第34条的规定,将期房抵押重新办理为现房抵押。

按房屋性质,可以分为商品房抵押贷款、经济适用房抵押贷款、政策性住房抵押贷款(包括房改房、平价房、安居房、微利房、解困房)。其主要区别在于借款人所购房屋性质有所不同,前者是指由房地产开发商开发建设并

---

① "按揭"概念更为周延,涵盖了整个房屋购买、贷款阶段的所有法律关系,"个人住房抵押贷款"则更加强调贷款阶段的法律关系。

出售、出租的房屋。中者是指由国家统一下达计划,用地一般实行行政划拨的方式并免收土地出让金,对各种经批准的收费实行减半征收,出售价格实行政府指导价的住房。后者则主要是国家为了解决居民住房问题,采取各种政策性补贴,以低于市场价出售的房屋,其价格比经济适用房还要低廉。

按贷款利率,可以分为政策性个人住房贷款、商业性个人住房贷款和个人住房组合贷款。(1)政策性个人住房贷款是为推进城镇住房制度改革,运用住房公积金、住房售房款和住房补贴存款,为房改单位的职工购买、建造、翻建和修葺自住住房而发放的长期低息贷款,目前主要是指住房公积金贷款。(2)商业性个人住房贷款是商业银行运用自身的本外币存款,自主发放的住房抵押贷款,人们通常所称的住房按揭贷款一般是指此类贷款。(3)个人住房组合贷款。这是指商业银行在为房改单位的职工发放政策性个人住房贷款时,如果这笔贷款不够用来支付购房款(公积金贷款有最高额度限制),银行可向借款人同时发放部分商业性贷款来弥补购房款的不足。这种政策性和商业性贷款相结合的贷款方式就是个人住房抵押组合贷款。其区别在于贷款利率不同,商业性个人住房抵押贷款的利率通常比政策性抵押贷款要高,而贷款期限则较短。以2011年7月6日中国人民银行上调金融机构人民币存贷款基准利率之后的情况为例,住房公积金贷款的年基准利率,5年期(含5年)以下为4.45%,5年期以上为4.90%;商业银行个人住房贷款的年基准利率,1至3年期(含3年)的为6.65%,3至5年期(含5年)为6.90%,5年期以上的为7.05%。

按房屋是否二次抵押登记,可以分为加按、换按和转按。已办理个人住房抵押贷款的借款人在尚未还清贷款之前,与原贷款银行协商一致后对借款期限进行延长,称作"加按";如果是对原贷款的抵押物进行变更,称作"换按";如果是借款人将抵押给银行的住房转让给第三人,称作"转按"。

操作流程

(1)开发商与银行签订《合作协议》,约定开发商开发的物业,银行可以向购房人提供按揭贷款,并约定开发商在购房人取得房屋产权证办理抵押登记以前为其贷款提供不可撤销的保证,开发商与银行之间形成合作法律关系。

(2)开发商与购房人签订《商品房买卖合同》(一般为示范文本,包括现房销售和商品房预售),该合同中约定,购房人支付房屋价款的方式为首付款加银行贷款,开发商与购房人之间形成商品房买卖合同法律关系。

(3)购房人与银行签订《个人住房借款合同》,购房人从银行取得借款,同时以所购房屋的所有权证向银行提供抵押担保,购房人与银行之间形成抵押借款法律关系。如果是预售商品房,则在借款合同中写明将来取得所有权证后必须以所有权证提供担保,在购房人办理房地产权属证书前由开发商提供不可撤销的保证。在上述《个人住房借款合同》签订的同时,依据《合作协议》,由开发商与银行签订不可撤销的连带责任保证。在开发商与银行签订保证合同后至购房人取得购买住房的房屋所有权证和办妥抵押登记前,开发商依据保证合同可能承担保证责任(指保证合同有效)或者其他民事赔偿责任(指保证合同无效),开发商与银行之间形成保证法律关系。上述借款合同和保证合同,在实践中,通常在一起签订,即以一份合同书的形式体现,名称通常为个人住房借款合同和抵押加阶段性保证借款合同。

(4)如果购买的是期房,在购房人取得所购住房的房屋所有权证后,由购房人与银行签订抵押合同,将其买得的房屋所有权和土地使用权证书交银行执管,并在房地产管理部门作登记,向银行担保用以清偿借款本息,开发商与银行阶段性的保证合同法律关系终止,购房人与银行之间形成抵押法律关系。

(5)购房人不偿还银行贷款本息(通常约定连续6期不清偿)时,银行有权将抵押房屋进行拍卖、变卖并就价款优先受偿,或者由开发商按照之前承诺的回购条款将该房屋回购,以回购款偿付银行本息,或者经过按揭人的同意直接折价受偿,按揭关系消灭。在按揭关系消灭之前,购房人未经银行同意,不得为负担行为或处分行为。

(6)购房人还需根据1998年中国人民银行《个人住房贷款管理办法》第25条规定购买强制的房屋保险,该条规定:"以房产作为抵押的,借款人需在合同签订前办理房屋保险或委托贷款人代办有关手续,抵押期内,保险单由贷款人保管。"实践当中按揭贷款保险一般的操作过程是:贷款人和借款人在贷款合同中约定:借款人购买按揭贷款保险,保险人由贷款人指定,保险期间不短于贷款期间,受益人为贷款人。

可见,在按揭过程中,主要存在四至六种法律关系:开发商和借款人之间的房屋买卖法律关系,借款人和贷款银行之间的借贷法律关系和抵押担保法律关系,在预售阶段开发商和银行之间的保证担保法律关系,借款人与保险公司之间的保险关系,开发商在借款人不能按约定向银行偿付本息而按原房价的一定比例回购房屋所产生的房屋回购关系。

房 地 产 金 融

争议焦点与案例分析

一、争议焦点——直贷式个人住房抵押贷款

"直贷式"个人住房抵押贷款,是指购房人不通过开发商指定的银行办理住房按揭贷款,而是自己寻找银行办理相关手续。

直贷式个人住房贷款首先在2005年6月由中国建设银行四川省分行推出,引起了成都各家银行及全国的关注,农业银行、中国银行、民生银行等均计划在成都开办此项业务。此后,建行吉林省分行、建行河北省分行也纷纷得到了总行的政策支持展开该项业务,内部员工推荐、信用和经济能力比较好的客户可以享受到这种服务。另外,中行、民生银行河北省分行现在也有此项业务。

这种贷款与传统的个人住房抵押贷款不同之处在于:(1) 传统的个人住房抵押贷款采用"限制性选择"模式,购房人只能选择开发商指定的银行,而且购房人基本上不能自行办理贷款,需要委托开发商办理相关手续,银行并不直接面对购房人。在直贷式个人住房抵押贷款中,购房人不需要选择开发商指定的银行而可以自主选择银行申请住房贷款,银行直接与购房人签订贷款合同。(2) 传统个人住房抵押贷款要求购房人到银行指定的保险公司购买房屋强制保险。① 但在直贷式个人住房抵押贷款中购房人可以免交强制房贷保险,或者自由选择交房贷保险的保险公司。(3) 在传统的个人住房抵押贷款模式中,如果是暂无房产证的期房,开发商需承担阶段性保证责任,并要向银行缴纳贷款额的10%作为保证金。在直贷中则由购房人寻找专业的住房置业担保公司,向其缴纳一定数额的担保费用(一般为贷款金额的0.8%)后由住房置业担保公司扮演担保人的角色。

对购房人而言,这种直贷式个人住房抵押贷款的优点不言而喻,即购房成本更低。以购买一个总价为80万元的期房为例,其中20万元为首付,60万元向银行贷款,分20年还清,以0.8%的担保费率和0.06%房贷险计算:

---

① 有关强制房贷保险的分析,参见第十七章"六、个人住房抵押贷款保险在我国的历史发展与现状1. 保险合同具有强制性"的内容。另外,中国人民银行、保监会2002年发布的《关于加强个人住房贷款和贷款房屋保险管理的通知》规定,各商业银行在办理个人住房贷款时,应允许借款人自由选择保险公司,不得强行要求借款人到指定的保险公司投保;各保险公司不得以不正当竞争手段要求贷款银行为其代理贷款房屋保险。实践中指定保险公司的情况已有所减少。

购房人通过银行贷款一次性将房款付给开发商后可按目前市场惯例享受到一次性付清全款购房的相关优惠,一般可使房屋成交价降低 2%—5%;购房人虽需自行支付担保费但同时可以不购买房贷保险。也就是说,扣除担保费用后,现在购房人实际上可以得到 1.26%—4.26% 的优惠,可节省 7560 元—2.5 万元。而且个人还可以选择房贷利率更低的银行来做按揭。对开发商而言,由于"直贷式"个人住房贷款无需与特定楼盘合作,免除其阶段性保证责任,不用向银行交纳 10% 的保证金,从而可有效提高资金利用率,降低"烂尾楼"风险。对银行而言,银行直接面对购房客户,提高银行对"假按揭"、投资性购房的审贷能力,可以有效防范假按揭和抑制投机性购房降低贷款风险,同时银行也获得了零散的优质房贷。

但这种操作也存在一定的问题:首先,房贷强制保险虽然一直饱受争议,但毕竟是在《个人住房贷款管理办法》第 25 条中强制规定了的,在法律没有作出相应变动的情况下,取消购房人购买房贷保险的义务,即便是具有合理性,也不具有合法性。其次,担保费用降低并不具有什么独创性,因为传统的个人住房贷款模式也没有强制规定担保费一定要由开发商来提供(虽然这已经成为业内惯例),银行不采用直贷的做法也同样可以在专业担保机构为购房人提供担保时大幅度降低担保费用。再次,在期房合同中,如果借款人拿到贷款后不是用于购买房屋,银行将没有办法对其进行控制,只能事后寻求担保机构的责任,所以有效控制担保风险、寻找资质优秀的借款人是此业务执行的关键。再者,这种贷款方式由于需要一对一的交易模式,虽然降低了风险,但是增加了谈判成本。一般来说,直贷业务更适合于贷款总额较小的零售业务,贷款数额大的批量贷款,仍是采用旧的方法节省成本。

二、案例分析

案例1:中国建设银行番禺支行与刘剑锋、广州百胜房产有限公司房屋抵押借款合同纠纷案

[案情]

广州百胜公司为经营"百事佳花园"房地产开发、建设、销售等项目的中外合作企业。1998 年,因百事佳花园预售不景气,为解决公司资金困难,公司强令其员工以购房抵押贷款手段取得银行贷款,由公司支配使用。同年 7 月 10 日,刘剑锋与百胜公司订立《房地产买卖契约》,约定以 487,850 元向该公司购买百事佳花园临江楼房一套,合同签订当日,支付首期款 147,850

元,余款采用银行按揭付款方式支付,百胜公司应于1998年12月30日交楼。该合同订立之后,刘剑锋并未向百胜公司支付首期款,1998年8月29日,刘剑锋、番禺建行、百胜公司三方订立《购住房抵押借款合同》,约定:刘剑锋以其向百胜公司购买的房屋作为抵押向建行借款34万元,并约定了还款期限及利率,如到期刘剑锋不能还款,百胜公司应在建行发出书面通知30日内履行回购担保责任,代刘剑锋清偿欠还的本息等等。并将上述抵押借款合同办理了《债券文书公证书》。同年12月,番禺建行将34万元以刘剑锋的名义直接划入百胜公司账户。1998年10月6日,刘剑锋与番禺建行在当时的番禺市房地产交易所办理了上述房产的抵押登记手续。之后,自1998年11月20日至1999年1月20日,刘剑锋仅还贷本金3807.25元和一定的利息。1999年12月3日,番禺建行向百胜公司发出《履行担保责任书》,但百胜公司一直未按约定履行回购担保责任。刘剑锋、百胜公司均承认上述还贷本息实际是由百胜公司提供。

一审法院广州市番禺区人民法院审理认为,刘剑锋与百胜公司之间并无买卖房屋的真实意思表示,实为恶意串通,以合法形式掩盖非法目的,故双方订立的购房合同无效。银行与刘剑锋、百胜公司订立的房屋抵押借款合同因是从合同,亦应认定为无效。造成上述合同无效的原因在于刘剑锋、百胜公司恶意串通欺诈银行,刘剑锋、百胜公司对此应承担过错责任。百胜公司应将其实际占有的贷款返还给受损害方银行,番禺建行已收取的还贷本息应全部视作还贷本金,百胜公司仍应返还剩余的贷款本金。百胜公司另应赔偿番禺建行的利息损失。一审法院据此作出了相应的判决。

番禺建行不服一审判决,提起上诉称,购房合同与抵押借款合同均是三方当事人的真实意思表示,抵押借款合同与购房合同并无主从关系,都应合法有效。

二审法院广州市中级人民法院对于一审判决认定购房合同无效及百胜公司与刘剑锋应当承担连带清偿责任没有否定,但是认为百胜公司是实际借款人、抵押人。借款、抵押均为百胜公司的真实意思表示,且该抵押已进行了抵押登记备案,故该抵押借款行为有效,银行对抵押房产享有优先受偿权。另外,法院还对一审判决对本金、利息计算的错误进行了纠正。[①]

---

① 唐德华主编:《民事审判指导与参考》2001年第1卷,法律出版社2001年版,第307—314页。

[评析]

1. 假按揭的概念、特点

"假按揭"一般是指房地产开发商以套取银行信贷资金为目的,假借非真实购房人的名义向银行申请办理的个人住房贷款,在办理"假按揭"前,开发商通常与名义借款人订立书面或口头协议,名义借款人不负担任何费用和责任,也不拥有所购房屋,首期购房款、相关费用及后续还款均由开发商负责,按揭房屋实际仍掌握在开发商手中。

"假按揭"的关键特点在于合同的主体是虚假的,借款人不是实际购房人甚至有可能根本不存在;合同主体间的意思表示不真实,借款人不具有购买房屋的真实意愿。在正常的个人住房抵押贷款中,借款人具有真实的购房意愿,并且已经支付了一定的房屋价款(首付款),因此相对而言其违约成本较高,在通常情况下,借款人不会轻易放弃供房,并且一旦其不能归还贷款,银行还可通过处分抵押物、要求开发商承担保证责任等方式寻求救济。在假按揭中,由于借款人的购房意愿不真实,或就虚构高价部分贷款意愿不真实,其还款资金来源于开发商,因此一旦开发商的资金周转出现问题,借款人就会立即停止偿还银行贷款,致使银行面临种种风险。再加上在办理产权登记的过程中,实际购房人与登记购房人不一致,也很容易造成产权纠纷。"假按揭"目前已成为困扰商业银行个人住房贷款经营的重要问题,这种假的购房借贷关系给我国房地产买卖市场和金融借贷市场带来了极大的混乱。

2. 假按揭的表现形式及风险防范

假按揭表面上和形式上仍然符合正常按揭的流程,之所以说其"假"是因为其在正常按揭中的第二、三个环节上出现了虚假状况。

(1) 主体虚假。开发商通过其内部员工、关联企业员工、员工亲属,甚至伪造假身份证编造不存在的人物,虚构购房事实,在银行办理按揭贷款,再用贷款归还开发商的其他债务或挪作他用。一旦开发商资金链条出现断裂,不能继续返还贷款,名义购房人往往也不会还款,纠纷由此产生。近年来,"假按揭"贷款已成为商业银行个人住房贷款的主要风险之一。为此,银监会陆续颁布了《关于防范"假按揭"个人住房贷款的通知》(2006年9月25日)、《关于加强商业性房地产信贷管理的通知》(2007年9月27日)、《关于进一步加强房地产行业授信风险管理的通知》(2008年5月26日)等规范性文件并在《个人贷款管理暂行办法》(2010年2月12日)中从规范贷款业务流程的角度要求银行强化风险管理。根据这些规范性文件的要求,银行在受理个人住房抵押贷款申请后,应及时通过中国人民银行个人信用信息基础数据库查询借款人的信用状况,通过与房地产登记部门、工商税务管理部门等的合作,核实借款人申请资料的真实性、准确性和完整性,履行贷款调查职责,通过面谈了解借款人的购房意愿、购房行为的真实性和还款能力;坚持面签制度,借款合同应当面核验借款人身份证明后由借款人当场签字,如果借款人委托他人代签的,签字人必须出具委托人委托其签字并经公证的委托授权书,商业银行不得委托中介或房地产商代为办理;项目竣工验收合格后,商业银行应督促开发商及时办理分户产权,完善个人住房贷款的抵押登记手续,个人住房抵押贷款的抵押物他项权利证书必须由商业银行直接到抵押登记部门领取,不得委托中介机构办理。在贷款发放之后,商业银行要加强对个人住房贷款的日常监督检查,一旦发现问题,要及时处理并根据责任追究制度进行问责,并将存在"假按揭"问题的开发商和借款人列入"黑名单",及时向监管部门和银行业协会报告,实行信息共享,以便更有效地防控风险。

(2)买卖标的虚假。开发商虚增购房单价,通过贷款将超过正常成交价格的部分挪用或造成事实上的"零首付"。返租按揭是其中一种常见的方式,即开发商与购房人相互串通,以高出同地段房产成倍的价格进行购房交易,通过购房人向银行就高价部分进行按揭,为开发商套取现金,此后开发商分期以租金形式将贷款本金连同高息返还购房人。开发商还可以虚增购房面积的方式签订售房合同,提高贷款金额,降低贷款成数,骗取银行贷款。在这种情况下,开发商往往将房屋价格抬高,尤其是返租按揭中,其房价往往是实际房价的数倍,即使贷款抵押物处置成功,所得款项也不能足额清偿债务。再加上一手房和二手房之间的差价及拍卖处置时众多环节的审查和核实,消耗大量人力物力,最后导致银行通过处分抵押物弥补损失的可能性很小。如果开发商抵押的房屋为未竣工的预售房,银行的受偿风险将更大。① 此外,最高人民法院公布的《关于在建工程价款优先受偿权问题的批复》中明确规定"建筑工程承包人的优先受偿权优于抵押权和其他债权",银行并不能就抵押物最优先受偿。

(3)一房多售。现在我国的商品房预售备案制度没有在全国所有地区

---

① 根据住房和城乡建设部2010年4月20日发布的《关于进一步加强房地产市场监管完善商品住房预售制度有关问题的通知》,禁止房地产开发企业采取返本销售、售后包租的方式预售商品房,禁止进行虚假交易。这一规定可以在一定程度上降低银行因假按揭而遭受损失的风险。

建立起来,而且其也不具有强制性,不是商品房预售合同生效的要件。开发商常利用当地房管系统未开办预售商品房备案制度的漏洞,将同一套住房多次出售,从而多办理个人贷款。此种行为主要发生在未实行预售商品房备案制度的市、州,并且只发生在期房按揭的情况下。由于真实购房人是不知情的善意第三人,法律和政策上都优先照顾真实购房人,从而使银行无法执行抵押物。因此,在这类情况中,银行的受偿率往往很不理想或根本就不能受偿,这凸现了建立完善的商品房预售备案制度和抵押预登记手续的重要性。

3. 假按揭的分类

根据借款人的真实性,可分为:(1)名义借款人真实存在并与开发商相互串通的假按揭。这种方式的假按揭贷款的主要特点在于,有名义借款人真实签名的购房合同和其他申请资料,所有的申请资料和合同在形式上均是完备、合法的,并且以此与银行签订了借款合同。(2)名义借款人虽真实存在但并不与开发商串通的假按揭。这种方式的假按揭贷款是开发商为了骗取银行贷款,以伪造名义借款人签名的方式向银行提供虚假的购房合同和其他申请资料,向银行申请个人住房贷款,银行同意申请后,开发商伪造名义借款人的签名同银行签订购房合同,并以该借款人的名义还款,而该借款人实际并不知情。(3)名义借款人根本不存在的假按揭。开发商伪造身份证,并伪造借款人个人资料和借款人签名的购房合同,然后,开发商以这些身份证和伪造的资料和购房合同等向银行申请贷款,银行同意贷款后,开发商再伪造借款人的签名签订借款合同,骗取贷款。在上述三种假按揭中,实际发生的以第一种居多,一般是开发商串通内部员工及亲属进行假按揭贷款。

根据银行是否知情,又可分为:(1)银行毫不知情的假按揭。这一类假按揭是银行在对开发商的假按揭意图并不知情的情况下发放了贷款。从目前实际发生的情况看,多数是由于银行工作人员未严格按照银行内部规定和操作流程对按揭贷款申请进行审查,对本可以识别并防范的"假按揭"申请未能识别而发放了贷款。(2)银行知情的假按揭。这一类假按揭在表现形式上可分两种:一种是银行明知开发商和借款人的假按揭意图,但没有表示反对,并发放了贷款;另一种是银行不仅明知开发商和借款人的"假按揭"意图,而且还参与了假按揭的操作过程,如为开发商顺利进行假按揭出谋划策等。这两种类型假按揭的不同之处在于银行对于假按揭参与程度和主观恶性不同;相同之处在于,银行在抵押借款合同中均有一定程度的过错,均非善意的当事人。

4. 假按揭中各种合同的法律效力及责任承担

(1) 购房合同

就购房合同而言,无论是哪种类型的假按揭,由于借款人和开发商之间并无买卖房屋的真实意图,双方之间实为恶意串通骗取银行信贷资金,应认定购房合同属于《合同法》第 52 条第 2 项规定的"恶意串通,损害国家、集体或第三人利益",显属无效。在案例中,刘剑锋与百胜公司均确认买卖房屋并非双方真实的意思表示,刘剑锋也未依照购房合同约定交纳过购房款,故购房合同应为无效合同。由于其无效是购房人与开发商共同串通的结果,双方都具有过错,应当根据各自的责任承当双方在房屋买卖中相应的损失。

(2) 借款合同

有人从购房合同和借款合同的关系出发,认为借款合同为购房合同的从合同,作为主合同的购房合同无效,从而导致作为从合同的借款合同无效。但另一方面亦有人认为,购房合同和借款合同之间虽然存在密切关系,但并不是主从关系,借款合同的效力不受购房合同的影响。对于主合同和从合同关系我国法律中尚无明确的定义和解释。主从合同关系的根本特征在于:主从合同的关系是一种事实上的从属关系,而非法律强制规定所产生的从属关系。这种事实上的从属关系使得从合同双方权利义务的确定和履行必须在根本上依赖于主合同的生效和履行状态。如果主合同无效,从合同便成为"无源之水,无本之木",即使从合同的当事人欲继续履行,也因无法确定双方的权利义务关系而无法得到履行。① 据此分析购房合同和借款合同的关系,购房合同只是借款合同签订的动因,但借款合同的成立和生效既不以购房合同的成立和生效为条件,借款合同中当事人权利义务关系的确定亦不依赖于购房合同当事人的履约状态。因此,笔者认为,购房合同和借款合同并非主从合同关系,购房合同的无效和解除并不必然导致借款合同的无效和解除。

在承认借款合同独立性的基础上,判断借款合同是否有效应从以下两个方面来考虑:一是是否具备合同生效的基本要件;二是是否存在致使合同无效或可变更及可撤销的情形。

根据我国《民法通则》第 55 条的规定,有效的民事法律行为须具备三个

---

① 何正启:《个人住房"假按揭"贷款若干法律问题探讨》,载《金融论坛》2003 年第 3 期。

基本条件,即:第一,行为人具备相应的民事行为能力;第二,意思表示真实;第三,不违反法律或者社会公共利益。在案例中确实存在百胜公司与刘剑锋串通欺诈银行,使银行不知情而订立抵押合同的事实,当事人的意思表示不真实,不符合合同生效的基本要件,属于《合同法》第54条第2款规定的"一方以欺诈、胁迫的手段或者乘人之危,使对方在违背真实意思的情况下订立的合同"。银行可以行使撤销权,使该合同溯及无效,借款人在贷款合同签订过程中进行了欺诈,对借款合同无效负有过错,应当返还贷款和利息,并对银行的损失承担赔偿责任。当然具有撤销权的当事人也可以在知道撤销事由后明确表示或者以自己的行为放弃撤销权,请求认定借款合同有效。案例中番禺银行请求确认借款合同和抵押合同的有效性即是放弃了撤销权,银行可以以借款人不按时归还贷款为由要求其归还贷款并承担相应的违约责任。

以上两种做法究竟哪一种更能保护无辜的银行呢?如果行使撤销权使借款合同归于无效,银行将不能行使抵押权,只能以合同无效为由要求借款人返还贷款本息、赔偿损失,银行将处于非常被动的地位。再加上借款人数量多,分布广,真假难辨,查找、联系不便,清收相当困难。由于我国的信用体制极不完善,个人的支付能力也千差万别,个人资信登记系统尚未完全建立起来,因而个人财产很容易被转移、隐匿,若要从执行个人的财产中弥补银行资金损失,估计效果不佳。如果放弃撤销权请求而确认合同的法律效力,银行虽然可以在借款人无偿还能力时行使抵押权,但是一旦遇到"烂尾楼"风险,必将血本无归。所以更多人倾向于"揭开假按揭面纱",让开发商承担直接的法律责任。① 案例中二审法院判决认为,由于刘剑锋向银行取得的款项实际均由百胜公司占有使用,也即百胜公司是实际的、真正的借款人,百胜公司在本案中犯有首先的、严重的、恶意的过错,其与百胜公司共同欺骗贷款银行,故对贷款应承担连带清偿责任,而不是补充清偿责任。法院的这一判决实际使实际用款人和借款人一起处于第一责任人的位置。这种做法有利于由真正行使借款权利的人来承担借款义务及相关法律责任,维护法律的实质正义。因为在整个借款法律关系的构造中,开发商起着主导性的作用,所有违法和合法关系的形成都起源于开发商的不良动机。当然,"揭开假按揭面纱"最大的问题是对现行合同法律秩序的重大挑战。为了避免个案对一般法律秩序稳定性的冲击,有必要通过特别立法来规范。为此,

---

① 李金泽著:《银行业变革中的新法律问题》,中国金融出版社2004年版,第208—209页。

笔者认为,除非由最高人民法院的司法解释规范该问题,不宜由法院直接在个案中采用。但是,在借款人纯属开发商虚构,根本就不存在的情况下,无论银行对于"假按揭"是否知情,购房、贷款合同均属无效合同,由开发商承担全部还款责任。

此外,在案例中,建行番禺支行确实对于刘剑锋与百胜公司的串通行为不知情,但在某些假按揭贷款中,银行明知开发商欲通过假按揭套取信贷资金的意图,而仍然与无真实购房意愿的借款人签订借款合同并发放贷款;甚至有时银行还与开发商串通,为开发商进行"假按揭"贷款出谋划策。在这种银行对借款人和开发商欲行欺诈的意图明知甚至串通的情况下,借款人和开发商并不构成欺诈,银行不能行使撤销权。在这里银行、借款人、开发商之间同样具有"串通"行为,是否可以像购房合同一样直接认定为无效呢?答案是否定的,因为购房合同与借款合同的"串通"有所不同,前者无效的主要原因是该串通行为损害了无辜的第三人银行的利益,然而在借款合同中银行却不再是第三人,作为串通行为的一方当事人,对于借款合同的结果它事先已有预知,其行为代表它自愿承受这种风险;再加上越来越商业化的银行不再是国家权力的直接象征,其利益受损也不宜归属于被损害的"国家、集体利益",以我国《合同法》第52条的上述规定为由认定借款合同无效似乎并不妥当。

另一主张无效的理由是此种借款合同属于"以合法形式掩盖非法目的"。在银行知情的假按揭中,作为银行方面而言,其目的是通过借款人向开发商提供房地产开发贷款,间接"以新还旧",利用长期的个人住房贷款掩盖已经暴露的不良贷款等;作为借款人而言,其目的是以虚假购房为由将申请到的贷款交给开发商进行房地产开发。这实际是向开发商间接提供融资,以规避我国法律对银行提供房地产开发贷款在期限、数额和利率方面的限制。从法律的角度来讲这一合同目的是为法律和行政法规所禁止的,以此为由认定借款合同无效是比较有说服力的。

(3) 抵押合同

借款合同与抵押合同是主从关系,如果借款合同被撤销或是被认定为无效,抵押合同也应无效。在借款合同因未被撤销而有效的情况下,抵押合同原则上也应当具有法律效力,然而由于购房合同仍为无效合同,即使借款人将其所购买的房屋办理了抵押登记,银行对该房屋的抵押权亦有可能因借款人对所购房屋并不享有所有权和处分权归于无效。必须指出的一点是,在签订借款合同和办理抵押登记时,开发商一般也要参与,有时还要作为保证人与银行签订相关的保证合同,对于借款人在签订合同和办理抵押登记时无权处分的事实开发商通常都是明知的,并没有提出异议,可以依据我国《合同法》第51条关于"无处分权人处分他人财产,经权利人追认或者无处分权的人订立合同后取得处分权的,该合同有效"的规定,认定抵押合同有效。其次,从保护善意第三人的角度来看,由于银行对于开发商和借款人串通假按揭的情形并不知情,属于善意第三人,如果认定抵押无效,剥夺银行对该房屋的抵押权,不仅使银行的利益得不到应有的保护,反而间接维护了恶意开发商的利益,这与法律追求公平正义的宗旨是背道而驰的。

根据以上案例分析,因按揭合同的订立不仅取得按揭人的同意,且得到了百胜公司的认可,即使购房合同无效或被撤销,刘剑锋对购房合同标的物无处分权,但该物的抵押已取得百胜公司的认可,该按揭合同仍然有效,银行对抵押物应当享有抵押权。

(4) 保证合同

按揭贷款合同中的保证合同主要是指开发商阶段性保证担保,这种担保关系存在的时间短,而且只在未办理房屋抵押登记之前有效,在假按揭暴露以前大多已经终止,所以对其法律效力一般不会引起争议。

这里需要注意的是开发商在借款人与银行签订借款合同时所作出的回购承诺也属于开发商作出的一种保证,这种保证具有从属性,只有在认定借款合同效力的前提下才能发生法律效力。在案例中刘剑锋、番禺建行、百胜公司三方订立《购住房抵押借款合同》,约定:刘剑锋以其向百胜公司购买的房屋作为抵押向建行借款34万元,并约定了还款期限及利率,如到期刘剑锋不能还款,百胜公司应在建行发出书面通知30日内履行回购担保责任,代刘剑锋清偿欠还的本息。这种回购条款实际是银行与开发商之间就行使抵押权时如何处置抵押物达成的协议。根据我国《担保法》第53条规定:"债务履行期届满抵押权人未受清偿的,可以与抵押人协议以抵押物折价或者以拍卖、变卖该抵押物所得的价款受偿;协议不成的,抵押权人可以向人民法院提起诉讼。抵押物折价或者拍卖、变卖后,其价款超过债权数额的部分归抵押人所有,不足部分由债务人清偿。"所以,银行与开发商之间不能单独就回购达成协议,双方就回购所形成的协议(包括回购价格的约定)必须经过购房人的同意才能发生法律效力。实践当中,有些银行与开发商之间私下就回购协议进行约定,如果不能事后取得购房人的同意应当是无效的。在案例中,回购协议是由刘剑锋、番禺建行和百胜公司共同签订的,其效力应当认同,百胜公司应当履行回购义务。在正常的按揭中,开发商按照约定承担了回购责任之后,银行或者根据约定将所有权自动转移到开发商名下,或者是将抵押的所有权证交给开发商,并将对借款人的债务请求权转移给开发商。但在假按揭中,由于开发商本身就是真正的用款、借款人,所以以前一处置方法居多。

案例2:提前还贷收取违约金案

[案情]

2000年1月,甲在国内A银行办理了个人住房抵押贷款,约定贷款期限为15年,分30期还清,贷款利率按贷款发放日中国人民银行颁布的贷款利率执行,在合同履行期间,如遇中国人民银行调整利率或计息管理办法,A银行将按有关规定做相应调整,调整时A银行无须专门通知乙方,双方在合同中对于提前还贷问题没有进行约定。后遇央行2004年10月29日加息,甲于2005年1月提前归还剩余贷款,A银行决定按提前还贷金额和提前还贷时的贷款利率收取一个月利息作为补偿,双方为此发生了纠纷。

[评析]

1. 提前还贷大量涌现的原因及现状

影响提前还贷的决定性因素是房屋贷款利率的变动。在房贷利率变动不大的时候,借款人提前还贷通常是出于减少利息支付总额的目的。如果实行的是固定利率贷款,选择提前还贷的原因往往是因为房贷利率呈下降趋势,提前还贷后借款人可以寻求更为低利率的房屋贷款。但我国个人住房抵押贷款实行的是浮动利率,即随央行公布的利率浮动,房款利率下降使借款人的负担减轻而非增加;反之,利率一旦上升就意味着借款人需在剩余的还款时间内支付更多的利息,对借款人来说,借款额度越高,贷款期限越长,其影响度也就越大。正是基于以上原理,自央行在2004年10月29日、2005年3月17日及2006年、2007年多次加息以来,选择提前还贷的购房者日渐增多,部分银行向提前还贷客户收取一定违约金的做法引起了客户的投诉,也引发了新一轮的"提前还贷要不要收取违约金"的大讨论。①

我国尚没有出台专门的法规或司法解释对此问题进行规定,实践中,各大银行也有不同的做法。中国银行总行曾下发通知对个人住房贷款业务提前还贷收费问题进行了统一指示。具体内容是:对于已签订的贷款合同,各行应严格按照合同约定执行,合同中已对提前还贷的时间、金额、收费标准

---

① 这轮大讨论之后,银行大多在其贷款合同中规定了提前还贷条款,2010年之后中国人民银行虽然多次提高贷款利率,但因此诱发的提前还贷纠纷已大为减少。

等内容进行明确约定的,可收取相应的费用;合同中未明确约定相关内容的,暂不向客户收取相应费用,以避免产生法律纠纷。对于新发生的贷款,各行可根据当地市场情况,参照同业做法,自行确定收费标准,并在合同中加以明确约定。部分房价上涨过快地区可考虑根据客户的提前还贷期限设定费用标准,以抑制和打击当地房地产投机、炒作行为,减少金融风险。中行四川分行已按照总行的通知自 2005 年 7 月 1 日起开始对住房类贷款提前还贷的个人收取违约金,具体收费额度为"提前还贷金额×月贷款利率"。

2. 提前还贷收取违约金的法律分析

除非贷款合同中对提前还贷的安排进行了约定,否则提前还贷在性质上的确确是一种违约行为,因为在贷款合同当中,由于双方当事人已经对借款人还款的期限、利率、数额进行了约定,借款人提前还贷行为没有按照约定的还款计划进行。案例中的双方当事人在合同中对于提前还贷问题没有进行约定,所以从法律性质上讲,甲的确构成了违约,双方可以根据合同自由原则对违约金或是违约利息进行约定。根据《合同法》第 113 条的规定,违约金条款必须由双方当事人约定,银行不能单方面决定收取违约金的数额,所以在案例中 A 银行单方面决定收取违约金的做法是不合法的。但要注意的是,在我国违约金本质上大多是赔偿性的,应以守约方的实际损失为基准,如果过分高于实际损失,法院可能会进行适当的调整。因此,违约金的约定必须合理,应当以银行实际遭受到的利息损失为基准。如果双方对违约金没有约定,就只能按照法律的规定以其增加的费用和实际损失为限进行补偿。这就引发了下一个问题,即如何判断住房抵押贷款中的提前还贷给银行带来的费用增加和实际损失?或者说这种费用和损失是否存在?[①]

以我国实行的浮动利率制为例,人们大多在利率上升时期提前还贷,提前还贷使银行信贷资金的现金流量产生不确定性,给银行的集约化资产负债管理带来一定的困难,银行需要进行大量的手工操作,增加人力成本。另外银行少收了一部分利息,但是在资金紧缺的时候提前偿还的本金可以以新的更高利率进行再投资,银行的利益损失可以得到补偿。但 2004 至 2006 年央行加息时,我国银行普遍存在资金过于宽松的问题,一旦出现大量的提前还贷,势必打乱银行的资金安排计划,造成资金滞留,再投资的获利可能

---

① 如果这种费用或损失不存在,根据我国《合同法》第 71 条的规定,银行甚至没有拒绝借款人提前还贷的权利。

小于预期房贷利息,从而造成利息上的损失,对于上述费用增加和利息损失似乎都应当依照合同法给予赔偿。① 但是对银行而言,其最大的风险是借款人拒不归还借款导致血本无归,逾期还款导致影响资金的再次流转。而提前还贷除了有可能带来部分利息损失和重新支出部分人力成本以外,却使出借人提前解除了该笔资金的贷出风险,究竟孰轻孰重,似乎还很难计算,而且银行也很难举证证明所受损失的数额。从银监会对商业银行不良贷款所做的调查来看,银行似乎忽略了一段时期以来银企间借贷关系不良、呆账坏账增加、社会上信用信誉恶化这样的大背景。在这样的背景下,让善良守信的人们积极还款还要支付违约金,这种逻辑对中国信用体系的培植和银行的长期利益不仅无益反而有损害。我国《合同法》第208条规定:"借款人提前偿还借款的,除当事人另有约定的以外,应当按照实际借款的期间计算利息。"这一条款似乎表明了立法者对于提前还贷带来的银行利息损失的态度。

3. 国外相关制度

一些银行表示,收取违约金是各国的普遍做法,但是必须看到违约金条款在国外首先有其生存的土壤。在国外,住房抵押贷款采取的多为固定利率,银行对利息收入有一个比较确定的预期,提前还贷对银行带来的利息损失可以预见,约定提前还贷违约金是双方都能接受的。但是,在浮动利率制下,预期并不那么明确,提前还贷并不必然导致银行最终在收入上有所损失。而且即便是在允许违约金的国家,对违约金条款的适用即内容也有所限制,并且在激烈的银行竞争中,该违约金正在逐渐被取消。

美国提前还贷支付违约金的条款主要存在于次优惠利率贷款中。② 这种贷款主要针对贫穷的低收入消费者或是信用记录有污点的借款人发放,利率和各种手续费都高于优惠利率贷款。借款人可以选择提前还贷支付违约金但利率较低(作为接受违约金条款的回报,借款人一般得到低于市场利率约1/8到3/8个百分点的利率),或者无须支付违约金但利率较高。由于美国实行的大都是固定利率,买房者在利率趋势上升时常常同意该条款,如果利率跌得很多,借款人则会吃亏。贷款机构靠设置提前还贷违约金这种

---

① 美国银行通常的做法是,当信贷资金充裕时,提前还贷要收违约金;当银行的信贷资金紧缺时,提前还贷就不收违约金。

② 根据标准普尔公司的一份调查显示,在1997年到2000年间,次优惠贷款合约中附带提前还贷违约金条款的比例已从50%上升到80%。

成本障碍减少竞争,甚至在借款人信用记录改善,应该能够转贷传统贷款时,仍然将他们锁定在昂贵的贷款中。在20世纪90年代发展起来的抵押贷款担保证券(mortgaged-back securites,简称 MBS)中,70%—90%的贷款也都有提前还贷违约金的要求,以稳定未来现金流量,吸引和保护购买这些证券的投资者。而大多数传统贷款中则去除了违约金(大约只剩2%)。不过,美国有35个州的法律对于这种违约金条款进行了禁止或限制:(1)违约金只针对头三至五年内的提前还贷。加利福尼亚州法律规定对超过三年的贷款不能收违约金。(2)支付违约金在金额上有所限制。弗吉尼亚州规定违约金不得超过贷款额的2%。(3)允许部分借款的提前归还。如低于余额20%的提前归还不会引起违约金。(4)一定数额以下的贷款不收取提前还贷违约金。北卡罗来纳州法律禁止对15万美元以下的贷款收提前还贷违约金;宾夕法尼亚州贷款利率及保护法,禁止对5万美元以内的住房抵押贷款收取提前还贷违约金。(5)有的银行对提前还贷后向该银行转贷或签订新贷款的客户不收违约金。

  英国绝大部分提前还贷违约金只适用于固定(或折扣)利率期间,规定的固定(或折扣)利率期结束后,自动转成标准可变利率贷款,此时提前还贷不能收取违约金,而且每年可以提前偿还10%左右不必交纳违约金。如果在固定利率期结束后仍然收取提前还贷违约金的,公平交易局和消费者协会将根据不公平合约条款法进行调查。在德国,固定利率贷款不能提前还贷,爱尔兰的法律不允许对可变利率贷款的提前归还收违约金,法国规定提前还贷违约金不得超过贷款额的3%。在荷兰典型的抵押贷款规定是每年允许提前偿还10%到20%而无需支付违约金,超过该比例的提前还贷需付给银行所节省利息的现金价值。意大利的银行允许借了高利率的借款人在同一家银行把贷款免费转成更低的新贷款。我国台湾地区除三大公营银行即台湾银行、土地银行、合作金库未对提早清偿或转贷的客户收取违约金,其他台湾地区银行普遍给予房贷户三年优惠利率,却限制4年内不得提前清偿,否则将收取约为贷款金额1%的违约金。银行业的理由主要是为了竞争客户,在头三年都实行优惠利率,第四年后才开始盈利,因此在此期间转贷使银行难以盈利。但2002年以来由于市场利率一降再降,而房贷利率却下调缓慢,因此大量房贷户希望通过转贷降低利息负担,但却受到违约金的制约,因此强烈不满。台湾地区"'行政院'公平会"于2002年5月发布《房屋贷款提前清偿违约金行业警示原则》,指出台湾地区目前违约金和国际惯例相比属合理水平,但若金融业者提供房贷户前三年较低水准的优惠利率,

则限制房贷户不得提前清偿的期间最长只能 3 年,否则将有违反公平交易法的问题。

4. 总结

对过去签订和执行的住房抵押贷款合同,如果没有明确规定违约金的收取、计算方法,突然单方面规定收取违约金对借款人不公平,也无国际惯例可循。对今后新签订的住房抵押贷款合同,银行可以规定对一定年限(如 3 年)内的提前还贷收取一定合理费用,但必须向借款人明确解释该条款并得到其书面同意。违约金应当约定适度,违约金定得太高,在发生纠纷时违约金数额也可能不被法院所承认。银行也应当建立提前还贷的风险模型,通过合理安排资金的使用来降低风险。此外,可以考虑在房贷中采用固定利率,央行在《2004 房地产金融报告》中表态:"可考虑允许商业银行发放固定利率个人住房贷款"。据统计,在荷兰、法国,选择固定利率的消费者占 80%,爱尔兰的这一数字也达到了 70%。而从加拿大近五十年来利率的走势看,选择浮动利率比固定利率划算,但大多数人依然愿意选择固定利率。固定利率房贷对未来的预期比较准确,房贷利率固定化可以减少违约率,同时可以规避因利率增值太大导致购房者无力还贷而造成不良贷款的情况,在固定利率下约定收取提前还贷违约金条款也比较合理。居者有其屋是各国政府一致追求的目标,立法机关、司法机构、金融监管当局、消费者协会应当将越来越多地关注住房抵押贷款行业,促进自由竞争,运用教育和法律手段保护处于弱势地位的借款人的正当权益,防止银行利用自身优势强迫借款人接受苛刻的提前还贷违约金条款。

(罗静)

第九章 住房公积金贷款制度

- 住房公积金与公积金贷款的操作流程
- 住房公积金的管理体制
- 住房公积金管理中心的职责范围与诉讼地位

基本原理

一、住房公积金与住房公积金贷款的概念

(一) 住房公积金

根据国务院颁布的《住房公积金管理条例》(以下简称《管理条例》)的规定,住房公积金是指国家机关、国有企业、城镇集体企业、外商投资企业、城镇私营企业及其他城镇企业、事业单位、民办非企业单位、社会团体(以下统称单位)及其在职职工缴存的长期住房储金。这一概念主要明确了住房公积金的缴存主体及其性质,由于建设部、财政部和中国人民银行于2005年1月7日颁布的《关于住房公积金管理若干具体问题的指导意见》(以下简称《指导意见》)已将缴存主体扩大到包括城镇单位聘用的进城务工人员、城镇个体工商户和自由职业人员,因此上述概念中所包括的缴存主体也应相应扩大。

我国的住房公积金制度是城镇住房制度改革的产物,自1988年2月国务院发布《关于在全国城镇分期分批推行住房制度改革的实施方案》之后,在借鉴新加坡中央公积金制度成功经验的基础之上,由上海市于1991年率先推出,然后逐步推广到全国。这一制度改变了我国原有的计划经济时代"住房由国家或单位所有、以实物形式分配、低租金甚至近乎无偿使用"的住房制度。目前,住房公积金制度已经成为我国归集政策性住房资金、解决职工家庭住房问题的重要政策措施,并且已经进入全面法制化、规范化发展的新阶段。

（二）住房公积金贷款

住房公积金贷款是与城镇住房制度改革相配套的一项政策性优惠住房贷款，由住房公积金管理中心（以下简称管理中心）运用归集的住房公积金存储余额，委托指定的商业银行，向住房公积金的缴存主体进行发放。凡是住房公积金的缴存主体，在符合一定条件的情况下，均有资格向管理中心申请该项贷款。

二、住房公积金与住房公积金贷款的特征

（一）住房公积金的特征

住房公积金最主要的特征就是政策性和互助性，而其互助性的主要体现就是住房公积金贷款。

1. 政策性

我国的住房公积金制度所采用的是一种强制储蓄模式，即由政府运用强制性手段筹集住房建设和消费所需资金，因此带有明显的政策性特征，主要体现在强制缴存、限定用途、低存低贷以及特殊的税收政策等方面。

（1）强制缴存

根据《管理条例》的规定，所有单位和职工包括新建立的单位和新录用的职工，都必须按期、足额缴存公积金，不得逾期缴存或少缴；单位不办理公积金缴存登记、不为本单位职工办理公积金账户设立手续的，管理中心有权责令限期办理，逾期不办理的，可以处 1 万元以上 5 万元以下罚款；单位逾期不缴或少缴公积金，管理中心责令限期缴存，逾期仍不缴存的，可以申请人民法院强制执行。

（2）限定用途

住房公积金实行专款专用，根据《管理条例》的规定，只能用于职工购买、建造、翻建、大修自住住房，偿还购房贷款本息，以及偿付超过家庭工资收入规定比例的房租，任何单位和个人不得挪作他用；只有在职工离退休、完全丧失劳动能力并与单位终止劳动关系、出境定居或者死亡等情况下，其住房公积金才能被提取并可能用于非住房消费和投资开支。缴存住房公积金的职工，在购买、建造、翻建、大修自住住房时，可以向管理中心申请住房公积金贷款。

（3）低存低贷

住房公积金的存、贷款利率均低于普通的商业银行的存、贷款利率。从解决住房资金、扩大筹资数额目标出发，需要尽可能降低筹资成本，为降低

住房建设和职工贷款的资金成本,可以从吸收住房公积金的成本(即存款利率)和住房公积金的管理成本两个方面入手。从贷款角度讲,建立住房公积金制度的主要目的就是解决中低收入职工的住房问题,与一般的商业银行自主发放的个人住房贷款在目标上有明显的不同,前者是政策性的、福利性的,后者主要是商业性的。"低贷"降低了住房公积金借款人的筹资成本,为其更好地解决住房问题提供了前提条件。

(4)税收政策

政府对于住房公积金的特殊的税收政策主要体现在以下三个层面:

第一,对于职工个人,根据财政部和国家税务总局于1999年10月8日颁布的《关于住房公积金、医疗保险金、基本养老保险金、失业保险基金个人账户存款利息所得免征个人所得税的通知》的规定,对于住房公积金个人账户存款所取得的利息收入免征利息税。①

第二,对于单位,根据《管理条例》的规定,单位为职工缴存的住房公积金,机关在预算中列支;事业单位由财政部门核定收支后,在预算或者费用中列支;企业在成本中列支。即单位无需再为此缴纳任何税款。

第三,对于管理中心,根据财政部和国家税务总局于2000年10月10日颁布的《关于住房公积金管理中心有关税收政策的通知》的规定,对于管理中心用住房公积金在指定的委托银行发放个人住房贷款取得的收入免征营业税;对于管理中心用住房公积金购买国债、在指定的委托银行发放个人住房贷款取的利息收入免征企业所得税;对于管理中心取得的其他经营收入按规定征收各项税收。

2. 互助性

住房公积金制度的理论基础之一就是互助理论,即通过一定机制,聚集社会成员的一部分闲置和暂时闲置资源,有条件地配置到需要某种帮助的社会成员中去。住房公积金制度正是通过强制储蓄的模式,聚集了广大职工的一部分不用和暂时不用的资金,并通过优惠性贷款的方式支持符合条件的中低收入者解决住房问题,具体表现为:所有单位和职工都必须按照规定缴存住房公积金,无论是有房的职工还是无房的职工,也无论其是否有购买、建造、翻修、大修自住住房的计划。这样,有房的职工和尚不提取住房公

---

① 根据财政部、国家税务总局2008年联合发布的《关于储蓄存款利息所得有关个人所得税政策的通知》(财税[2008]132号),我国自2008年10月9日起暂免征收储蓄存款利息所得个人所得税(即利息税),因此上述政策已不具有特殊性。

积金或申请住房公积金贷款的职工就为需要住房公积金贷款帮助的职工提供了资金支持。并且,由于实行"低存低贷",前者还牺牲了一定的存款利息,使后者能够以较低的成本解决其住房问题。

(二)住房公积金贷款的特征

住房公积金贷款集中体现了住房公积金的互助性,与商业银行自主发放的个人住房贷款(以下简称个人住房贷款)存在很大区别。以下结合北京市住房公积金贷款的相关规定,说明其特点。

1. 资金来源

住房公积金贷款属于委托性个人住房贷款,资金来源为单位和职工个人共同缴存的公积金;个人住房贷款属于商业银行自主发放的自营性(商业性)贷款,资金来源为银行吸收的各类存款。

2. 贷款风险承担

住房公积金贷款的贷款人是管理中心,贷款风险由管理中心承担,贷款方式属于委托贷款,由管理中心委托指定银行办理发放手续,并签订委托合同;个人住房贷款由商业银行发放,商业银行是贷款人,承担贷款风险。

3. 贷款对象

住房公积金贷款的对象是住房公积金的缴存人和在职期间缴存住房公积金的离退休职工。根据北京住房公积金贷款办法的规定,借款人的贷款期限最长可以计算到借款人70周岁,同时不得超过30年。个人住房贷款可对一切具有完全民事行为能力,能符合银行规定的贷款条件的自然人发放,个人住房贷款的年龄上限一般为男70周岁,女65周岁,最长不得超过30年。

4. 贷款条件

为达到住房公积金主要解决中低收入职工住房问题的目标,在贷款的额度、期限、利率、还款方式等方面,住房公积金贷款与个人住房贷款区别较大,具有其自身的特殊性:

(1)贷款额度

计算贷款申请人的具体贷款额度,必须要同时考虑单笔最高贷款额度、最高可贷款额度、最低首付款、信用等级和抵押物评估价值。

北京市2008年11月6日调高了贷款额度,目前单笔贷款最高额度为80万元,对于《个人信用评估报告》评定的信用等级为AAA级的贷款申请人,贷款额度可上浮30%,即104万元,AA级的贷款申请人,贷款额度可上浮15%,即92万元。

最高可贷额度为,贷款申请人家庭月收入扣除至少400元的生活费后所剩余额,再除以申请贷款年限的每万元贷款月均还款额的所得。贷款申请人家庭月收入等于申请人个人住房公积金月缴存额除以其住房公积金缴存比例。

受到近年来房地产宏观调控的影响,自2010年11月29日起,个人在北京申请住房公积金贷款用于购买首套自住住房的,房屋套型建筑面积在90平方米(含)以下的,首付款比例不得低于20%,即个人贷款额度不得超过房屋评估价值或实际购房款(以两者中较低额为准)的80%;房屋套型建筑面积在90平方米以上的,首付款比例不得低于30%,即个人贷款额度不得超过房屋评估价值或实际购房款(以两者中较低额为准)的70%;购买经济适用住房等政策性住房的贷款额度不得超过房屋评估价值或实际购房款(以两者中较低额为准)的90%。自2011年2月18日(含)起,贷款申请人购买"二套住房"申请住房公积金个人贷款(含个人住房组合贷款),首付款比例不得低于60%,即个人贷款额度不得超过房屋评估价值或实际购房款(以两者中较低额为准)的60%。根据中国人民银行、财政部、银监会、住房和城乡建设部2010年11月2日发布的《关于规范住房公积金个人住房贷款政策有关问题的通知》,禁止向购买第三套及以上住房的缴存职工家庭发给住房公积金个人住房贷款。

此外,贷款额度也不能超过抵押物最高可抵押价值。

(2) 贷款期限

贷款期限最长可计算到借款人70周岁,同时不得超过30年。

(3) 贷款利率

以2011年7月6日中国人民银行上调金融机构人民币存贷款基准利率之后的情况为例,目前住房公积金贷款的年基准利率,5年期(含5年)以下为4.45%,5年期以上为4.90%。

(4) 还款方式

自2007年11月1日起,北京住房公积金贷款全部实行自由还款方式,即借款人申请住房公积金贷款时,管理中心根据借款人的贷款金额和期限,给出一个贷款每期的最低还款额度,借款人以后在每月还款额不少于这一最低还款额的前提下,可根据自身的经济状况自由安排每月的还款额。

相比之前实行的等额本息还款方式和等额本金还款方式①，自由还款方式带给借款人更大的便利和实惠：第一，只要不低于最低还款额，借款人可以自由设定每月的还款金额，最大程度地方便了借款人；第二，借款人可以通过管理中心的客户服务电话调整每月的还款额，操作省时省力，避免了办理提前还款等操作手续；第三，目前设定的最低还款额与等额还款方式比较，还款数额有一定程度的降低，有利于借款人的债务安排；第四，除最后一期外，每月先按照借款人通知的金额扣款，如果还款账户余额不足，则按照最低还款额进行二次扣款，减少借款人贷款逾期的可能性。

借款人可以采用如下几种方法具体偿还贷款：（1）用银行储蓄卡或活期存折代扣方式还款。借款人可与银行签订委托代扣协议，并按期在储蓄卡或活期存折中存够归还贷款本息的相应资金额；（2）借款人每月持现金直接到贷款银行办理还款；（3）借款人在征得工作单位同意的前提下，可委托所在单位每月从工资中代扣，然后转账归还贷款本息。

在贷款期间，借款人可提前归还部分或全部公积金贷款本息，目前不必支付违约金。

三、住房公积金的管理体制

根据《管理条例》的相关规定，我国住房公积金的管理实行住房公积金管理委员会决策、住房公积金管理中心运作、银行专户存储、财政监督的原则。住房公积金贷款制度是整个住房公积金制度的一部分，自然也被纳入到这一管理体制之下。

（一）决策机构

直辖市和省、自治区人民政府所在地的市以及其他设区的市（地、州、盟），应当设立住房公积金管理委员会，作为住房公积金管理的决策机构。住房公积金管理委员会的成员中，人民政府负责人和建设、财政、人民银行等有关部门负责人以及有关专家占1/3，工会代表和职工代表占1/3，单位

---

① 等额本息还款方式也称等额均还方式，即贷款期内每年以每月相等的额度平均偿还贷款本息，第1个月和最后1个月按贷款资金实际使用天数计算利息，结息日为每月1日；等额本金还款方式，也称利随本清方式，即每月等额偿还贷款本金，贷款利息随本金逐月递减，第1个月和最后1个月按贷款实际使用天数计算利息，结息日为每月1日。等额本息还款方式下借款人每月偿还的贷款本金和利息总额不变，但每月还款额中贷款本金逐月增加，贷款利息逐月减少；等额本金还款方式下借款人每月偿还的本金固定不变，贷款利息逐月递减。相比较而言，等额本金还款方式更适合于还款能力较强或已经有一定积蓄的借款人，由于借款人前期还款较多，偿还本金较多，前期还款压力较重，但总体利息支出较低。

代表占1/3。住房公积金管理委员会主任应当由具有社会公信力的人士担任。

住房公积金管理委员会的主要职责包括：

（1）依据有关法律、法规和政策，制定和调整住房公积金的具体管理措施，并监督实施；

（2）拟订住房公积金的具体缴存比例；

（3）确定住房公积金的最高贷款额度；

（4）审批住房公积金归集、使用计划；

（5）审议住房公积金增值收益分配方案；

（6）审批住房公积金归集、使用计划执行情况的报告；

（7）按照中国人民银行的有关规定指定受委托办理住房公积金金融业务的商业银行（以下简称受委托银行）。

（二）运作机构

直辖市和省、自治区人民政府所在地的市以及其他设区的市（地、州、盟）应当按照精简、效能的原则，设立一个住房公积金管理中心，负责住房公积金的管理运作。县（市）不设立住房公积金管理中心。住房公积金管理中心可以在有条件的县（市）设立分支机构，并与其分支机构实行统一的规章制度，进行统一核算。

住房公积金管理中心是直属城市人民政府的不以营利为目的的独立的事业单位，其主要职责包括：

（1）编制、执行住房公积金的归集、使用计划；

（2）负责记载职工住房公积金的缴存、提取、使用等情况；

（3）负责住房公积金的核算；

（4）编制住房公积金归集、使用计划执行情况的报告；

（5）审批住房公积金的提取、使用；

（6）负责住房公积金的保值和归还；

（7）委托受委托银行办理住房公积金贷款、结算等金融业务和住房公积金账户的设立、缴存、归还等手续；

（8）与受委托银行签订委托合同；

（9）在受委托银行设立住房公积金专户；

（10）建立职工住房公积金明细账，记载职工个人住房公积金的缴存、提取等情况；

（11）承办住房公积金管理委员会决定的其他事项。

住房公积金管理中心的管理费用,由住房公积金管理中心按照规定的标准编制全年预算支出总额,报本级人民政府财政部门批准后,从住房公积金增值收益中上交本级财政,由本级财政拨付。住房公积金管理中心的管理费用标准,由省、自治区、直辖市人民政府建设行政主管部门会同同级财政部门按照略高于国家规定的事业单位费用标准制定。

(三) 存、贷款利率决定机构

住房公积金的存、贷利率由中国人民银行提出,经征求国务院建设行政主管部门的意见后,报国务院批准。

(四) 存储机构

受委托银行是住房公积金的存储机构,由住房公积金管理委员会指定,接受管理中心的委托,与其签订委托合同,办理住房公积金贷款、结算等金融业务和住房公积金账户的设立、缴存、归还等手续。根据国务院于2002年5月13日发布的《关于进一步加强住房公积金管理的通知》的规定,住房公积金管理委员会应在中国人民银行规定的工商银行、农业银行、中国银行、建设银行和交通银行等五家商业银行范围内,确定受委托银行,办理住房公积金贷款、结算等金融业务和住房公积金账户的设立、缴存、归还等手续。其中,受委托办理住房公积金账户设立、缴存、归还等手续的银行,一个城市不得超过两家。

(五) 监督机构

根据《管理条例》的规定,国务院建设行政主管部门会同国务院财政部门、中国人民银行拟定住房公积金政策,并监督执行。省、自治区人民政府建设行政主管部门会同同级财政部门以及中国人民银行分支机构,负责本行政区域内住房公积金管理法规、政策执行情况的监督。

另外,根据第十届全国人民代表大会第一次会议通过的《关于国务院机构改革方案的决定》,国务院决定设立中国银行业监督管理委员会(以下简称银监会)。银监会根据第十届全国人大常委会第二次会议通过的《关于中国银行业监督管理委员会行使原由中国人民银行行使的监督管理职权的决定》,统一监督管理银行、金融资产管理公司、信托投资公司及其他存款类金融机构,维护银行业的合法、稳健运行,并自2003年4月28日起正式履行职责。银监会设立之后,财政部、中国人民银行、银监会和建设部于2004年3月2日联合颁布了《住房公积金行政监督办法》,增加银监会为住房公积金的监督机构之一。根据《住房公积金行政监督办法》的规定,建设部和省(自治区)建设厅分别会同同级财政、中国人民银行(分支机构)、银监会(派出机构)等有关部门,依据管理职权,对住房公积金管理法规、政策执行情况实施监督。特别是在对于受委托银行的监督方面,银监会与其他三家机构之间有具体的分工,其中建设行政主管部门、财政部门、中国人民银行及其分支机构对管理中心在受委托银行设立住房公积金账户进行监督;银监会及其派出机构依照有关银行业法规,对受委托银行承办的住房公积金金融业务和相关手续进行监督。2010年9月7日,住房和城乡建设部发布《住房公积金督察员管理暂行办法》,规定由住房和城乡建设部商财政部、发展改革委、人民银行、审计署、银监会后聘任督察员,围绕住房公积金政策执行和资金安全情况,遵循客观公正、实事求是、廉洁高效的原则,统一部署开展监察工作。督察员应及时了解住房公积金决策、管理、运作、监管以及试点工作等情况,发现违法违规问题应及时依法制止,报告住房和城乡建设部,并按规定程序提出督察意见和建议。这一举措强化了住房公积金的监督。

四、住房公积金制度的作用

住房公积金制度是由政府主导的政策性住房金融制度,在房地产经济乃至整个国民经济中所发挥的作用主要有:

(一)解决财政和国有企业负担过重问题

在传统住房制度下,住房建设资金来源于国家财政和企业的利润留成,而职工只交纳象征性的租金,基本上是无偿使用,住房建设资金不能从职工的使用中回收,造成住房建设资金不能形成投资和回收的循环周转,国家财政和国有企业的负担越来越沉重。住房公积金制度则创造了国家、单位、个人三者结合的出资形式,减轻了国家财政和国有企业的负担,使住房建设资金形成良性循环。

(二)支持中低收入者解决住房问题

住房是个人的必要消费品,但价值较大,广大中低收入者的支付能力有限,仅凭自身能力购房极为困难。住房公积金具有互助性质,以其为资金来源的贷款融资成本低,正可以解决上述矛盾,使中低收入者能够更早、更好地解决住房问题。

(三)促进居民消费结构的改善

随着经济的发展和社会的进步,居民消费的恩格尔系数会不断降低,消费结构应当越来越合理,而这种合理化的重要体现之一就是住房消费的比重应逐渐加大。由于住房价值较大,其资金积累需较长时间,一部分居民难免失去或忽视住房消费资金的积累,住房公积金制度则通过强制储蓄促进了这一部分资金的积累,改善了居民的消费结构。

(四)促进储蓄向投资转化

储蓄能否顺利转化为投资,是经济发展的重要影响因素。住房公积金制度提供了一种储蓄向投资转化的有效机制,限定住房公积金的用途,提供一系列优惠鼓励缴存主体使用住房公积金,使得这一部分储蓄能够更加顺利地转化为住房投资和消费。2009年10月14日,住房和城乡建设部等七部委联合发布《关于利用住房公积金贷款支持保障性住房建设试点工作的实施意见》,提出利用住房公积金发放保障性住房建设贷款,定向用于经济适用房、列入保障性住房规划的城市棚户区改造项目安置用房、政府投资的公共租赁住房建设。这一举措既提高了住房公积金的使用效率,也拓宽了保障性住房建设资金的来源,体现了住房公积金对保障性住房建设的支持作用,能够更好地带动住房投资和消费,加快解决城镇中低收入家庭住房问题。

五、住房公积金贷款的分类

(一)纯公积金贷款(住房公积金个人购房贷款)

即职工仅申请住房公积金贷款。

(二)组合贷款(个人住房担保组合贷款)

当申请住房公积金贷款不足以支付购买住房所需费用时,购房者既申请公积金贷款,同时又向商业银行申请一般个人住房贷款,两部分贷款一起构成组合贷款。即管理中心运用住房公积金、商业银行运用信贷资金向同一贷款申请人同时发放,由管理中心委托商业银行办理,用于购买自住住房的个人住房贷款。

例如,北京自2004年2月10日起就推行组合贷款,凡所购房屋地址为城八区以内的,到北京住房公积金管理中心、住房公积金贷款中心或城八区内相应的商业银行(限中国银行、农业银行、工商银行、建设银行、交通银行)提出组合贷款申请;所购房屋地址为城八区以外的,到房屋地址所对应的北京住房公积金管理中心管理部或该区(县)内相应的商业银行(限中国银行、农业银行、工商银行、建设银行、交通银行)提出申请。不论是一手房还是二手房,都可办理组合贷款。组合贷款中住房公积金贷款和商业性贷款的利率,分别按住房公积金贷款利率和商业性个人住房贷款利率的规定执行;且两类贷款的期限应相同,贷款起止期限和收款人账户信息应保持一致。组合贷款住房公积金贷款部分采用自由还款方式,商业贷款部分采取商业银行认可的还款方式。组合贷款对提前还款不做商业贷款部分和住房公积金贷款部分的比例要求。借款人提前还款的,可自愿选择提前偿还任意部分贷款,其逾期扣款按照住房公积金管理中心、商业银行的各自规定执行,组合贷款除还款相关事宜外的其他变更业务,由住房公积金管理中心和商业银行协商办理。

六、住房公积金制度中的法律关系

(一)住房公积金管理委员会与住房公积金管理中心的法律关系

住房公积金管理委员会是决策机构,对住房公积金实施统一领导,统一管理,统一使用,住房公积金管理中心是管理运作机构,两者之间是领导与被领导,监督与被监督的关系。

(二)住房公积金管理中心与职工之间的法律关系

缴存住房公积金的职工对于住房公积金拥有最终所有权,但只能在法定的条件下进行提取、使用和处分。住房公积金管理中心是直属城市人民政府的、不以营利为目的的独立的事业单位,是住房公积金的运作机构,承担着住房公积金的日常管理运作、保值和归还的职责。职工与管理中心之间的法律关系应属于委托代理关系,即职工将属于自己的住房公积金委托给管理中心进行管理和运作,但这种委托代理关系不是建立在双方合意的基础之上,而是由立法规定强制建立的。

既然是委托代理关系,那么住房公积金在实际运作中发生的风险、损失应由职工最终承担,管理中心所负的责任应是行政上的责任。笔者认为,《管理条例》所规定的"住房公积金贷款的风险,由住房公积金管理中心承担",其实际意思是指银行而不是贷款人,不承担贷款风险。至于在职工与管理中心之间,管理中心既无自有资本,也不是营利性机构,事实上无法承担风险,最终的损失还是要由职工承担。

(三)住房公积金管理中心与住房公积金借款人之间的法律关系

住房公积金管理中心与住房公积金借款人之间的法律关系是借贷关系,贷款人是管理中心,而不是银行。

(四)住房公积金管理中心与银行之间的法律关系

住房公积金管理中心委托受委托银行办理住房公积金贷款、结算等金融业务和住房公积金账户的设立、缴存、归还等手续,两者签订委托合同,法律关系属于委托代理关系。

七、我国住房公积金制度的缘起与现状

在我国,住房公积金制度的发展主要经历了以下五个阶段:

第一阶段是启动阶段,从 1991 年 5 月到 1994 年 6 月。1991 年 5 月,上海市借鉴新加坡中央公积金制度的成功经验,结合中国国情,率先建立了住房公积金制度。这一阶段住房公积金制度尚处于试点阶段,全国没有明确的管理体制,也没有统一的管理制度。

第二阶段是全面推行阶段,从 1994 年 6 月到 1996 年 8 月。1994 年 6 月,发布国务院《关于深化城镇住房制度改革的决定》(国发[1994]43 号文件),以国务院文件形式明确提出全面推行住房公积金制度,并对住房公积金的缴存、使用、列支办法、管理和监督等作了原则规定。随后,国务院房改领导小组、财政部、中国人民银行联合下发了《建立住房公积金制度暂行规定》,为住房公积金制度的全面启动提供了政策保证,住房公积金制度在全国迅速建立。上海市于 1996 年 7 月 1 日出台实施了全国首部比较规范的住房公积金地方性法规《上海市住房公积金条例》。截止到 1996 年 6 月,除西藏外的 30 个省、自治区、直辖市已全面建立了住房公积金制度,住房公积金归集额达到三百多亿元,并利用住房公积金归集的资金,有效地支持了全国的安居工程和经济适用房建设。

第三阶段是发展阶段,从 1996 年 8 月到 1999 年 3 月。住房公积金制度在推进中不断总结经验加以完善。1996 年 8 月,国务院办公厅转发了国务院房改领导小组《关于加强住房公积金管理的意见》,依据 1995 年在上海召开的"全国城镇房改经验交流会"精神,在总结各地实践经验的基础上,明确住房公积金不纳入财政预算外管理,住房公积金管理实行"房委会决策、中心运作、银行专户、财政监督"的管理原则。这一文件的下发有效地促进了住房公积金规范管理,推动了住房公积金制度的更快发展,在这一阶段,住房公积金个人住房贷款在上海、天津、北京、南京、武汉等城市逐渐发展,但规模仍较小,住房公积金使用的方向仍主要是住房建设贷款。

第四阶段是住房公积金管理纳入法制化管理轨道,从 1999 年 4 月至 2002 年 4 月。随着住房公积金归集额迅速发展,迫切需要法制上的保障。各地纷纷制定了地方性法规,国务院也开始了住房公积金立法工作。1999 年《住房公积金管理条例》的发布实施,标志着我国住房公积金制度的法制化。住房公积金使用方向也由住房建设贷款和住房消费贷款调整为只能发放个人住房消费贷款。

第五阶段是依法规范发展阶段。2002年5月,国务院颁布了重新修订的《住房公积金管理条例》,并下发《关于进一步加强住房公积金管理的通知》,对住房公积金决策机构、住房公积金管理机构的设置进行了明确,一个城市只能设立一家住房公积金管理中心,管理中心直接隶属于政府,业务上接受住房公积金管理委员会的指导,住房公积金管理进一步走向规范。与此相适应,各地方的住房公积金制度也作出了许多不同程度的调整,并作了一些结合自身实际的改革。2004年3月2日,财政部、中国人民银行、银监会、建设部联合发布了《住房公积金行政监督办法》,进一步明确了住房公积金的监督管理体制。2005年1月7日,建设部、财政部、中国人民银行又联合发布了《关于住房公积金管理若干具体问题的指导意见》,对于住房公积金在实践中产生的诸多问题提出了指导性的意见。2006年9月5日财政部发布了《关于加强住房公积金管理等有关问题的通知》,2008年5月20日住房和城乡建设部等七部委联合发布了《关于开展加强住房公积金管理专项治理工作的实施意见》,这些举措有针对性地解决了住房公积金管理存在的问题,较好地防范了住房公积金风险。2010年9月7日,住房和城乡建设部发布《住房公积金督察员管理暂行办法》,在原有的监督机制基础上增设了针对住房公积金政策执行和资金安全情况进行专门督察的督察员制度,进一步完善了住房公积金管理体系和监督机制。与此同时,住房公积金的业务政策也日益完善,其工作重心逐步放到以支持住房消费为目的的个人购房委托贷款业务之上,办理流程和相关手续日益简便和快捷;在资金增值方面,根据2009年10月14日住房和城乡建设部等七部委联合发布的《关于利用住房公积金贷款支持保障性住房建设试点工作的实施意见》等规范性文件,将住房公积金的一部分用于城市保障性住房建设补充资金,在加大对经济适用住房和城市廉租住房发展支持力度的同时,较好地发挥了住房公积金的社会功能并提高了住房公积金的效益。

当然,随着经济和社会生活的发展,人们对住房公积金的功能提出了越来越高的要求,住房公积金制度在经历过去20年的发展后也面临新时代的挑战,一些触及住房公积金组织和管理体制、资金归集与缴存、使用与投资环节的根本性问题迫切地需要得到根本性的解决。[①] 为此,2011年1月19日,住房和城乡建设部等四部委联合发布《关于加强和改进住房公积金服务

---

① 陈杰:《中国住房公积金的制度的文献综述》,2011年7月7日,资料来源:http://www.lurwenxf.com/Writing_summary/20110707-4664.html,2011年8月3日访问。

工作的通知》,并制订了《住房公积金服务指引(试行)》进行回应。这个阶段,监管部门、实务界和学界也都展开了关于住房公积金改革的探讨,将住房公积金中心改组为政策性住房金融机构——国家住房银行、建立自愿基础上的合作住房储蓄银行、并入商业银行体系等多种改革方案百家争鸣,为未来我国住房公积金制度的改革提供了有益的参考。

八、住房公积金贷款难的问题

根据住房和城乡建设部的统计,截至 2008 年末,全国住房公积金缴存总额为 20699.78 亿元,缴存余额为 12116.24 亿元;累计为 961.17 万户职工家庭发放个人住房贷款 10601.83 亿元,个人贷款余额为 6094.16 亿元,2008 年末个人贷款余额与商业性个人住房贷款余额的比例为 20.43%。2008 年末,住房公积金使用率(个人提取总额、个人贷款余额与购买国债余额之和占缴存总额的比例)为 72.81%,住房公积金运用率(个人贷款余额与购买国债余额之和占缴存余额的比例)为 53.54%。2008 年末,全国住房公积金银行专户存款余额为 5616.27 亿元,扣除必要的备付资金后的沉淀资金为 3193.02 亿元,沉淀资金占缴存余额的比例为 26.35%。① 上述住房公积金不高的运用率和偏高的沉淀比的现象是现实生活中存在的住房公积金"贷款难"问题的直接反映,而造成这一问题的原因主要包括:

(一)额度限制

近年来,全国许多城市的房地产价格普遍上涨较快,特别是像北京、上海这样的大城市,而住房公积金的贷款额度却变化不大,其所要求的首付比例也调整不多,许多想要申请住房公积金贷款的人由于自有资金有限,面对较高的房价,只能望而却步。

(二)程序繁琐

申请公积金贷款程序比较复杂和繁琐,审批放贷的流程较长,造成开发商回笼资金的速度比较慢,二手房业主拿钱也困难,因此售房一方一般不提倡购房人使用住房公积金贷款,有的开发商采用对申请商业住房贷款和住房公积金贷款的购房人给予不同的折扣的方式鼓励购房人选择商业住房贷款。

---

① 住房和城乡建设部:《2008 年全国住房公积金管理情况通报》,2009 年 3 月 23 日,资料来源:http://www.mohurd.gov.cn/hydt/200903/t20090323_187675.htm,2011 年 7 月 20 日访问。

(三) 利益冲突

住房公积金贷款与商业银行业务的重叠问题长期以来都是对住房公积金贷款发展的一个阻碍,并且住房公积金在资金规模、网点分布等方面也都处于劣势。住房公积金贷款又是委托贷款,银行只是担任了一个管理中心的"出纳"的角色,在办理同样金额的按揭业务时,利息收入相差又很多,其自主发放的个人住房贷款与住房公积金贷款之间存在着利益竞争的关系。因此,在现实中,房地产开发商在获得银行商业贷款时,往往已与银行达成某种"捆绑协议",银行要求其在做购房贷款时,必须推介银行自营性贷款。

制度借鉴

一、新加坡中央公积金(Central Provision Fund)制度概述

新加坡的中央公积金制度最初建立于1955年,并由同年7月成立的中央公积金局(Central Provision Fund Board)负责管理。这一制度建立的初衷是为了实施养老金计划,为在职人员提供养老保险,并未涉及住房领域。但是,当时的新加坡正面临着严重的"房荒"问题,有80%以上的人居住困难。为此,新加坡政府于1964年推出"居者有其屋"计划,鼓励中低收入家庭购买公共组屋。这一计划由专门机构——建屋发展局(HDB)负责推行,新加坡政府选择了已经建立起来的中央公积金作为该计划的主要资金来源。1968年,新加坡政府通过了一项《公积金修正法令》,允许雇员动用公积金存款的一部分作为购房首期付款之用,不足之数由每月应缴纳的公积金分期支付,并且这项规定仅适用于低收入雇员,直到1975年才对中等收入雇员放开了动用公积金购买公共住宅的限制。这样,公积金逐步发展成为解决在职人员的购建住房、医疗保险和养老金三项内容为主的广泛的社会保障储蓄制度。目前,新加坡中央公积金局把每个成员的存款设立三个账户:普通账户、保健账户和特别账户,普通账户的存款可用于购置房产,约占80%的份额;保健账户用于支付医疗费用,约占12%的份额;特别账户的存款即为养老金,约占8%的份额。通过这一制度的建立和严格推行,新加坡不仅早已成功解决了城市住房问题,实现了"居者有其屋"的目标,而且这一制度的经济效应也已经远远超过了住房金融的范围,带动了其整个国民经济的发展。

新加坡的中央公积金制度采用的是强制储蓄模式,即由政府运用强制

性手段筹集住房建设和消费所需资金的一种住房金融模式。其基本运行机制就是,政府凭借国家权威和信用,通过国家法律和行政规定等强制性手段,要求雇主和雇员将雇员工资收入的一定比例定期存入指定机构,该机构以优惠贷款方式支持雇员住房消费。

第一,根据《中央公积金法》的规定,所有公司的雇员都必须参加公积金储蓄,每月必须拿出一定比例的薪金进行强制储蓄,同时雇主也按雇员工资的一定比例按月拿出一笔资金作为雇员缴存的公积金进行储蓄。从1955年开始,这一提取比例从最初的5%不断提高,20世纪90年代初,雇员和雇主的缴存率都曾高达25%,近年来又有所回落。

第二,公积金的存款利率最初为固定年利率,并且较低,后随着经济发展而有所提高。到1986年,中央公积金局宣布其与市场储蓄存款利率挂钩,具体做法是:公积金存款利率根据新加坡金融管理局的存款基准利率和四大银行一年期存款利率的平均水平确定,略低于市场上的同期储蓄存款利率,公积金存款利率每6个月调整一次,即今年上半年的公积金利率等于去年下半年平均市场利率,今年下半年的公积金利率等于上半年平均市场利率,每月按户头上的最低存款结息一次,利息每年存入户头一次。由于中央公积金局按月计息,所得的利息是复利,会员实际得到的利息是单利,两者之间的差额形成了中央公积金局的经费。

第三,雇员和雇主缴存的公积金连同利息均归雇员个人所有,雇员55岁退休或本人因故丧失劳动能力时,可以领取公积金生活;本人去世时,其公积金的全部存款可以由指定的继承人继承;平时雇员可以支用公积金购房和支付雇员本人及其直系亲属的医疗费,但不能用公积金来支付房租。

公积金会员缴存的公积金从个人所得税税基中扣除,离退休提取公积金本息时的所得免征个人所得税。

第四,公积金的管理、使用、核算由中央公积金局全面负责。该局下设理事会,由11名理事组成,商议有关公积金的重大问题,日常管理工作则由总经理负责。全局除设两名副总经理外,一律不再设副职。局中的每个人都有明确的责任、权利和工作程序,保持了较高的效率。另外,中央公积金局的员工实行的是类似政府公务员的级别工资制,其工资收入不和公积金运营的经济效益挂钩,也不能用公积金的增值部分作为员工奖金。这样,就避免了中央公积金局为追求利润偏离为会员服务的宗旨,在一定程度上保证了其廉洁性。

第五,中央公积金的资金使用流程比较特殊,按照《中央公积金法》的规定,中央公积金局在收到缴存的公积金后,除留足必要的会员支取提款外,其余的全部资金都用来购买新加坡国家债券,国家通过发行债券回收的资金再转换成政府各项专用基金,在住房方面,以政府发展基金的形式贷放给建屋发展局,支持建屋发展局的住房建设和个人购房抵押贷款,其具体流程为:

第六,由于中央公积金的成员都有公积金储蓄作为偿还购房贷款的保证,这就形成了一种存款保证机制。因此,银行都愿意提供此类住房贷款,并给予较低的利率、较长的还款期限等优惠条件。

二、新加坡中央公积金制度和我国住房公积金制度的比较

新加坡中央公积金在住房领域和整个社会范围内所取得的巨大成功,主要得益于《中央公积金法》的制定和严格执行、政府的大力支持,以及中央公积金局、建屋发展局和银行之间的互相配合。我国正是在借鉴新加坡成功经验的基础之上建立起我国的住房公积金制度。两者在基本原理上是相同的,都以强制储蓄、互助等理论为基础;都是典型的政策性住房金融;缴存和使用的基本方法等也基本相同。但是,二者的差异也是明显的:

第一,在制度的功能和目的方面,新加坡中央公积金制度的最初目的仅仅是养老,后来扩大到医疗等社会保障方面,住房问题是后来才引入的。虽然中央公积金的主要部分被住房所占据,但其功能和目的始终不单纯在于住房方面,而是综合性的社会保障。我国住房公积金制度的建立目标一直以来都仅仅是为了解决中低收入者的住房问题,比起新加坡中央公积金制度,目标单一。

第二,在运行流程方面,新加坡中央公积金的管理机构是中央公积金局,但其并非向雇员提供贷款的贷款人,中间还需经过购买国家债券,形成政府基金的步骤,最终由建屋发展局向雇员提供贷款。我国住房公积金的管理机构是各地的管理中心,所有单位和职工都向其缴存住房公积金,而且管理中心还要充当贷款人的角色。

第三,在管理机构设置方面,新加坡中央公积金制度中首先有一个统一的管理机构,即中央公积金局,而且它既决策又执行,权力比较集中;其次是设立了一个建屋发展局,它既是开发商,又有一定的金融职能。我国的住房公积金制度中没有全国统一的管理机构,而是由各省市设置自己的住房公积金管理中心作为管理主体,而且它主要是执行者,决策者则是当地的住房公积金管理委员会。

第四,在整个国民经济中的地位和作用方面,新加坡中央公积金制度占有非常重要的位置,相比较而言,我国的住房公积金制度的地位和作用则相对有限。

操作流程

根据《住房公积金管理条例》、《关于住房公积金管理若干具体问题的指导意见》等主要法律规范,各地结合本地的社会及经济发展水平制订了相应的住房公积金制度。因此,尽管各地住房公积金的具体操作不尽相同,但其原则和主要制度却大体相似。下文以北京住房公积金贷款为例,解说这一操作流程。

一、住房公积金贷款的适用条件

(一) 主体资格

根据《管理条例》的规定,国家机关、国有企业、城镇集体企业、外商投资企业、城镇私营企业及其他城镇企业、事业单位、民办非企业单位、社会团体及其在职职工是缴存住房公积金的主体,而只有缴存住房公积金的职工才有权申请住房公积金贷款。《指导意见》将缴存主体和有权申请贷款的主体扩大到包括城镇单位聘用的进城务工人员、城镇个体工商户和自由职业人员。

另外,《指导意见》还规定,职工在缴存住房公积金所在地以外的设区城市购买自住住房的,可以向住房所在地管理中心申请住房公积金贷款,缴存住房公积金所在地管理中心要积极协助提供职工缴存住房公积金证明,协助调查还款能力和个人信用等情况。这应当被看做是对地域限制的一个突破。

因此,根据《北京住房公积金贷款办法》的规定,其贷款对象为在北京住房公积金管理中心缴存住房公积金的在职职工和在职期间缴存住房公积金的离退休职工,以及管理中心依据上述国家有关规定确认的其他借款人。

（二）还贷能力

《管理条例》没有对贷款申请人的能力进行规定，但通常申请人具有稳定的职业和收入，信用状况良好，有偿还贷款本息的能力是防范贷款信用风险的有效手段，因此许多地方也将此作为申请人应具备的条件之一，北京的住房公积金贷款也不例外。而且，由于实行借款申请人信用评级与贷款额度相挂钩的制度，良好的还贷能力有助于借款人获得高信用评级，申请到更多的住房公积金贷款。

（三）住房公积金缴存情况

《管理条例》没有对住房公积金贷款申请人缴存公积金的情况进行规定，但地方上的规定往往将此作为申请人应具备的条件之一。

根据北京市的要求，住房公积金贷款申请人的住房公积金缴存情况应满足以下三个条件之一：(1) 建立住房公积金账户12个月（含）以上，同时足额正常缴存住房公积金12个月（含）以上且申请贷款时处于缴存状态；(2) 申请人所在单位经公积金管理中心审批同意处于缓缴状态，但本人满足建立住房公积金账户12个月（含）以上，且足额正常缴存住房公积金12个月（含）以上；(3) 借款申请人为在职期间缴存住房公积金的离退休职工。但对于购买政策性住房的贷款申请人，则其不受这一住房公积金缴存时限的限制，贷款申请人只需满足建立住房公积金账户且处于缴存状态条件即可申请住房公积金贷款。

（四）贷款用途

根据《管理条例》的规定，住房公积金贷款的用途被限定为：购买、建造、翻建、大修自住住房，北京市也和其他地方一样执行了这一要求。

（五）提供担保

根据《管理条例》的规定，申请住房公积金贷款应当提供担保，但并没有限定担保的方式，而是交由地方自主决定。北京住房公积金管理中心认可的担保方式主要有：抵押担保、质押担保、连带责任保证担保（又可分为北京住房贷款担保中心担保和其他人担保两种）、抵押加担保中心担保等。

（六）首期付款

《管理条例》没有规定住房公积金贷款申请人应承担的首期付款的比例，各地往往根据所在地区的情况并遵循国家对房地产的调控措施制定相应的比例。

受到2010年来国家严格调控房地产市场的影响，住房公积金贷款的首付比例大为提高。在北京申请住房公积金贷款，自2010年11月29日起，如用于购买首套自住住房,房屋套型建筑面积在90平方米(含)以下的,首付款比例不得低于20%,即个人贷款额度不得超过房屋评估价值或实际购房款(以两者中较低额为准)的80%;房屋套型建筑面积在90平方米以上的,首付款比例不得低于30%,即个人贷款额度不得超过房屋评估价值或实际购房款(以两者中较低额为准)的70%;购买经济适用住房等政策性住房的贷款额度不得超过房屋评估价值或实际购房款(以两者中较低额为准)的90%。自2011年2月18日(含)起,贷款申请人购买"二套住房"申请住房公积金个人贷款(含个人住房组合贷款),首付款比例不得低于60%,即个人贷款额度不得超过房屋评估价值或实际购房款(以两者中较低额为准)的60%。根据中国人民银行、财政部、银监会、住房和城乡建设部2010年11月2日发布的《关于规范住房公积金个人住房贷款政策有关问题的通知》,住房公积金贷款禁止向购买第三套及以上住房的申请人发放。

(七)已还清之前的住房公积金贷款

《指导意见》明确规定,职工没有还清贷款前,不得再次申请住房公积金贷款。即如果贷款申请人在此次申请贷款之前已经使用过住房公积金贷款的,必须还清上笔贷款,才能申请本次贷款。北京也和其他地方一样执行了这一规定,要求借款人夫妻双方均无尚未还清的住房公积金贷款和住房公积金政策性贴息贷款。

二、住房公积金贷款的提交资料

《管理条例》没有对申请住房公积金贷款所需提交的资料作出规定,只规定了申请人应向管理中心提出申请,并由管理中心进行审批。根据上述申请人应具备的各项条件,其所提交的文件资料应是对其符合这些条件的证明。综合《管理办法》和北京在内的各地方的规定,这些文件资料主要包括:

(1)填写好的住房公积金贷款申请表;

(2)具有法律效力的身份证明,如居民身份证、户口本、暂住证或有效身份、居住证明;

(3)有关借款人家庭稳定的经济收入的证明;

(4)贷款(如有)还清证明;

(5)贷款申请人的《个人信用评估报告》;

(6)购买住房首期付款证明或者建造、翻建、大修住房自筹资金证明;

(7)需要评估的房屋,必须提供管理中心认可的具有资质的评估机构出具的《房屋评估报告》;

（8）符合规定的购买住房合同意向书、协议或其他批准文件；

（9）抵押物或质物清单、权属证明以及有处分权人同意抵押或质押的证明，有权部门出具的抵押物估价证明，保证人同意提供担保的书面文件和保证人资信证明。

三、住房公积金贷款的办理程序

申请住房公积金贷款，贷款申请人应持填好的贷款申请表和规定的申请资料，到管理中心办理申请。管理中心对申请材料进行审查，自受理申请之日起15日内作出准予贷款或者不准贷款的决定，并通知申请人；准予贷款的，由受委托银行办理贷款手续。以北京市为例，其住房公积金贷款申请办理流程如下图①所示：

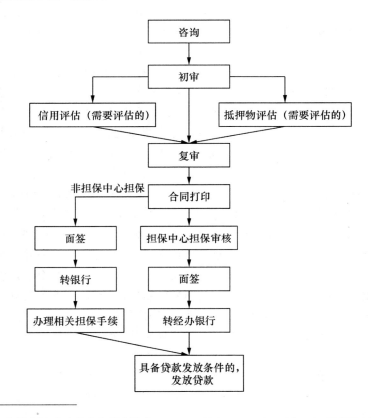

---

① 资料来源：北京住房公积金网，http://www.bjgjj.gov.cn/zyyw/dkyw/tx/201002/t20100208_2786.html，2011年8月3日访问。

案例分析

案例：住房公积金管理中心的管理范围与诉讼地位问题

[案情]

本案原告袁丙霖原系上海有色金属研究所（以下简称研究所）职工，被告系上海市公积金管理中心。1994年11月底，袁丙霖由研究所调至上海东华工程技术公司（以下简称东华公司）工作，1995年5月底又调至上海沪江铜厂（以下简称沪江铜厂）工作。在其调至东华公司工作时，人事档案材料、养老保险金等均已转入新的单位，唯独住房公积金仍滞留在研究所。1995年2月，袁丙霖得知自己住房公积金未能转入东华公司后，即与研究所联系，要求其办理住房公积金账户转移手续，以便保持住房公积金的延续，但遭推诿。1995年11月，袁丙霖又得知研究所非但不向市公积金管理中心受托银行缴存单位为职工缴存的这部分住房公积金，而且连同从其月工资收入中代为扣除的这部分由职工自己缴存的住房公积金也未向受托银行缴存。1995年12月，袁丙霖向研究所所在地的上海市松江县人民法院提起民事诉讼，诉研究所侵占其住房公积金。松江县人民法院经审理后，于1996年1月29日作出(1996)松民初字第1号民事裁定，认为职工住房公积金问题属于政府行政部门管理范围，故不予受理。1996年1月26日，袁丙霖前往上海市公积金管理中心请求解决。上海市公积金管理中心接报后进行核查，发现研究所因国有企业体制转轨、效益不佳等诸多因素，自1994年2月份起就未能按时缴存职工住房公积金。该中心认为，对于这类亏损企业在管理住房公积金过程中，不能简单地根据《上海市住房公积金条例》的有关规定行使行政处罚权利，而只能根据新情况、新问题及时制订一些切实可行的具体政策，这样既能保护职工的合法权益，又能使住房公积金制度健康发展。因此，上海市公积金管理中心于1996年9月13日向中国建设银行上海市分行转各支行发出业务联系单，阐明其对研究所欠缴职工住房公积金、退休职工提取、调离职工转移公积金的处理意见，要求对研究所做一次开始欠缴月份的汇缴，待汇缴后对退休、调离、辞职等人员按实际应缴金额用公积金补缴清册予以补缴，并在补缴后向调离人员开具转移通知书进行转移。1997年7月4日，上海市公积金管理中心针对这一全市性国有企业在转制过程中处于亏损、破产边缘，无力缴存职工住房公积金的问题，向上海市各住房公积金缴存单位发出沪公积金发(1997)第30号《关于住房公积金制度执行过程中几个政策口径的通知》,在关于住房公积金账户的转移一栏中,明确提出:"职工因工作调动,需要办理住房公积金账户转移手续,若原单位没有履行住房公积金缴存义务造成住房公积金账户无法转移的,原单位必须将欠缴该职工的住房公积金本息余额缴存至该职工住房公积金账户。"由于函稿来往时间较长,研究所未及时按照上海市公积金管理中心的意见切实履行补缴转移袁丙霖住房公积金的事宜,致使袁丙霖的权益受损。

[评析]

管理中心作为住房公积金的管理运作机构,应执行住房公积金管理委员会制定的住房公积金管理政策和措施,履行国家规定的住房公积金归集、提取、使用核算、保值、归还等管理运作职责,通过这些具体的管理行为实现政府宏观管理的意图,维护住房公积金缴存职工的合法权益。也就是说,管理中心既要对住房公积金管理委员会负责,又要对职工负责。那么,如果职工在其住房公积金方面的权益受到了损害,职工是否有权主动向管理中心提出申请,要求管理中心维护其合法权益?如果管理中心怠于行使其职权,职工是否有权起诉管理中心,要求其履行法定职责?

本案争议的焦点主要在于管理中心能否成为行政诉讼的被告以及管理中心法定职责的范围。袁丙霖认为,根据《上海市住房公积金条例》的有关规定,上海市公积金管理中心对其所管理的法定职责范围表现出无所作为的不作为行为,应负法律责任,遂向人民法院提起行政诉讼,要求上海市公积金管理中心履行法定职责。上海市公积金管理中心则认为,第一,该中心没有与袁丙霖形成据以引发行政诉讼的行政法律关系,故不应成为行政诉讼的被告;第二,对于没有履行缴存、转移职工住房公积金义务的单位,住房公积金管理中心只有行政处罚的权利,没有强制缴存转移的权利;第三,该中心已经就袁丙霖所反映的情况和全市性普遍存在的问题,制订了具体处理办法,并发文给有关银行提出处理办法,研究所在接到文件后陆续补缴了职工住房公积金,并愿意在今后的日子里补缴齐袁丙霖的住房公积金本息。因此,该中心已经履行了法定职责。

法院经审理认为,《上海市住房公积金条例》第15条对单位如何向上海市公积金管理中心缴存职工住房公积金有明确规定:"职工缴存的住房公积金,由单位在其每月工资收入中代为扣除。单位为职工缴存和代扣的住房公积金,由单位自发放月工资之日起5日内,存入市公积金管理中心在受托银行设立的住房公积金专户,并且计入职工住房公积金账户,不得逾期缴存或者漏缴、少缴。"研究所自1994年2月起就违反法规规定欠缴职工住房公积金,对此上海市公积金管理中心就应及时按照该《上海市住房公积金条例》第 34 条第 1 款第 3 项的规定履行法定职责,对未按照条例规定,缴存住房公积金的研究所责令限期补缴本息,并自应缴存之日起按日处以未缴存额 3‰的滞纳金;逾期仍不缴存的,可依法申请人民法院强制执行。这样就能使袁丙霖的合法权益少受损失并得到保障。上海市公积金管理中心未及时发现研究所有欠缴职工住房公积金的违法行为,而当袁丙霖因工作调动,发现自己的住房公积金账户中的储存金额与实际情况不符,并要求及时转移而向上海市公积金管理中心提出受理要求时,上海市公积金管理中心就应按照《上海市住房公积金条例》第 27 条第 2 款的规定及时无偿受理,并且自受理之日起 3 日内给予原告书面答复。而上海市公积金管理中心恰恰违反了这一规定,未给袁丙霖书面答复,却以公函周转的形式向有关银行发出业务联系单,由欠缴单位对公积金做一次开始欠缴月份的汇缴,待汇缴后再由单位按实际应缴金额用公积金补缴清册予以补缴,补缴后才由单位按实际金额对袁丙霖开具转移通知书进行转移,致使其问题迟迟得不到落实。因此,根据《上海市住房公积金条例》所设定上海市公积金管理中心监督管理的职责,其应当履行却未履行督促研究所按时履行住房公积金缴存义务的行政管理职权。

在本案审理过程中,上海市公积金管理中心已经意识到其确实违反了《上海市住房公积金条例》的规定,没有履行行政职权,故在庭审后即为袁丙霖的住房公积金转移事宜进行具体落实,并在法院作出行政判决前,向研究所收缴齐了所欠缴的袁丙霖的住房公积金,开出转移通知单及时转移至袁丙霖现时工作单位,并进行了利息赔偿。袁丙霖认为继续诉讼已无必要,故向法院提出申请,自愿撤回起诉,法院依法准许其撤诉申请。

根据《管理条例》的规定,住房公积金管理中心是直属城市人民政府的不以营利为目的的独立的事业单位。管理中心应履行《管理条例》所规定的各项职责,在行政法上,其属于依法律、法规授权而行使特定行政职能的非国家机关组织(以下简称为被授权组织)。被授权组织在行使法律法规所授行政职能时,是行政主体,具有与行政机关基本相同的法律地位。而且,被授权组织是以自己的名义行使法律、法规所授职能,并由其本身就行使所授职能的行为对外承担法律责任。根据《行政诉讼法》的相关规定,公民、法人和其他组织申请行政机关履行保护人身权、财产权的法定职责,行政机关拒绝履行或者不予答复的,公民、法人和其他组织有权对该行政机关提起行政诉讼,如果是由法律、法规授权的组织所作的具体行政行为,该组织是被告。

在本案中,原告袁丙霖的财产权利受到了其原所在单位的侵害,作为《管理条例》所授权的住房公积金的管理运作机构,上海市公积金管理中心应根据《管理条例》和《上海市住房公积金条例》所赋予的职权,对袁丙霖的合法权利进行保护。但是,上海公积金管理中心不但未及时发现研究所有欠缴职工住房公积金的违法行为,而且在袁丙霖提出申请后,也未在法定时间内给予答复。因此,袁丙霖完全有权对其提起行政诉讼,要求其履行法定职责。

(蒋诤)

第十章 住房储蓄银行制度

- 住房储蓄银行的性质与特征
- 天津中德住房储蓄银行的实践
- 住房储蓄合同的实务操作
- 住房贷款合同的实务操作

基本原理

一、住房储蓄银行制度概述

根据德国《住房储蓄银行法》第 1 条第 1 款的规定,住房储蓄银行(Bausparkassen,也可译为建屋储蓄银行),是指接受住房储蓄者的存款,并以此累积存款向住房储蓄者提供以兴建住房为目的的贷款的信贷机构。这一概念首先明确了住房储蓄银行所从事的业务是住房储蓄业务,其次将住房储蓄银行的性质定位为信贷机构。目前,设立在天津市的中德住房储蓄银行(Sino-German Bausparkasse,以下简称 SGB)是我国唯一一家专业经营住房信贷业务的商业银行,属于银行业金融机构,接受中国银行业监督管理委员会(简称银监会)的监管。

(一)住房储蓄业务

住房储蓄是一种专项存款,而储蓄者参加住房储蓄的最终目的是为了获得低利率的住房贷款。住房储蓄银行与储蓄者之间签订住房储蓄合同,储蓄者便成为由众多储蓄者组成的集体中的一员。储蓄者首先进行存款,即先为储蓄者集体做出贡献,其后方能赢得储蓄者集体对其的回报,即于日后获得低利率的住房储蓄贷款。用于提供贷款的资金来自于储蓄者集体的积累,主要组成部分为储蓄者的存款和还款。

具体做法是,储蓄者签订了一定合同额的住房储蓄合同后,只要按合同约定存够最低存款额和存足一定期限,并同意接受配贷,住房储蓄银行将为其合同进行配贷。关于配贷顺序,由住房储蓄银行通过为每份合同计算评价值决定。评价值的主要计算依据是合同额和存款产生的利息,评价值最高的合同将最先得到配贷。在落实担保和资信审查之后,住房储蓄银行便可以将住房储蓄贷款发放给储蓄者,贷款额是合同额与存款额之差。这样,在贷款阶段开始的时候,储蓄者便获得了与合同额等额的融资。即:

贷款额 = 合同额 − 存款额(包含利息和政府奖励)

住房储蓄贷款的用途限于与住房有关的目的,主要用于购买、建造、维修、装修住房或服务于这些目的的行为,也可以用作与住房相关的目的,如为建造住房获取建筑用地或偿还因住房项目所欠的债务。

(二)住房储蓄银行的性质

住房储蓄银行属于银行类金融机构。住房储蓄银行在其发展初期,曾经采取过多种组织形式,在德国,也一度被纳入保险业而非银行业,但后来便被纳入银行管理范围,并与一般商业银行一样,需要遵守银行业方面的法律法规。在中国,住房储蓄银行被归属于银行类金融机构,受到银监会的监管。

二、住房储蓄银行制度的特征与比较

(一)住房储蓄银行制度的特征

(1)封闭运作、专款专用。

住房储蓄存款的唯一用途是为参加住房储蓄的居民提供购建住房贷款。

(2)利率固定,不受资本市场利率波动的影响。

住房储蓄是一个封闭运转的融资系统,独立于资本市场,存贷款利率不受资本市场供求关系、通货膨胀等利率变动因素的影响。

(3)市场营销方式独特,经营成本低。

住房储蓄银行的业务主要通过与其合作的商业银行的营业网点和外围的营销机构来进行的,往往不单独设立分支机构,从而可以节约人工费及办公费用,降低经营成本。

(4)与合作银行密切合作,实现双赢。

与住房储蓄银行签订住房储蓄合同的居民可以同时申请商业银行抵押贷款,这种组合贷款的方式促进了商业银行住房抵押贷款业务的发展。

(5)住房储蓄贷款实行第二抵押权制度。

商业银行的抵押贷款为第一抵押权贷款,而住房储蓄银行的抵押贷款

为第二抵押权贷款,这种抵押权顺序的安排有利于商业银行与住房储蓄银行合作开展住房融资业务。

(6) 住房储蓄制度灵活性强,适宜于广大居民。

住房储蓄合同额无上下限额规定,合同额的大小、期限长短,由储蓄者根据其收入水平、储蓄及还款能力自由选择。

(二) 住房储蓄银行制度与住房公积金制度的比较

各国政府为解决居民住房问题,建立了各种政策性住房金融制度。政策性住房金融制度服务于政府的住房政策目标,以资金有条件让渡为特征,并在此过程中提供各种优惠,例如给予利息补贴或税收减免、较长的期限等等。德国的住房互助储蓄银行制度和我国的住房公积金制度都属于政策性住房金融制度,并具有以个人住房抵押贷款为主、低存低贷、封闭式运行的共性。但是,住房储蓄银行制度和住房公积金制度两者在筹资模式、资金运用、管理体制等方面又存在比较大的差异。

1. 筹资模式

目前,各国的住房金融筹资模式大体可以分为三种基本类型:第一,以自愿合同储蓄的方式;第二,以强制储蓄的方式;第三,以资本市场为主要手段。住房储蓄银行制度属于第一种类型,即居民是否与住房储蓄银行订立住房储蓄合同完全取决于其自愿,政府往往给予各种优惠政策鼓励其参加住房储蓄,但并不强行规定。而住房公积金制度属于第二种类型,即政府强制要求职工和单位进行住房公积金的储蓄。

2. 资金运用

住房储蓄银行制度与住房公积金制度都面临如何将所筹集的资金有偿地让渡给借款人,以满足储蓄者购建房屋的资金需求的问题。德国的住房储蓄银行在借贷资金的发放中,除了按常规审查贷款申请人的支付能力外,还有一套严格的资格评定标准,具体包括最低存款额、最低存款年限和评估值等指标,比较注重贷款申请人对住房储蓄的贡献。我国的住房公积金制度只注重了贷款申请人的支付能力,但没有最低存款额的要求,没有一套评估贷款申请人对住房储蓄的贡献的具体指标,即存多存少对其最终所能借贷的资金没有影响。

3. 管理体制

德国的住房储蓄银行拥有独立的金融企业的法人地位,公司制是其普遍采纳的一种组织形式,其中民营的住房储蓄银行必须采用股份有限公司的法律形式。这种经营管理体制的基本特征是:首先,公司法人具有与自然人相同的民事行为能力,依法享有民事权利和承担民事义务;其次,股东的出资形成公司法人的财产,公司以此为基础承担经营风险和民事责任;再次,具有一套包括股东会、董事会、经理层在内的完善的法人治理结构;最后,公司必须遵循规范的公司会计和审计制度,并依法纳税。

我国的住房公积金制度实行住房公积金管理委员会决策、住房公积金管理中心运作、银行专户存储、财政监督的原则。管理中心作为住房公积金的具体运作机构,既不是会员制也不是公司制的法人实体,而是当地人民政府设立的事业单位,这种定位使资金管理中心成了一个"行政化"的机构,没有法人财产和独立经济利益的约束,不具备承担经营风险和民事责任的能力。

三、住房储蓄银行制度中的法律关系

住房储蓄者与住房储蓄银行之间签订住房储蓄合同,两者之间是合同关系。在存款阶段,住房储蓄者是存款人,住房储蓄银行作为金融机构吸收其存款;在贷款阶段,住房储蓄者是借款人,住房储蓄银行是贷款人。这种存款和贷款的法律关系,类似于一般的商业银行存贷款合同又有其自身的特殊性。具体分析参见下文的实务操作流程。

四、住房储蓄银行制度的缘起、现状与趋势

(一) 住房储蓄的理念

住房储蓄的理念就是众人互助合作,依靠集体力量的优势,解决大家的住房问题。例如:有10个人都要购置房屋,每人各需资金10万元,如果每人每年能储蓄1万元的话,那么每个人都分别需要10年时间。但是,如果这10个人联合起来,共同储蓄,即把钱放在一起,那么在第1年年底,就有1个人可以借助其他9人的力量完成购房计划。这笔钱他将以每年1万元的方式进行偿还,共需9年可以还清。第2年,其他9人每人还是各储蓄1万元,加上第1个人所偿还的1万元,总共是10万元,又有1个人可以完成购房计划。以此类推,到第10年,最后1人也可完成购房计划。计算下来,平均每人只用了5年半的时间,比自己单独储蓄建房平均快了4年半。

(二) 住房储蓄银行的缘起和发展

住房储蓄的构想和实践最早源于公元前200年的中国汉朝时期,一位名叫庞拱的高级法政官员在当时成立了具有互助性质的储蓄机构。在欧洲,最早为住房目的进行集体储蓄的概念始于1775年英国的伯明翰地区,

由克多利房屋建设公司发起,在金十字饭店聚集会员按月缴纳会费,累积成基金,会员在购建房屋时可以申请贷款融资。随后,英国在19世纪上半叶兴起了大量的福利建屋协会,它们是与今日的住房储蓄银行性质相似的金融机构。这种住房储蓄的构想也很快传播到美国、加拿大、南非、澳大利亚等许多国家。目前,在世界范围内,虽然德国的住房储蓄银行业务从1924年才正式开始,但从正式制定《住房储蓄银行法》及政府相关措施的配合,以及在住房金融市场上所占有的份额来看,发展得最为成功。

(三)我国在住房储蓄银行方面的实践

我国在住房储蓄银行方面的实践共有两次。第一次是在1987年底,当时为了配合国家住房制度改革,经国务院同意、中国人民银行批准,分别在山东省烟台市和安徽省蚌埠市设立了两家住房储蓄银行,主要围绕房改领域开展业务,专门办理与住房改革配套的住房信贷、结算等政策性金融业务。但是,十几年来,这两家住房储蓄银行并没有真正借鉴国外住房储蓄银行成功的运作经验,只开办低息抵押贷款,业务单一,资金来源方面除了各企事业单位缴存的住房基金外,就只有储蓄者为了获得低息贷款而存入的仅能获得活期利息的储蓄存款。无论是总资产还是业务量,均无法达到规模效应和预期效果。而且,随着住房公积金制度的建立,这两家住房储蓄银行的职能基本被住房公积金管理中心所取代,其处境愈发尴尬。在这种情况下,两家住房储蓄银行相继转型。2001年,烟台住房储蓄银行通过增资扩股改制为综合性的股份制商业银行,名称仍为"住房储蓄银行";2003年8月1日,原烟台住房储蓄银行对外发出公告,即日起更名改制为恒丰银行股份有限公司,成为全国第11家股份制商业银行。2001年,蚌埠住房储蓄银行与其他几家城市信用合作社合并组建成蚌埠市商业银行,并于2005年12月28日正式成为徽商银行的蚌埠分行,加入了城市商业银行的行列。因此,目前这两家住房储蓄银行的性质已经发生了实质性的转变,并不是真正意义上的住房储蓄银行。

我国在住房储蓄银行方面的第二次实践是中国建设银行股份有限公司(以下简称建行)和德国施威比豪尔住房储蓄银行股份公司(以下简称施豪)于2004年在天津市合资设立的中德住房储蓄银行。建行在此之前一直是烟台住房储蓄银行的大股东,占有35%的股份。而施豪则是德国34家住房储蓄银行中最大的一家,拥有员工3100名,股本金为6亿德国马克,其最大的股东是位于法兰克福的德国中央银行。截至1999年底,施豪银行的资产总额为569亿马克,拥有客户达620多万人,市场占有率近25%。在全欧洲,施豪也是最大、最成功的住房储蓄专业银行,其设在欧洲其他国家的合资银行均在所在国住房金融市场上占有领先地位。

中德住房储蓄银行 2004 年设立之初的注册资本为 1.5 亿元人民币,建行拥有其中 75.1% 的股份,施豪拥有其中 24.9% 的股份。2008 年中德住房储蓄银行的注册资本增加到 4 亿元,2011 年又增加到 20 亿元,中德双方的持股比例不变。中德住房储蓄银行的管理体制是董事会领导下的行长负责制。董事会是最高权力机构,负责决定公司的全部重要事务,行长全面负责日常经营管理工作,向董事会汇报工作并受董事会领导。中德储蓄银行建立后,积极利用建行的营业网点和自身的销售中心推广业务,于 2006 年发放了第一笔住房储蓄贷款。2008 年之后,中德住房储蓄银行获得银监会批准扩大业务范围,在原有的住房储蓄基础上增加了个人住房贷款、房地产开发贷款、吸收公众存款、办理国内外结算等商业银行业务,逐渐从单一的从事住房储蓄业务的储蓄银行转型为专业经营住房信贷业务的商业银行。经过几年的发展,中德住房储蓄银行在天津拥有了和平支行和滨海支行两家分支机构,已获批的重庆支行将于 2011 年底开业。近年来,中德住房储蓄银行的住房储蓄业务增长迅速,截至 2011 年 5 月底,该行的住房储蓄产品已惠及天津近 10 万个家庭,累计销售合同额达 232 亿元,加上其创新推出的个人保障性住房贷款及保障性住房开发贷款等产品,中德住房储蓄银行成为了全国首家以"三中群体"(中等收入居民购买中小户型、中低价位住房)为重点服务目标的专业住房信贷银行,创立了住房储蓄银行的中国发展模式。[①]

制度借鉴

德国最早的住房储蓄银行制度是成立合作社制,吸收民间资金,但不放款,其所兴建的住宅只供出租而不出售给私人持有。1868 年,德国的布列斯劳地区成立了英国式的住房储蓄合作社。1885 年,教会牧师波得辛又成立了住房储蓄总户。德国住房储蓄银行业务的正式开始是在 1924 年。由于第一次世界大战所造成的破坏,当时的德国出现了极度的房荒,利率也达

---

① 有关中德住房储蓄银行的发展历程,资料来源于其官方网站,http://www.sgb.cn/,2011 年 8 月 4 日访问。

到了60%。在这种情况下,同友会、德国住房信合社和公务员住房储蓄银行等三家住房储蓄银行相继成立。它们以客户自存部分加上利息之和的2倍向客户提供低息甚至是无息贷款。此时,德国的公营银行还未接受住房储蓄的观念,住房储蓄的资金提供者仍局限于民间集体互助的储蓄行为。但到了1928年,德国斯图加特都市储蓄银行创设了专业部门从事集体性质的住房储蓄部。自此,德国全国相继有18家公营银行开始办理住房储蓄业务。

当时在德国,住房储蓄银行的组织形态多种多样,包括协会、合作社、有限公司、股份有限公司等等。人们对于住房储蓄银行的定位也很模糊,有人认为其属于合作社性质,也有人认为其与保险业的营运方式接近。1931年,住房储蓄银行被列入各州内的"帝国私人保险业者管理局"管理,而不是纳入银行业。1934年,住房储蓄银行改属全国性信贷监察局监督,1938年正式被纳入银行管理范围,但仍与一般银行的监管相互分开。1972年,德国为住房储蓄银行专门立法,1974年1月1日,《住房储蓄银行法》正式生效实施,至此监管部门才对住房储蓄银行与一般银行一视同仁。因此,住房储蓄银行除了要遵守《住房储蓄银行法》、《保护住房储蓄银行债权人准则》等专门立法之外,同时也要遵守《银行法》和《消费者信贷保护法》。

根据《住房储蓄银行法》的规定,住房储蓄银行是指接受住房储蓄者的存款,并以此累积存款向住房储蓄者提供以兴建住房为目的的贷款的信贷机构,并且住房储蓄业务只能由住房储蓄银行经营。住房储蓄银行的名称中必须包含"住房储蓄"字样,只有取得住房储蓄银行业务的公司才能将上述字样加入其名称以表明其营业目的或进行广告活动。但是,如果一个公司的全称已经确定表示其业务完全与住房储蓄无关的,不在此限。住房储蓄银行分为公营和民营两种,民营住房储蓄银行必须采用股份有限公司的法律形式,而公营住房储蓄银行的法律形式则由各州自行决定。

住房储蓄银行的业务范围包括住房储蓄业务和住房储蓄业务以外的业务。住房储蓄业务即指接受住房储蓄者的存款,并以此累积存款向住房储蓄者提供以购建住房为目的的贷款。住房储蓄业务以外的业务又包括为履行住房储蓄合同,核放先期或过渡贷款;核放住房贷款;管理和处置第三人贷款,以住房储蓄银行或第三人名义核放第三人贷款,该贷款必须用于住房融资的目的;为第三人贷款提供保证,住房储蓄银行必须对该贷款有权核贷,并且该贷款已经取得担保;为核放贷款以及其他业务的需要而筹措资金,包括吸收信贷机构和其他机构投资人的资金、其他债权人的资金以及发行最高期限为 5 年的债券;为促进住房储蓄业务而对外投资,但用于投资总额不得超过其资本额的 20%;向住房储蓄银行已经投资入股的企业贷款。

住房储蓄银行从事住房储蓄业务,与住房储蓄者签订住房储蓄合同。在签订住房储蓄合同之前,住房储蓄银行应先与住房储蓄者商定合约数目(目标金额或发放金额,即储户自存本息加上住房贷款),每月按时缴付额(0.4%)及特约支付等。利息必须明文写入合约内,通常是在年利率 2.4%—4.5% 之间固定不变。除此之外住房储蓄者往往可按其所得水平将雇主津贴和政府补助一并计入。如果自存金额和储蓄期间均达到合约要求,便可以获得贷款分配,其中自存部分要达到 40%—50%,存储期间至少 18—60 个月不等。住房储蓄银行会将存户资金累积情况按月寄送给住房储蓄者,评分办法则是时间(月数)乘以存入金额而得之。在分配住房储蓄金时,储蓄者所存入的本息会一并发还,连同住房储蓄贷款而构成目标金额。住房储蓄贷款的年利率是存款年利率(即 2.4%—4.5% 之间)加上 2% 而成为 4.5%—6.5% 之间。还本付息按月摊还,每月至少是 0.6%,全年至少是 7.2%。储蓄者可视自身经济能力随时予以特约支付或加速偿还。德国政府为住房储蓄者提供补助。比如 1996 年以前,单身者年所得在 27,000 马克以下,已婚夫妇年所得在 54,000 马克以下,政府向其发放补助。其先决条件是,雇主应员工要求每年自员工所得中扣除最高 936 马克汇入其所开具的住房积累账户内(民间企业雇主则往往分摊此 936 马克的一半或全额作为招徕员工的手段),政府按积累部分的 10% 给予补助。

在监管方面,联邦信贷监察局(The Federal Banking Supervisory Office)依据《住房储蓄银行法》以及相关信贷法律监督住房储蓄银行,其权力主要包括:在监督范围内制定规则,以规范住房储蓄银行的营业、一般营业准则和住房储蓄合同的范本;对适用《住房储蓄银行法》有疑义时,由联邦信贷监察局决定;要求撤免住房储蓄银行主管;在每一个住房储蓄银行任命一名监察人,由其给付薪资,并有权随时免职,该监察人的主要职责是监督有关分配程序,确保住房储蓄合同的一般业务准则和基本条款的遵循,检查住房储蓄银行有关分配程序的账簿和文件,向联邦信贷检察局报告其视察结论。

操作流程

一、住房储蓄的操作流程

(一) 住房储蓄合同的类型

参加 SGB 的住房储蓄，必须首先与 SGB 签订一份住房储蓄合同。住房储蓄合同明确了储蓄者和 SGB 双方的权利和义务，以及有关存款和日后贷款的一系列具体事项。目前，SGB 推出的住房储蓄合同分为 A、C 两大类，A 类包括 AA、AB、AC 三种类型，C 类包括 CA、CB、CC 三种类型。储蓄者可以根据自身是否想要尽快达到配贷条件，或者计划在多长的期限内归还贷款等不同需求，在这六种住房储蓄合同中进行自由选择（见下表：住房储蓄合同的类型）。

住房储蓄合同的类型表①

合同款型	AA	AB	AC	CA	CB	CC
合同服务费	合同服务费为 A、C 类合同签署时合同额的 1%；合同额提高时 A、C 类合同为提高额的 1%。					
存款阶段常规存款（即月度存款占合同额的比率）(%)	10	8	6	12.2	8.38	6.02
最低存款总额/一次性存款占合同额的比率 (%)	50					
一次性存款最早得到配贷的时间(月)	27	35	49	24	34	42
常规存款最早得到配贷的时间(月)	53	66	91	44	63	84
贷款额	贷款额 = 合同额 - 存款余额 - 政府奖励			贷款额 = 合同额 - 存款余额		
存款年利率(%)	0.5	0.5	1	0.5	0.5	1.2
标准贷款年利率(%)	3.3	3.3	3.9	3.7	3.7	4.3
优惠贷款年利率%/达到配贷条件的最长期限(月)（在规定的最长期限内达到配贷条件的合同才能享受到优惠贷款利率）				3.3/48	3.3/72	3.9/96
评价值系数	1.6	1.2	0.4	1.91	1.27	0.41
配贷条件	合同最小评价值达到 8，最低存款额占合同额的 50%					
贷款阶段月度还款额占合同额的‰（等额本息） 标准利率合同	7.8	6	4.4	5.46	4.05	3.61
贷款阶段月度还款额占合同额的‰（等额本息） 优惠利率合同				5.36	3.95	3.51

---

① 资料来源于中德住房储蓄银行的官方网站，http://www.sgb.cn/，2011 年 8 月 4 日访问。

（续表）

合同款型	AA	AB	AC	CA	CB	CC
最长还款时间（月）	71	95	143	108	156	192
合同转换	AA 和 AB 款可以互相转换并均可转换为 AC 款，AC 款不能转换为 AA 或 AB 款。			CA 和 CB 款可以互相转换并均可转换为 CC 款，CC 款不能转换为 CA 或 CB 款。		

注：用于天津市住房消费的住房储蓄存款可享受天津市政府 1.5% 的免税利息奖励。

（二）住房储蓄合同的运作过程

1. 储蓄阶段

（1）缔结合同

储蓄者申请缔结住房储蓄合同，应持身份证或其他有效证件（户口簿、军官证等）到建行天津市分行各营业网点、中德住房储蓄银行各分支行及销售中心，填写《缔结住房储蓄合同申请表》并亲笔签名。SGB 在收到申请表后 4 周之内会发出确认信，表示收到此表并确认合同的开始时间。

（2）住房储蓄合同额

储蓄者通过缔结住房储蓄合同，确定住房储蓄合同额，其必须是千元人民币的整数倍，且 A、C 类合同不得少于 2 万元人民币，即最低合同额是 2 万元人民币。

（3）合同服务费

住房储蓄合同缔结后，储蓄者即应首先支付合同服务费，合同服务费主要用于支付为缔结合同所发生的费用。合同服务费将从储蓄者的首笔存款中扣除。若达到配贷条件的储蓄者放弃贷款或所申请的贷款未能通过 SGB 审查而无法获得贷款，依据其书面申请，SGB 将 100% 返还合同服务费，除此之外的任何情况服务费均不予退还。若储蓄者未达到配贷条件而提前支取存款，合同服务费则不予退还。

（4）存款方式

储蓄者除了选择一次性存款或按各类合同对应的月推荐存款额进行按月规律性地存款外，也可选择其他不规律的存款方式，但会影响得到贷款的时间。无论选择何种存款方式，存款越早、额度越大的，得到贷款的时间会相应提前。

（5）政府对住房储蓄的奖励

天津市政府对满足一定条件的 SGB 的储蓄者实行一定的住房储蓄奖

励政策,其前提条件是在配贷之后,储蓄者必须将其住房储蓄存款用于天津市的住房消费。所谓住房消费,是指住房的建造、购买、维修和更新,或者是为住房建设的目的服务的行为,以及其他与住房消费目的有关的行为。例如,为建造一定的住房而购买建筑用地、清偿用于住房消费项目所欠的债务。SGB支付全部政府奖励的前提是住房储蓄者必须向SGB提供其将全部储蓄存款用于住房消费的证明,如果住房储蓄者只能证明其将储蓄存款中的一部分用于住房消费,就只能得到与之相应的那一部分奖金。

政府奖励随同住房储蓄存款利息每年计算一次,结息日为每年的12月31日。对于在2004至2006年度签约的储蓄者,政府奖励按照1%的年利率计算;从2006年8月1日以后签约的客户,其政府奖励按1.5%的年利率计算。如果将新合同与老合同合并,则合并后的合同,其政府奖励按照1%计算。

如果储蓄者将部分存款余额用于住房消费,则奖励按照用于住房消费的存款占存款总额的比例计算。储蓄者不能从奖励中获取利息,并且奖励额不作为年度计算奖励的基础。

2. 中德住房储蓄预先贷款

储蓄者签订住房储蓄合同后,不能立即向SGB申请住房储蓄贷款,必须达到合同所规定的年限。储蓄者在达到配贷条件前如有提前购房计划,可在符合SGB当时预先贷款政策的情况下,使用住房储蓄预先贷款。储蓄者在达到SGB配贷条件后,可用住房储蓄贷款替换住房储蓄预先贷款。

以2011年7月1日至12月31日SGB执行的预先贷款政策为例,如果储蓄者在该期间拟申请预先贷款,住房储蓄合同须同时满足下述条件:(1)合同评价值[①]不低于2;(2)存款达到合同额25%。预先贷款的年利率(以SGB实际放款日期为准)按以下标准执行:AA、BA、CA类合同为4.68%;AB、BB、CB类合同为4.68%;AC、BC、CC类合同为5.13%。

3. 配贷

配贷是住房储蓄合同执行中的重要环节,指住房储蓄合同达到条件后,

---

① 评价值是SGB用来计算住房储蓄者对住房储蓄集团贡献度的参数,其计算基础是住房储蓄存款利率。评价值的计算方法如下:

$$评价值 = \frac{存款利息总额 \times 评价值系数 \times 超额存款奖励系数}{住房储蓄合同额(以千为单位)}$$

$$超额存款奖励系数 = \frac{储蓄存款余额}{最低存款额(合同额的一半)}$$

$1 \leq 超额存款奖励系数 \leq 2$(不足1则按1计算)

SGB 根据储蓄者接受配贷的声明,为其准备好一笔相当于住房储蓄合同额的资金。

4. 贷款阶段

在达到配贷条件后,如果储蓄者接受配贷,可以先支取存款,支用贷款的最迟时间是自接受配贷后的两年零两个月之内。如果储蓄者暂时不接受配贷,可以在以后使用贷款,但前提是不支取存款。

贷款后,储蓄者(借款人)每月以固定的利率,采用等额还款方式偿还本金和利息,储蓄者可以随时提前偿还全部或部分贷款(本息),SGB 对此不收取违约金。

(三)住房储蓄合同的变更

住房储蓄者只有在交纳了全额服务费,并且在其合同账户上有储蓄存款余额的情况下,才能够提出变更合同的申请,申请必须是书面的,并需要通过 SGB 的书面确认,变更后的合同必须符合对应类型的住房储蓄合同的基本要求,并且最早在合同变更的 3 个月之后才能得到配贷。

(四)住房储蓄合同的转让

经 SGB 审查批准,住房储蓄者可以转让其合同,转让合同需支付转让服务费。通过合同的转让,受让人就获得了与合同有关的所有的权利和义务。转让合同需要双方的书面协定。

(五)住房储蓄合同的解除

住房储蓄者在缴清住房储蓄合同的服务费后可以随时解除合同,最早能够在合同解除之后的 2 个星期后得到储蓄余额。合同解除需以书面形式进行。随着合同的解除,住房储蓄者将失去获得贷款的资格和得到政府奖励的机会,并且已缴纳的合同服务费也不予退还。

二、住房储蓄贷款的操作流程

(一)住房储蓄贷款的适用条件

1. 主体资格

住房储蓄贷款的对象是签订住房储蓄合同并达到 SGB 规定的配贷条件,具有完全民事行为能力的中国公民,及在中国大陆有居留权的外国公民,储蓄者在达到配贷条件时的年龄加上贷款年限(最长不超过 16 年即 192 个月)不得超过国家法定退休年龄后 5 年,即男 65 周岁,女 60 周岁。目前,上述主体的住房消费必须是在天津市范围以内,也就是说,非天津市本地人在天津进行住房消费可以申请 SGB 的住房储蓄贷款,但天津市本地人和非天津市本地人在天津市以外的地方进行住房消费则不能申请 SGB 的住房储蓄贷款。随着 SGB 重庆分行将于 2011 年底开业,到时在重庆市进行住房消费也能申请住房储蓄贷款。

2. 还贷能力

贷款申请人稳定的职业和(或)收入,信用良好,有按期偿还贷款本息的能力。

3. 配贷条件

贷款申请人持有达到 SGB 规定的配贷条件的住房储蓄合同,SGB 规定的配贷条件包括:

(1) 在评价日,合同的最低评价值达到 8[①];

(2) 在评价日,合同达到了最低存款额,即 50% 的合同额[②];

(3) 在配贷截止前,住房储蓄者对 SGB 的书面询问已即时做出回答,表示接受配贷。

4. 贷款用途

住房储蓄贷款的用途限于住房消费,主要用于购买(商品房、经济适用房、网上交易私产房等)、建造、维修、装修住房或服务于这些目的的行为,也可以用做与住房相关的目的,如为建造住房获取建筑用地或偿还因住房项目所欠的债务。此外,住房储蓄贷款还可用于全额或部分置换其他银行或 SGB 发放的按揭贷款、公积金贷款、公积金与按揭组合贷款。

5. 提供担保

提供 SGB 认可的担保,其形式包括抵押、质押、保证和上述担保形式组合的担保。

(1) 采用抵押方式

采用抵押方式的,通常情况下担保物主要为房产。SGB 需对抵押物估价或委托有关机构估价,所需费用由借款人负担。抵押率不得超过抵押物评估价值的 80%。通常情况下,SGB 借助评估机构确定抵押物的价值。也可以指定 SGB 的员工进行抵押物的评估。SGB 与抵押人签订合同后,双方必须按照有关法律规定办理抵押登记手续。抵押合同自抵押物登记之日起生效,至借款人还清全部贷款本息为止。抵押权设定后,所有能够证明抵押物权属的证明文件(原件)及抵押物的保险单证(正本)等,

---

① 参见本章前文"住房储蓄合同的类型表"。
② 同上。

均由 SGB 保管并承担保管责任。SGB 收到上述文件、单证后,应出具保管证明。抵押贷款本息未清偿前,未经 SGB 同意,抵押人不得将抵押物再次抵押、出租、转让、出售或赠予。抵押人须保证抵押物的安全、完好,并随时接受 SGB 的监督检查。借款人不能足额提供抵押(质押)担保时,应提供附加担保。附加担保可以是质押,也可是通过其他房产实现的抵押或其他担保方式。

(2) 采用质押方式

采取质押方式的,出质人和质权人必须签订书面质押合同。《担保法》、《物权法》规定需要办理登记的,应当办理登记手续。质押合同至借款人还清全部贷款本息时终止。在质押期期满之前,贷款人不得擅自处分设定的质物。质押期间,质物如有损坏、遗失,贷款人应承担责任并负责赔偿。借款人不能足额提供抵押(质押)担保时,应提供附加担保。附加担保可以是质押,也可以通过其他房产实现的抵押或其他担保方式。

(3) 采用保证方式

采用保证方式的,保证人与债权人应当以书面形式订立保证合同。保证人发生变更时,必须按照规定办理变更担保手续,未经贷款人认可,原保证合同不得撤销。在这应由贷款人认可的第三方提供担保,或者借款人提供其他的能承担连带责任的人。保证人是法人的,必须具有代为偿还全部贷款本息的能力,且在 SGB 指定的合作银行开立存款账户;保证人为自然人的,必须有固定经济来源,具有足够代偿能力。

6. 首期付款

贷款申请人能够提供不低于所购住房全部价款的一定比例的首期付款。

(二) 住房储蓄贷款的提交资料

(1) 身份证件(居民身份证,户口本和其他有效居留证件);

(2) 借款人家庭稳定经济收入的证明;

(3) 住房储蓄银行认可的、合法的用于住房目的的合同、协议或证明;

(4) 抵押物或质押财产清单,权属证明文件,有处分权人同意抵押或质押的证明,住房储蓄银行认可的有权机构出具的抵押物估价报告书;保证人同意提供担保的书面意见及保证人的资信证明材料;

(5) 首期付款证明;

(6) 住房储蓄银行要求提供的其他文件或材料。

（三）住房储蓄贷款的办理程序

1. 配贷申请

住房储蓄者接到 SGB 的配贷问询后,如接受住房储蓄贷款的,要提出配贷申请,并填写住房储蓄贷款申请表呈交贷款经办行(人),一并提交上述六项资料。

2. 审查与答复

SGB 自收到贷款申请及提交的完整的材料之日起,在 4 周内进行审查,并向借款人正式答复。

3. 签订借款合同

SGB 同意借款人的借款申请后,双方签订借款合同,并根据贷款担保方式,同时签订抵押合同、质押或保证合同。必要时应由国家公证机关办理合同公证。

4. 划入资金

在借款人办理抵押、担保及保险手续,并满足了贷款合同中为支付贷款而提出的其他要求之后,SGB 一次或分次将贷款资金划入约定的账户。

5. 提取和使用

借款人应按照借款合同规定的用款计划和用途提取使用贷款,SGB 可以按照借款人的委托将贷款一次或分次转入约定的账户。如借款人在接受配贷 2 年后还没有全部或部分支取贷款资金,SGB 将给客户设定 2 个月的支取期限。2 个月期限到期后,贷款资金仍未被全额支取,SGB 不再有拨款义务,除非客户对该延误不负有责任。

6. 偿还

借款人应按照住房储蓄合同类型规定的还款额按月偿还贷款本息,也可以随时额外多还款。如果借款人未按合同规定的期限和额度偿还贷款,SGB 有权按照中国人民银行的规定对欠款额计收逾期利息。借款人还清全部贷款本息后,SGB 应根据借款人的申请在 30 天之内,将抵押物权属证明等或质押财产退还抵押人或出质人。

借款第一次还款是在贷款资金全额拨付后的次月进行;如果贷款资金分期拨付,则在第一期拨付后的第 4 个月开始还款。SGB 将通知客户首次还款的时间。每次还款要在每月底前进行。

（蒋诤）

第十一章　民间个人集资建房制度

- 民间个人集资建房兴起的原因与意义
- 民间个人集资建房的主要模式
- 北京、温州首例个人集资建房案(于凌罡、赵智强)的法律分析

基本原理

一、民间个人集资建房的概念

所谓民间个人集资建房,也称个人合作建房,是指若干个自然人自愿参加并集合资金,组成团体,并以该团体的名义取得土地建造房屋,而后在团体成员内部进行分配,从而各自取得相应房屋所有权的行为。

二、民间个人集资建房的特征

1. 自发性

无论是北京的于凌罡、重庆的邱朝礼、还得深圳的林立人、温州的赵智强等人,作为个人集资建房的倡导者,他们都是在没有任何机关、组织、个人的资助下进行建房的宣传号召,建房前期的大部分工作主要靠志愿者完成。应该说,我国的个人集资建房是民间个人自主发展起来的。

2. 平民参与性

我国新近发展起来的个人集资建房的参与者全部都是平民,一改以往社会活动主要是行政主导的官方色彩。个人集资建房的参与人往往为了寻求较低房价而甘冒建房风险,这种集体活动不但绕开了地方政府,也绕开了与地方政府密切相关的房地产开发商。

3. 非营利性

个人集资建房存在的目不是为组织者赚取利润,也不是从交易行为中攫取差价,甚至获得房产的人不能任意转让自己享有所有权的房产,这一切

都说明了个人集资建房活动的非营利性。不管是采取合伙制形式,还是采取公司制形式,抑或是合作社形式,都不能否定个人集资建房的非营利性质。

4. 保障性

从社会中住房的供应模式来看,住房供应不外乎以下两种:市场交易模式和住房保障模式。① 前者如商品房开发、二手房交易等;后者如公房分配、住宅合作社建房、廉租房、经济适用住房等。我国的个人集资建房具有非常明显的社会保障性,也就是说,其主要目的是为了满足广大中低收入阶层的住房需求,最大程度地保护他们的居住利益。

三、个人集资建房与其他相关概念的比较

(一) 与房地产开发

《城市房地产开发经营管理条例》(1998 年 7 月 20 日国务院发布施行)第 2 条规定:"本条例所称房地产开发经营,是指房地产开发企业在城市规划区内国有土地上进行基础设施建设、房屋建设,并转让房地产开发项目或者销售、出租商品房的行为。"从该行政法规的规定我们可以看出个人集资建房与房地产开发存在如下区别:

(1) 是否存在开发企业?

房地产开发存在一个掌控整个房屋建造、出卖、出租过程的开发主体,即房地产开发企业;个人集资建房一般不存在一个房地产开发企业,存在的只是个人合作建房的参与者和参与者所组成的团体。

(2) 是否以营利为目的?

房地产开发中的"开发"一词本身就蕴涵着营利的意思,从根本上而言房地产开发企业就是为了通过房地产的开发运作进行营利,从而给股东创造开发利润。而个人集资建房则不同,它以为参与者提供住房自住为目的,不具有营利性。

(3) 是否存在转让、出租房屋的经营行为?

通常,房地产开发中必然伴随房屋所有权的转让或者出租行为,以实现

---

① 参见金锦萍:《于凌罡们的必然归宿》,载《中国房地产报》2005 年 6 月 13 日,第 26 版。在该文中,作者把个人合作建房分为市场交易模式的合作建房和住房保障模式的合作建房。前者是指不享受政府优惠政策支持,以满足合作者自身个性化需求为重点的合作建房。但此种模式下合作者也是房地产市场的参与者,需要承担风险。后者则将合作建房作为住房保障制度的有机组成部分。

房地产开发企业的营利性目的。而个人集资建房则未必存在所有权转移的行为,也未必存在出租行为,更多的是建房者之间的房屋分配行为。

(二)与单位集资建房

所谓单位集资建房,是指由单位和职工按一定比例投入土地、资金,从而使职工因出资而获得相应权利的一种建房形式。单位集资建房和个人集资建房虽然都在一定程度上为了实现"居者有其屋"的梦想,虽然都要求个人出资,个人都会因出资而获得相应的权利,并且所获得的权利都有可能受有限制,但是两者仍然存在根本区别:

(1)是否以单位为主导?

单位集资建房通常会有一个事先存在的单位牵头并以单位的名义对外从事活动;而个人集资建房是先有倡议合作建房者,然后由倡议者和参加者共同组成集资建房主体。单位集资建房过程中,单位起着决定性作用;个人集资建房一般则是各个集资建房参与者民主决策、民主管理。

(2)是否由个人全部出资?

单位集资建房通常情况下由单位提供土地使用权和大部分资金,隶属于该单位的个人仅提供少部分资金,个人分得的房屋之上的权利具有一定的福利性质;而个人集资建房则需要集资建房参与者提供全部的资金购买土地使用权和进行房屋建造,个人获得的房屋所有权并不具有福利性质。

(3)是否获得房屋所有权?

单位集资建造的房屋根据单位和个人出资的比例或者事前的约定确定房屋权利的归属,个人获得的不一定是房屋所有权,有可能是优先租赁权,有可能是与单位一起按份共有房屋所有权,也有可能拥有全部所有权。而个人集资建房中,个人分配所得的房屋通常都可以由其享有完全的房屋所有权。

(4)是否以集体供给为理念?

单位集资建房受计划经济观念的影响,以集体供给为理念,是我国房改前国家为城镇居民提供住房的基本方式。个人集资建房非以计划经济式的集体供给为理念,而是为了弥补市场不足、满足强烈上升的住房需求而出现的一种住房提供方式,它是商品房市场的一种有益补充。

(三)与房屋团购

房屋团购是指一定数量的购房人自发组成团体或者在某一特定组织的安排下,由选出的代表协同法律工作者,与开发商多次协商,最终在某一时间段内以低于散户市场成交价格,签订有诸多附加条款《购房合同》的一种

智慧性购房活动。团购通常有两种：一种是购房人自发组团；另外一种是单位组织职工组团。后者较为普遍，但购房人仍然是单位的职工而非单位。虽然房屋团购和个人集资建房都能够带给房屋获得者低于市场成交价格的利益，但两者仍然有很大区别：

（1）是否对房屋建造施加决定性影响？

房屋团购情形下，团购人无论是在事前还是在事后都不能对房屋的建造施加决定性的影响，比如不能决定房屋的户型、设计等等。而个人集资建房人则能够对房屋建造的整个过程施加决定性的影响，可以决定房屋的具体建造方案，甚至可以通过合约的方式决定自己的邻居及限制其出卖房屋的自由。

（2）是否存在购房的市场行为？

房屋团购实际上隶属于商品房买卖，仍然是一个市场行为，只不过因为购买人组成了一个实力相对较大的团体，从而可以在房屋交易博弈的过程中稍占一些优势。个人集资建房则是"自己的房子自己盖"，或者是"自己的房子委托别人盖"，不是房屋交易，不存在购房的市场行为。

（3）便宜的价格幅度？

房屋团购的降价幅度是有限的，它以开发商的利润空间为最大限度。而个人集资建房相对于商品房来讲，可能比团购还要便宜很多。如果有相应的立法或者政策给予税费方面的优惠，则会获得更多的实惠。

四、我国出现民间个人集资建房现象的原因

（一）商品房价格过高

商品房价格过高，和作为购房者的工薪阶层，特别是在城镇工作的青年人，迫切的住房需求之间的矛盾，促使他们产生了抛开房地产开发商而自己组织建房的方法。在他们看来，房价过高的原因是开发商赚取了超额利润，房价中的相当一部分被开发商作为利润拿走了。这些需要房子的人自己组织起来建房子的方法，被称为个人集资建房。其中有一个合作建房的倡导者曾经做过成本核算，公开宣称集资建房的房价只相当于同等品质、同样地段的商品房价格的60%。另外一个个人合作建房组织者宣称可以省钱三成。报名参加该人组织的合作建房的三百多人中大部分都是受了较低房价的吸引。

（二）物业自主

个人集资建房倡议者所做的宣传中另外一个具有较大吸引力的是完全

的物业自主权。据个人合作建房倡导人的分析,现在房地产开发商在出卖商品房时往往保留一部分物业产权,而保留的这部分物业一般都具有很强的营利性特征。也就是说,开发商在出卖房屋时,往往并不出卖停车位、游泳池、图书馆、底层商铺等等可以带来收益的物业,而是保留这些物业的产权出租后进行营利。参加个人合作建房的人也都看到了包括底层商铺、停车位在内的这些物业的营利性,他们认为在自家附近甚至在自家小区内的这些物业应当归自己或者小区内所有的业主共有,不能像现在这样由开发商赚取物业所生利益,特别是当这些利益是小区内业主付出的时候。

个人集资建房参与者认为,个人集资建房可以避免开发商从中赚取上述物业的利益,因为个人集资建房中没有房地产开发商,大家可以在建房前就约定底层商铺、车位、游泳池、图书馆、健身房等等物业归全体小区业主共同所有。特别是底层商铺带来的出租利益可以抵销掉一部分物业管理费。一定程度上说,追求完全的物业自主权使这些个人集资建房者走在了一起。

(三)成本节约

每个小区都有自己的运行成本,这个运行成本也就是单位时间内小区良性运转所要花费的金钱。运行成本中最大的就是能源成本,包括水、热力、电力等等。个人合作建房参与者中不乏能源利用方面的专家,他们认为在目前房地产开发过程中,房地产商为追求短期商业利润在节能方面做得还不够,特别是没有考虑到购房者在入住后所花费的能源费用。而在个人合作建房情形下,这些合作者可以自主决定利用包括中水系统、太阳能系统、地热系统等等在内的节能系统,并且这些系统在相互配合之下更能体现节省能源的效果。虽然建造这些能源系统会使初期的房屋建造成本提高,但从长远来看却非常划算,因为这些系统几乎是一劳永逸的。在我国这样一个能源总体匮乏的国家,特别是考虑到目前各种能源价格总体存在上扬趋势的情况,个人合作建房因节能而产生的较低运行成本的效果的吸引力就可想而知了。

(四)更适宜的生活环境

家是繁忙都市人的一个栖息地,而房屋却是这个栖息地的承载者,房屋所在的小区生活环境很大程度上决定了一个都市人的生活质量。高质量的小区生活离不开良好的物业服务、融洽的邻里关系、设计合理的硬件环境。然而,从频繁发生的有关小区纠纷的案件来看,房地产开发商代理业主委托的物业管理公司的服务质量,往往因不能够达到业主期望的水平而引发复杂的纠纷。而且,商品房的购买者只有购买或者不够买商品房的权利,却没有阻止别人购买其附近房子的权利,也就是说,他没有选择自己邻居的权利。另外,小区内的硬件设施一般都是由房地产开发商决定修建的,草坪、花园、体育场等等的设计,业主在购房前后都没有决定的权利,即便是这样,开发商在购房前承诺的绿地、花草、树木、体育设施等也未必都能够实现。个人集资建房却恰恰能够解决购买商品房所遇到的以上难题,它使业主能够在建房前集体决定选择哪一家物业管理公司,集体决定小区内的硬件设施(实际上是包括但不限于)的设计。甚至,参与个人集资建房还可以通过特定的程序选择自己的邻居。

(五) 开明的土地利用政策

2005年前后之所以出现个人合作建房的热潮,很大程度上和2004年8月31日以后国家土地政策的变化[①]有关。在"8·31"之前,房地产开发商是通过政府审批等多渠道拿地。这种模式下,只有具备开发资质的开发商才能向国家建设主管部门申请立项,取得同意建设后才能批土地,然后才能进行规划、设计、建设的程序。这样一来,个人集资建房者由于没有开发资质而无法取得土地,更谈不上集资建房了。而"8·31"之后,取得土地的方式变为"招、拍、挂"模式[②],而且任何人都可以参加竞标。在这样的土地供应方式之下,购地者可以在取得土地的同时就取得了政府允许立项建设的条件。正是这一公开、公平的土地政策的实施,使土地使用权的取得真正市场化,使个人集资进行合作建房变为可能。

五、民间个人集资建房的分类

国内的个人集资现象始于2003年,此后伴随着北京、重庆、深圳、温州等地的个人集资建房高潮,探索出形式多样的"建房"模式,有的失败,有的成功,有的还处于探索之中。时至今日,尽管政策和法律层面未明确确认个人集资建房的合法地位,但民间集资建房的倡导和活动始终未曾停止。总结实践,可将民间个人集资建房分类如下:

---

① 2004年3月30日,国土资源部、监察部联合下发了《关于继续开展经营性土地使用权招标拍卖挂牌出让情况执法监察工作的通知》(即71号令),要求从即日起就"开展经营性土地使用权招标拍卖挂牌出让情况"进行全国范围内的执法监察,各地要在2004年8月31日前将历史遗留问题处理完毕,否则国家土地管理部门有权收回土地,纳入国家土地储备体系。

② 自2002年7月1日起施行的《招标拍卖挂牌出让国有土地使用权规定》(国土资源部2002年11号令)规定:"商业、旅游、娱乐和商品住宅等各类经营性用地,必须以招标、拍卖或者挂牌方式出让。"招、拍、挂是与协议出让国有土地使用权相对应的三种公开透明的国有土地出让方式,采用招、拍、挂三种方式出让国有土地使用权有利于防止暗箱操作。

第十一章 民间个人集资建房制度

（一）北京的地产定制模式

北京个人合作建房的代表人物是被称为"个人集资建房第一人"的于凌罡，他于2003年率先在网上号召网民集合起来进行个人合作建房，社会各界反响很大。随之，全国各地效法北京，开始了大规模号召个人合作建房的活动。北京模式首先考虑的是通过合作建房人集资买地，然后自己动手建房后再分配。后来迫于面临的重重困难，选择了合作建房人集资，成立一个相对独立的公司拿地，然后委托专业的房地产开发商建造房屋后再分配房屋的方法。这种方法与某些房地产开发商开办的"地产定制业务"吻合，可以称之为北京的"地产定制模式"。

伴随北京近年来地价的高速上涨，于凌罡带领的集资建房者数次拿地失败，建房计划已处于搁浅中。

（二）重庆的联众置业模式

推出重庆联众置业模式的是邱朝礼，他于2005年2月22日正式注册成立了中国首家专为集资合作建房者加工住房的房地产公司——重庆联众置业发展有限公司，注册资本为1000万元。他在联众置业成立前是重庆南方集团的副总，从事房地产业十多年。

重庆联众置业模式是一种房地产公司为集资建房合伙人代理建设的全新建房模式。该模式的基本流程是：由负责加工个人集资建房的房地产开发公司事先确定区域、地块、周边条件、规划、预决算等一系列准备工作，然后再根据该项目来招募个人集资合作建房的参与者，等项目的参与者招募完毕，集资者的资金完全到位以后，即严格按照项目的规划开工建设。联众置业在整个合作建房过程中承担的是"加工厂"的角色，即专门负责为集资者生产加工集资房。集资合伙人与房地产公司的关系是委托与被委托的关系。在整个合作过程中，房地产公司只收取一定比例的加工费，而不赚取其他任何费用。

重庆联众置业模式取得成功后，其发起人邱朝礼此后自己从事房地产开发，未再推出合作建房。但这一建房模式却被赵智强带领的个人集资建房者在温州以承包代建的方式得到复制并正在走向成功。

（三）深圳的烂尾楼收购模式

在深圳，个人合作建房的发起人是林立人，迫于个人集资建房拿地难，他采取的是通过竞拍收购烂尾楼的方法进行个人合作建房。这种模式的具体流程是：选择烂尾楼→扫尾工程→装修→分配房子。发起人林立人认为，"深圳模式"有其特殊性，因为深圳有不少颇具挖掘潜力的烂尾楼。他认为

盘活烂尾楼也能起到优化社会资源的作用。同时,就个人合作而言,竞拍烂尾楼能避开合作建房中的土地竞拍、报建等复杂环节,提高合作的成功可能性。深圳个人合作建房者结合深圳市的特殊情况,更倾向于合作竞拍烂尾楼,他们设想在竞拍成功后再做扫尾工程,然后装修、分配。所以,深圳的个人合作建房严格地说是个人合作竞拍,非实质意义上的"建房"。

2007年1月17日,林立人带领的个人合作建房者成功竞拍到了位于深圳宝安金桥工业区的两栋成品房,2007年底竞拍成功沙井宿舍公寓楼84套住房;另一个人集资建房倡导者魏琨带领广州合作建房者于2007年2月8日成功竞拍到了佛山市南海区某小区18套住房和8个车位。

六、民间个人集资建房的意义

(一) 满足个人的居住需求,实现"居者有其屋"

个人集资建房作为一种住房提供模式,如果能够实验成功,最大的功劳就是能够满足我国现阶段日益攀升的住房需求,清算多年以来的城市化欠账。农村居民大规模进城,一定程度上造成了"房荒",而商品房的价格又使许多人"望房止渴",个人集资建房能够在特定的范围内解决两者之间的矛盾。

(二) 作为房地产开发的一种有益补充

个人集资建房的存在范围仅限于中低收入阶层,不可能成为住房提供方式的主流,商品房开发的主流地位也不会因为个人集资建房的存在而动摇。但是,个人集资建房作为一种可供选择的住房提供模式的存在,其本身就非常有利于监督促进商品房开发交易市场的良性发展。更何况,个人集资建房还能够到达商品房开发无法触及的领域,比如为低收入阶层提供福利性住房。

(三) 培育民众的民主意识和能力

个人集资建房是一个几百人的社会性活动,从召集参与人到成立实体运作,再到房屋分配和后续管理,都需要相互博弈、妥协和合作。这其中的过程离不开民主决策,无形中锻炼了参与者民主管理自己事务的素质。

制度借鉴

合作建房这种模式最早出现在欧洲。19世纪,工业革命的发展造成城市人口激增,房价高涨,一些穷困者只好联合起来,借助集体的力量解决自己的住房问题。当时法国、德国、意大利、丹麦和瑞典等国都成立了各种类型的合作建房组织。

近年来,城市化带来的人口和住房压力日益严重,许多国家的政府开始注重从行政、经济及法律上对合作建房者给予支持,从而大大促进了合作建房的发展。目前,全世界已有八十多个国家建立了十多万个合作建房组织,这样的组织在某些国家甚至成为住房建设、销售和管理的主要形式。

世界上最常见的合作建房组织是住宅合作社。它的理论基础是合作经济思想,即劳动者自愿入股联合,实行民主管理,以集体占有为主导,集体占有与个人占有相结合的经济形式。在许多发达国家和发展中国家,"住宅合作社"都被看做是城镇居民(尤其是中低收入者)合作建房的理想形式。

第二次世界大战之后,德国政府颁布了一部鼓励私人投资建房的住宅建设法,该国随即出现了众多的住宅合作社。这些组织只有低收入者才能加入,其建房资金主要来自社员缴纳的股金、政府的贴息贷款以及社会捐助。

如今,住宅合作社已成为德国住宅建设的主要组织形式。有资料显示,合作社建造的住宅占到了德国新建住宅总数的 30.9%。

在其他国家,个人集资合作建房是中低收入人群解决住房问题的一种方式,该国政府会在土地、资金及政策等方面予以扶持;而在中国,目前尚处萌芽状态的合作建房运动则大多还包含着对抗房价暴利和维护业主权益的意味,具有一定的特殊性。

操作流程

一、个人合作建房工作流程(示例)

(一)前期准备阶段
(1)倡议宣传、参与者报名(网上、网下);
(2)由共同发起人组建合作建房联盟筹备组;
(3)拟定《联盟章程》、各相关工作流程和工作制度;
(4)与政府及相关部门深入沟通并争取优惠政策;
(5)召开第一次联盟成员大会,审议、决定《联盟章程》和其他重要的操作规程和制度(如民主议事制度、资金支付制度、房屋分配方案等——见说

明一);

(6)合作建房的参与者正式注册,成为联盟的正式成员;

(7)确定具体的建房模式(建房模式——见说明二);

(8)成立合作建房筹备委员会(以下简称筹委会,该筹委会即为日后成立的合作建房正式运作机构的管理服务班子)。

(二)实质性操作阶段

(1)注册成立运作机构(**住宅合作社或是**公司);

(2)通过土地一级市场或者是二级市场寻找小区建设地块;

(3)确定建房地块和建房的具体操作细则;

(4)规划设计和报建;

(5)确定各相关合作伙伴(如土石方施工单位、建筑施工单位、监理单位等);

(6)小区综合验收和住房分配;

(7)组织需要统一装修的成员选择装饰公司进行菜单式装修和批量采购大宗装饰材料;

(8)组织需要购买家具的成员批量采购;

(9)房产证、土地证的办理。

(三)后期物业管理

(1)成立业主委员会;

(2)如果自行管理,则就在成立建房运作机构时同步成立物业管理机构;

(3)如果不自行管理,则在确定相关合作伙伴时确定物业管理公司;

(4)如果小区的建设地块能够配套建设一些商业物业,如对外销售,则收益归全体成员共享;如不对外销售,则该产权和收益归属全体成员所有,经营管理由物业管理公司负责。

说明一:民主议事制度、资金支付制度、房屋分配方案(在此仅简要表述各制度的基本原理,具体制度待筹委会成立后据此原理拟定)

1. 民主议事制度

民主议事、投票表决的决策制度是合作建房的基本原则,联盟的共同发起人以及日后运作班子的成员担当的是召集人、联络人、运作规则的拟定人、资料信息的收集人、分析解释员的角色。在合作建房的运作过程中,《合作章程》、资金支付制度、房屋分配方案等重要规则和制度的确定、机构的设置、运作班子成员的确定、建房风格和户型面积的确定、合作单位的选择、主要材料的选用、物业管理模式的确定等一切重大事项,都应该、也必须由合作者们按照《合作章程》会议制度的规定投票表决,实行少数服从多数的原则。

2. 资金支付制度

(1) 在项目实质性操作前,筹委会会和某银行协商好在该合作建房项目过程中的金融服务工作。包括:接受成员的资金信托业务、结算业务以及贷款业务。

(2) 参与者在成为正式合作建房组织成员时,需到筹委会指定的银行开设一个个人存款专户,并存入第一笔资金(预计建房成本的30%左右),其后续应存入的资金将根据银行的贷款比例、项目进程和约定时间存入;同时和银行签订《信托合同》,银行按照约定用途和程序直接向施工方等单位支付资金。

(3) 运作机构将下月需要支付的各种款项提前10—20天列出明细并进行公示,接受成员的审核和监督,如发现问题或者成员即时提供能有效降低成本的信息,则及时纠正、变更和处理。

(4) 公示审核期过后,运作机构将根据每个成员应支付的金额及明细内容,制作成"资金结算转账表"交给银行,银行即从成员个人账户中划出资金,汇总后直接支付给收款人。

3. 房屋分配方案

(1) 项目施工过程中,根据每套住宅的位置、景观、户型、楼层、朝向等因素综合考虑,制定出一个"住宅调差系数表"或者是"住宅价格调差表",以确定每套住宅的调差系数或者调差价格,调差后的和为零;

(2) 原则上所有成员都有公平的选房机会(如实行摇号等公开、公平、公正的方式),也可以适当考虑前50位成员和为项目操作做出了突出贡献的成员。

说明二:合作建房模式(在此仅简要介绍合作建房的两种不同模式,待筹委会拟定相应的实施细则后交联盟成员大会确定)。合作建房联盟是认同合作建房理念,愿意共同参与合作建房而自愿参加的临时性非法人团体;在有足够的人员(如200人)参与进来并且时机成熟时,该团体就可相应地组建成正式的法人机构进行具体的建房操作事宜。

二、正式运作机构模式一:住宅合作社模式

我国的《城镇住宅合作社管理暂行办法》(1992年2月14日施行)规

定,住宅合作社是指经市(县)人民政府房地产行政主管部门批准,由城市居民、职工为改善自身住房条件而自愿参加,不以营利为目的公益性合作经济组织,具有法人资格。其主要任务是:发展社员,组织本社社员合作建造住宅,并可以自行组织验收;负责社内房屋的管理、维修和服务;培育社员互助合作意识;向当地人民政府有关部门反映社员的意见和要求;兴办为社员居住生活服务的其他事业。同时该办法又规定:社员必须有城市正式户口且家庭为中低收入者。不过,该办法也规定了应给予住宅合作社的一系列优惠政策:包括划拨土地以及税费减免等。尽管住宅合作社的模式对入社社员的范围进行了限制,但如果政府能够支持并给予政策上的照顾,那么建房成本可能就只有市场价格的50%左右,当然是最好的一种合作建房模式,因为这样能够给广大的中低收入者以更多的实惠。

但是,1992年《城镇住宅合作社管理暂行办法》第9条[①]规定了三种可以设立的合作社模式,其中前两种均需要挂靠单位,不可适用于个人集资建房。第三种虽然不要求挂靠单位,但是要经过建设行政主管部门和民间机构管理部门的双重审批,获得批准的可能性非常小。目前,全国暂时还没有合作社模式的个人集资建房先例。

三、正式运作机构模式二:(非营利的)公司制模式

公司制模式又分两种情况:

(1)咨询公司模式:筹委会成立后即由少数成员首先成立一家"置业咨询公司",该公司是一个企业法人,作为联盟的一个具体运作机构代表全体成员开展工作。但这样的公司不具有房地产开发资质,所以最终还得和有开发资质的房地产开发公司进行合作。在这种合作关系中,房地产开发公司是为其提供房地产开发服务的供应商,而不是住房产品的销售商;在合作过程中,包括建房的风格、户型、面积等重大决策都是咨询公司作出。同时,主要材料也可以由咨询公司提供。这样,合作建房者仍然通过咨询公司对建房过程实行有效的控制,合作的房地产开发公司得到的仅是提供服务所获得的收入,自然也不可能获得很大的利益。按照这种模式进行操作可以

[①] 第9条 在当地房地产行政主管部门指导下,可以兴办以下类型的住宅合作社:(一)由当地人民政府的有关机构,组织本行政区域内城镇居民参加的社会型住宅合作社;(二)由本系统或本单位组织所属职工参加的系统或单位的职工住宅合作社;(三)当地人民政府房地产行政主管部门批准的其他类型的住宅合作社。

节省置业成本25%左右。

（2）开发公司模式：该模式是由全体成员共同出资购得建房土地后，再以该土地作为核心资产组建一家有限责任的"单个项目开发公司"，俗称"项目公司"。当然，在这种模式下，公司的资金还是委托银行进行信托管理，公司和银行都无权任意支配资金，必须按照全部成员共同制定的"资金支付制度"进行操作。这种模式下公司可以申请到开发资质，项目操作完毕后，该公司也结束了使命。在这种模式下，所有成员都是公司的实际股东，但因《公司法》规定，有限公司的股东人数最多为50人，所以合作建房参与者就只能将全体成员分成50个小组。每个小组推选一人作为名义上的公司股东，而这个名义股东和小组的其他实际股东用信托合同的形式明确双方的权利；同时，项目公司为每位非名义股东担保，在项目公司内部只承认实际股东的权利。采用开发公司的模式可以节省置业成本30%左右。

案例分析

案例1：京城个人集资建房第一案

[案情]

2003年12月1日，于凌罡以"蓝城木鱼"为网名在网站上发帖子，号召大家组织起来，成立"住宅合作社"，集资盖楼，绕开开发商。

2004年10月2日，于凌罡在中国新闻周刊上公布其合作建房计划。

2004年12月18日，合作盖楼参加申请表发布，正式接受报名。

2005年1月16日，合作建房联盟成立，大约300人，每人交纳了100元成为正式会员。

2005年2月1日，民生银行表示支持合作建房，十余家开发商表示愿意与于凌罡合作。

2005年3月18日，由于拿不到土地，于凌罡申请注册"北京合作蓝城咨询服务有限公司"，法人代表是于凌罡，注册资金为11万元，并在当日验资完毕，准备与开发商合作。在注册公司的同时，于凌罡也在向有关政府主管部门申报"住宅合作社"。

2005年3月至5月，于凌罡与万通集团主席冯仑协商合作事宜，由合作建房团队向万通集团借款5000万拿地，万通集团帮助他们做定制地产。后因在具体条件上未能达成一致，于凌罡放弃了与万通集团的合作。

2005年6月2日,合作建房团队已有300多份合作资金入账,总额度达4500多万元,准备寻找合适地块,取得国有土地使用权。

在合作建房资金募集初具规模之后,于凌罡带领合作建房团队开始了一次次土地竞标活动,但屡遭地价难题:2005年7月放弃了芍药居地块的竞标,2007年3月投标花园北路25号未能成功等,主要的原因是地块的价格较高,超出了合作建房团队的资金筹集能力。

在经历了5年多的活动之后,于凌罡于2010年5月13日在博客上发文《我承认我确实做不成合作建房》①,标志着其带领的京城个人集资建房方案的最终搁浅。

案例2:温州"理想佳苑"个人集资建房
[案情]

2005年2月28日,温州市场营销协会秘书长赵智强以该协会的名义向温州市政府办公室提交了一份报告,表示该协会愿意牵头组织一批人开展个人集资建房,市政府未置可否。随后,赵智强发布了个人集资建房消息,吸引了近300人报名参加。

2006年11月15日,赵智强成功向256名建房集资人募集土地款,委托瑞安市正元房地产开发公司(以下简称"正元公司")以1.0458亿元的价格获得政府挂牌出让的温州市龙湾区江前村三产安置地块,解决了建房的拿地难题。

根据集资建房者达成的意见,拿地后90平方米的房产需求者先付8万元,120平方米的先付12万元;第二次付款在开工前,要求支付房价的70%,最后10%在交房时付。建房款托管在银行,专款专用。

拿地缴款后,集资建房者在市场营销协会的协调下与正元公司签订房屋代建承包合同,之后正元公司为建房设立了独立核算、自负盈亏的项目部,256名投资者投资入股,成为项目的股东。按照计划,将在该地块上建7栋商住一体的住宅,项目取名为"理想佳苑",共有256套房源。

2007年10月,项目最终获温州市经济技术开发区管委会经济发展局批准,但去掉了"个人合作建房"的名义,转按商品房开发模式进行。

2009年1月,该项目正式开工,其间经历停工;2010年6月底再次开工后,工程进展顺利,预计到2011年底,主体工程将全部完工。

---

① 资料来源:http://blog.sina.com.cn/s/blog_47465aa50100igyl.html,2011年8月3日访问。

2011年2月,256名集资建房者按照当时缴纳土地款的时间顺序进行了抓阄"分房"。对比"理想佳苑"周边的房价,已从拿地时的每平方米约1万元左右上升至目前的每平方米约3—4万元,其作为近年来国内集资建房的典型,如同当初拿地成功一样,房屋落成在即及后续如何分配再次引起各方的关注。

[评析]
1. 于凌罡最初设想的合作社模式下的基本法律关系

个人集资建房在我国正经历着理论和实践的探索,注意到不少集资建房的倡导者首先都想到了采用合作社的模式集资建房,于凌罡也不例外。下文参考原国务院住房制度改革领导小组、建设部和国家税务总局1992年2月14日发布的《城镇住宅合作社管理暂行办法》的相关规定,分析合作社建房模式下的基本法律关系。

(1) 住宅合作社具有法人资格,属于非营利法人

住宅合作社,是指经市(县)人民政府房地产行政主管部门批准,由城市居民、职工为改善自身住房条件而自愿参加,不以营利为目的公益性合作经济组织,具有法人资格。

(2) 住宅合作社的内部治理结构:社员、社员大会(社员代表大会)、管理委员会

由住宅合作社社员组成社员大会或者社员代表大会,社员大会或社员代表大会制定合作社章程,选举产生住宅合作社管理委员会。管理委员会为常设机构,主持本社合作住宅的建设、分配、维修、管理等日常工作。

(3) 合作住宅建造方式

住宅合作社的住宅可以自行组织建设,也可以委托其他单位建设。住宅合作社筹集住宅资金的主要渠道是:社员交纳的资金,银行贷款、政府和社员所在单位资助的资金,其他合法收入的资金。

(4) 合作住宅产权

住宅合作社组织建设的合作住宅须以社员自住为目的,不得用于经营性投资。

合作住宅产权有合作社所有、社员个人所有、住宅合作社与社员个人共同所有等形式:① 合作社住宅全部由住宅合作社出资(含政府和社员所在单位给予的优惠和资助)建设的,其产权为住宅合作社所有;② 合作住宅由社员个人出资建设的,其产权为社员个人所有;③ 合作住宅由住宅合作社和社员个人共同出资建设的,其产权为住宅合作社与社员个人共同所有。

(5) 合作住宅转让的限制

合作住宅不得向社会出租、出售。社员家庭不需要住宅时,须将所住住宅退给该住宅合作社。住宅合作社以重置价结合成新计算房价,按原建房时个人出资份额向社员个人退款。

(6) 合作社所享有的优惠政策

合作建房可不受固定资产投资规模的限制。

土地管理部门要及时划拨建设用地,不得要求缴纳土地出让金。

国家对用于社员居住的合作住宅,在税收政策上给予相应的减免优惠。

地方人民政府也相应减免市政建设配套费等有关费用。

2. 成立建房组织与房地产开发公司合作后,各方当事人之间的法律关系

虽然合作社模式是个人集资建房比较理想的选择,但付诸实施非常艰难,因为事关结社自由的问题,在没有挂靠单位的情况下成立个人住宅合作社几无可能。所以,个人集资建房者想到了成立公司再委托房地产开发公司建房的方式建造房屋。

这种模式下的基本法律关系是:先成立一个公司,建立一个信托账户,以公司的名义购买某块土地的国有土地使用权,之后再委托专业的房地产开发公司建房,楼房建好后按照协议进行分配。北京的于凌罡最初设想通过蓝城咨询公司与万通集团合作,就体现了这一思路。而温州的赵智强借助温州市场营销协会这一社团倡导和组织集资建房者,将住房承包给正元公司代建,无疑也是受了这一模式的影响。

这种模式虽能解决房地产开发的资质和专业建设问题,但也可能产生以下几方面的矛盾:

(1) 公司的营利属性与个人集资建房活动的非营利性之间的矛盾,应防止公司蜕变为房地产开发商。

这个问题更多的时候是理论上的假想问题,也是由现行法律框架挤压出来的一个问题。北京的蓝城咨询公司因与万通集团合作未果,是否会出现这一问题不得而知;但在温州的集资建房中,作为非营利社团的温州市场营销协会向集资建房者收取3%的项目管理费就遭到质疑。[①] 当然,我们也应考虑一旦个人集资建房者因中途退出与公司发生纠纷时如何处理的问

[①] 《温州个人集资建房模式法律风险调查》,资料来源:http://wenzhou.house.sina.com.cn/news/2011-04-08/09552052_2.shtml,2011年8月4日访问。

题。这些问题的解决要么依赖于现行立法的修改,要么会被作为一个合同问题进入司法程序。深圳的个人集资建房倡导者林立人就曾为此与一名集资建房者在2007年对簿公堂。①

(2)委托专业的房地产开发公司建房会产生一笔委托费用,这笔费用大致相当于房地产开发公司的开发项目利润,能否追求到较低房价将是一个问题。

如果采用这种模式,委托费用就无法回避。不过,委托费用是应当支付的一笔费用,因为即便是在合作社模式下,如采用委托盖楼的方式也会产生委托费用的问题。毕竟,个人集资建房的非营利性无法改变受托的房地产开发公司的营利性。在温州的集资建房案中,个人集资建房者就付给了正元公司2%共计60万元的承包代建费。

(3)房屋建成后的内部分配要经过"大产权换为小产权"的过程,此过程是否要缴纳契税、手续费、印花税等税费也将是一个问题。

至于房屋建成后,通过协议把房地产开发公司的大产权分割为个人集资建房者的小产权是否构成房屋买卖,进而是否应缴纳相关税费是存在极大争议的问题。仅从形式说,如果没有明确的减免税费措施,集资建房者恐怕无法"逃脱"纳税缴费的义务。在温州的集资建房中,房屋建设项目被去掉"个人合作建房"的名义,转按商品房项目进行,其拿地和项目报批都是以正元公司的名义进行,似乎难免经历上述过程和缴纳相关费用,这无疑增加了集资购房者的成本。

3. 采用非合作社模式的个人集资建房,可能还需要克服以下几个难点:

(1)难以取得土地。

从我国目前的土地供应机制来看,个人集资建房最先碰到的现实困境是无法拿到土地,而没有土地房屋无疑是"空中楼阁"。根据我国《土地管理法》、《城市房地产管理法》的相关规定,目前的土地供应方式包括国有土地使用权划拨、国有土地使用权出让、国有土地使用权出租,农村集体所有的土地在被征收前不能进入市场流通。从《土地管理法》(2004年修订)第54条和《城市房地产管理法》(2007年修订)第24条的规定来看,个人集资建房不属于可以由县级人民政府依法批准划拨土地的情形,也就是说,除非

---

① 《温州商人败走深圳合作建房》,资料来源:http://business.sohu.com/20100408/n271367686.shtml,2011年8月4日访问。

有新的法律、行政法规的肯定性规定,否则,不采用合作社模式的个人合作建房无法通过划拨的方式拿到土地。而租赁国有土地进行个人集资建房更不可能,剩下的途径只有采用有偿的方式从土地市场上购买土地了。

理论上说,个人集资建房组织既可以从土地一级市场上拿地,也可以从土地二级市场上拿地。在土地一级市场上,目前只存在招标、拍卖、挂牌的方式。在这些透明的土地出让方式下,个人集资建房组织与众多专业的房地产开发公司同台竞争,个人集资建房组织存在诸如资金流转过于严格、缺乏市场经验等缺点,显然处于竞争上的劣势地位。极端地讲,其实一个房地产开发商就有足够的资金、组织、经验等在一级土地市场上对抗个人集资建房组织。如果从二级市场上拿地,也就意味着从开发商那儿购买土地,这样就会付出更高的成本,除了土地使用权的出让价格外,土地的购买成本中肯定还会包括开发商的转手利润、购买土地的手续费以及相关税费,而过高的土地价格是个人集资建房人无法承受的。

从温州集资建房的案例来看,其能成功拿地,一方面在于 200 多名集资建房者能短时间内交齐 1000 万土地保证金,确保正元公司取得土地竞拍资格,而同时参与竞拍的另两家房地产公司却未能凑足资金;另一方面是当时整个房地产市场环境不佳,该地块之前已出现过两次流拍,第三次竞拍政府允许只有一家竞拍者报名也可以进入拍卖程序。① 可以说,温州模式拿地的成功带有某种偶然性,北京的于凌罡带领的集资建房者在多次拿地竞拍中失败,更属于正常的现象。

(2) 难以取得资金支持。

个人集资建房是规模较大的房屋建造工程,其间必定需要大量的资金支持,从拿地到开工,到建造,到装修,最后到分房到户,都需要源源不断的资金投入,任何一个环节出现资金链断裂都可能使个人集资建房工程烂尾。而参与个人集资建房者多为不能一次性拿出全部房款的,所以个人集资建房工程就需要从银行取得资金支持。个人集资建房者向银行申请贷款的途径主要有两条:一个是以个人集资建房组织的名义向银行申请房产项目贷款;另一个是以集资建房者的个人名义向银行申请住房按揭贷款。

以个人集资建房组织的名义向银行申请房产项目贷款的可能性不大。风险因素是银行考虑是否发放贷款的先决条件,与房地产开发商相比,个人

---

① 《先"破冰"再竞买,温州个人集资建房"拿地"之路》,资料来源:http://www.cnhubei.com/200611/ca1212460.htm,2011 年 8 月 4 日访问。

集资建房组织具有非营利性、资金的有限性和担保的难寻性,而且没有成例可以遵循,如果银行向其发放贷款将面临比向普通开发商发放贷款更大的风险。如果个人集资建房组织在拿到土地以后,以土地使用权为担保向银行申请项目贷款,或许能够降低银行的放贷风险。但是,如果没有国家明确的政策支持,个人集资建房组织拿到项目贷款的可能性仍然不是很大,因为同等条件下银行还是会优先考虑向房地产开发商发放贷款,毕竟房地产开发商有更多的注册资金、更好的信用,等等。

个人集资建房者以集资建房参与者的个人名义能否获得银行的按揭贷款呢?对这个问题的回答仍然要看贷款的风险大小。一般来讲,个人住房按揭贷款既有所购房屋做抵押,又有开发商提供保证,即便是被抵押房屋由于不可抗力毁损仍有保险公司支付保险金,所以,对于银行来讲,发放个人住房贷款的风险系数几乎为零。如果申请个人住房贷款的人是个人集资建房参与者,情况就会发生变化。没有开发商,也就没有了开发商的保证,取而代之的是个人集资建房组织的保证。银行的最大风险发生在房屋没有建成以前,因为在这个阶段既没有实际房产为贷款提供物的担保,也没有保险公司的保险,万一出现烂尾楼情形,只剩下个人集资建房组织的保证担保。而个人集资建房组织,无论是采用房地产公司、普通公司、还是采用合伙形式,在资金、信誉、财产等方面都明显没有能力承担这么大的保证责任。可见,如果没有明确的政策支持,个人集资建房者申请个人住房贷款成功的可能性也不大。

(3)难以协调内部关系。

个人集资建房所面临的另外一个现实困境就是其复杂的内部关系。一个人做事情可以随意选择行使或者放弃自己的权利,但是当几百人一起做事情的时候就会发生严重的权利冲突,其间必然存在对权利的限制和对自由的约束。个人集资建房就存在这样的问题,为了使个人集资建房事业不至于一盘散沙,往往需要对合作建房参与者的权利予以限制,这些对个人私权的限制不是来自于国家法令,而是来自于当事人之间的契约或者由诸多契约条款组成的章程。这种通过契约的方式对私权范围和程度的限制,在法律法规没有规定的情况下到底有多大,是一个值得探讨的问题。

退一步讲,即使限制私人权利的条款被视为当事人对权利的自由放弃,所谓众口难调,数以百计的个人集资建房者恐怕也很难在房款支付方式、户型设计、小区公共区域的设计、房屋分配机制、合作建房退出机制等方面达成一致意见。因为以上任何一方面的问题都和集资建房参与者利益攸关,大家可能基于追求较低房价而走到一起,也完全有可能基于利益抵触而分道扬镳,毕竟这些个人集资建房参与者还有另外一个途径可以随时选择,那就是购买商品房。当参与者认为其参与个人集资建房的成本远远大于受益时,或者其认为对其权利的限制大于获得的价格优惠时,他很可能就会中途退出个人集资建房事业,说不定还会由此引发个人集资建房倡导者所担心的退出的"羊群效应"。

(4)政策与法律风险。

我国是一个行政主导的社会,许多社会问题的解决都离不开行政力量的介入。个人集资建房是一个涉及人数、资产、组织等诸多方面的社会问题,更需要有政府的表态。但到目前为止,政府对个人集资建房这个问题既没有明确表示支持,也没有明确表示反对,仍处于观望状态。究其原因,或许政府对个人集资建房这一项集体行动还处于观望其进展而有待评估效果,进而才能决策的阶段。一方面,个人集资建房产生于房价过高的非常时期,政府希望它能作为一种来自于民间的平抑房价的力量出现,并且能够满足许多人的住房需求;另一方面,政府又担心个人集资建房作为一个有资金、有成员的社会组织在运作的过程中,一旦发生资金断裂、成员退出、或者其他无法存续的情形,将演化成更多、更大的社会问题。

政府方面对个人集资建房未置可否的态度,会使个人集资建房处于不确定的政策和法律风险中,主要有:

第一,个人集资建房合法还是涉嫌非法集资?尽管从我国20世纪90年代启动住房体制改革以来,国务院及各部委在《关于促进房地产市场持续健康发展的通知》(国发[2003]18号)、《经济适用住房管理办法》(2007年)等文件和法律中肯定了集资、合作建房的积极意义,但主要是单位集资建房,并将其归入经济适用住房的管理中,并禁止任何单位以集资、合作建房的名义,变相搞实物分房或房地产开发经营。因此,个人集资建房从产生之初至今,一直未能在政策和法律上明确地合法化;与此同时,个人集资建房的运作,从表象上很容易被认为符合了非法集资的四个条件:一是未经有权机关依法批准或者借用合法经营的形式吸收资金;二是通过媒体、推介会、传单、手机短信等途径向社会公开宣传;三是承诺在一定期限内给出资人货币、实物、股权等方式还本付息或者给付回报;四是向社会不特定对象即社会公众筹集资金。尽管根据规定了上述条件的最高人民法院《关于审理非法集资刑事案件具体应用法律若干问题的解释》(法释[2010]18号)第2条第1项,具有房产销售内容或者以房产销售为目的,采用销售房产份额等方式吸收资金的,不被认为是非法集资,但个人集资建房属于"自建住房"而非销售,往往不具有盈利目的,个人集资建房组织也不具有销售房屋的资格,能否通过这一条款得以豁免非法集资嫌疑不得而知。而如果采用温州的承包代建模式,集资建房者在房屋建成后再分享项目收益,是否属于该司法解释第2条第8项规定的"以投资入股的方式非法吸收资金"构成的非法集资,也有待验证。尽管面对个人集资建房涉嫌非法集资的质疑,公安部经济犯罪侦查局副局长张涛以"防范和打击非法集资违法犯罪活动"为题做客人民网时,曾指出民间建房与非法集资有本质区别,不属于非法集资[①],但只要政策和法律对个人集资建房未予以明确定位,这种不确定性仍将长期存在,并威胁民间集资建房的发展。

第二,商品房上网销售的环境下能否确保集资建房者分到房?通常民间集资建房完成后,集资者按建房协议分到所建的房屋。但近年来随着我国房地产市场规范化程度的提高,不少城市实行了新建商品房项目上网销售和销售合同网上备案的制度,这造成了民间集资建房者分房的困扰。当然,民间集资建房未必属于商品房,但从实践来看,不少民间集资建房采用了与房地产公司合作的方式,事实上基本是按商品房项目来进行的。在温州模式下,从拿地到项目报批和建设等活动,都是以正元公司的名义按商品房模式进行,已在很大程度上背离"个人集资建房"的本质,更多地被认为是商品化的集资建房。这种模式虽然较好地解决了所建房屋的所有权问题,但如何使集资者分到房屋却是个问题。根据2007年3月1日起实行的《温州市区商品房网上销售管理办法》和2010年市政府下发的《关于进一步加强住房保障工作促进房地产市场平稳健康发展的意见》的规定,温州市批准预售的商品房项目,全部房源要在规定时间内一次性上网公开销售,开盘当天应采用电脑摇号的方式公开销售,并取消了房地产公司自留20%内部房的做法。在开盘之前,开发企业不得采取预订、预购等变相认购的方式销售商品房。如此一来,温州集资建房者就要通过上网摇号与其他社会公众竞争房源,能否分到房不得而知。注意到,2011年2月温州"理想佳苑"的抓阄分房,后来被集资建房的倡导者解释为一种类似股东投资的分配,是预先

---

① 《民众集资建房,不属非法集资》,资料来源:http://ha.people.com.cn/news/2008/12/18/349331.html,2011年8月3日访问。

分配集资者对建房项目的受益权,而非分配房子①,这无疑浇灭了建房集资者实际分房的预期。至此,这种模式的投资成分已远胜自建住房,在无法保障集资者拿到住房的同时又引发了这种投资"建房"模式②是否涉嫌上文所述非法集资的质疑。

综上所述,个人集资建房虽然带有自建理想家园的美好愿景,实践中也曾有成功案例,但对大部分集资建房者而言,更多的是曲折、艰辛和屡屡的失败,一些操作也早已变味为商品房开发。毋庸置疑,靠民间力量通过个案艰难地解决普通老百姓的住房问题,是一种勇气可嘉和值得肯定的探索,但只能是目前不甚完备的金融、法制和社会环境下解决住房问题的应变之举。更有效的方式是发挥作为监管者、社会福利提供者的政府的积极作用,有效地治理房地产市场环境,完善房地产法制,遏制房价过快上涨,大力推进经济保障性住房和廉租房建设,以市场化、规模化和专业化的房地产开发模式这一普世之道早日实现居者有其屋的目标。

(田磊)

---

① 《温州"集资建房"事与愿违,股东分歧重重集资者难住新房》,资料来源:http://biz.zjol.com.cn/05biz/system/2011/03/25/017390475.shtml,2011年8月4日访问。

② 2011年以来,已有房地产公司牵头,利用信托模式汇集个人资金,再通过有限合伙制度构建"地产基金",致力于房地产开发建设并使个人获得房地产开发收益,这一模式较之"投资型"的民间集资建房更简便易行并符合法律的规定。参见胡雯:《金地地产基金"遇冷"》,载《财经》2011年第9期,第122—124页。

第十二章 房地产金融制度创新:产权式酒店

- 产权式酒店的性质(法律地位)
- 产权式酒店共用部分的所有权归属
- 产权式酒店的利润分配
- 产权式酒店的房屋产权证办理
- 产权式酒店固定回报率承诺的法律效力
- 产权式酒店返租、回购条款的法律效力

基本原理

一、产权式酒店的概念

所谓产权式酒店,是指开发商将酒店的每间客房分割成独立产权出售给投资者,投资者一般通过银行贷款进行购买,投资者通常并不在酒店居住,而是统一将客房委托给酒店管理公司经营,以出租经营获取年度客房利润分红,同时获得酒店管理公司赠送的一定期限免费入住权(10—20天或更多)。这样,投资者只要投入金额不多的首期,就可不再投入,用酒店年度分红来抵销分期付款的费用,大约10—15年后即可付清银行贷款。投资者甚至可以借助国际酒店网络进行交换将单一的"购房出租",转为"异地置房"。

"产权"是一个经济学上常用的概念,而不属于法律范畴,开发商出卖的"产权"可以在法律上找到相近的概念,即"所有权"。[1] 为便于读者理解,下

---

[1] "在法律性质的表述上应避免使用'产权'一词。'产权'一词主要运用于经济学领域,传统民法的权利体系包括物权、债权等权利,而无'产权'这一概念。而且,用'产权'这样一个充满争议、内涵及外延界定不清,且带有浓厚经济权利特征的权利来表述所有权型分时度假的法律性质是欠妥当的。"参见陈耀东、任容庆:《初探所有权型分时度假的基本法律问题——兼论对传统不动产所有权理论的发展》,载《北京政法职业学院学报》2004年第2期,第11页。

文将同义使用"产权"和"所有权"。投资者购买的虽是客房所有权,但是这种所有权的绝对性和排他性均有所限制,这也正是产权式酒店的特殊性之一。例如,为了保证酒店的整体使用,作为业主的购房者不能随意对房屋进行扩建等工程;购房者可以转让其权利,但不能改变事先确定的用途(如旅游、住宿或其他目的)。在浙江金华国贸大厦的基本构思中,有这么几条规定:"(1)五一、国庆、元旦、春节等节假日期间每套客房每年不得超过 5 天免费入住日,投资者对客房实行入住应在年前 15 天与酒店签订协议;(2)投资者将客房作为自己住宅入住的,应服从酒店统一安排,酒店按每天每间 50 至 70 元收取配套设施服务费,居住期间必须遵守酒店的各项管理(包括社会治安、消防管理等制度);(3)客房内设备不得随意处置。"①可见,投资者对所拥有的客房的占有、利用等都受到很大程度的限制。

二、产权式酒店的特征与比较

由于产权式酒店这一概念刚进入我国不久,很多人对其并不非常了解,再加上开发商在进行宣传时,常常把产权式酒店同分时度假、时权酒店、酒店式公寓混用,致使很多人将以上不同的概念混为一谈,误以为它们只是投资模式的不同,在法律性质上并无根本差别。笔者在此将其区别简要介绍如下:

(一)产权式酒店与时权酒店

产权式酒店与时权酒店都属于分时度假产品(time share,又称 vacation ownership 或 holiday ownership),但是两者有所不同,前者是所有权类型的分时度假产品,后者是使用权型的分时度假产品。

1963 年,德国人亚历山大·奈特(Alexander Nette)在他位于瑞士提西诺(Ticino)的饭店中首先创造出原始的分时度假概念,将度假地房产的使用权,通过股份出售给消费者,然后给予每个购买者在度假地住宿的权利,所有购买者被称为股东或合伙人。标准的分时度假产品发展到今天即是时权酒店。时权酒店是将酒店的每个单位分为一定的时间(如一年产值 51 周,共 51 个时间份),出售每一个时间份的使用权。消费者拥有一定年限内在该酒店每年一定时间(如一周)的居住权,酒店的所有权仍然是归开发商所

---

① 包剑虹:《产权式酒店真的是致富的神话吗?》,载《金融法苑》2003 年第 6 期,法律出版社 2003 年版,第 98 页。

有。这一模式主要在欧洲流行。① 美国模式倾向于把分时度假产品视作共同拥有房产产权的法律模式,即产权式酒店。

时权酒店与产权式酒店有着明显的差异,其表现为:(1)有无产权不同。时权酒店的购买者买断的是某一时段酒店客房的使用权,酒店客房的产权仍属酒店所有,时权酒店更像是一种高级俱乐部,购买者享有的是一种消费特权而不是所有权。产权式酒店的购买者买断的是酒店客房的所有权,产权式酒店的每个客房投资者都享有各自独立的产权。(2)共享方式不同。标准的分时度假产品中,购买了同单位时段的消费者在共享房产当中处于平等的地位,每位顾客按照自己所购买的时间享有房产的使用权。不同消费者之间除共同使用一套房产外,无其他的联系。而产权式酒店,是先由购房者自由选择使用时间,其他空闲时间通过委托再进行转卖。

(二)产权式酒店与酒店式公寓

酒店式公寓的概念始于1994年,意为"酒店式的服务,公寓式的管理",是指提供酒店式管理服务的公寓,它集住宅、酒店、会所多功能于一体,实际上是一种酒店的延伸业态。酒店式公寓与产权式酒店表面上非常类似,但是仍有不同:(1)酒店式公寓强调居住消费属性,购房者有一部分是为自行居住。产权式酒店更强调营利性,购买者主要不为居住而将其视为一种投资方式。(2)酒店式公寓多为小户式独立经营,而产权式酒店多委托酒店管理公司统一管理经营。(3)酒店式公寓租价更低,通常酒店的租金要比公寓高30%—50%。

(三)中国产权式酒店与国外产权式酒店

在欧美等旅游及经济发达的国家和地区,产权式酒店从本质上讲是旅游产品而非房产产品,它的开发者本身就是酒店行业富有经验的经营者,产权式酒店只是他们用来吸引顾客以运作酒店的一种有魅力的新形式而已。海外产权式酒店经过几十年的发展已趋于成熟,其酒店所在地往往具有突出的旅游资源和完善的配套设施,拥有庞大的中产家庭客户群,投资者能够

---

① 《欧盟分时度假指令》(European Union Timeshare Directive)中 Timeshare 被定义为:"所有的有效期在3年以上、规定消费者在按某一价格付款之后,将直接或间接获得在1年的某些特定时段(这一期限要在1周之上)使用某项房产的权利的合同,住宿设施必须是已经建成使用、即将交付使用或即将建成的项目。"

通过已建立起来的分时度假交换机制①享受异地投资和消费的便利。②

产权式酒店传到中国之后,这个概念发生了某种异化。在早期,开发商多将一些不太好卖的楼盘或盘活后重新定位的"半拉子"工程披上产权式酒店炫目的外衣高价出售,实际上往往达不到开发商所承诺的固定投资回报率,产生了不少纠纷。近年来,尽管产权式酒店的运作逐步规范,在一线和二三线城市都得到较好的发展,呈现兴旺之势,但也出现了一些开发商违规推销"产权式酒店"融通资金,欺骗投资者的案件。与国外相比,我国的整体旅游消费水平还未达到相应的高度,旅游资源的开发和配套尚处于初级阶段,同时,酒店管理和度假交换机制也未完全配套到位,产权式酒店要成为真正的旅游房产还有待时日。

三、国内外产权式酒店的发展及现状

产权式酒店是随着旅游房产的发展而兴起的一种房产销售模式,是集休闲、度假和投资于一体的新型房产开发项目。作为一种新型的地产投资和消费模式,产权式酒店符合现代经济资源共享的基本原则。它是一种新型融资方式,比单独购买一套住房以备旅游时住,平时出租的方法便利很多。

20世纪70年代,欧美发达国家进入"丰裕社会",中产家庭成为社会主流,在旅游创新过程中,第一批产权式酒店在法国阿尔卑斯山脉地区兴起,并立即在瑞士和欧美传播开来。之后的20年中逐渐向北美、加勒比海地区以及太平洋地区发展,成为旅游发达国家地区颇受大众阶层和企业集团青睐的投资方式。产权式酒店这种新颖的经营方式和投资方式已经在世界旅游及贸易口岸城市迅速发展起来。有资料显示,全球产权式酒店1986—1995年年平均增长15.8%;1980年全球500个旅游目的地的15.5万个家庭购买了产权式酒店。20世纪80年代到90年代初,全球产权式酒店销售收入达到了40亿美元。目前,世界上已有60多家产权式酒店集团,4500多

---

① 世界上最著名的分时度假交换体系是RCI(Resort Condominiums International)和II(Interval International),世界上已有100个国家和地区超过3800家的交换酒店或度假村加入了RCI系统,II提供交换服务的1800多家度假村也分布在世界85个国家。参见《产权式酒店发展分析》,2003年11月4日,资料来源:百度文库 http://wenku.baidu.com/view/5711798fa0116c175f0e48cb.html,2011年8月5日访问。

② 杨建:《产权式酒店报告之二——国外发展现状》,2007年8月29日,资料来源:http://ahau.blogbus.com/logs/7982094.html,2011年8月3日访问。

个产权式酒店的度假村。2004年,全球产权式酒店销售额达到了300亿美元。所有的信息表明,产权式酒店已成为旅游及贸易发展过程中的一种重要的经营创新模式,同时也是最受大众青睐的投资工具。

分时度假酒店(或称"时权酒店")的概念于20世纪90年代初传入中国国内,经过十几年的发展,逐步演变成为极具中国特色的产权式酒店,目前中国产权式酒店的数量已超过了1000家。这一过程,大体可划分为四个阶段[①]:

1. 1993—1999年的探索阶段

在国内,产权式酒店最早兴起于风景秀丽的海南。当时海南房地产市场受宏观调控影响出现下滑,一些开发商参照国外产权式酒店的做法,包装手中的楼盘进行盘活。1999年底,海南率先将五星级产权式度假酒店"南海传说"温泉疗养度假中心(后更名为海南皇冠假日滨海温泉酒店)推向了市场,使产权式酒店开始进入国人的视野;与此同期的还有三亚东方花园、万华大厦等。但因这个时期房地产市场呈现整体萎缩趋势,这些在海南本地销售的产权式酒店许多未能逃过失败的命运,也未形成任何市场影响力。

2. 2000年的破冰阶段

2000年,海航集团收购了康乐园大酒店,将其准备建设的四期规划为产权式酒店对外销售,在北京、上海和广州取得了良好的销售业绩。这一运作的成功使产权式酒店开始受到各地房地产开发商的注意,并引领了之后的产权式酒店热潮。

3. 2001—2003年的井喷阶段

这个阶段的产权式酒店项目主要集中在经济发达地区和知名旅游度假地,如广东、北京、海南、上海、浙江等地,主要是处置在上一轮房地产发展周期中遗留下来的烂尾楼盘和存量房产。由于项目的发起人均为房地产开发商,本身缺乏酒店经营管理经验,也未对酒店的投资回报进行过专业测算,因此项目失败和纠纷率接近30%,给产权式酒店的发展带来不小的负面影响。

4. 2004年至今的理性发展阶段

与1994—2003年新增产权式酒店前三名为广东、上海和北京不同,2004—2009年以来新增产权式酒店的前三名转变为浙江、海南和江苏,体现

---

① 张涛:《中国不动产研究中心(CRRC):中国产权式酒店报告》,资料来源:http://house.focus.cn/news/2011-03-30/1247818.html,2011年8月5日访问。

了产权式酒店从一线城市向二、三线城市扩散的趋势,以及因经济、旅游发展而产生的酒店需求对产权式酒店发展强大的推动作用。

自 2004 年起,为了产权式酒店行业的良性发展,行业开始自发组织一年一度的"产权式酒店合作发展论坛",逐步引领产权式酒店走向规范和成熟,新增产权式酒店失败和纠纷率降至 7.94%。这个阶段的产权式酒店的特征主要有:项目前期聘请专业的咨询公司介入,定价及投资回报率趋于合理,售后和经营阶段重视与小业主的沟通,交换概念的引入和发展等。

近年来随着国家强化房地产市场宏观调控,产权式酒店的一个发展趋势不再是盘活存量房地产,而是更多地新建酒店进行融资,以缓解一些资金紧张的房地产开发商的压力。当然,近年来产权式酒店的迅猛发展还有来自投资者的因素。除了因居民经济收入和生活水平提高而带来的对分时度假、产权式酒店等更深层消费需求和假日经济的推动之外,近年来具有较好投资前景和回报率的产权式酒店成为人们抗通胀的良好投资工具。此外,2010 年以来全国一些城市实行限购令,也使隶属商业地产,但不在限购范围的产权式酒店受到了投资者的青睐。

操作流程

在我国,产权式酒店的基本操作流程是:开发商把单个客房独立出售,购房者可以拿到客房的产权证。此后,购房者再将客房交给开发商指定的酒店管理公司经营,并约定年收益率,有的还设有保底年收益率,并由专门的机构为此提供担保。

产权式酒店在实际操作中会因酒店为期房或现房的区别而在房屋所有权证的办理上有所不同,但基本流程相同。由于期房合同较为复杂,除涵盖了现房酒店销售合同的基本程序以外,还有其独特的特点,因此,以下主要以其作为说明的对象:

(1)开发商与银行签订《合作协议》,约定开发商开发的产权式酒店,银行可以向购房者提供按揭贷款,并约定开发商在购房者取得客房产权证进行抵押担保以前,为其贷款提供不可撤销的保证。开发商与银行之间形成合作法律关系。

(2)开发商在满足了《城市房地产管理法》、《城市房地产开发经营管理条例》、《城市商品房预售管理办法》等关于商品房预售的条件之后,可以将客房按照商品房进行预售。开发商与购房者签订《商品房买卖合同》,该合同中约定,购房者支付房屋价款的方式为首付款加银行贷款,开发商与购房者之间形成商品房买卖合同法律关系。

(3)购房者与银行签订《个人住房借款合同》,购房者从银行取得贷款,同时以所购房屋的所有权证向银行提供抵押担保。如果是预售商品房,则在借款合同中写明将来取得后必须以所有权证提供担保,在购房者办理房地产权属证书前由开发商提供不可撤销的保证。购房者与银行之间形成抵押借款法律关系。在上述《个人住房借款合同》签订的同时,依据《合作协议》,由开发商与银行签订不可撤销的连带责任保证合同,开发商与银行之间形成保证法律关系。上述借款合同和保证合同,在实践中,通常一起签订,即以一份合同书的形式体现,名称通常为个人住房借款合同和抵押加阶段性保证借款合同。在开发商与银行签订保证合同后至购房者取得购买住房的房屋所有权证和办妥抵押登记前,开发商依据保证合同可能承担保证责任(指保证合同有效)或者其他民事赔偿责任(指保证合同无效)。在购房者取得所购住房的房屋所有权证后,由购房者作为抵押人与银行作为抵押权人签订抵押合同,在办理完毕抵押物登记使抵押合同生效后,购房者与银行之间形成抵押法律关系。同时,阶段性的保证合同法律关系终止。

(4)除了和开发商签订购房合同外,购房者一般还要同时与开发商签订一份委托经营合同,约定由开发商代为委托经营;或是直接与开发商提供的酒店管理公司签订一份委托经营合同,约定由其代为经营。[①] 在委托经营合同中,双方一般会对投资收益进行约定,常常采用的方式是前几年有保底的固定收益率,以后根据经营状况确定。双方形成委托经营关系。此外,也有约定采取支付固定租金加浮动租金的方法,在此种情况下,酒店管理公司与购房者就不再是委托经营关系而是房屋租赁关系。同时,开发商会提供专业的担保公司对承诺给投资者的固定回报提供担保,担保公司与投资者之间形成担保关系。有了投资收益的保障,买家便消除了投资风险的后顾之忧。

---

① 这里的酒店管理公司一般就是开发商或是开发商的下属单位。

房地产金融

案例分析

案例：金色假日酒店骗局
[案情]

（一）酒店、住宅大变脸

金色假日酒店位于八达岭国际旅游会展经济区，是延庆县重点工程，也是北京市首家产权式酒店。金色假日酒店承诺，除了100%的物业产权外，还有10%—30%的纯利回报给购房者。2001年到2003年间，先后有三百多名购房者以每平方米近万元的高价购买了金色假日酒店套房，和金色假日酒店开发商金都恒基房地产开发有限公司签订了"预售契约"，按卖方的要求，购房者随后还和金色假日酒店管理有限责任公司签署协议，委托后者代为经营管理，得到的承诺是对方每年给其房价总额10%的回报。而2002年，延庆商品房住宅的均价为2000元/平方米左右。他们或者一次性支付30—40万元/套的现金，或者通过中国建设银行延庆支行的按揭贷款购买。2003年10月，购房者接到酒店方面的通知领取房产证时，发现当初开发商销售人员一直说是投资四星级酒店，可房产证上房屋用途一栏写的却是"住宅"。

追溯金色假日酒店建设报批的经过，可以发现2001年2月，金都公司的大股东、金色假日酒店的投资商金三元新世纪投资①首次向延庆县城乡规划委员会提出申报时，声明是希望在延庆八达岭温泉度假村的南侧兴建面积为2.5万平方米的假日酒店。到2001年3月，金三元新世纪投资给延庆县计委报批的请示中，开始以"金色假日酒店式公寓"的项目名称取代原来延庆县城乡规划委员会批复的"假日酒店"。随后，金三元新世纪投资又在向延庆县环保局、北京市旅游局的两次报批中，连续使用了"金色假日酒店式公寓"这一项目名称，并得到了两部门的批复同意。最后，在北京市发展计划委和北京市政府的批复中，该项目被明确定性为"酒店"。北京市发展计划委在批复中载明："该项目建设内容集住宿、餐饮及配套设施一体的酒

---

① 2001年9月，金都公司和金三元新世纪投资达成协议，金三元新世纪投资将金色假日酒店项目的全部所有权转让给金都公司，金都公司拥有金色假日酒店项目的所有权益并可依法转让及承担相应责任。但实际上双方并没有办理房屋所有权益的转让手续，房屋建设过程中的所有手续仍然是以金三元新世纪投资的名义办理的，最后拥有房屋产权的仍然是金三元新世纪投资而不是金都公司，但购房者的房屋预售契约却都是与金都公司签订的。

店,客房 416 套、床位 727 张。"而北京市政府的批复更为明确:"该项目用地为旅馆业用地,依法律规定,按有偿方式供地。"然而,北京市政府将该项目最终明确为旅馆业用地的定性批复却并没有在实际操作中执行。2002 年 7 月 16 日,金三元新世纪投资最终"如愿以偿"地以公寓(即住宅)用地目的,同北京市国土资源和房屋管理局签订了金色假日酒店式公寓项目的国有土地使用权出让合同。通过该《合同》,金三元新世纪投资仅以 90 元/平方米、总地价款 2,260,295 元获得了该项目用地 70 年的土地使用权。

(二) 两份房产证

2003 年 4 月,延庆县国土资源与房屋管理局以金三元新世纪投资同北京市国土资源和房屋管理局签订的金色假日酒店式公寓项目国有土地使用权出让合同为依据,给金三元新世纪投资颁发了第一份房产证,证号为延股字第 00186 号,从而将金色假日酒店全部 29,027.86 建筑平方米的房屋所有权,登记在了金三元新世纪投资的名下。2003 年 7 月 11 日,金三元新世纪投资以金色假日酒店的权益和 00186 号房屋所有权证书为抵押,从中国建设银行延庆县支行获得了一笔 2000 万元的贷款,还款期限为 1 年。一个多月后,金色假日酒店的购房者们相继接到通知,领取了延庆县国土资源与房屋管理局为购房者们办理的金色假日酒店房屋所有权证书,即后来购房者们手中持有的编号为延股字第 00325 号的房屋所有权证书。而此时,金色假日酒店的权益及延股字第 00186 号房屋所有权证书,仍被抵押于建行延庆支行手中,尚未解押。

(三) 固定回报承诺

2004 年 1 月,金色假日酒店的购房者们接到该酒店物业管理有限责任公司的"通知函",公司欲支付购房者 2003 年 1 月 1 日至 2003 年 12 月 31 日一年的房产经营收益。然而满心欢喜的购房者们等到的却是一个无法接受的现实。一套 30 多万元的客房,一年投资回报只有数百元。而按照物业管理公司的承诺,这个数字应该是上万元。

(四) 诉讼过程

2004 年 9 月 23 日,苗瑾等 15 名购房者按"预售契约"的约定向北京仲裁委员会申请仲裁,请求裁定解除购房者与金都公司签订的契约,金都公司归还购房者的房款本金、利息等相关款项费用。金都公司答辩称,金色假日酒店的销售广告和宣传资料没有写入预售契约,所以对金都公司没有什么法律上的当然约束力。由于仲裁的规则是一裁终局,2005 年 4 月 11 日,为避免仲裁失利,购房者们撤回仲裁申请。

2004年8月,购房者马陈辉、张海军等16人向延庆法院提起诉讼,被告是金三元新世纪投资,金都公司则被列为第三人。购房者们诉称,金三元新世纪投资"酒店变住宅"属欺诈行为,购房者据此要求法庭撤销这种买卖关系并要求金三元新世纪投资返还购房款,赔偿损失。金三元新世纪投资辩称,购房者是跟金都公司签订的合同,房款也是交给了金都公司,因此原告没有理由要求金三元退款。2005年4月20日,延庆县法院驳回了购房者的诉讼请求。

2004年9月,马陈辉等13名购房者将原北京市国土资源和房屋管理局告上法庭,金三元新世纪投资为第三人,购房者们要求法庭撤销被告发给他们的《房屋所有权证》。理由是,购房者跟金都公司签订预售契约,房子却是从金三元名下过户过来的,整个房屋交易要件欠缺。被告辩称,《房屋所有权证》是2003年12月发的,而原告直到2004年9月才起诉,这已经超过法律规定的3个月诉讼时效;第三人辩称,被告颁发给原告的《房屋所有权证》,虽然在程序上有违规之处,但该证并未给原告造成任何经济上的实际损失。2004年11月,延庆法院驳回了马陈辉等13名原告的诉讼请求。2005年3月,北京市一中院维持了一审判决。

2005年3月,购房者殷雪岩向北京仲裁委员会提出申请,要求裁定,金色假日酒店物业管理有限责任公司按照双方托管协议书,兑现承诺给购房者的利润回报、利息共21,836元。仲裁开庭时,金色假日酒店物业管理有限责任公司没有出庭。2005年4月,北京仲裁委员会下发裁决书,裁决金色假日酒店物业管理有限责任公司支付殷雪岩21,836元,6141元的仲裁费用也由金色假日酒店物业管理有限责任公司承担。

[评析]

1. 产权式酒店的性质(法律地位)

我国对于产权式酒店属于何种房地产项目并未作出明确的规定,对于产权式酒店究竟应当以住宅项目立项还是以酒店项目立项,尚没有明确的法律依据。以哪种项目立项对产权式酒店的整体运营成本会带来截然不同的影响。

首先,在土地使用权的转让年限和转让价格上两者存在很大的区别。我国对土地使用的用途和性质有明确分类,"公寓"属于住宅用地,"酒店"则属于商业用地,二者具有本质的不同。我国《城镇国有土地使用权出让和转让暂行条例》第12条规定:"土地使用权出让最高年限按下列用途确定:(一)居住用地70年;(二)工业用地50年;(三)教育、科技、文化、卫生、体育用地50年；（四）商业、旅游、娱乐用地40年；（五）综合或者其他用地50年。"据此，如果产权式酒店是以住宅项目立项，则其所获土地使用权的最高使用年限高达70年，远远超过酒店以商业、旅游项目立项的40年。同时，国家为体现对居民住宅的支持，对住宅用地使用权的转让价格一直采取优惠政策，远比商业用地使用权的转让价格要低。

其次，权属性质的不同会直接影响房地产投资回报率的量化计算。不同的房地产项目，它们的首付比例、贷款期限、管理费用是各不相同的。住宅性质的不动产由于风险较小，贷款年限长，首付比例也更低。在2005年3月17日之前，个人住房贷款采用的是5.31%的优惠利率，首付比例下限是20%，而借款人申请个人商业用房贷款的抵借比下限是60%，贷款最长期限为10年，远远优惠于同期房地产开发贷款。自2005年3月17日起，中国人民银行对商业银行自营性个人住房贷款政策进行调整：一是将现行的个人住房贷款优惠利率回归到同期贷款利率水平，实行下限管理，下限利率水平为相应期限档次贷款基准利率的0.9倍，商业银行法人可根据具体情况自主确定利率水平和内部定价规则。以5年期以上个人住房贷款为例，其利率下限为贷款基准利率6.12%下浮至0.9倍的水平（即5.51%），比以前的优惠利率5.31%高0.20个百分点。二是对房地产价格上涨过快的城市或地区，个人住房贷款最低首付款比例可由现行的20%提高到30%，但具体调整的城市或地区可由商业银行法人根据国家有关部门公布的各地房地产价格涨幅自行确定，不搞一刀切。调整之后，个人住房抵押贷款各方面仍是比同期房地产开发贷款更为优惠。

再次，酒店、住宅的契税、营业税、所得税是各不相同的。现在，对住宅类不动产实行的税收政策是最优惠的，其契税少、综合税率很低，其投资回报率容易提高。应注意的是，根据国家税务总局2006年发布的《关于酒店产权式经营业主税收问题的批复》（国税函[2006]478号）的规定，酒店产权式经营业主（以下简称业主）在约定的时间内提供房产使用权与酒店进行合作经营，如房产产权并未归属新的经济实体，业主按照约定取得的固定收入和分红收入均应视为租金收入，根据有关税收法律、行政法规的规定，应按照"服务业—租赁业"征收营业税，按照财产租赁所得项目征收个人所得税。实践中，不少产权式酒店业主所获得的投资回报在酒店经营过程中，已作为经营收入的一部分缴纳了营业税，如此一来变成双重征税，导致业主收益缩水，可能诱发业主与开发商的纠纷。

最后，对购房者而言，购买住宅用途的产权式酒店的购房者可迁入户口,购买酒店用途的房屋,购房者则不能迁入户口。①

因此,对于开发商来说能够以住宅项目立项建设产权式酒店无疑是一个金饽饽。金色假日酒店案件就是此类项目的一个典型代表。有人认为,依据《城镇国有土地使用权出让和转让暂行条例》规定,土地用途的改变是土地出让合同的重大变更,受让人不得擅自改变土地用途,改变土地用途必须重新在相关主管部门进行审批,并重新办理相关登记手续。北京市政府最后已经明确批复金色假日酒店用地为旅馆业用地,金三元新世纪投资在未经政府重新审批、未重新办理相关登记手续的情况下,将其改为住宅用地,擅自改变土地用途,属明显违法。因此,金三元新世纪投资同北京市国土资源和房屋管理局签订的国有土地使用权出让合同应该被视为无效合同。从法理上来讲,该主张似乎是正确的,但是实践并不是简单的照章办事,新生事物往往在旧的法律制度下找不到相关的规定和依据,而法律又具有一定的滞后性,不能及时进行变动以适应社会的最新发展,如果不给予变通,将扼杀许多新的可行的融资方式的产生,产权式酒店即是如此。按照我国相关法规,酒店是不能当作商品房进行销售的,还有一些地方性法规禁止将宾馆、旅馆分割出售。② 如果严格按照既定的法律法规办事,产权式酒店在我国现有的房产管理制度下根本就没有生存的合法依据。所以现在我国所有按照产权式酒店销售的产品都是以住宅项目立项的房地产项目,是可以以酒店方式来经营的住宅产品。这样,购房者才有可能在房地产登记管理部门进行相关的登记,取得客房的产权证。对此,我国相关政府部门也予以默认,这是在相关的法律规定欠缺之下的一种变通做法。

必须承认,以住宅项目立项是现阶段在我国进行产权式酒店建设的必要手段。但是这种做法也具有它的弊端,它使得房地产市场产生了利益的不均衡分配,违反了市场公平的原则。例如在金色假日酒店案件中,金三元

---

① 公安部1998年6月23日颁布的《关于解决当前户口管理工作中几个突出问题的意见》第4条规定:"在城市投资、兴办实业、购买商品房的公民及随其共同居住的直系亲属,凡在城市有合法固定的住所、合法稳定的职业或者生活来源,已居住一定年限并符合当地政府有关规定的,可准予在该城市落户。"

1990年12月28日颁布的《上海市公安局关于公安派出所24小时受理户口的若干规定(试行)》第2条列明办理户口迁移的条件中包括了"市区非农业人口购买商品房的户口迁移"。

② 例如北京市于2010年5月19日发布了《关于加强酒店类项目销售管理的通知》,要求自2010年5月31日起,通过出让方式取得国有土地使用权的酒店类项目一律不得分层、分套(间)办理酒店类项目的测绘成果备案、预售许可和现房销售确认手续。根据这一通知,受到影响的应是以酒店类项目立项的"产权式酒店"。

新世纪投资最后不仅在土地使用权转让价格上占了国家很大的便宜,而且还无偿取得了该项目 30 年的土地使用权。金色假日酒店只以总地价款 2,260,295 元的低价取得了土地使用权,最后却卖了上亿元的房款。并且产权式酒店在购房者真正入住之前仍然是一个经营类酒店项目,以住宅项目立项同酒店式经营这一实质也存在矛盾。此外,以住宅项目为产权式酒店立项为房地产开发商将一些不太好卖的住宅楼盘披上"产权式酒店"的外衣推向市场,把风险转嫁给购房人,同时在最短时间将开发资金回笼打开了方便之门。因此,一旦时机成熟,应当尽快建立专门的规范产权式酒店经营的法律、法规,防止开发商在产权式酒店建设中打过多的"擦边球"。

2. 产权式酒店共用部分的所有权归属

作为以住宅项目立项的房产项目,产权式酒店从权利内容上看,应属建筑物区分所有权,这也是一般住宅房产的所有权类型模式。由于产权式酒店的物理属性及分割后所有权主体的非单一性,其权利主体在法学范畴上应归类为建筑物区分所有权人。

所谓建筑物区分所有权,"系指根据使用功能,将一栋建筑物于结构上区分为由各个所有人独自使用的专用部分和由多个所有人共同使用的共用部分,每一所有人享有的对其专有部分的专有权与对共用部分的共有权的结合"。[①] 根据建筑物区分所有权的原理,设定区分所有权的建筑物至少应具备以下几个条件:一是建筑物在结构上能够区分为两个以上各自独立的部分,且每一部分具有单独使用的功能,即具有结构上的独立性和功能上的独立性;二是建筑物区分所有权人还应对建筑物的共用部分如对楼道、屋顶等部位享有共有权,取得或处分专用部分的所有权的效力,必然及于共用部分的共有权;三是成员权,如购房者可以对关系整幢楼的事项行使表决权。

所谓共用部分,是指一栋建筑物中,除去专用部分以外的,由所有区分所有权人共有的部分。建筑物区分所有权与一般意义上的不动产所有权的区别,就在于一般意义上的不动产所有权由专有权构成,且具有不依赖其他物而独立发挥其功能的特征。而区分所有权是由专有权和共有权组成,二者相互依存,缺一则不能构成区分所有权。建筑物区分所有权的专有权与共有权,不但具有物理上的不可分性,还具有权利上的不可分性:首先,专有部分依赖于共用部分而存在,没有共用部分,专有部分就不能独立发挥其使

---

① 王利明:《建筑物区分所有制度》,http://openedu.hljrtvu.com/kejian/wf/1fdcfwlkc/lilunzm/index8-1-3.htm,2005 年 10 月 10 日访问。

用效能,不能独立产生收益。其次,共有权依附于专有权,区分所有权人取得专有权,自然就应取得共有权;区分所有权人转让专有权,共有权自然随之转让。由于建筑物区分所有权的专有权与共有权不可分离,具有一体性,因此,在取得、转让、抵押、继承专有权时时,应将二者一并处置;他人如果受让了专有权,自然也同时取得了共有权。

对酒店而言,共有部分主要包括走廊、大堂、餐厅、厨房、电梯、会议厅、娱乐设施、健身房、中央空调等等。产权式酒店的中心词是"酒店",酒店与其他房产——尤其是住宅相比,具有的特征为:首先是若干间独立的客房,其次是配套的餐饮、娱乐、服务设施。其功能除用于居住外,更主要的功能体现在配套的餐饮、娱乐设施及相应的服务上,即酒店的共用部分是其功能的重要载体。通过前述分析可知,由于产权式酒店的性质现在尚未形成共识,对于产权式酒店共用部分的所有权属性实践中也不是非常明确,购房者与开发商常常对酒店配套设施的所有权属于购房者共有还是单独属于开发商产生争议。

如果产权式酒店以住宅项目立项,原则上其应当具备建筑物区分所有权这一普通住宅类房产的所有权性质。根据建筑物区分所有权的属性,区分所有权人如果取得了专有部分的所有权,自然同时取得了共用部分的共有权。因此从法理上看购房者对酒店共有部分的占有、使用、收益和处分,应是购房者当然的权利。购房者购买客房所支付的价款中应当包含了这一部分的价款。

然而,在我国2007年的《物权法》对建筑物区分所有权作出专门规定之前,实践情况却并非如此。产权式酒店虽然在立项上是住宅房产,实践中却是酒店式经营。如果购房者在与开发商签订的购房合同中没有明示规定购房者购买的客房单元包括了附属设施,加之彼时法律对建筑物区分所有权规定的缺失,购房者到登记机关办理房屋登记时,就会出现登记机关仅将专有部分(客房)进行登记,而未登记共有部分的情形,其结果是购房者不能得到共有部分的所有权。也有的登记机关将专有部分进行登记后,又将全部共有部分分别登记在所有专有所有权人名下。这实际上是混淆了区分所有与共有的概念,必然导致产权纠纷。在上述情形中,购房者实际上没有得到真正意义上的产权式酒店,而仅仅是"产权客房",产权式酒店的购房者享有的也就不是真正完整的建筑物区分所有权。

如果将这一问题按照《物权法》进行规范,那么根据《物权法》第六章的规定,业主对建筑物内的住宅、经营性用房等专有部分享有所有权,对专有部分以外的共有部分享有共有和共同管理的权利。业主对其建筑物专有部分享有占有、使用、收益和处分的权利。业主转让建筑物内的住宅、经营性用房,其对共有部分享有的共有和共同管理的权利一并转让。关于共有部分的界定,《物权法》第73条规定,建筑区划内的道路,属于业主共有,但属于城镇公共道路的除外。建筑区划内的绿地,属于业主共有,但属于城镇公共绿地或者明示属于个人的除外。建筑区划内的其他公共场所、公用设施和物业服务用房,属于业主共有。占用业主共有的道路或者其他场地用于停放汽车的车位,属于业主共有。2009年最高人民法院发布的《关于审理建筑物区分所有权纠纷案件具体应用法律若干问题的解释》(法释[2009]7号)第3条进一步规定:"除法律、行政法规规定的共有部分外,建筑区划内的以下部分,也应当认定为物权法第六章所称的共有部分:(1)建筑物的基础、承重结构、外墙、屋顶等基本结构部分,通道、楼梯、大堂等公共通行部分,消防、公共照明等附属设施、设备,避难层、设备层或者设备间等结构部分;(2)其他不属于业主的专有部分,也不属于市政公用部分或者其他权利人所有的场所及设施等。建筑区划内的土地,依法由业主共同享有建设用地使用权,但属于业主专有的整栋建筑物的规划占地或者城镇公共道路、绿地占地除外。"这些规定较好地明确了房地产开发商与投资者、投资者之间的法律关系,能够更好地保护购房者的利益。

3. 产权式酒店的利润分配问题

通过前述分析可知,作为住宅项目出售的产权式酒店性质上应当属于建筑物区分所有权,但在酒店利润的分配方式上却表现出与一般住宅项目不同的地方。如果酒店管理者与购房者没有约定采用固定回报的支付方式,就是根据酒店的实际经营利润对投资者进行分红,产权式酒店的购房者分红公式是:购房者分红=购房者利润分配系数×可分配利润总额,而购房者利润分配系数=购房者物业首次交易总额/(酒店经营物业总面积首次交易总额+酒店房间配套设备总额[以包括共有部分面积的金额为基数进行计算]),其中,首次交易总额是指发展商公布的销售价格。又如H酒店开发商提供了如下利润分配方案:"投资者年租金收益=(客房年租金总收入)×(1-17%)×70%"。其中,17%是付给酒店管理公司的经营管理费,算作经营成本;70%即为投资者的利润分红,剩余的30%的利润归发展商所有。可见酒店的管理和收益并不是分开进行的,而是以全部客房以及公共设施为对象来计算支出和收入以及利润的。在传统的建筑物区分所有权下,各客房购买者应享有完全独立的所有权形式,各购房者应当按照各自客房所获的收益分开计算分红(如酒店式公寓中的小户式独立经营),但这显然不符合产权式酒店经营的现实,因为单套客房如果脱离了酒店这个整体是无法获取经济利益的。

4. 产权式酒店的房屋产权证办理问题

房产证有两种:一种是通常所说的大产证,即开发商首先要取得的产权证,是开发商拥有房屋产权的证明,这只能由开发商来办理。另一种称为小产证,即每个购房者拿到的房产证,由购房者或购房者委托开发商到房屋交易部门办理。二者的关系是开发商只有取得了大产证,成为了房屋的初始所有者,才能把房子出售给购房者,购房者才能去办小产证。开发商在销售完毕房屋后,应该注销大产证。

由于我国法律在2007年《物权法》颁布之前,未要求抵押人转让抵押财产应取得抵押权人的同意,而是根据《商品房销售管理办法》第9条的规定和《担保法》第49条的规定,在抵押期间,抵押人转让已办理登记的抵押物的,应当通知抵押权人并告知转让人转让物已经抵押的情况,由此可能带来已设定抵押的在建商品房进行预售,抵押权人与购房者权利产生冲突的问题。一旦抵押人未通知抵押权人或未告知受让人,该转让行为无效。《最高人民法院关于适用〈中华人民共和国担保法〉若干问题的解释》第67条进一步细化了这一情形下的处理:抵押权存续期间,抵押人转让抵押物未通知抵押权人或者未告知受让人的,如果抵押物已经登记的,抵押权人仍可以行使抵押权;取得抵押物所有权的受让人,可以代替债务人清偿其全部债务,使抵押权消灭。受让人清偿债务后可以向抵押人追偿。如果抵押物未经登记的,抵押权不得对抗受让人,因此给抵押权人造成损失的,由抵押人承担赔偿责任。因此,开发商在为购房者办理小产权证之前最低限度应当通知抵押权人并告知购房者预售商品房已经抵押的情况,否则会影响到抵押权人或购房者的权益。为了避免产生上述风险,一些地方在制定商品房预(销)售规定时,会将已取得抵押权人同意销售或已解除抵押关系作为发放商品房预售许可证的必要条件,如北京、上海、深圳、广州等地,但这个时期全国仍有许多城市未有类似规定,将设定抵押的在建商品房进行预售,可能使购房者无法办理房产证的风险需要更高层面的立法予以统一解决。

2007年10月1日《物权法》和2008年7月1日建设部《房屋登记办法》的实施,以及近年来关于预售项目抵押信息公示、预售款管理的加强,有力地促进了上述问题的解决。效力优先于《担保法》[①]的《物权法》第191条

---

① 我国《物权法》第178条规定:担保法与本法的规定不一致的,适用本法。

规定:抵押期间,抵押人经抵押权人同意转让抵押财产的,应当将转让所得的价款向抵押权人提前清偿债务或者提存。转让的价款超过债权数额的部分归抵押人所有,不足部分由债务人清偿。抵押期间,抵押人未经抵押权人同意,不得转让抵押财产,但受让人代为清偿债务消灭抵押权的除外。"按照本条的制度设计,转让抵押财产,必须消除该财产上的抵押权"[①],而且《房屋登记办法》第34条规定:"抵押期间,抵押人转让抵押房屋的所有权,申请房屋所有权转移登记的,除提供本办法第33条规定材料外,还应当提交抵押权人的身份证明、抵押权人同意抵押房屋转让的书面文件、他项权利证书。"因此,开发商只有取得(或事后取得)抵押权人的同意,才能进行商品房预售并办理相应的房屋所有权转移登记,购房者取得的将是权属清晰的商品房。为避免房地产开发商挪用商品房预售款,不少地方出台了商品房预售资金监管办法,要求商品房预售资金全部纳入银行的预售款监管账户,实现封闭式管理,专款专用,确保预售资金用于商品住房项目工程建设(包括偿还房地产开发贷款,以有效解除抵押权)。此外,注意到根据《房屋登记办法》第67条,购房者预购商品房可以办理预告登记,并且根据第68条,预告登记后,未经预告登记的权利人书面同意,处分该房屋申请登记的,房屋登记机构应当不予办理;预告登记后,自能够进行相应的房屋登记之日起3个月内,当事人申请房屋登记的,房屋登记机构应当按照预告登记事项办理相应的登记。利用上述制度,购房者可以不用担心买到已设定抵押的预售商品房,无法办理产权证的风险也大为降低了。

在金色假日酒店案件中,开发商金都公司在为购房者办理小产证前并未以自己的名义取得大产证,而是直接从投资商金三元新世纪投资处进行的过户,在程序上首先就存在瑕疵。假设开发商在办理小产证前已经从投资商处将大产证转移到其名下,但开发商在与购房者签订了房屋预售合同后,尚未解除银行抵押就为购房者办理了小产证,而购房者对此完全不知情,这同样在程序上存在瑕疵。根据当时适用的《担保法》及其司法解释的规定,如果大产证的抵押已经办理了登记手续,该购房合同应当被认定为无效,银行仍可以行使抵押权,开发商应当返还购房者的购房款,并支付购房者的利息损失。或者在取得购房者同意后,购房者可以代替开发商清偿其全部债务,使抵押权消灭,购房者清偿债务后可以向开发商追偿。如果没有办理登记,银行不得以其抵押权对抗购房者,因此给银行造成损失的,由开

---

① 胡康生主编:《中华人民共和国物权法释义》,法律出版社2007年版。

发商承担赔偿责任。两级审判法院未能对本案的实体关系作出判定,仅仅是驳回了购房者要求撤销购房合同法律关系、返还价款的诉讼请求,不能不说是一种遗憾。

5. 产权式酒店固定回报率承诺的法律效力

产权式酒店之所以让众多投资者趋之若鹜,主要是看好产权式酒店投资项目高于银行利率数倍的回报率,但这种高回报率也伴随着经营风险。产权式酒店投资回报率的高低和风险的大小并不是投资人所能控制的,而是取决于酒店将来的经营状况,尤其是酒店经营利润的计算大多是按80%或100%的入住率乐观估计的。如果达不到这个入住率,经营效率就实现不了,一旦出现经营亏损,根本就没有利润可分,投资者便有可能被"套牢"。

在国外,产权式酒店并不向购房者就回报率作出承诺,因为购房者与开发商或管理公司之间是一种委托经营关系,按照合同法上的代理关系原理,开发商或管理公司作为代理人,只是代购房者经营,并收取一定的报酬,有关酒店的一切剩余盈余归购房者所有,亏损应该由购房者负担。但是进入我国以后,这种没有承诺的投资方式加上前景并不明朗的经营前景让投资者对开发商和经营者产生了信任危机。为了适应我国的本土现状,产权式酒店一般都承诺固定回报。但是,国家工商行政管理局1998年颁布的《房地产广告发布暂行规定》第16条明确规定,"房地产广告中不得出现融资或者变相融资的内容,不得含有升值或者投资回报的承诺",这使得中国产权式酒店发展之路走得有点别扭。而且,从严格意义上讲,即便可以以高额的固定收益吸引民间投资,也是一种变相集资,容易触犯国家相关金融监管的法律规定。所以,根据目前法律的规定,在购买产权式酒店时,开发商允诺固定回报是被禁止的。如果在购房合同上规定了此类条款,一旦发生纠纷,合同的上述条款很可能将被法院认定无效,投资者预期的回报很难得到法律保护。这一结果与现实需求产生了矛盾,因为上述禁止承诺固定回报规定的目的主要是为了防止房地产开发商以买卖为名,融资为实,显然不应当被适用于产权式酒店这一新兴的房地产融资方式,投资者购买产权式酒店的主要目的就是为了获得收益,它与一般的商品房购买不同。在金色假日酒店案件中,北京市仲裁委员会倒是对开发商关于固定回报的承诺进行了肯定,这是一个大胆的突破。

另外一个需要购房者关注的问题是开发商在广告和宣传中所作出的固定承诺回报是否属于合同的组成部分,具有法律约束力?

开发商常常通过各种广告来宣传其促销策略,但双方签署的商品房预售/销售合同中往往并没有明确预定"广告内容为合同组成部分"。在金色假日酒店案件中,金都公司就辩称,金色假日酒店的销售广告和宣传资料没有写入预售契约,所以其关于回报的承诺对金都公司没有什么法律上的当然约束力。

根据我国《合同法》第14、15条的规定,商业广告一般是要约邀请而不是要约,但是如果内容符合要约规定的,视为要约。即应当内容具体确定;表明经受要约人承诺,要约人即受该意思表示约束。虽然诸多产权式酒店的开发商在宣传广告中将投资回报率列得非常明确,从法理上看应当将其视为要约,司法实践中也的确有认定的先例①,但是由于何为具体、何为明确很难有一个具体的衡量标准,因此也不能保证法院都会将此类固定回报承诺认定为合同的组成部分。所以,如果购房人非常相信广告中所承诺的回报,可以要求在购房合同中明确广告中的具体内容,比如"广告为本合同的组成部分"等。2002年国家工商行政管理总局、建设部《关于进一步加强房地产广告管理的通知》第4条规定:"房地产开发企业、房地产中介服务机构发布的各种形式的房地产广告,其中明示及承诺的内容和事项,应当与购房者在《商品房买卖合同》中予以明确。"值得注意的是,最高人民法院2003年发布的《关于审理商品房买卖合同纠纷案件适用法律若干问题的解释》(法释[2003]7号)第3条规定:商品房的销售广告和宣传资料为要约邀请,但是出卖人就商品房开发规划范围内的房屋及相关设施所做的说明和允诺具体确定,并对商品房买卖合同的订立以及房屋价格的确定有重大影响的,应当视为要约。该说明和允诺即使未载入商品房买卖合同,亦应当视为合同内容,当事人违反的,应当承担违约责任。这一司法解释较好地解决了开发商所做广告和宣传的法律

---

① 南京市民汪明英1997年1月10日购买了珠海市斗门华银房产公司开发的珠海贸易广场,该公司在宣传资料上声称:该房产五年保证增值100%,如不能增值100%,开发商以原房价增值一倍收回。5年过去了,开发商当初承诺并没有兑现。2004年4月12日,汪明英向珠海市斗门区人民法院起诉斗门华银房产开发公司,要求开发商以购房款加一倍收回房屋,珠海市斗门区法院受理了此案。法院审理认为,珠海市斗门华银房产开发公司是具有房地产开发经营资质的企业法人,开发公司的销售广告和宣传资料应视为合同内容的附件,与合同文本具有同样的法律效力,其在售楼中作出的广告许诺,应承担履行广告许诺的义务。汪明英和开发公司签订的《房地产买卖契约》合法有效,应受到法律保护。开发公司对市场的预测过高,将楼对外出售,五年内未能实现100%的升值,应承担履行许诺按原价加倍收回的后果。法院根据我国《合同法》相关规定作出判决,珠海市斗门华银房产开发公司于判决之日起10天内退回购房款171892元给汪明英并支付汪明英的房产回购款171892元,二项合计343784元,汪明英将所购珠海贸易广场的房产退还房产公司。

效力问题,为保护购房者的权益提供了良好保障。

6. 产权式酒店返租、回购条款的法律效力

现在的产权式酒店开发商为了规避禁止承诺固定回报率的要求,常常采用返租条款,即承诺支付一定年限的固定租金(有时会加上一定的浮动租金)。这时双方形成了一种租赁关系而不再是委托经营关系,双方的法律权利与义务又有所不同。但是,建设部颁布《商品房销售管理办法》第11条明文禁止房地产开发企业采取售后包租的方式销售未竣工的商品房,第45条第2款将售后包租定义为"房地产开发企业在一定期限内承租或者代为出租买受人所购该企业商品房的方式销售商品房的行为。"此立法的目的在于防止开发商以买卖之名行融资之实,但是产权式酒店本就是一种新型的房地产融资方式,将其纳入一般房地产监管的范畴,受到上述法规的限制,与其作为融资工具的本质产生了实质性的冲突。

开发商有时还会有一定的回购承诺,承诺在一定的年限以后,购房人可以选择卖掉酒店给开发商。回购相当于开发商对购房人的一种担保,购房人可以自主决定如何处置已购房屋,因此其与开发商的这种回购条款应当是有效的。

在房地产买卖合同中还有一种回购条款,是开发商就购房者不能按时还贷时向银行承诺的回购条款。这一形式不仅在产权式酒店中存在,在一般的商品房买卖按揭贷款中也存在,这种回购条款的效力和开发商与购房者之间的回购条款不同。按揭贷款业务中的所谓回购责任,是指开发商在购房者向银行贷款时,承诺一旦购房者逾期不能归还贷款,开发商直接向银行支付房屋的对价,偿还贷款,银行则协助将购房者的房屋所有权过户到开发商名下。这一条款,实际是银行与开发商之间就行使抵押权时如何处置抵押物达成的协议。

根据我国《担保法》第53条规定:"债务履行期届满抵押权人未受清偿的,可以与抵押人协议以抵押物折价或者以拍卖、变卖该抵押物所得的价款受偿;协议不成的,抵押权人可以向人民法院提起诉讼。抵押物折价或者拍卖、变卖后,其价款超过债权数额的部分归抵押人所有,不足部分由债务人清偿。"实践中,作为抵押权人的银行与作为抵押人的购房者不能达成协议的情形主要有两种:一是双方就债务履行期届满债权未受清偿的事实没有异议,只是就采用何种方式来处理抵押财产的问题达不成一致意见;二是双方在债务是否已经履行以及抵押权本身的问题上存在争议,如双方对抵押合同的有关条款或者抵押权的效力问题存在争议,这些问题实际上是实现

抵押权的前提条件,如果双方对此发生争议,也就根本谈不上协议以何种方式实现抵押权了。实践中,协议不成的,要求抵押权人须向人民法院提起诉讼才能实现抵押权往往程序复杂而漫长,为此一些抵押权人为了尽快实现抵押权,事先与抵押人签署了一份具有强制执行力的公正文书,约定债务人到期不履行债务的,抵押人不必向人民法院提起诉讼,而是直接向人民法院申请强制执行,进入执行程序。我国 2007 年《物权法》制订的时候,吸取了实践中这一做法的合理性,其第 195 条规定"债务人不履行到期债务或者发生当事人约定的实现抵押权的情形,抵押权人可以与抵押人协议以抵押财产折价或者以拍卖、变卖该抵押财产所得的价款优先受偿。协议损害其他债权人利益的,其他债权人可以在知道或者应当知道撤销事由之日起一年内请求人民法院撤销该协议。抵押权人与抵押人未就抵押权实现方式达成协议的,抵押权人可以请求人民法院拍卖、变卖抵押财产。"

由于我国《物权法》的效力优先于《担保法》[①],因此银行就可以事先在《商品房借款合同》中与购房者约定实现抵押权的情形或者就抵押权的实现方式达成一致意见,一旦购房人违反约定或到期不履行债务,银行就可以依约实现抵押权,按照银行与开发商之间达成的回购协议处置抵押物,或者在不能达成协议的情况下比较便捷地请求法院拍卖、变卖抵押物。当然,如果只是银行与开发商单独就回购达成协议,未能符合借款合同中约定的实现抵押权的情形或者未取得购房人对该处置方式的同意(包括事后同意),这一回购条款应当是无效的。

产权式酒店虽然在国外已经有了较为成熟的经验,但在我国尚属新生事物,还需要与我国法律制度进一步磨合,否则难免会引起"水土不服"。现在,产权式酒店在我国法律面前遭遇的瓶颈大多是由于它必须同一般的商品房买卖一样受到法律在房地产融资方面的限制,因此出台专门针对产权式酒店的法律法规势在必行。

(罗 静)

[①] 我国《物权法》第 178 条规定:担保法与本法的规定不一致的,适用本法。

第十三章 个人住房抵押贷款证券化制度

- 个人住房抵押贷款证券化的特征
- 个人住房抵押贷款证券化的操作流程
- 中国建设银行个人住房抵押贷款证券化试点实例分析

基本原理

一、住房抵押贷款证券化的概念

住房抵押贷款证券化是指贷款权益人（又可称为发起机构，originator or sponsor）通过风险隔离（risk remoteness）机制将住房抵押贷款转移给特定目的载体（Special Purpose Vehicle，以下简称 SPV），由其以该资产和所产生的现金流为担保，并可借助外部的信用担保，在对资产风险与收益进行重新分割和配置的基础上，转化成流通性强的抵押担保证券（Mortgage-backed Securities，以下简称 MBS）销售给投资者。在这一过程中，SPV 以 MBS 的销售收入偿付贷款资产购买价款，以贷款所产生的现金流偿付投资者的 MBS 权益。

经过多年酝酿，我国第一支个人住房抵押贷款支持证券——"建元 2005-1 个人住房抵押贷款证券化信托优先级资产支持证券"已由中信信托投资有限公司在全国银行间债券市场上公开发行。2005 年 4 月出台的《信贷资产证券化试点管理办法》（以下简称《试点管理办法》），以及之后陆续颁布的《信贷资产证券化试点会计处理规定》（2005 年）、《资产支持证券信息披露规则》（2005 年，以下简称《信息披露规则》）、《金融机构信贷资产证券化试点监督管理办法》（2005 年，以下简称《监管办法》）、《信贷资产证券化基础资产池信息披露规则》（2007 年，以下简称《资产池披露规则》）、《关于进一步加强信贷资产证券化业务管理工作的通知》（2008 年）、《商业银行资产证券化风险暴露监管资本计量指引》（2010

年)等规范性文件为我国的信贷资产证券化的试点搭建了一个基本的法律框架。

二、住房抵押贷款证券化的法律关系

(一) 主体

1. 借款人

借款人,即住房抵押贷款原始权益人的债务人。在住房抵押贷款证券化中,通常涉及对债务人的通知、债务人抵销权和抗辩权的保护等问题。

2. 发起机构

发起机构是指出售应收款用于证券化的人,既可以是应收款的原始权益人(originator),如贷款银行、租赁公司,也可以是从原始权益人处购买应收款汇集成一个资产池,并再次出售的人(sponsor),如投资银行。[①] 在住房抵押贷款证券化中,通常会由保存有较完整的债权债务合同和较详细的有关合同履行状况的贷款商业银行来充当发起机构。

3. SPV(Special Purpose Vehicle)

SPV 是专门为从事资产证券化而设立的特定目的载体。一般而言,为了实现资产证券化的资产信用融资,避免发起机构的破产风险和 SPV 的破产风险危及应收款,确保投资者的合法权益,SPV 应以"真实出售"(true sale)的方式从发起机构处购买应收款。同时,SPV 自身也应构建"破产隔离"载体(Bankruptcy-remote entity)。在法律形式上,出于破产、税收、会计和证券法等方面的考虑,SPV 常采取公司、合伙、信托等形式。

4. 投资者(Investor)

MBS 是以资产的信用为支持发行的证券,再辅以信用增级的处理,使其证券级别往往比较高,通常是投资级(BBB 或者 Baa3 以上)以上的,其中不少是仅次于政府债券的 AAA 级。这样,一些对证券投资安全性要求较高的投资者(如银行、保险公司、养老基金等机构投资者)就能够参与其中,从而扩大了投资者的范围。当然,住房抵押贷款证券化本身的复杂结构往往要求投资者要具有证券化的一般知识和较成熟、理性的投资理念。[②]

[①] 洪艳蓉:《资产证券化法律问题研究》,北京大学出版社 2004 年版,第 20 页。
[②] 同上书,第 25 页。

5. 证券承销人或证券交易商

根据证券经营机构在销售过程中承担的责任和风险的不同,证券承销人可以分为代销人和包销人。对于一次发行量特别大的证券,往往要组建承销团,承销团的发起机构即主承销商(Lead manager)。此外,证券也可以由证券交易商购入,由其再进行二次交易。

6. 信用评级与增级机构

为了增强证券对投资者的吸引力,减轻和化解资产的信用风险,资产证券化过程中常常需要对拟证券化的资产进行信用增级。通常,信用增级既可以由发起机构通过超额担保(overcollateralisation)、购买从属证券(sub-ordinated securities)和设置利差账户(spread account)等形式提供,也可以由第三人(通常是保险公司、金融担保公司和银行)通过保险、担保和签发信用证等形式提供。

7. 中介服务机构

由于交易结构和法律关系十分复杂,住房抵押贷款证券化操作中需要大量的中介机构提供支持,包括律师事务所、会计师事务所评级机构等等。

(二) 客体

1. 拟证券化的资产

尽管存在着"资产证券化的范围仅受想象力的限制"的说法,可进行证券化的资产却并非没有限制。住房抵押贷款是最早被证券化的资产,它符合可证券化资产最基本的一些条件,如能够提供可预期的现金流或可以被转化为可预期的现金[1];在种类、信用质量、利率、期限、到期日等方面具有同质性,并且对利率的变化不敏感[2];债务人的地区分布较广泛,来源多样化,避免了部分地区经济波动对债务履行的影响;资产规模较大,从而能够通过规模效应降低成本,抵销证券化交易中不菲的费用以获利。[3]

2. 证券化资产产生的现金流

拟证券化资产产生的现金流,即住房抵押贷款的还款现金流,是 MBS 证券权益偿付和各方服务费用的偿付基础。为保证现金流管理的有效性,需要通过建立独立的现金流账户和详细的会计记录来解决提前偿付的现金流管理、盈余现金流再投资、暂时短缺的现金流的筹集等问题。

---

[1] 转引自彭冰:《资产证券化的法律解释》,北京大学出版社2001年版,第19页。
[2] 洪艳蓉:《资产证券化法律问题研究》,北京大学出版社2004年版,第25页。
[3] 同上书,第36页。

3. 资产支持证券

资产支持证券的种类,包括期限少于一年的商业票据或期限在一年以上的中长期证券;代表对证券化资产不可分割权益的股票,代表发行人债务责任的债券,或借助信托发行的受益权证等。证券形式的选择,与该国的证券法、公司法、信托法、税法等法律制度密切相关。[①]

(三) 内容

住房抵押贷款证券化本身表现为一个复杂的法律关系组合,其中的法律关系主要通过合同来建立的。包括与拟证券化资产的形成和转让有关的合同,与 SPV 的建立、运营有关的合同,与资产管理证券权益偿付、证券化风险管理有关的合同,以及与 MBS 的发行、销售有关的合同等。

三、住房抵押贷款证券化的特征

(一) 住房抵押贷款证券化是一种结构性融资

所谓结构性融资,是指借由资产分割之方法,将原本资金需求者持有的金融资产与资产持有者相分离,从而将该资产和资金需求者(即资产持有者)的破产风险相隔离,并调整当事人之间的债权债务关系的融资方式。[②]住房抵押贷款作为证券化资产,被发起机构"真实出售"给 SPV,与发起机构的整体资产——发起机构债务的总担保剥离。经过这种结构性处理,实现了证券化资产的责任切割与限缩,有助于增强该资产对投资者的吸引力,以实现融资目的。

(二) 住房抵押贷款证券化是一种资产信用融资

从融资的信用基础来看,资产证券化的核心是以存量资产为信用基础进行融资。传统的融资方式,如企业发行股票、债券等融资方式是以企业的一般信用为基础的,通过建立新的债权债务关系进行增量的证券化;项目融资是以将来发生的项目的未来收益和项目资产本身作为还本付息的来源。资产证券化则是以既存的静态债权作为信用基础,将其转化为担保证券发行的流动的信用资产,并以资产及其产生的现金流为 MBS 偿付的主要来源。[③] 信用基础从企业一般信用转移到特定的资产,不仅会使得资产获得较原始权益人更高的信用级别以吸引投资者,也对 MBS 提出了区别于传统证

[①] 洪艳蓉:《资产证券化法律问题研究》,北京大学出版社 2004 年版,第 26 页。
[②] 王文宇:《新金融法》,中国政法大学出版社 2003 年版。
[③] 洪艳蓉:《资产证券化法律问题研究》,北京大学出版社 2004 年版,第 17 页。

券的发行条件、交易以及监管制度。

（三）住房抵押贷款证券化可以实现表外融资

英国的会计准则委员会（Accounting Standards Board，以下简称 ASB）的《报告交易的实质》（FRS5，1994）、《金融工具：确认和计量》（FRS26，2004）以及美国财务会计准则委员会（Fannacial Accounting Standards Board，FASB）的《转让金融资产的会计处理——对 FAS140 号准则的修改》（FAS166，2009）等会计准则规定了，只要发起机构将与资产有关的收益和风险转移给另一个实体，或者发起机构已经放弃了对资产的控制，将其"真实出售"给 SPV，就允许发起机构将证券化资产从其资产负债中剔除并确认收益与损失，即进行"表外融资"。然而，出于法律或者税收等方面的考虑，通过一定的结构安排，资产也可以保留在发起机构的资产负债表上。因此，实践中存在两种资产证券化的模式——表外资产证券化和表内资产证券化，前者以欧洲为例，而后者则以美国为代表。

四、商业银行开展个人住房抵押贷款证券化的动因

开展包括个人住房抵押贷款证券化在内的信贷资产证券化将进一步拓宽我国债券市场的深度和广度，对我国发展金融市场、维护金融稳定、应对金融开放的挑战具有重要的现实意义[①]：

一是有助于改善银行业存贷期限错配状况，提高银行资产的流动性，加速信贷资金周转。随着住房实物分配制度的取消、按揭政策的实施以及居民收入的提高，以银行贷款为主的房地产金融迅速发展。一方面，房地产贷款余额，包括个人住房贷款余额及其在金融机构中长期贷款中所占的份额逐年递增。2008 年末，全国主要金融机构房地产贷款余额 5.28 万亿元，同比增长 10.4%，其中个人住房贷款余额 2.98 万亿元，同比增长 10.5%；2008 年年末，房地产贷款余额占各项贷款余额的 18.3%。2009 年末，全国主要金融机构房地产贷款余额 7.33 万亿元，同比增长 38.1%，其中购房贷款余额 4.76 万亿元，同比增长 43.1%；2009 年年末，房地产贷款余额占各项贷款余额的 19.2%。2010 年末，全国主要金融机构房地产贷款余额 9.35 万亿元，同比增长 27.5%，其中购房贷款余额 6.2 万亿元，同比增长

---

① 《中国人民银行批准信贷资产支持证券在银行间债券市场上发行》，www.pbc.gov.cn，2005 年 12 月 9 日。

29.7%;2010年年末,房地产贷款余额占各项贷款余额的20.5%。① 另一方面,金融机构,特别是商业银行所承受的房地产贷款的信贷风险也越来越大。尽管从总体来看,主要金融机构的房地产贷款质量较好,截至2010年年底,商业银行房地产业的不良贷款余额439.8亿元,不良贷款率1.26%。②但随着近年来房地产宏观调控的加强,尤其是银行信贷收紧和限购令、房地产税的实行,房地产开发企业的资金来源可能严重受限,而购房者的还款能力也可能受到影响,房地产贷款存在出现较大不良率的风险。而且,根据国际经验,这类贷款的风险暴露期一般是在放贷后的3—8年内出现。商业银行通过对一些数额大、周转慢的优质信贷资产实施证券化,将缺乏流动性的资产转化为流通性较好的证券,有利于提高银行资产流动性,加速资金周转。商业银行在不改变负债总量的情况下提高了资产的流动性,将有效地改善资产负债结构,使银行资产管理中盈利性、流动性和安全性之间的关系得到很好的协调。

二是有助于提高商业银行资本充足率。通过资产证券化,商业银行可以将部分风险贷款移出资产负债表,从而减少风险资产总量,使银行在资本金补充渠道缺乏的情况下,有效地改善资本充足率的状况。

三是有助于分散信贷风险。通过资产证券化,在金融市场上发行多档次可流通有价证券,商业银行就可将原来集中的风险分散到有价证券市场,降低贷款的非系统性风险。

四是有助于发展商业银行的中间业务,拓展表外业务收入来源,更新银行服务理念,促使银行服务专业化,提高核心竞争力。

五是有助于发展资本市场。资产证券化可以为市场提供流动性较高、风险较低、收益较稳定的多档次有价证券,为投资者创造了新的投资空间,提供新的储蓄替代型投资工具。这对于适当分流近年来居高不下的储蓄闲置资金,推动扩大直接融资,促进包括债券市场在内的多层次资本市场的发展和完善,将发挥积极作用。

六是有助于适应金融对外开放。按照我国加入世界贸易组织的承诺,2006年以后,国内金融业对外资金融机构将全面开放。推动资产证券化业

---

① 中国人民银行历年的货币政策执行报告,资料来源:http://www.pbc.gov.cn/publsh/zhengcehuobisi/591/index.html,2011年8月5日访问。

② 《中国银监会2010年报》,资料来源:http://www.cbrc.gov.cn/chinese/home/jsp/docView.jsp?docID=20110329105207FCE245635EFF756F4AAAAA8900,2011年8月5日访问。

务的开展,一方面可以改善商业银行的资产负债管理水平,提高我国金融系统的稳定性,另一方面也可以培养和提高我国金融机构从事资产证券化业务的水平和实力,从而使我国金融业能够更从容地应对市场准入放开以后的激烈竞争。

制度借鉴

一、美国的住房抵押贷款证券化实践

20世纪70年代,美国政府国民抵押协会(Government National Mortgage Association, GNMA)发行了以住房抵押贷款为担保的抵押贷款担保证券(Mortgage-backed securities, MBS)。当时,因美国贷款利率上升且变动幅度增大,资金流向债券市场及短期金融市场,导致主要办理住房贷款的金融机构面临资金短缺及流动性不足的经营困境。政府为振兴住房金融市场及改善储蓄金融机构流动性不足的问题,由联邦全国抵押协会(Federal National Mortgage Association, FNMA)、政府国民抵押协会(Government National Mortgage Association, GNMA)以及联邦房屋贷款抵押公司(Federal Housing Loan Mortgage Company, FHLMC)三家(准)政府机构共同收购住房金融机构所承担的住房抵押贷款,进行标准化后组成资产池,再经过政府的担保,公开发行住房抵押贷款担保证券。此后的三十多年中,资产证券化产品已经成为美国固定收益证券市场最主要的增长动力,截至2004年第三季度,资产证券化产品约占美国固定收益证券市场总规模的30%。尽管证券化资产的范围已经扩展到更加广泛的可产生稳定现金流的金融资产,如汽车贷款、信用卡应收款、企业应收账款等,MBS仍然是规模最大的资产证券化产品,占所有证券化债券市场的70%。2008年,美国因以次级贷款为基础资产并滥用金融衍生工具设计多层而复杂的证券化产品,爆发了次贷证券化危机,并最终演化成危害全球的金融危机。次贷危机反映了证券化操作可能带来的金融风险,也揭示了现行金融监管体系的弱点。危机之后,美国及时总结了教训,展开了以2010年《多德—弗兰克华尔街改革与消费者保护法》为核心的,包括提高证券化基础资产质量、强化发起人责任约束、简化证券化结构、提高证券化透明度和加强监管与消费者保护等内容在内的多项制度改革,以便在更安全

和稳固的基础上继续开展对于美国资本市场,尤其是住房金融市场而言意义重大的证券化业务。2009年以来,美国的证券化市场已经重启,目前处于稳步恢复中。

美国住房抵押贷款市场之所以成为世界上规模最大、最完善的抵押贷款市场,有赖于各方面先进制度的支持,包括发达的抵押贷款一级市场所提供的坚实的资产基础;多元化的贷款提供者的强大的资金支持;表外融资模式在降低银行流动性风险的同时规避双重税赋;灵活的法律制度提供的宽松环境;以及成熟的个人信用体系、标准化的抵押贷款担保制度、保险体系、信息管理系统等,特别是政府信用的推动。依靠美国政府的信用支持,抵押贷款二级市场上的政府发起机构在资本市场上获得了很高的信用评级,它们发行的抵押贷款担保证券也因安全性仅次于政府债券而被称作"银边债券",受到世界范围投资者的广泛青睐。

二、日本的住房抵押贷款证券化实践

日本的住房发展与住宅金融体系是适应第二次世界大战后经济短缺、住房缺乏、国民收入水平不高情况下的国民住房需求而建立起来的。日本开展的是住宅贷款债权信托,通过住宅贷款,贷方将债权集中于信托银行托管并将收益权向第三者出售,从而以住宅贷款证券化来筹措资金,相当于信托分类中的金钱信托,并通过专门立法的方式推动。1994年日本通过了调整不动产证券化的《不动产特定合资企业法》;1995年对国外发行的资产支持证券提出了新的披露要求,并且通过立法修改,将《证券交易法》中证券的定义拓展到了包括商业票据、在国外发行的存单和信托受益凭证等;1998年6月发布了《关于债权转让对抗条件的民法特别法》,从法律上为促进债权的流通、债权资产的证券化提供了条件;1998年9月,日本开始实施《通过特定目的公司提高特定资产流动性法》,对特定目的公司提出了最低资本金以及税收减免等要求。尽管日本的资产证券化法制环境日趋成熟,其住房抵押贷款证券化市场发展并不迅速。2001年日本预算显示,包括政府担保债券、住宅金融公库债券、理财债券、住宅宅地债券在内的预算达到住宅金融公库预算的9.42%,只不过这种证券化还不是国际标准化的MBS。

日本住房抵押贷款证券化发展缓慢的原因主要是由于政策和法律的限制,其金融系统改革委员会对银行资产证券化作了严格的限制,不仅限制抵押支持债券在二级市场上流通,还规定商业银行不得受让金融机构出售的抵押贷款担保证券,大大地降低了住房抵押贷款担保证券对投资者的吸引力,阻碍了日本住房抵押贷款证券化的迅速发展。

三、澳大利亚的住房抵押贷款证券化实践

在澳大利亚,住房抵押贷款证券化是在各商业银行为解决抵押贷款期限不匹配以及资产流动性问题,在政府的大力推动下而发展的。到 2000 年 7 月,澳大利亚个人住房贷款余额 2810 亿澳元,其中通过证券化筹集资金发放的贷款 320 亿澳元,占 11.4%。麦格里证券化有限公司在这个过程中发挥了重要作用,该公司目前已发行超过 100 亿澳元的按揭抵押债券,占全澳证券化市场的近 1/3。

麦格里证券化有限公司有一套较为完善的运作机制。这套机制的主要特点有:一是住房贷款由证券化公司发放或由证券化公司委托其他非银行机构发放;二是住房贷款发放标准化;三是严格的信用审核制度和健全的保险制度;四是有效的债券信用增级措施;五是灵活的风险管理机制;六是管理者费用最后支付制度。

上述机制中,贷款发放标准化和严格的信用审核制度,保证了实行证券化的资产是优质的。全澳大利亚 3 个月以上住房贷款的逾期率为 0.8%,而麦格里证券化公司的贷款逾期率为 0.4%。保险制度、利率互换机制、过手债券的结构设计及信用机构的严格评估等使证券化中遇到的各类风险都得到转移和化解,对常规贷款的信用增级措施和管理者费用最后支付制度则增强了投资者的信心。[①]

操作流程

1. 住房抵押贷款债权资产的创设

金融机构(通常是发起机构)将资金贷放给借款人,签订贷款合同,并取得抵押权。

2. 资产汇集

为了便于证券化结构中对资产的风险进行重组和配置,发起机构首先

---

① 以上数据来源于中华人民共和国建设部网站:《澳大利亚和香港特别行政区住房抵押贷款证券化考察报告》,http://www.cin.gov.cn/fdc/other/2001051703-07.htm,2005 年 12 月 20 日访问。

将条件类似的贷款组群汇总,形成一个在种类、信用质量、利率、期限、到期日等方面具有同质性的资产池。

3. 组建SPV

资产证券化可以根据资产特征、目标设置和配套环境的不同,采用不同的操作模式。以证券化资产是否移出发起机构的资产负债表为标准,可分为表内模式和表外模式。一般而言,表外操作模式更带有规范化、普遍性和长期性,并可为各类发起机构所采用。表外模式中的发起机构或第三方通常会组建SPV,保证其以经营资产证券化为唯一目的,在法律上形成"破产隔离"载体。以SPV的形态为标准,表外模式可再分为SPT(Special Purpose Trust,特定目的信托)和SPC(Special Purpose Company,特定目的公司)模式。前者指发起机构在证券化资产上设定SPT,借助信托财产独立性原理隔离资产风险,并运用证券载体形式发售信托产品;后者指发起机构将拟证券化的资产转让给具有空壳性的SPC,由其以这些资产为担保发行MBS。

4. 转让资产,实现"真实出售"

发起机构与SPV签订销售合同,将应收款债权资产"真实"转让给SPV。所谓的"真实出售",是要确保出于破产的目的将应收款有效的从原始权益人手中剥离,这是资产证券化中核心的一步。

5. 信用增级

由于债权资产所产生的不规则现金流未进行完全的重组,其内部评级的结果往往不是很理想。为了使MBS能够最大限度地吸引投资者,SPV通常会通过发起机构或第三人进行信用增级。

6. 销售交易

SPV与证券承销商签订证券承销协议,由承销商承销证券,并销售给投资人,该证券在次级市场流通。此外,SPV还会根据需要确定证券权益受托人,为投资者利益管理所发行的证券。

7. 服务

由应收款管理服务人和证券权益支付代理人等分别在证券化操作中提供特定服务并获取相应服务报酬或提取服务费用。

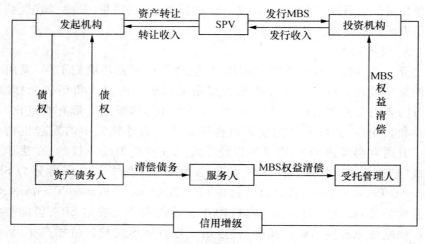

附图1 资产证券化运作流程

案例分析

案例:中国建设银行股份有限公司个人住房抵押贷款证券化试点方案

[案情]

2005年3月下旬,中国人民银行宣布信贷资产证券化试点启动,并确定了国家开发银行和中国建设银行分别进行信贷资产证券化和个人住房抵押贷款证券化的试点。

中国建设银行股份有限公司(以下简称"建行")此次进行的"建元2005-1个人住房抵押贷款证券化"的基本交易结构是:建行作为发起机构,将其合法持有并符合入池标准的个人住房抵押贷款(该抵押资产分别位于上海、无锡、福州和泉州,本金余额为301,668.31万元)及相关权益交付给中信信托投资有限公司(以下简称"中信信托"),由中信信托设立"建元2005-1个人住房抵押贷款证券化信托"并以此为担保发行四级资产支持证券(MBS)。A、B、C三级优先级MBS在全国银行间债券市场发行,发行净收入(发行收入扣除承销报酬和相关费用)及次级MBS作为信托资产的对价交付给发起机构建行。

[评析]

1. 信托财产独立性在证券化操作中用于实现资产"风险隔离"的可能性

资产证券化运作成功的关键在于首先要将资产进行风险隔离,使其远离发起机构的财务、破产风险,以确保投资者对得到证券权益偿付的信心,从而实现融资的目的。资产的风险隔离,在法律上是通过资产的"真实出售"和"破产隔离"载体的构建实现的。所谓"真实出售",是指发起机构将与证券化资产相关的权益和风险或控制权一并转让给SPV,使SPV获得对资产的合法权利。当发起机构业绩不佳、发生财务风险时,这些资产与发起机构的信用和其他资产相隔离,不会被追及或归并为发起机构的破产财产。① 证券化资产转让的方式直接影响到是否能够实现"真实出售"。从各国立法来看,主要有更新、从属参与、让与和信托四种资产转让形式。更新是指资产的债务人、发起人和SPV三方达成一致的协议,同意消灭存在于债务人和发起人之间的基础资产合同关系,将与其相同的权利义务用于债务人与SPV之间的一个新合同来代替;从属参与,是从属参与人同意在债务人的借款发生拖欠时补偿发起人或者事先全额付给发起人已向债务人贷款的数额,同时,发起人同意将其取得的贷款收入转移给从属参与人;让与是指发起人将资产的权益和风险转让给SPV;信托是指委托人(发起人)基于对受托人的信任,将拟证券化资产委托给受托人,由受托人按委托人的意愿,以自己的名义,为受益人(主要是投资者)的利益或特定目的进行管理或处分。② 而所谓"风险隔离",是要求SPV所持有的证券化资产可以免受发起机构和SPV自身破产的影响,从而保证资产支持证券投资者的权利。SPV的组织形式不仅关系着资产支持证券的风险隔离,还关系到整个资产证券化的结构设计、税务处理以及资产支持证券的发行和交易规则等等核心问题。

此次建行的个人住房抵押贷款证券化采用了信托的模式,将其合法持有的住房抵押贷款及相关权益交付给中信信托,由中信信托设立"建元2005-1个人住房抵押贷款证券化信托"并以此为支持发行资产支持证券。从信托原理来讲,信托财产的独立性能够天然地满足资产证券化对资产风险隔离的要求:

---

① 洪艳蓉:《资产证券化法律问题研究》,北京大学出版社2004年版,第40页。
② 同上书,第40—49页。

(1) 信托财产独立于原始权益人的其他财产和受托人的固有资产。

我国《信托法》第15条和第16条分别规定，"信托财产与委托人未设立信托的其他财产相区别"，"信托财产与属于受托人所有的财产（以下简称固有财产）相区别，不得归入受托人的固有财产或者成为固有财产的一部分"。《试点管理办法》及《监管办法》也规定，信托财产独立于发起机构、受托机构、贷款服务机构、资金保管机构、证券登记托管机构及其他为证券化交易提供服务的机构的固有财产。可见，信托财产既不属于委托人所有，也不能列入受托人所固有的财产清单。原始权益人对信托财产丧失控制权的同时，受托人的经营风险也无法波及信托财产。

(2) 信托财产与破产清算风险和强制执行风险相隔离。

我国《信托法》第16条规定，受托人死亡或依法解散、被依法撤销、被宣告破产终止时，信托财产不属于其遗产或破产财产。《试点管理办法》第6条规定，以及《监管办法》规定，发起机构、受托机构、贷款服务机构、资金保管机构、证券登记托管机构及其他为证券化交易提供服务的机构特定目的信托设立以后，信托财产即独立于发起机构、受托机构、贷款服务机构、资金保管机构、证券登记托管机构及其他为证券化交易提供服务的机构，因依法解散、被依法撤销或被依法宣告破产等原因进行清算的，信托财产不属于清算财产。此外，发起机构、受托机构、贷款服务机构、资金保管机构、证券登记托管机构及其他为证券化交易提供服务的机构，均不得对信托财产行使抵销权；受托机构管理运用、处分不同信托财产生的债务之间也不得相互抵销。除非因设立信托前债权人已经对该信托财产享有优先受让权、抵销权和抗辩权，受托机构为处理与该信托财产相关事务产生的债务或信托财产本身应负担的税款等法定事由，对信托财产不得强制执行。

需要注意的是，即使信托已经生效，信托财产还会面临强制执行的风险，包括设立信托前委托人的债权人已经对信托财产享有优先受偿的权利并依法予以行使、受托人的债权人要求其清偿由于受托人处理信托事务所产生的债务以及信托财产本身应当负担的税款。为了避免资产产生的现金流受到影响，发起机构在信托证券化资产前，应当认真审核存在于资产上的优先求偿权的情况，并在信托文件中严格规定受托人可以管理或处分信托财产的权限，避免产生过多的对外债务。

信托财产的独立性使得证券化资产与原始权益人的其他财产和受托人的固有财产区分、隔离，与破产清算和强制执行的财产区分、隔离，从而确保了证券化资产与原始权益人基础交易关系相分离，也阻却了原始权益人之义务人对信托财产权受让人的抗辩。可见,离开信托财产的独立性,信托关系将混同于代理、赠与或为第三人合同等法律关系,使信托制度失去意义。如将信托财产归为受托人所有,则信托与赠与无异;如将信托财产归为受益人所有,同时将财产的管理处分之权授予受托人,则信托与委托人和受托人之间的利他合同雷同;如将信托财产归为委托人所有,则"风险隔离"、"抵销权排除"以及"强制执行禁止"等功能将丧失。

(3) 信托财产独立性与所有权确定原则的冲突。

独立的信托财产既非委托人财产,也非受托人或受益人财产,这种"无主性"似乎与我国所秉承的大陆法系物权法之所有权确定原理相悖。信托财产所有权的移转过程是,在委托人将财产转移给受托人之后,该财产就不再属于委托人所有(《信托法》第 15 条);同时,该财产也不属于受托人(《信托法》第 16 条);而信托终止后,根据我国《信托法》第 54 条的规定,信托财产属于信托文件明确规定的信托财产接受人,信托文件未确定的由《信托法》确定。可见,信托财产的所有权是从委托人处移转到了信托财产接受人手中,只是其中经历了受托人的管理和处分以及受益人的收益。因此,信托财产并非"无主",只是信托制度的设计延长了财产交付的过程,这也是大陆法上一种物权交付的特殊方式。①

2. 个人住房抵押贷款债权及其附属担保权的转让

我国《商业银行法》(1995 年)及其"修正决定"②、《贷款通则》、《个人住房贷款管理办法》等相关法律法规未就商业银行转让其合法持有的个人住房贷款作出规定。根据商业银行业务的特许经营属性,商业银行一般须经监管部门的批准才可对外转让其持有的贷款。根据《合同法》第 80 条第 1 款的规定,债权人转让权利的,应当通知债务人。未经通知,该转让对债务人不发生效力。可见,商业银行作为原始债权人向受让人转让其持有的个人住房抵押贷款,要另外通知债务人,未经通知债务人的,个人住房抵押贷款债权的转让对债务人不生效力。如果债务人仍向原债权银行履行债务,受让人无权要求债务人向自己履行债务。然而,要在个人住房抵押贷款证券化中——通知债务人,不但存在可行性的问题,高成本、低效率的运作必将影响整个住房抵押贷款证券化工作的进程和效益。为了简化住房贷款

---

① 李勇:《信托财产所有权性质之再思考》,载《时代法学》2005 年第 5 期。
② 《全国人大常务委员会关于修改〈中华人民共和国商业银行法〉的决定》,全国人大常委会 2003 年 12 月 27 日发布,2004 年 2 月 1 日起施行。

转让的手续,《试点管理办法》第 12 条特别规定了,发起机构应当在全国性媒体上发布公告,将通过设立特定目的信托转让贷款债权及其附属抵押权的事项,告知相关权利人。当然,这种方式是否必然产生通知债务人的法律效力,还是值得论证的。在"建元"试点方案中,采用的是发布公告而不一一通知,待发生信托合同规定的"违约事件"时,再通知所有债务人或未履约的债务人的做法。

我国《合同法》第 81 条规定,债权人转让权利的,受让人取得与债权有关的从权利,该从权利专属于债权人自身的除外。此外,《担保法》第 50 条也规定,抵押权不得与债权分离而单独转让或者作为其他债权的担保。因此,商业银行在转让住房抵押贷款债权时必须同时转让该债权附属的房地产抵押权。如上所述,债权的转移在我国采通知主义,而《城市房地产抵押管理办法》规定抵押权转让时须办理抵押权变更登记。日本、意大利等国在住房抵押贷款证券化中,通过专门立法规定从属权利随主债权一同转移并发生效力而无须再办理其他手续。为配合我国开展个人住房抵押贷款证券化试点工作,建设部于 2005 年 5 月 16 日发布了《关于个人住房抵押贷款证券化涉及的抵押权变更登记有关问题的试行通知》,规定了个人住房抵押贷款证券化涉及的抵押权变更登记的条件、程序和时限等问题。该通知特别规定了批量办理个人住房抵押权变更登记的情况,包括发起机构需要将本机构发放或持有的个人住房抵押贷款债权及相应的住房抵押权批量转让给受托机构的情况,以及 SPT 存续期间发起机构根据合同约定进行债权回购或受托机构发生更换的情况。

3. 与资产支持证券相关的法律问题分析

《试点管理办法》为资产证券化的产品——资产支持证券,制定了相应的发行与交易制度;中国人民银行在 2005 年 6 月颁布了《资产支持证券信息披露规则》,在 2007 年 8 月颁布了《信贷资产证券化基础资产池信息披露规则》,以规范作为证券化基础的资产池和资产支持证券的信息披露行为,并保护投资者的合法权益。此后,银监会也于 2008 年、2009 年颁布了《关于进一步加强信贷资产证券化业务管理工作的通知》、《商业银行资产证券化风险暴露监管资本计量指引》等规定,逐步形成了监管资产证券化业务的制度框架体系。

(1)"资产支持证券"能否纳入《证券法》的调整范围?

尽管"资产支持证券"使用了"证券"一词,但并不意味着它将理所当然地适用《证券法》。我国《证券法》中没有关于"证券"的定义。一般而言,证券是"表示一定财产权利的一种特殊书面凭证"①,根据证券权利性质的不同,可以分为物权证券(如提单)、债权证券(如国库券、公司债券等)和股权证券(如股票)。我国《证券法》(2005年)第 2 条规定,该法调整的范围是我国境内的股票、公司债券和国务院依法认定的其他证券的发行和交易。资产支持证券系以资产为信用基础发行的证券,与以企业一般信用为基础发行的股票和债券有着本质的不同。此外,尽管存在"国务院依法认定的其他证券的发行和交易"的弹性空间,允许适用《公司法》或其他法律和行政法规的相应规定。但从我国《证券法》和《公司法》对"证券"发行和交易条件的规制来看,其具体内容主要集中在发行企业的净资产数额、资产负债比例、还本付息能力等问题上,无法适用于以与原始权益人资产和风险相隔离的资产为担保发行的证券。

(2)资产支持证券的发行与交易制度。

如上所述,由于信用基础的不同,资产支持证券难以被纳入我国《证券法》的调整范围。我国《证券法》和《公司法》中的证券发行和交易的一般制度也同样无法适用于资产支持证券的发行和交易。例如,以企业信用为融资基础的传统证券的发行条件侧重于公司的偿债能力,而资产证券化中发行的资产支持证券的总额往往接近于资产池的价值②,建行此次发行的资产支持证券总额与其入池资产的本金余额相同,均为 301,668.31 万元。由于资产支持证券是以基础资产产生的现金流作为权益偿付的来源,SPV 多是专为该证券化业务设立的,所以在资产支持证券的发行中通常无需考察 SPV 的存续年限和盈利情况。③ 国内的证券化试点,采用了信托模式的 SPV,由于信托在我国并不像在美国等国家具有独立的法律人格,因此这一特定目的信托是由业已设立的信托投资公司或银监会批准的其他机构担任受托机构进行管理。《监管办法》特别对信托投资公司设定了一定的市场准入条件,主要约束其资产负债状况、流动性、公司治理结构、内部控制等,以防止受托机构经营管理中的滥权行为,保护投资者的利益。值得注意的是,尽管资产支持证券以受托机构的名义对外发行,但它是代表特定目的信托的信托受益权份额,受托机构仅以信托财产为限向投资者承担支付资产支持证券收益的义务;资产支持证券不构成受托机构的一项负债。

---

① 王保树主编:《中国商事法》,人民法院出版社 2001 年版,第 283 页。
② 洪艳蓉:《资产证券化法律问题研究》,北京大学出版社 2004 年版,第 256 页。
③ 同上。

资产支持证券发行中一个核心的环节是信用增级。根据我国的《监管办法》，所谓信用增级，是指在信贷资产证券化交易结构中通过合同安排所提供的信用保护。信用增级机构根据在相关法律文件中所承诺的义务和责任，向信贷资产证券化交易的其他参与机构提供一定程度的信用保护，并为此承担相应的风险。发行人通过对资产支持证券进行信用增级处理，能够改善发行条件，吸引更多的投资者。资产支持证券可以通过内部或外部信用增级的方式提升信用等级，其中内部信用增级主要包括超额抵押、资产支持证券分层结构、现金抵押账户和利差账户等方式，外部信用增级主要包括备用信用证、担保和保险等方式。① 超额抵押是指在资产证券化交易中，将资产池价值超过资产支持证券票面价值的差额作为信用保护的一种内部信用增级方式，该差额用于弥补信贷资产证券化业务活动中可能会产生的损失。② 资产支持证券分层结构是指将资产支持证券按照受偿顺序分为不同档次证券的一种内部信用增级方式。在这一分层结构中，较高档次的证券比较低档次的证券在本息支付上享有优先权，因此具有较高的信用评级，较低档次的证券先于较高档次的证券承担损失，以此为较高档次的证券提供信用保护。③ 现金抵押账户资金由发起机构提供或者来源于其他金融机构的贷款，用于弥补信贷资产证券化业务活动中可能产生的损失。④ 利差账户资金来源于信贷资产利息收入和其他证券化交易收入减去资产支持证券利息支出和其他证券化交易费用之后所形成的超额利差，用于弥补信贷资产证券化业务活动中可能产生的损失。⑤ 建行此次是通过设计资产支持证券分层结构和设立信托储备账户的方式实现信用增级：将其发行的资产支持证券分为优先级资产支持证券（包括 A、B、C 三级）和次级资产支持证券；设置了信托（流动性）储备账户、信托（服务转移）储备账户、信托（混合和抵销）储备账户、信托（税收）储备账户，分别用于补充现金流分配的资金、更换贷款服务机构的转移费用、弥补混同和抵销的风险以及信托的相关税收。

根据《试点管理办法》第 3 条的规定，资产支持证券在全国银行间债券市场上发行和交易。全国银行间债券市场是一个机构投资者进行债券大宗批发交易的场外市场，但机构投资者进行资产支持证券投资通常需要相关

---

① 《金融机构信贷资产证券化试点监督管理办法》第 30 条。
② 《监管办法》第 86 条（一）。
③ 《监管办法》第 86 条（二）。
④ 《监管办法》第 86 条（三）。
⑤ 《监管办法》第 86 条（四）。

监管机构的批准并遵守投资规定。例如2006年,银监会批复同意国家邮政局邮政储汇局(后改制为国家邮政储蓄银行)从事资产支持证券投资业务;2006年,证监会发布《关于证券投资基金投资资产支持证券有关事项的通知》(证监基金字[2006]号),用于规范证券投资基金投资于资产支持证券的行为。此外,中国人民银行在其2005年第15号公告中还特别规定了资产支持证券的发起机构和受托机构不得认购、买卖其发起或发行的资产支持证券,但受托机构依据有关规定(或合同)进行提前赎回的除外。目前,我国资产支持证券的交易规则主要有中国人民银行制定的《全国银行间债券市场债券交易管理办法》(中国人民银行令[2000]第2号)和《全国银行间债券市场债券交易流通审核规则》(中国人民银行公告[2004]第19号)等有关规定,而人民银行[2005]第15号令就资产支持证券在银行间债券市场的登记、托管、交易和结算等特别事项作出了详细的规定,并由中国外汇交易中心暨全国银行间同业拆借中心的《资产支持证券交易操作规则》和中央国债登记结算有限责任公司的《资产支持证券发行登记与托管结算业务操作规则》进行了细化。

4. 资产证券化中的信息披露要求

资产证券化以资产信用融资的特点,使得资产支持证券的表现与发行人本身的财务状况和经营业绩关系不大,投资者更加关心资产特色、质量、结构和中介机构的服务质量等问题,这给传统商业信用基础上的披露制度带来挑战。资产证券化中的信息披露,一方面是筹资者对证券化基础资产池和证券化产品质量信息进行披露,从而引导投资者根据风险偏好选择不同的投资对象,以获得广泛的投资群体;另一方面,是金融监管当局站在保护投资者的角度,通过要求操作者承担特定的资产证券化信息披露义务,使投资者及时获得资产的充分信息和了解资产的风险所在。[①]

其一,资产证券化基础资产池的信息披露。

基础资产池的质量决定了资产证券化产品的质量,美国以次级贷款进行证券化操作,因借款人信用风险而诱发次贷证券化危机的教训值得借鉴证券化技术的国家警醒。可以说,基础资产池的信息披露是投资者识别风险、进行投资决策选择的重要依据。为此,中国人民银行于2007年8月21日就信贷资产证券化基础资产池信息披露事项发布了公告(中国人民银行公告[2007]第16号,以下简称《资产池披露规则》),要求受托机构、发起机

---

① 洪艳蓉:《资产证券化信息披露研究》,载《证券市场导报》2005年第7期。

构或其他证券化服务机构应做好基础资产池的信息披露工作,保证信息披露的真实、准确、完整、及时,不得有虚假记载、误导性陈述和重大遗漏。

根据《资产池披露规则》的规定,受托机构在《发行说明书》中应披露包括但不限于以下有关基础资产池的内容:(1)发起机构构建基础资产池所适用的具体标准;(2)发起机构的贷款发放程序、审核标准、担保形式、管理方法、违约贷款处置程序和方法,以及对基础资产池贷款的相关说明;(3)包括贷款笔数、总本金余额、单笔贷款最高本金余额、单笔贷款平均本金余额、合同总金额、单笔贷款最高合同金额、单笔贷款平均合同金额等在内的基础资产池总体特征;(4)包括贷款种类、信贷资产质量、信贷资产期限结构、信贷资产利率结构、担保情况、借款人年龄结构等在内的基础资产池分布情况;(5)如果单一借款人的入池贷款本金余额占资产池的比例超过15%,或某一借款人及其关联方的入池贷款本金余额占资产池的比例超过20%,应披露相关借款人的名称、贷款用途、担保或抵押情况、经营情况、基本财务信息及信用评级或相关信用状况;(6)执业律师出具的法律意见书概要;(7)投资者在资产支持证券发行期限内查阅基础资产池全部具体信息(包括借款人姓名、借款合同等)的途径和方法。此外,《资产池披露规则》也规定了受托机构在《受托机构报告》中和信用评级机构在发行前的《信用评级报告》及后继的跟踪《信用评级报告》中应披露的基础资产池的内容,丰富并完善了投资者在整个证券化运作期间对基础资产池信息的了解。

建行在2005年操作住房抵押贷款证券化时,尽管《资产池披露规则》尚未发布,但受托机构已根据建行提供的资料对住房抵押贷款基础资产池的情况进行了部分说明,信用评级报告也在发行前的《信用评级报告》中对住房抵押贷款资产池的状况也有所涉及,尽管未必如《资产池披露规则》规定的那样详细,但已体现了实践先行和通过信息披露揭示风险,吸引投资者的特色。《资产池披露规则》施行后,受托人在定期的《受托机构报告》、信用评级机构在《信用评级跟踪报告》中都遵照相关规定进行了住房抵押贷款基础资产池的披露。

其二,资产支持证券发行与交易中的信息披露。

由于信用基础的不同,《公司法》和《证券法》中有关发行人信息披露义务的重点是公司资产结构、股权比例、公司治理结构及高级管理人员的活动、公司重大经营决策等。这些规定难以适用于信托受益凭证类资产支持证券的发行人。因此,人民银行于2005年6月13日发布了《资产支持证券信息披露规则》,以规范资产支持证券信息披露行为。

第十三章 个人住房抵押贷款证券化制度

根据《信息披露规则》规定,资产支持证券受托机构的信息披露应通过中国货币网、中国债券信息网以及中国人民银行规定的其他方式进行。该规则要求发行人,即受托机构需在发行前向投资者披露发行说明书、评级报告、募集办法和承销团成员名单,并定期公布资产支持证券的跟踪评级报告;定期公布资产支持证券发行情况和受托机构报告;以及证券持有人大会的决议。在发生可能对资产支持证券投资价值有实质性影响的临时性重大事件时,受托机构须向人民银行报告并向同业中心和中央结算公司提交信息披露材料。建行的《发行说明书》中对"可能对资产支持证券投资价值有实质性影响的临时性重大事件"作出了详细的规定,包括:受托机构不能或预期不能按时兑付"优先级资产支持证券"的本息;受托机构、贷款服务机构、交易管理机构或资金保管机构出现违法、违规或违约行为,可能对优先级资产支持证券的持有人造成重大不利影响;优先级资产支持证券的评级发生变化;发生任何违约事件、贷款服务机构解任事件、受托机构终止事件、加速清偿事件或个别通知事件等以及法律、银监会、人民银行要求披露的其他事项。[①] 此次建行的建元2005-1个人住房抵押贷款证券化信托的受托机构中信信托还制定了专门的信息披露管理制度和流程,对信息披露的程序、审核、责任人和方式都建立了严格的规范和程序。

其三,商业银行的信息披露义务。

商业银行在担任发起机构、贷款服务机构,参与资产证券化的过程中都会承担风险。金融监管机构通常需要要求参与资产证券化的商业银行提供相关的信息披露,在控制银行金融风险的同时保护投资者的利益。

《信息披露规则》主要规范的是受托机构,即证券发行人的披露义务。而发起机构和服务机构对受托机构的信息披露义务是由信托合同和服务合同来确定的。《信息披露规则》第3条规定:"资产支持证券发起机构和接受受托机构委托为证券化提供服务的机构应按照信托合同和服务合同的约定,及时向受托机构提供有关信息报告,并保证所提供信息真实、准确和完整。"从监管的角度看,商业银行需要向银监会披露包括其在信贷资产证券化业务活动中担当的角色、提供的服务、所承担的义务、责任及其限度;发起机构信用风险转移或者保留程度;因从事信贷资产证券化业务活动而形成的证券化风险暴露及其数额;信贷资产证券化业务的资本计算方法和资本要求;对所涉及信贷资产证券化业务的会计核算方式等方面的信息(《监管

---

① 《建元2005-1个人住房抵押贷款证券化信托发行说明书》,2005年12月。

办法》第 74 条)。

5. 证券化操作中投资者权益保障的制度设计

投资者的权利包括收益权和管理权,根据《试点管理办法》第 52 条的规定,持有人有权单独行使分享信托利益、依法转让资产支持证券等权利。各持有人通过持有人大会行使更换受托机构及其他由信托合同约定须由持有人大会审议决定的事项的权利。

与股东会行使其权利不同的是,持有人大会行使管理权是为了保障持有人权利得以实现的一种手段,并不参与受托机构对信托的日常管理。只有在发生信托机构变更、违约事件等影响证券权益偿付的重大事件时才需要持有人大会的介入。资产支持证券作为一种资本市场工具,具有高度流动性,发行范围广、交易便捷,持有人数目众多。如发生影响持有人权利实现的重大事件时,如果没有持有人大会,每一个权利人自然会为个人的利益与发行人交涉,这种情况导致的混乱局面最终将给所有的持有人造成不利影响。如发行人发生现金周转困难,但资信尚好,在宽限期内即可完成支付,但个别持有人可能会出于各种原因的考虑通过司法手段冻结发行人财产,导致整个交易处于停顿状态,致使发行人无法渡过难关、偿付证券权益,使全体持有人利益受损。

持有人大会创造了一个发行人与持有人沟通的平台,体现为持有人大会的决议是最大多数持有人意志的体现,最大程度地保护了持有人整体的利益,防止个别持有人的非理性行为。持有人大会制度同时也保障了资产支持证券的信用度和流动性。持有同一级别证券的持有人以相近的价格购买证券,以平等的方式行使权利,保障了不同持有人之间的平等地位,使潜在的投资者产生稳定的预期。资产支持证券的信用度得到保障,从而确保了较好的流动性。

可见,持有人大会制度起到了维护资产支持证券持有人整体利益、维持市场秩序的作用。

建行个人住房抵押贷款证券化试点中设计了"有控制权的资产支持证券持有人大会"制度。其中,"有控制权的资产支持证券"系指:在其未偿本金余额得以足额清偿以前,是"A级资产支持证券";在"A级资产支持证券"本金足额清偿后,是"B级资产支持证券";在"B级资产支持证券"本金足额清偿后,是"C级资产支持证券";在"优先级资产支持证券"全部未偿本金余额得以足额清偿之后,是指"次级资产支持证券"。在出现对资产支持证券持有人利益有重大影响的事件时,受托机构应当召集"有控制权的资产支持证券持有人大会";此外,持有10%以上的"有控制权的资产支持证券"的"未偿本金余额"的持有人也有权书面要求受托机构召开"有控制权的资产支持证券持有人大会";在受托机构未按上述规定履行召开"有控制权的资产支持证券持有人大会"的职责时,持有10%以上的"有控制权的资产支持证券"的"未偿本金余额"的持有人有权自行召开"有控制权的资产支持证券持有人大会",并报中国人民银行备案。对资产支持证券持有人利益有重大影响的事件主要包括:如交易文件各方对资产支持证券条款和条件、《信托合同》以及其他任何交易文件的较重大的修改①;根据交易文件更换受托机构、贷款服务机构、交易管理机构或资金保管机构;部分加速清偿事件或违约事件、可能导致违约的事件;发生信托清算事件,受托机构完成信托清算程序。对于不同的事项,"有控制权的资产支持证券持有人大会"分别会进行一般决议和特别决议。一般决议须经参加大会的持有人所持有的表决权的50%以上通过,特别决议须经参加大会的持有人所持有的表决权的75%以上通过。

6. 资产证券化操作中的税收处理

税收关系成本支出,在很大程度上也影响证券化的结构设计。虽然作为一种新的融资工具,资产证券化结构复杂,环节众多,但其既不能因资产管理方式的不同或交易环节的增加而负担过多的税收,也不能因此享受与其他类似性质的经济活动更为优惠的税收政策,否则一方便可能会扼杀金融创新的动力,另一方面可能会扭曲资本市场上的资金流向,诱发税收套利。上述的资产证券化文件,都未提到证券化的税收处理问题,而建行试点方案的实施,在税收处理上采用了国务院个案批准的方式,这在很大程度上影响了市场主体对证券化税收的预期。为改变这种不确定性,推进资产证券化的发展,财政部和国家税收总局根据税收中性、税负合理等税收基本原则,从促进资产证券化创新和反避税相结合以及相契合目前的税收政策和税收征管体制的角度出发,在2006年2月20日联合发布了《关于信贷资产证券化有关税收政策问题的通知》,对证券化中备受瞩目的印花税、营业税和所得税问题作出了明确规定。

根据这个通知,对于印花税,执行如下的税收政策:

---

① 根据《建元2005-1个人住房抵押贷款证券化信托发行说明书》的规定,对交易文件的微小的技术性改动或根据适用法律的强制性要求做出的修改无需召开"有控制权的资产支持证券持有人大会"。见《建元2005-1个人住房抵押贷款证券化信托发行说明书》第13.2条。

(1) 信贷资产证券化的发起机构（指通过设立特定目的信托项目[以下简称信托项目]转让信贷资产的金融机构，下同）将实施资产证券化的信贷资产信托予受托机构（指因承诺信托而负责管理信托项目财产并发售资产支持证券的机构，下同）时，双方签订的信托合同暂不征收印花税。

(2) 受托机构委托贷款服务机构（指接受受托机构的委托，负责管理贷款的机构，下同）管理信贷资产时，双方签订的委托管理合同暂不征收印花税。

(3) 发起机构、受托机构在信贷资产证券化过程中，与资金保管机构（指接受受托机构委托，负责保管信托项目财产账户资金的机构，下同）、证券登记托管机构（指中央国债登记结算有限责任公司）以及其他为证券化交易提供服务的机构签订的其他应税合同，暂免征收发起机构、受托机构应缴纳的印花税。

(4) 受托机构发售信贷资产支持证券以及投资者买卖信贷资产支持证券暂免征收印花税。

(5) 发起机构、受托机构因开展信贷资产证券化业务而专门设立的资金账簿暂免征收印花税。

对于营业税，执行如下的税收政策：

(1) 对受托机构从其受托管理的信贷资产信托项目中取得的贷款利息收入，应全额征收营业税。

(2) 在信贷资产证券化的过程中，贷款服务机构取得的服务费收入、受托机构取得的信托报酬、资金保管机构取得的报酬、证券登记托管机构取得的托管费、其他为证券化交易提供服务的机构取得的服务费收入等，均应按现行营业税的政策规定缴纳营业税。

(3) 对金融机构（包括银行和非银行金融机构）投资者买卖信贷资产支持证券取得的差价收入征收营业税；对非金融机构投资者买卖信贷资产支持证券取得的差价收入，不征收营业税。[1]

对于所得税，执行如下的税收政策：

(1) 发起机构转让信贷资产取得的收益应按企业所得税的政策规定计算缴纳企业所得税，转让信贷资产所发生的损失可按企业所得税的政策规定扣除。发起机构赎回或置换已转让的信贷资产，应按现行企业所得税有

---

[1] 根据财政部、国家税务总局《关于公布若干废止和失效的营业税规范性文件的通知》（财税[2009]61号）的规定，(3)项的税收优惠已经被废止，并自2009年1月1日起生效。

关转让、受让资产的政策规定处理。

发起机构与受托机构在信贷资产转让、赎回或置换过程中应当按照独立企业之间的业务往来支付价款和费用,未按照独立企业之间的业务往来支付价款和费用的,税务机关依照《税收征收管理法》的有关规定进行调整。

(2) 对信托项目收益在取得当年向资产支持证券的机构投资者(以下简称机构投资者)分配的部分,在信托环节暂不征收企业所得税;在取得当年未向机构投资者分配的部分,在信托环节由受托机构按企业所得税的政策规定申报缴纳企业所得税;对在信托环节已经完税的信托项目收益,再分配给机构投资者时,对机构投资者按现行有关取得税后收益的企业所得税政策规定处理。

(3) 在信贷资产证券化的过程中,贷款服务机构取得的服务收入、受托机构取得的信托报酬、资金保管机构取得的报酬、证券登记托管机构取得的托管费、其他为证券化交易提供服务的机构取得的服务费收入等,均应按照企业所得税的政策规定计算缴纳企业所得税。

(4) 在对信托项目收益暂不征收企业所得税期间,机构投资者从信托项目分配获得的收益,应当在机构投资者环节按照权责发生制的原则确认应税收入,按照企业所得税的政策规定计算缴纳企业所得税。机构投资者买卖信贷资产支持证券获得的差价收入,应当按照企业所得税的政策规定计算缴纳企业所得税,买卖信贷资产支持证券所发生的损失可按企业所得税的政策规定扣除。

(5) 受托机构和证券登记托管机构应向其信托项目主管税务机关和机构投资者所在地税务机关提供有关信托项目的全部财务信息以及向机构投资者分配收益的详细信息。

(6) 机构投资者从信托项目清算分配中取得的收入,应按企业所得税的政策规定缴纳企业所得税,清算发生的损失可按企业所得税的政策规定扣除。

此外,受托机构处置发起机构委托管理的信贷资产时,属于该通知未尽事项的,应按现行税收法律、法规及政策规定处理。

这个从信贷资产证券化业务试点之日起开始执行的税收政策,使得之前已开始运作的建行试点方案的税收处理有了公开透明的法律依据,也使市场参与各方对证券化的税收处理有了一个明确的政策预期,这些都能助益于中国资产证券化市场的健康发展。

(李虹)

第十四章　房地产贷款风险管理与不良资产处置

- 房地产贷款风险管理现状与问题
- 目前主要的房地产贷款风险管理规则
- 商业银行不良资产的处置方式

基本原理

一、房地产贷款风险与不良资产的概念与分类

（一）房地产贷款的概念与分类

贷款是商业银行资产业务的核心，是银行经营收入的最主要来源。近年来，随着我国房地产业的迅速发展，越来越多的投资者和金融企业进入该行业，也使得房地产贷款成为商业银行贷款最引人注目的一块。根据银监会2004年发布的《商业银行房地产贷款风险管理指引》第2条的规定，房地产贷款是指与房产或地产的开发、经营、消费活动有关的贷款。主要包括四种类型：一为土地储备贷款，指商业银行向借款人发放的用于土地收购及土地前期开发、整理的贷款，其借款人仅限于负责土地一级开发的机构；二为房地产开发贷款，指商业银行向借款人发放的用于开发、建造向市场销售、出租等用途的房地产项目的贷款；三为个人住房贷款，这是房地产贷款中迄今为止最为优良的贷款，指商业银行向借款人发放的用于购买、建造和大修理各类型住房的贷款；四为商业用房贷款，指商业银行向借款人发放的用于购置、建造和大修理以商业为用途的各类型房产的贷款。

（二）房地产贷款风险的概念与分类

金融风险是指在各种货币经营和信用活动过程中，由于各种不确定因素的影响，使货币资金经营者的实际收益与预期收益之间发生某些偏差，从

而使资金经营者蒙受损失或失去获得收益的机会或可能。① 商业银行的房地产贷款风险就是商业银行在房地产贷款业务中可能由于各种不确定因素的影响而导致的实际收益与预期收益之间的偏差,从而可能蒙受损失也可能获得收益,可分为房地产贷款信用风险、房地产贷款市场风险和房地产贷款操作风险等,其中,信用风险和市场风险来自于商业银行外部,操作风险来自于商业银行内部。一般而言,商业银行的贷款风险最主要的是信用风险,而同时,信用风险会与市场风险和操作风险交织在一起,形成更复杂的信用风险。具体而言,信用风险是指因借款人违约而造成商业银行贷款损失的可能性。其可以分为②:

(1) 根据风险本身的性质不同,可以分为静态风险和动态风险。静态风险是指因自然灾害和意外事故所带来的贷款信用风险。例如,商业银行贷款给房地产开发企业后,该企业由于意外事故造成严重的财产损失,从而违约,引起贷款损失。动态风险是指由于银行贷款决策失误或借款人经营管理不善以及市场需求变动等因素引起的信用风险。

(2) 根据风险的来源不同,可以分为间接风险和直接风险。间接风险是指因借款人的各种风险所引起的借款人违约、银行贷款损失的可能性,即在贷款使用环节面临的各种风险。直接风险是指因贷款决策失误而引起的银行贷款蒙受损失的可能性,是在银行贷款分配环节面临的风险。

(3) 根据风险程度的大小不同,可以分为高度风险、中度风险和低度风险。贷款的风险程度是一个相对的概念,没有一个绝对的标准能够精确地衡量一笔贷款的风险程度,但是,我们可以根据贷款的性质、贷款的数量以及借款人的情况等作出粗略的判断。

(三) 房地产贷款不良资产的概念

房地产贷款不良资产,即房地产不良贷款,是指商业银行发放的房地产贷款中不能给银行带来预期收益,且预计贷款本金不能足额收回的贷款。

房地产贷款不良资产,属于商业银行不良贷款的一部分。根据我国从2002年正式全面推行的贷款五级分类制度及银监会2007年7月3日发布的《贷款风险分类指引》,商业银行贷款按照风险程度至少划分为正常、关注、次级、可疑和损失五类,其中后三类贷款称为不良贷款。在这种分类方

---

① 谢太峰、郑文堂、王建梅著:《金融业务风险及其管理》,社会科学文献出版社2003年版,第9页。

② 同上书,第36—39页。

法中,银行主要考察借款人的还款能力、还款记录、还款意愿,贷款项目的盈利能力,贷款的担保,贷款偿还的法律责任和银行的信贷管理状况等因素确定贷款遭受损失的风险程度,其实质是判断债务人及时足额偿还贷款本息的可能性。

二、房地产贷款风险管理的基本程序

房地产贷款的风险管理的基本程序与其他贷款风险管理一样,由贷款风险识别、贷款风险评估和风险控制三个阶段组成。贷款风险识别阶段是贷款风险管理的第一步,是整个贷款风险管理程序的基础,指在贷款风险发生之前,对贷款风险潜在性的辨认、风险类型的确定、风险生成原因的分析判断等。基本的贷款风险识别方法包括故障树法、德尔菲法以及筛选—监测—诊断法。贷款风险评估阶段是贷款风险管理的第二步,指运用一定的方法衡量银行贷款风险发生损失的程度及其相关损失的大小,常用的方法有直觉判断法、概率分布推测法和盈亏平衡分析法。贷款风险控制阶段是贷款风险管理的第三步,指对不同的贷款风险采用不同的控制措施,有针对性地降低贷款风险的阶段,主要方法有贷款风险预防、贷款风险转移、贷款风险分散和贷款风险自留等。

三、我国房地产贷款风险管理的主要规则

(一)《贷款风险分类指引》(银监会2007年7月3日发布并实施)

1998年之前,我国商业银行主要根据中国人民银行1996年发布的《贷款通则》和财政部的有关规定,采用贷款四级分类制度,即把贷款划分为正常、逾期、呆滞和呆账贷款四类,后三类合称不良贷款,在我国简称为"一逾两呆"。这种分类方法主要以期限作为划分不良资产的标准,贷款本息拖欠超过180天以上的为"逾期",贷款利息拖欠逾期三年的为"呆滞",贷款人走死逃亡或经国务院批准的为"呆账"。呆账的核销要经财政当局批准,呆账核销即视为放弃债权,仅需提取普通呆账准备金(还不到贷款总量的1%)。这种分类方法简便易行,在当时的企业制度和财务制度下发挥了重要作用,但其弊端随着经济改革的逐步深入也逐渐显露。一方面,即使逾期一天也要把贷款归为不良贷款显得过于严格;另一方面,这会引发借新还旧现象,银行很容易将一笔不良贷款转变为正常贷款,实际上并未降低贷款的风险。这种以期限为划分标准的事后监督方法,不但无法帮助银行提高信贷资产质量和抵御风险的能力,反而只能加

重银行的不良贷款问题。为此,中国人民银行引入了国际上通行的贷款风险五级分类法,将贷款按实际偿还可能性进行分类并对应提取不同比例的贷款损失减值准备金(又称为拨备),专门用于不良贷款的核销,并以贷款质量的升级为管理目标。1998年4月20日,中国人民银行发布《贷款风险分类指导原则(试行)》(已被废止),从1999年开始尝试贷款五级分类法;2001年12月24日,中国人民银行发布《贷款风险分类指导原则》,从2002年正式全面推行贷款五级分类法;2003年银监会成立后,这一内容转由其监督执行,目前适用的主要是银监会2007年7月3日颁布的《贷款风险分类指引》。

贷款五级分类是把贷款按照风险程度分为正常、关注、次级、可疑和损失五类,后三类合称为不良贷款,其实质是判断债务人及时足额偿还贷款本息的可能性。"正常"指借款人能够履行合同,没有足够理由怀疑贷款本息不能按时足额偿还;"关注"指尽管借款人目前有能力偿还贷款本息,但存在一些可能对偿还产生不利影响的因素;"次级"指借款人的还款能力出现明显问题,完全依靠其正常营业收入无法足额偿还贷款本息,即使执行担保,也可能会造成一定损失;"可疑"指借款人无法足额偿还贷款本息,即使执行担保,也肯定要造成较大损失;"损失"指在采取所有可能的措施或一切必要的法律程序之后,本息仍然无法收回,或只能收回极少部分。

商业银行要考虑下列因素对贷款进行分类:(1)借款人的还款能力;(2)借款人的还款记录;(3)借款人的还款意愿;(4)贷款项目的盈利能力;(5)贷款的担保;(6)贷款偿还的法律责任;(7)银行的信贷管理状况。而且,商业银行在对贷款进行分类时,要以评估借款人的还款能力为核心,把借款人的正常营业收入作为贷款的主要还款来源,贷款的担保作为次要还款来源。其中,借款人的还款能力包括借款人现金流量、财务状况、影响还款能力的非财务因素等。禁止用客户的信用评级代替对贷款的分类,信用评级只能作为贷款分类的参考因素。

通过贷款五级分类,商业银行应取得以下目标,即:(1)揭示贷款的实际价值和风险程度,真实、全面、动态地反映贷款质量;(2)及时发现信贷管理过程中存在的问题,加强贷款管理;(3)为判断贷款损失准备金是否充足提供依据。根据银监会的统计,2010年末我国商业银行的不良贷款余额为4336亿元,不良贷款率1.1%,其中次级类贷款1619亿元,占0.4%;可疑类贷款2052亿元,占0.5%;损失类贷款664亿元,占0.2%。贷款损失准备

9438亿元,拨备覆盖率217.7%。①

值得注意的是,贷款五级分类虽然提供了一种计提贷款减值准备的方法,但国际上以未来现金流折现法计算减值准备的通行做法比其更为准确,也更能反映贷款的真实价值。为此,财政部于2005年发布《金融工具确认和计量暂行规定(试行)》(已被废止),要求自2006年元旦起在上市银行及拟上市银行中试行以未来现金流折现法确认和计量金融资产减值损失。2007年1月1日,财政部开始施行借鉴国际会计准则制定的《企业会计准则第22号——金融工具确认和计量》等新会计准则,贷款作为一种金融资产类型被包括在内。2007年9月29日,银监会发布《关于银行业金融机构全面执行〈企业会计准则〉通知》(银监通[2007]22号),要求最迟到2009年,所有银行业金融机构都要按照新会计准则编制财务报告,意味着上述减值准备计提方法在我国贷款风险管理上得到普遍执行。

(二)《商业银行房地产贷款风险管理指引》(银监会2004年9月2日发布)

由于历史原因,我国房地产市场中的资金大部分来自于商业银行,虽然房地产贷款相对而言属于优良贷款,但一旦发生市场危机,商业银行的不良资产将会发生大量增加,从而影响到整个金融环境。由于我国商业银行缺乏房地产贷款风险管理的历史经验,在识别、衡量、监测和控制房地产贷款风险上的机制存在明显的缺陷。为了引导商业银行建立有效的识别、衡量、监测和控制房地产贷款风险的机制,银监会于2004年9月2日发布了《商业银行房地产贷款风险管理指引》(以下简称《指引》)。《指引》着重规范商业银行如何有效监管房地产贷款,分别根据土地储备贷款、房地产开发贷款、个人住房贷款、商业用房贷款的不同特点规定了不同的风险管理措施,要求商业银行建立房地产贷款的风险政策及其不同类型贷款的操作审核标准,明确不同类型贷款的审批标准、操作程序、风险控制、贷后管理以及中介机构的选择;要求商业银行办理房地产业务时要对房地产贷款市场风险、法律风险、操作风险等予以关注,建立相应的风险管理及内控制度;要求商业银行根据房地产贷款的专业化分工,按照申请的受理、审核、审批、贷后管理等环节分别制定各自的标准和规范,明确相应的权责和考核标准;要求商业

---

① 银监会:《2011年商业银行主要监管指标情况表(季度)》,2011年8月11日,资料来源:http://www.cbrc.gov.cn/chinese/home/jsp/docView.jsp? docID=20110513802A974AF04EC97BFFECB584A566A800,2011年8月17日访问。

银行建立房地产行业风险预警和评估体系,对房地产行业市场风险予以关注;要求商业银行建立完善的房地产贷款统计分析平台,对所发放贷款的情况进行详细记录,并及时对相关信息进行整理分析,保证贷款信息的准确性、真实性、完整性,以有效监控整体贷款的状况;最后,要求商业银行应逐笔登记房地产贷款的详细情况,以确保该信息可以准确录入银行监管部门及其他相关部门的统计或信贷登记咨询系统,以利于各商业银行之间、商业银行与社会征信机构之间的信息沟通,使各行充分了解借款人的整体情况。

《指引》的目的在于引导商业银行确立全面的风险管理程序以有效识别、衡量、监测和控制所面临的房地产贷款风险。

(三) 贷款新规及为应对 2008 年国际金融危机和配合房地产宏观调控而出台的风险管理规则

在总结国内外信贷业务管理经验和汲取 2008 年国际金融危机教训的基础上,我国自 2009 年起陆续颁布了《项目融资业务指引》(2009 年 7 月 18 日)、《固定资产贷款管理暂行办法》(2009 年 7 月 23 日)、《个人贷款管理暂行办法》(2010 年 2 月 12 日)和《流动资金贷款管理暂行办法》(2010 年 2 月 12 日)(并称"三个办法一个指引",以下简称贷款新规),初步构建和完善了我国银行业金融机构的贷款业务法规框架,将作为我国银行业贷款风险监管的长期制度安排,引导我国银行业信贷管理进入新的科学发展阶段。

贷款新规主要从规范贷款业务流程、防范贷款风险、保护金融消费者权益的角度提出监管要求:一是强化贷款全流程管理,这些环节主要包括贷款受理与调查、风险评价与审批、合同签订、发放与支付、贷后管理等,推动银行从传统的粗放型贷款管理模式向科学的、精细的现代化贷款管理模式转化,以提高银行贷款发放的质量并增强其贷款风险管理的有效性。二是强调贷款合同的有效管理,明确对贷款风险要点的控制。例如,要求个人贷款的面谈和面签制度、要求贷款人在合同中就控制贷款风险有重要作用的内容与借款人进行约定,使贷款人可以通过合同来控制贷款风险。三是倡导贷款支付管理理念,强化贷款用途管理。通过加强贷款发放和支付审核,增加贷款人受托支付等手段,提高商业银行风险防范与控制能力,减少贷款被挪用的风险。四是加强贷后管理,改变"重贷前,轻贷后"的做法,要求贷款人通过定期与不定期现场检查与非现场检测,动态关注和评估借款人的经营状况及各种影响其偿债能力的风险因素,以此作为与借款人后继合作的依据,必要时及时调整与借款人合作的策略和内容;及时采用提前收贷、追加担保等有效措施防范化解贷款风险,提升信贷管理质量。五是明确贷款

人的法律责任,强化贷款责任的针对性,对不按贷款新规从事贷款业务的行为采取监管措施,或给予罚款或取消高管人员任职资格等行政处罚措施,通过合理设定贷款业务的处罚类别,督促银行业金融机构加强贷款的全流程管理,以提升其依法经营水平并构建健康的信贷文化。

为落实国务院办公厅转发建设部等部门《关于调整住房供应结构稳定住房价格意见的通知》(国办发[2006]37号),中国人民银行、银监会陆续发布了《关于加强商业性房地产信贷管理的通知》(银发[2007]359号)和《关于加强商业性房地产信贷管理的补充通知》(银发[2007]452号)严格了房地产开发贷款、土地储备贷款、住房消费贷款和商业用房购房贷款的管理,有效地遏制了房地产投资增长和房价上涨过快的势头,降低了房地产贷款的风险。

2008年国际金融危机爆发后,为避免重蹈覆辙,并针对近年来发展迅速的房地产市场出现的一些问题:例如一些银行对供需两旺的房地产市场存有盲目乐观的思想,部分房价上涨较快城市已出现房价下跌超过借款人首付款现象,少数借款人还款能力下降,违约事件有所上升,以及实践中利用"假按揭、假首付、假房价"等手段骗取银行信贷资金和规避二套房贷政策约束,向银行转嫁风险的现象日益严重,银监会陆续发布了《关于进一步加强房地产行业授信风险管理的通知》(2008年5月26日,银监发[2008]42号)、《关于加强个人住房贷款风险管理的通知》(2008年10月24日,银监发[2008]71号)、《关于进一步加强按揭贷款风险管理的通知》(2009年6月19日,银监发[2009]59号)等规范性文件,要求银行加强对房地产行业形势的研判,建立与风险承受能力和管控能力相适应的授信管理体制;严格执行个人住房贷款政策和条件,加强借款人的资格管理;严格房地产企业资信审查,防范房地产企业向银行转嫁风险;加大对"假按揭、假首付"等非法违规行为的查处,建立"黑名单"实现行业资源共享,共同抵御不法信贷行为,降低银行信贷风险。

贷款新规实施之后,银行业金融机构的信贷风险管理体系逐步建立和完善,但2010年以来,随着国家再次强化房地产宏观调控,房地产贷款领域再次成为新的风险点。为贯彻执行国务院办公厅《关于促进房地产市场平稳健康发展的通知》(国办发[2010]4号)、国务院《关于坚决遏制部分城市房价过快上涨的通知》(国发[2010]10号)及二套房贷、限购等房贷新政要求,银监会陆续发布了《商业银行集团客户授信业务风险管理指引》(2010年修订)、《关于完善差别化住房信贷政策有关问题的通知》(2010年9月

29日,银发〔2010〕275号)、《关于加强当前重点风险防范工作的通知》(2010年11月15日,银监发〔2010〕98号)规范性文件。这些立法采取了对房地产开发企业授信实行并表监管,统一授信,防止多头授信的做法;对有严重违法违规行为(如土地闲置炒地)的房地产开发商禁止提供任何形式的信贷支持;对不同类型商品房和购房人实行差别性的首付比例、利率水平和信贷政策,严禁各种名目的炒房和投机性购房;加大查处"假按揭、假首付"等违法违规行为并严肃查处银行业金融机构严重违反审慎经营规则,违规放贷的行为,以更有效地防控银行业金融机构的房地产贷款风险。

四、我国房地产贷款风险的分析与管理建议

据统计,近年来我国房地产贷款余额呈现明显增长,在金融机构各项贷款余额中的占比和中长期贷款中的占比逐年提升,已成为金融机构主要的贷款种类。据统计,2008年末,全国主要金融机构房地产贷款余额5.28万亿元,同比增长10.4%,房地产贷款余额占各项贷款余额的18.3%;用于房地产业的新增中长期贷款为2407亿元,占新增中长期贷款的10.8%。2009年末,全国主要金融机构房地产贷款余额7.33万亿元,同比增长38.1%,房地产贷款余额占各项贷款余额的19.2%;用于房地产业的新增中长期贷款为6013亿元,占新增中长期贷款的12.3%。2010年末,全国主要金融机构房地产贷款余额9.35万亿元,同比增长27.5%,房地产贷款余额占各项贷款余额的20.5%。[①]

如此大规模的贷款向房地产业集中,对商业银行而言意味着房地产市场的变动对其经营风险将会产生巨大影响。我国房地产贷款业务还没有经过较长的业务开展时间和经济周期变动的考验,商业银行开展房地产贷款业务的经验还不多,所积累的数据尚不足以看出中长期贷款的违约率水平,加上目前我国经济正处于新一轮的扩张期,经济的景气也部分地掩盖了房地产贷款业务隐含的风险。但是,如果我国经济进入调整期,房地产贷款违约率水平有可能会大幅度的上升,因此不能对看似蒸蒸日上的房地产贷款景象过于乐观。我们应当记住泰国金融危机就是以房地产泡沫破灭为先导的;也要吸取日本房地产泡沫的教训——当年日本在房地产泡沫破裂以后,银行呆坏账大幅度上升,进一步拖累证券市场,再加上日元升值的因素,使

[①] 中国人民银行历年的货币政策执行报告,资料来源:http://www.pbc.gov.cn/publish/zhengcehuobisi/591/index.html,2011年8月5日访问。

得日本经济步入了长达十多年的低迷期;更要警醒2008年美国因次级贷款大量违约引发的金融危机,其危害全球的消极后果至今尚未结束。作为发展中国家,我国一直非常强调经济的持续、稳定、健康发展,如果在这方面出现问题,不说十几年,就是只有几年的衰退期或低迷期,都将给整个经济带来巨大损失。

为此,针对房地产贷款隐含的风险,监管部门及时作出反应并提出了监管建议。

(一)中国人民银行《2004年中国房地产金融报告》揭示的风险分析与管理建议

针对2004年以来过热的市场和快速增长的房地产贷款,为了帮助银行防控房地产信贷风险,推动房地产市场的健康发展,中国人民银行于2005年发布了《2004年中国房地产金融报告》,对我国房地产贷款风险进行详细的分析并提出了相应的管理建议,这些分析和建议至今仍有重要的参考价值。

1. 我国房地产贷款的风险现状

(1)部分地区房地产市场过热存在市场风险。过热的房地产市场容易产生房地产泡沫,一旦泡沫破灭房地产价格下跌,作为抵押物的房地产就会贬值甚至大幅缩水,给银行带来损失。抵押物贬值是房地产市场系统性风险在银行房地产贷款上的直接反映。

(2)房地产开发企业高负债经营隐含财务风险。我国房地产开发企业历来以银行借贷融资为主,据统计,我国房地产开发商通过各种渠道获得的银行资金占其资产的比率在70%以上,房地产开发企业负债经营的问题较为严重。随着国家实行信贷控制措施,加之房地产市场竞争日益激烈,开发贷款门槛提高,房地产开发企业资金链条日趋紧张,一旦资金链条断裂,风险就会暴露。

(3)"假按揭"凸现道德风险。假按揭已成为个人住房贷款最主要的风险源头。"假按揭"不以真实购买住房为目的,开发商以本单位职工或其他关系人冒充客户和购房人,通过虚假销售(购买)方式,套取银行贷款。

(4)基层银行发放房地产贷款存在操作风险。突出表现在:一是贷前审查经办人员风险意识不强,审查流于形式,随意简化手续,对资料真实性、合法性审核不严,对明显存在疑点的资料不深入调查核实。二是抵押物管理不规范,办理抵押的相关职能部门协调配合不力,不按程序操作,或过分依赖中介机构的评估结果,造成抵押品贬值或抵押无效。三是个别基层行贷后管理混乱,个人贷款客户资料不够全面和连续,缺少相关的风险预警措施。

（5）土地开发贷款有较大信用风险。我国土地储备贷款 2004 年底余额为 828.4 亿元,综合授信额度更大。银行土地开发贷款面临四方面风险。一是土地储备中心资产负债率较高。虽然各地土地储备机构均由政府全额拨款组建,但目前一部分地区存在政府投入的注册资本金过少、注册资金不到位等问题,造成其对银行资金过分依赖,抵御风险的能力极低。二是银行难以对土地储备中心进行有效监管。各地土地储备机构大都实行财政收支两条线,土地出让金上缴财政专户,各银行对其资金使用很难监管。在地方政府资金紧张的情况下,土地储备机构极可能成为财政融资渠道,出让土地的收入有可能被挪作他用,甚至受地方利益驱使而悬空逃废银行债务。三是银行向土地整理储备中心发放的贷款没有有效的担保措施。当前土地储备机构向商业银行贷款的担保主要采用政府保证和土地使用权质押两种方式,这两种方式的合法性尚存在问题。从《担保法》的规定来看,政府及以公益为目的的事业单位不能作为保证人。土地储备中心只是代行政府部分职权的代理机构,并不是实质意义上的土地使用者,因而对其储备的土地也就谈不上拥有真正意义的使用权。可见,对于银行来说,土地质押并未落到实处。四是土地储备中心的运营风险。土地市场价格有很大的不确定性,譬如受政策影响土地价格可能大幅下滑,拍卖中土地流拍或中标人违约,都可导致土地出让的收入低于土地收购价格,形成银行信贷风险。

（6）房地产贷款法律风险加大。新法律法规可能限制贷款抵押品的执行。最高人民法院 2004 年 10 月 26 日发布了《关于人民法院民事执行中查封、扣押、冻结财产的规定》,宣布自 2005 年 1 月 1 日起施行,其第 6 条规定"对被执行人及其所抚养家属生活所必需的居住房屋,人民法院可以查封,但不得拍卖、变卖或者抵债",意味着如果贷款买房者拒不还款,银行也不能将其居住的房屋变卖以回收贷款,增大了商业银行的房贷风险。[①]

[①] 银行这种信贷风险状况在最高人民法院于 2005 年 12 月 14 日发布《关于人民法院执行设定抵押的房屋的规定》之后,有所缓解。具体参见本书第十五章房地产抵押制度中有关"房地产抵押权的实现"的分析。

2.《2004年中国房地产金融报告》向商业银行提出的贷款风险管理建议

（1）严格遵守对房地产开发企业的贷款程序。银行房地产开发贷款管理应重点注意以下内容：一是检查房地产开发企业的资质，包括是否拥有合格的房地产开发资质证书，是否取得所开发楼盘的合法使用权，区分房地产开发项目公司和一般房地产开发公司等。二是审查房地产开发公司以往的信用纪录，包括是否延迟交付楼宇，是否拖欠工程款，是否将银行贷款挪作他用等。三是向作为企业集团成员的房地产开发企业发放房地产开发贷款时，明确借款人在企业集团中的地位和资产情况，密切关注借款人与其关联企业的关联交易，防止借款人资本金明显不足向控股公司或关联企业借款增加资本金，防止控股公司转移挪用借款人的开发项目预售款。

（2）规避房贷操作风险。各银行应完善房贷操作程序，加强抵押物管理，及时合理地办理相关抵押手续，规范抵押物估价行为。鼓励信贷人员根据借款人特点进行房贷管理手段创新。革新档案管理模式，发挥档案管理效能，为贷款清收提供有力支撑。各银行总行应就房贷管理制订相应的操作手册分发到各基层银行，操作手册主要包括房贷风险点、完善合约的程序、相关法规制度、违反操作程序的责任制度等。不定期组织金融、法律、房地产与相关知识的培训和学习，并保持人员的相对稳定，培训一批专家型业务骨干，建设一支高素质的房地产贷款业务队伍。

（3）防范"假按揭"风险，完善惩戒机制。开发商通过按揭套取、骗取银行资金是各家银行普遍遇到的一个问题。应建立对骗贷开发商的惩戒机制，如公开披露骗贷企业名单等。对于协助开发商套取个人住房按揭贷款的银行责任人，应对其违规行为进行追查和惩罚。

（4）加强利率风险管理。应提倡商业银行提供多样化住房信贷产品，满足借款人规避利率风险的需要。为此商业银行应提高服务意识，设计符合各类消费者需求的贷款品种。可以考虑允许商业银行发放固定利率个人住房贷款，①使商业银行的贷款收益能与其资金成本匹配。同时，有关部门应进一步研究利率风险管理工具，早日推出利率互换、利率期权、互换期权等利率衍生产品。

（5）完善住房置业担保制度。原建设部（现已并入住房和城乡建设部）于2000年出台了《住房置业担保管理试行办法》。自2000年个人住

---

① 自2006年年初开始，已有光大银行、建设银行和招商银行等获准开办固定利率房贷。

房贷款担保新机制开始建立以来,至 2003 年底,各地设立的住房置业担保机构已有 93 家,为近 30 万个家庭住房贷款提供了担保。担保公司的风险管理重点在于对抵押物的评估、处置,以及对借款人的资格审查,通过专业化的运作降低风险管理成本。与银行相比,住房抵押贷款担保公司拥有对住房处置、变现的专业优势,能从专业的角度,对抵押物房地产的风险作出预测和防范。但目前我国住房置业担保存在经营市场"条块分割"、住房置业担保的规模小、担保收费标准不明确、风险防范措施尚不完善等一系列问题。

(6) 进一步研究房贷保险制度。个人住房贷款保险一般分为三类:一是抵押住房的财产保险,主要保障房产免受意外事故和自然灾害毁损的风险;二是贷款者的定期信用人寿保险,主要是在还贷期内贷款人因疾病或意外伤害而丧失工作能力或死亡的情况下,保证银行能安全收回贷款,贷款者的家人能继续居住;三是抵押贷款购房履约保证保险,当投保人因为死亡、失业等约定原因无力还贷时,保险公司代其向银行清偿剩余债务,同时行使追偿权,从抵押物中得到补偿或向投保人追回赔款。房贷保险实际运行中存在银行指定保险公司、强制购买等问题。应进一步研究房贷保险,充分发挥房贷保险的风险分担职能。

(二) 2009 年以来的房地产贷款风险与监管措施

1. 2009 年以来房地产贷款风险的主要表现

为应对 2008 年国际金融危机,防控在经济下行风险增加的形势下爆发房地产信贷风险,银监会采取了支持房地产行业健康发展的一系列措施,促使房地产市场在 2009 年逐步恢复。然而在四万亿投资和银行大量信贷的支持下,部分城市房价、地价出现过快上涨势头,投机性购房再度活跃,房地产信贷风险再次成为新的经济风险点。而从 2010 年初开始,包括国务院办公厅《关于促进房地产市场平稳健康发展的通知》(国办发[2010]4 号)、国务院《关于坚决遏制部分城市房价过快上涨的通知》(国发[2010]10 号)等被称为史上最严厉的房地产宏观调控措施陆续出台。受此影响,房地产贷款风险再次凸显。具体而言,这一阶段的房地产贷款风险主要有:

(1) 融资来源受限的部分房地产开发企业利用"假报表"、"假按揭"、"假权证"、"假注资"等手段骗取房地产贷款,借助关联企业相互担保,将风险转接给银行。

(2) 部分商业银行放松对借款人的资信审查标准,以房屋抵押替代借款人的偿付能力作为第一还款来源,放低借款人的准入门槛;在办理抵押时,设置过高抵押率,或者抵押登记手续不完善,使银行未能有效行使抵押权。

（3）投资炒房和投机性购房呈现较大幅度增长;个别银行出于商业利益违背二套房贷、限购等政策违规发放房地产贷款。

（4）商业银行放贷审核不严,致使部分信贷资金违规进入房地产市场,助推地价、房价过快上涨,削弱房地产宏观调控措施效果,增加了房地产信贷风险并影响到居民住房保障的实现。

2. 银监会防范房地产贷款风险,确保房地产信贷安全的建议和措施

为防控在新一轮国家房地产宏观调控下的房地产贷款风险,银监会发布了一系列监管规定[1]并采取了有效的监管措施,主要有[2]:

（1）严控房地产开发贷款风险,对房地产企业开发贷款实行名单式管理。严控向存在土地闲置及炒地行为的房地产企业发放开发贷款,对存在土地闲置1年以上的,一律不得发放新开发项目贷款。对于大型房地产企业,以集团为单位,实行集团并表授信管理,大额度风险评估要求涵盖银行持有的房地产开发公司短期、中期票据以及其他形式的各类授信。

（2）指导银行业金融机构预先布防高风险房地产企业风险暴露,加强对开发商资本充足率和自有资金的审查,提高抵押品标准,把握贷款成数的动态控制。

（3）加强土地储备贷款管理,严格把握土地抵押率,防止过度授信。

（4）督促银行业金融机构实行动态、差别化管理的个人住房贷款政策,动态审慎管理首付款比例,严格执行利率风险定价,切实做到"面测、面试、居访"。严格限制各种名目的炒房和投机性购房。

（5）防范信贷资金违规流入房地产市场,强化跨市场风险隔离机制建设。要求银行业金融机构按照"实贷、实付、实用"的思路制定信贷管理规则,进一步强化贷款全流程管理,实行向借款人受益方支付的贷款资金拨付制度,有效跟踪、监督、控制信贷资金流向,防范信贷资金违规进入房地产市场。

---

[1] 参见本章"三（三）贷款新规及为应对2008年国际金融危机和配合房地产宏观调控而出台的风险管理规则"的相关内容。

[2] 参见《中国银监会2009年报》《中国银监会2010年报》的相关内容。

（6）密切监测房地产市场信贷风险，积极组织商业银行按季度开展房地产贷款压力测试，评估房价下降及宏观经济情况变化对银行房地产贷款质量的影响。

（7）加大对商业银行违规发放房地产开发贷款和个人按揭贷款的查处力度，对贷前调查、贷时审查和贷后管理等环节开展严格检查，并对部分商业银行严重违反审慎经营规则、违反国家及地方房地产调控政策、利用个人贷款套取信贷资金用于房地产开发等违规行为进行严肃查处。

五、我国房地产贷款不良资产的状况与处置模式

（一）房地产贷款不良资产的状况

经过近年来持续的不良资产"双降"（降低不良资产额及不良资产率）活动，我国银行业金融机构的房地产不良贷款得到较大幅度的降低，资产质量有了较好的提高。据统计，2008年末的房地产业不良贷款余额676.2亿元，不良贷款比率为3.35%；2009年末的房地产业不良贷款余额504.1亿元，不良贷款比率为1.93%；2010年末的房地产业不良贷款余额439.8亿元，不良贷款比率为1.26%。① 然而，正如上述，我国房地产信贷的大幅度增长处于我国经济高速发展期，期间经历了几轮的房地产宏观调控，贷款质量受政策影响比较大，加之2009年的贷款新规还处于逐步推行过程中，银行信贷风险管理机制尚未完善，房地产不良贷款的反弹压力相对而言比较大，房地产行业贷款风险隐患有所上升。对此还应未雨绸缪，在强化商业银行房地产贷款风险管理的同时，探索房地产不良贷款的有效处置方式，以更好地保护金融债权，维护金融秩序的稳定。

（二）房地产贷款不良资产的处置模式

目前，主要由商业银行本身和资产管理公司进行不良资产的处置。根据获取现金流的不同方式，其处置方式可分为两种，即以获取现实现金流为目的的模式以及获取预期现金流为目的模式。② 创造现实现金流模式是指通过出让手中的不良资产以获得现实的现金流的模式，包括六种方式，即竞价拍卖、捆绑出售、整体出售、全额承包、租赁经营和依法处置。这种模式是目前我国商业银行和资产管理公司所普遍采用的方式。创造预期现金流模式是指通过

---

① 数据来源：中国银监会历年年报。
② 徐芳、汪汀、乔海曙：《入世过渡期：银行不良资产处置模式的比较分析与路径选择》，载《财经理论与实践》2005年5月。

将债权转化为股权或者债券,力图获得将来的收益的模式,包括两种方式,为债转股和不良资产证券化。下文将着重介绍创造预期现金流模式。

1. 债转股——资产管理公司剥离商业银行房地产贷款不良资产

1999年,我国政府为了降低商业银行的不良资产率,为商业银行上市扫清障碍,成立了信达、华融、长城和东方四家资产管理公司(AMC),按规定分别收购、经营、处置来自中国银行、工商银行、建设银行、农业银行和国家开发银行约1.4万亿元不良资产。① 除采用上述的创造现实现金流模式处置不良资产之外,较常用的还有一种称为债转股方式,即把原来银行与企业间的债权债务关系,转变为由资产管理公司持有企业股份或控制企业股份关系。虽然当时财政部明确规定这四家资产管理公司将在十年内处置完国有商业银行的不良资产后退出历史舞台,但不久就要求四大资产管理公司必须在2006年前完成不良资产的处置工作。② 据银监会的资料显示,截至2004年9月末,四家资产管理公司已处置不良资产5876.2亿元,实行了债转股的有4596亿元,资产管理公司手中还有5300亿元左右的不良资产需要处置。③ 显然,四大资产管理公司要在规定的时间内处置完具有"冰棍效应"的这部分政策性剥离不良资产的任务十分艰巨。为了加快银行不良资产处理的步伐,不良资产的处理开始以不良资产包的方式向外国金融机构拍卖。据了解,从2001年11月华融资产管理公司将账面值为108亿元人民币的资产包出售给以摩根士丹利为首的投标团开始,不少大的不良资产包几乎都被外资所包揽。在以打包销售方式处置不良资产的过程中,中国各家金融资产管理公司大都采用了向外国投资者打包销售不良资产的模式并主要通过招标、拍卖等方式进行。不过,不良资产在打包拍卖中价格一般偏低,资产回收率不高,不良资产处置中损失的那部分最终还得由国家财政进行弥补。而通过债转股,银行/资产管理公司虽然暂时处理了这部分不良资产,但债转股本身并没有给企业注入新的资金,只是把银行对企业的不良债权转为企业的资本金,对企业的实际经营状况难以起到促进作用。这种方式下不良资产的成功处置,要以企业的盈利为基础。如果债转股之后,

---

① 还包括2004年5月22日中国银行和建设银行的二次不良资产剥离、2005年工商银行4500亿可疑类贷款分作35个资产包,按逐包报价原则出售。

② 四大资产管理公司在2006年基本完成处置政策性剥离不良资产业务的考核,开始筹划商业化转型。2010年7月30日,信达公司顺利完成转型改制,目前其他资产管理公司的改制正在进行。

③ 截至2006年1季度末,金融资产管理公司已累计处置不良资产8663.4亿元。

企业的盈利水平仍然很低,股权退出难以形成,可能使银行/资产管理公司陷入另一种危险的资金链中。

2. 不良资产证券化

(1) 美国的不良资产证券化经验

资产证券化,是指发起人将缺乏流动性但能在未来产生可预见的稳定现金流的资产出售给 SPV(special purpose vehicle),由其通过一定的结构安排,分离和重组资产的收益和风险并增强资产的信用,转化成由资产产生的现金流担保的可自由流通的政权,销售给市场上的投资者。[①] 不良资产证券化则指发起人提供的可产生稳定现金流的资产为不良资产。因不良资产在借款人的还款能力和还款时间上不固定,因此需要较多的发债担保、抵押或类似的金融技术。

在这一方面,美国重组信托公司(Resolution Trust Corporation,RTC)的经验值得借鉴。其用待予发行债券的不良资产为基础,成立一个合伙公司,其中不良资产处理公司占有 50% 的股份,但不参与经营;另一合伙人(可以是一个投资者或投资者群,称为"普通合伙人",一般是在资产管理上极富经验的投资者)占有 50% 的股份,全面负责不良资产的管理和经营。不良资产的合理价值经一定折扣后,减去合伙公司的资本金,余下的部分可发行证券融资。这样做的优点是:充分发挥合伙人的作用,促使其尽力提高资产的回收率;资产处理公司和普通合伙人的权益本身是一个债券担保;不良资产处理公司仍可以从回收价值高于预期出售的价值中收益。为弥补不良资产的信用风险,提高不良资产证券的信用等级,也可以采用债券发行时常用的"还款储备"法,即由国家财政拨款或不良资产处理公司注资相当于债券总额的 20%—30%,构成对债券还款的准备。一旦从不良资产处理产生的现金流量不足以弥补债券本利的支付,则可用该储备进行还款。这种方式可以大大提高不良资产的信用等级,提高发行价格和不良资产的最终处理价格。使用"还款储备"法相对于由国家财政直接担保有两个优点:一是国家对债券发行不负无限责任,如果发生损失,国家的出资额仅以还款准备金为限;二是如果不良资产的处理额能够全额或基本全额偿付债券本利,则还款准备金仍属于国家。[②]

---

① 洪艳蓉:《资产证券化法律问题研究》,北京大学出版社 2004 年版,第 1 页。
② 引自邵敏、马宁:《资产证券化在我国金融机构不良资产处理中的运用(1)》,来源:http://www.yanglee.com/papers/ZTP/zczqh/zqh04041301.htm,2006 年 1 月 10 日访问。

关于资产证券化的具体要求请参见第十三章"个人住房抵押贷款证券化制度",下面谈谈目前我国实行不良资产证券化所面临的问题及笔者的建议。

（2）不良资产证券化所面临的问题及建议[①]

第一,提高不良资产担保证券的信用等级,以保障支持不良资产担保证券的稳定与确定性收益。在规范的、成熟的资产证券化运作流程中,对拟进行证券化的资产进行信用提高是必不可少的程序之一,因为只有提高信用等级后,不良资产担保证券才能被市场所接纳。提高不良资产担保证券信用等级常见的方式是,以信用级别较高的金融机构对拟证券化的资产提供全额或部分担保,由此完成拟证券化资产向银行等金融机构"租借"较高级别的信用等级,提高不良资产担保证券的社会信任度。同时也要求健全和完善信用担保与评级机构,我们建议这些机构必须是全国性的,具有一定的权威,特别是担保机构应由中央政府出面组建,才能确保一定的实力和信誉。另外,信用评级机构必须是独立的,不受市场因素的影响,直接按市场游戏规则开展业务活动,才能使其评估结果能得到投资者的认同。

第二,要规范证券发行主体的经营行为,创造良好的信用环境。现代企业制度的建立要符合市场规则,以充分吸引投资者。为了防止发生违约风险,以使证券化资产价格能够充分反映其收益率和安全性的有机统一,需要提高透明度,使投资者能够及时了解证券发行者的经营情况,形成有效的价格形成机制。还要强化债权收益索取权,以保障支持不良资产担保证券的稳定和确定性收益。

第三,大力发展我国的债券市场,为确保不良资产担保证券的流动性与合理定价奠定基础。资产证券化是以流动性来实现收益与分散风险的,没有一定深度的债券市场,资产证券化就不可能得以顺利实施。因此,结合当前市场化取向的利率机制改革以及宏观金融调控完善之需对货币市场的发展要求,以及优化企业资本结构对企业债券市场的发展要求,大力发展我国的债券市场,形成具备一定深度的债券市场,这是资产证券化的必备基础。

[①] 胡海峰、万炎华:《浅析我国商业银行不良资产之证券化》,载《社会科学家》2005 年第 5 月增刊,第 264 页。

第十四章 房地产贷款风险管理与不良资产处置

案例分析

案例1：北京奥林匹克饭店拍卖案①

[案情]

奥林匹克饭店是位于北京中关村的一家三星级国际化酒店,总建筑面积27616.86平方米,是国际奥委会在北京期间唯一正式考察的饭店。

1987年3月,奥林匹克有限公司(由国家体委下属几家公司和一家香港公司合资组建)向由中国银行和三家日本银行组成的银团贷款50亿日元兴建奥林匹克饭店,并约定将该饭店作为贷款的抵押物和贷款方提供贷款额度的先决条件之一,中国银行占贷款额度的32%。1989年,奥林匹克饭店建成并投入营运。由于奥林匹克有限公司未能还款,中日银团在1994年提起仲裁。1995年,中国国际经济贸易仲裁委员会作出裁决,中日银团有权处分贷款协议中的担保权益(即奥林匹克饭店),并用所得款项偿付奥林匹克有限公司所欠的57.18亿余日元本息。因生效的仲裁裁决未得到履行,中日银团向北京第一中级人民法院提出执行申请,请求法院允许其接管饭店。1998年11月,法院作出执行裁决,将饭店全部资产交付中日银团。由于四家银行共同经营一家饭店,意见难以统一,加上日方银行急于将饭店资产变现,经中国人民银行和国家外汇管理局同意,中国银行买断三家日本银行的权益,取得该饭店的全部处分权。

买下奥林匹克饭店之后,中国银行委托一家公司对其进行经营。但按照2003年修改的《商业银行法》的规定,"商业银行因行使抵押权、质权而取得的不动产或者股权,应当自取得之日起2年内予以处分","商业银行在中华人民共和国境内不得向非自用不动产投资,但国家另有规定的除外"。中国银行不能对该饭店进行投资改造和升级,并被要求尽快处理这一资产。2003年3月18日,几经延期的奥林匹克饭店拍卖公开进行,在不到一分钟的时间里以2.25亿元人民币(含国有土地出让金5500万元)的拍卖底价由一家公司购得。据悉,这次拍卖不包括该饭店的名称使用权;目前该饭店的经营已扭亏为盈,2001年净利润为411万元人民币。

---

① 本案例和评析来自洪艳蓉:《银行不动产抵押贷款风险的法律防范与处理——奥林匹克饭店拍卖案启示录》,载中国人民大学民商事法律科学研究中心主办:《判解研究》2004年第4辑,人民法院出版社2004年版,第155—164页。

据统计，类似于奥林匹克饭店这类沉淀于房地产的不良资产，各大银行都有，数额大多在百亿元以上。如果不及时进行处理，这些不良资产将会发生"冰棍效应"，也就是说，随着时间的推移其价值将大为萎缩。

[评析]

中国银行在这一案件中的巨大损失，除了当时的各种外部环境因素之外，银行本身在发放房地产贷款时风险控制的失败也是导致以后一系列困境的主因。不动产抵押贷款，尽管可以带给银行更有效的还款担保，但抵押担保权这份法律上的保障却可能因配套法律制度的限制和房地产本身的特殊性，使银行在实践操作中面临不少风险，并可能陷入到类似奥林匹克饭店的"不良资产"泥潭中。因此，银行不应因发放的是担保贷款而放松了相应的贷款风险管理。具体而言，银行可能面临的风险主要有：

(1) 放宽借款人审查标准，甚至发放"零首付"贷款，最大程度地承担风险。

尽管借款人的背景复杂，资信情况不一，但由于有不动产的担保，银行可能放宽对借款人信用和还款能力的考察，而将抵押物作为还款的主要来源。这无形中扩大了银行的信用风险，因为一旦借款人无法还款，银行贷款就沉淀于房地产投资，深陷不动产处理的漩涡。2002年11月，央行在对各商业银行2001年7月1日至2002年9月30日发放的房地产信贷情况进行的抽查中，发现违规贷款2,059笔，违规金额366.68亿，分别占总检查笔数和金额的9.8%和24.9%。这种违规操作的严重性及其中潜藏的风险，理应引起商业银行的重视。

(2) 认为抵押贷款是优质贷款，着眼于目前贷款规模扩大，而忽视未来的风险。

从某种意义上而言，抵押贷款是一种优良贷款，尤其是那些能按月还款的住房抵押贷款。传统上，银行的利润来自于存贷款利差，在中间业务尚未成为银行收入另一主要来源之前，尽量地吸收存款和扩大贷款规模就成为银行的主业务。针对抵押贷款的有保障性，银行可能无限制地扩大抵押贷款规模①，而忽视贷款质量、资产流动性和抵押物变现问题，从而间接承受了房地产开发中的风险。

按照国外的经验，个人住房抵押贷款的风险一般出现在第3—8年，而我国大部分该类贷款是2000年以后才发放的，因此目前的低违约率并不意

---

① 在住房抵押贷款中，曾因争放贷款而出现"零首付"现象，后被禁止。

第十四章 房地产贷款风险管理与不良资产处置

味着将来的低风险。而从房地产开发的情况来看,2002年下半年以来,部分地区出现房地产投资增幅过高、商品房空置面积增加、房价上涨过快以及低价位住房供不应求和高档住宅空置较多等结构性问题。此外,房地产企业跨地区使用贷款,也加剧了部分地区的房地产炒作,带动了土地价格和房价过快上涨。这种将流动性贷款用于长期固定资产投资的状况,一旦未来在最终环节出现差错,都将使银行承受巨额风险,造成不可弥补的呆坏账损失。

(3) 面临短存长贷的流动性困扰,无法充分适应市场的变化。

按照1996年《贷款通则》规定,贷款人要严格控制信用贷款,积极推广担保贷款。就我国而言,银行存款主要来自居民储蓄和企业流动资金,大多属于中短期存款,而不动产抵押贷款往往涉及的资金数额巨大且期限多为中长期。这样,银行就面临着"以短促长"的问题。随着贷款规模的扩大,资产不匹配状况将日益严重。可见,为了满足资产负债比例管理要求,银行将不得不背负巨大的资产流动性压力。而且,这种事先通过合同约定确定下来的贷款条件,也使银行很难应对不动产抵押物处理时的市场变动,而不得不承受一定的操作风险。此外,现在的抵押贷款利率实行的都是浮动利率,在利率水平较低的情况下,借款人的还款负担比较轻松。而一旦利率水平升高、借款人负担加重,就可能打乱原有的还款计划,这就隐含着违约的可能,从而使银行承担这部分信贷风险。

(4) 抵押房产变现存在问题,信贷资产大为缩水。

虽然银行可以通过行使抵押权处置不动产,但这种法律权限在现实中的行使可能大打折扣:

第一,抵押物能否顺利变现。

按照我国《商业银行法》规定,银行因行使抵押权而取得的不动产,应当自取得之日起1年(后改为2年)内处分。要求处理的时间短暂再加上银行当初办理贷款考虑的是抵押物的实物价值问题,所接受的抵押物大都是个性化而非标准化的产品,在我国缺乏一个有效二级房地产流动市场的情况下,银行并不容易找到买家。例如,类似奥林匹克饭店这样大宗的房地产交易,不少企业要么限于资金的有限性,要么受到《公司法》中对公司对外投资不得超过其净资产50%的限制等因素的影响而无法购买。

第二,抵押物评估的价值损失问题。

不动产的市场价格时有变动,以设定抵押时的评估来衡量处置时的价值,显然不合适,但具体评估的考虑要素应包含哪些,实践中又难有统一标准。这种因评估变动引起的损失,只能由银行来承担。

第三,抵押物能否按抵押价值变现。

按照我国《商业银行法》规定,银行不能投资于非自用不动产,造成银行对所接收的不动产无法进行投资改造;而随着时间的推移,不动产的利用价值将有所减损。为了能够在买方市场条件下寻得买主,银行往往要对不动产打折出售,这方面的损失也只能由银行承担。

(5) 分业经营限制资产管理,贷款终身制制约金融创新。

按照我国《商业银行法》规定,银行实行分业经营的管理模式,不能从事证券、信托等业务。因此,尽管银行面临抵押贷款流动性和抵押房产价值变现等问题,却未必能够通过金融创新来化解这些风险。虽然现实中已有了信贷资产转让的事例和资产管理公司剥离不良资产的操作,但目前贷款转让的操作日趋严格[①],而资产管理公司开展的也是商业化的不良资产收购,并不能视为银行的一项当然权利。如此一来,贷款更多的是为商业银行自始至终地持有,这无疑加剧了银行在市场变动等因素作用下承受贷款可能沦为不良资产和资产贬值、流失的风险。

(6) 金融领域开放增加竞争压力,不良资产比例虽然不高,但总量不少,房地产贷款资金沉淀较严重。

随着我国加入WTO,银行领域将逐步开放。在2007年银行业全面对外开放之前,银行最主要的任务是降低不良资产比例,提高自身综合竞争力。尽管1999年成立的四大资产管理公司三次剥离了国有银行的大量政策性不良资产,并于2006年基本完成了这一业务的考核,原来的国有银行也已完成改制,成为按市场规则运作的上市公司,但在近年几轮的经济宏观调控中,信贷领域又新增了不少不良资产,一些贷款也隐含着转为不良资产的风险,银行还是面临着不良资产"双降"的巨大压力。而沉淀于房地产的不良资产,如前所述,数量不菲,这些资产由于银行的不能再投资改造和市场变现的困难,正日益演化成无法回收的坏账。

除了上述银行可能面临的风险之外,在制度理念和实际操作中,我国仍然存在着不少的问题。这种观念上的落后,其实在很大程度上催生或者放大了银行可能承受的风险。例如,尽管我国《商业银行法》规定效益性、安全

---

① 例如,信贷资产转让要受到银监会2009年12月25日发布的《关于规范信贷资产转让及信贷资产类理财业务有关事项的通知》(银监会[2009]113号)和2010年12月3日发布的《关于进一步规范银行业金融机构信贷资产转让业务的通知》(银监发[2010]102号)的规范。

性和流动性作为银行的经营原则①,但在三者关系处理上却不尽如人意,存在着流动性要求被淡化的问题。从奥林匹克饭店当时的处理可以看到,日方银行强调资产的流动性而急于将饭店权益变现,而中方银行却看到饭店的经营前景(效益性)而急于买进饭店的所有权,事实验证了中方银行决策的失误。而更让人警醒的是1998年处理饭店权益时,我国《商业银行法》已实行多年,按照当时的规定,银行不得投资于非自用不动产并要将因行使抵押权所取得的房产在1年内予以处分,在这种明知法律存在操作障碍的情况下,中方银行还贸然买下饭店的产权,除了说明《商业银行法》中的相关规定欠缺应有的责任约束而使条款义务流于形式之外,也反映了银行业务参与者对法律遵守的态度。

正是对商业银行房地产贷款业务中诸多风险的关注,银监会于2004年9月发布了《商业银行房地产贷款风险管理指引》,中国人民银行在《2004年中国房地产金融报告》中向商业银行提出了房地产贷款风险管理的建议;2008年国际金融危机之后,银监会再次针对国内房地产贷款出现的新风险特点,提出了一系列防范房地产贷款风险、确保房地产信贷安全的建议和措施。这些内容都已在上文论及,不再赘述。

案例2:华融资产管理公司不良资产准证券化处置②
[案情]

自成立以来,华融资产管理公司一直在探索不良资产的证券化模式,在规范意义上的证券化方案一再搁浅的情况下,华融公司于2003年6月26日推出了变通模式——信托分层。具体操作是:华融公司将132.5亿不良债权资产(涉及分布在22个省市的256户债务人),委托中信信托投资公司设立三年期财产信托,取得全部信托受益权。与此同时,华融公司根据这些不良资产债权预计产生的现金流(经中诚信国际评级公司评级,预测包内资产未来处置产生的AAA级现金流可达12.07亿元),将信托受益权划分为10亿元的优先级受益权(年收益率上限为4.17%,每季度分配一次利息)和其他次级受益权(将劣后受偿,由华融公司自己持有,实际上是对优先级受

---

① 注意到,我国1995年《商业银行法》规定商业银行的经营原则是"效益性、安全性、流动性",而2003年12月27日修改的《商业银行法》则调整为"安全性、流动性、效益性"。尽管只是顺序的不同,却体现了截然不同的经营观念。显然后者更契合银行经营的国际惯例和市场运作要求。

② 本案例和评析来自洪艳蓉:《国内资产证券化实践述评与未来发展》,载《证券市场导报》2004年第9期,第4—11页。

益权的一种担保),并委托中信信托投资公司将优先级受益权以信托受益合同的形式转售给投资者(每次转让的最低限额为100万元)。由于信托公司不具备管理不良资产的经验,因此在该项目中,中信信托投资公司又委托华融公司为被信托的不良资产提供管理服务。整个信托分层的法律关系结构如下图所示:

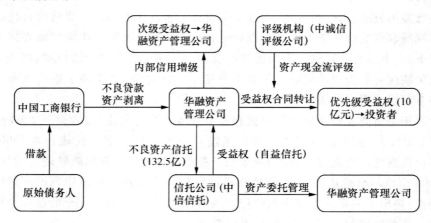

为了增强信托受益权的流通性和保护投资者利益,华融信托分层方案设置了一些特殊性的规定:(1)向投资者承诺可在其持有信托受益权半年之后,以资产信托账户中的资金为限,回购信托受益权;(2)设置了受益人大会制度,以便在投资者众多的情况下更协调地行使受益人的权利;(3)规定了受托人(信托公司)的信息披露义务;(4)规定对受托人和资产服务商定期进行外部审计,监控资产状况。由于向投资者转让的是权益较有保障的优先级受益权,在发售之初这个信托产品就被机构投资者超额认购(华融公司由此获得了10亿元现金转让收入);而之后投资者通过信托公司的账户管理系统进行受益权转让交易,其换手率已达80%,至今尚无有关的负面报道。

[评析]

华融信托分层方案,结构设计的出发点是尽快处置不良资产,避免资产减值的"冰棍"效应进一步恶化,其结果是利用现行的各项法律制度给予投资者多重保护和由华融公司承担第一损失风险,从而弥补了资产的先天不足与信托受益权的流动性欠缺,使得即使在对不良资产现金流回收期望不高和国内尚无相关经验的情况下,也能获得信托产品的超额认购。在当时的法制条件下,华融信托分层可以说是最接近资产证券化运作原理的操作

第十四章 房地产贷款风险管理与不良资产处置

实践。除了信托受益权以信托受益合同的形式单独向投资者转让,而不是采取证券形式之外,在基本的法律结构和操作程序上,已与规范的资产证券化相差无几。

随着国内资产证券化试点的开展和相关法制的确立[①],当初制约华融资产管理公司的诸多不利因素已得到解决。[②] 2006 年 12 月,信达资产管理公司和东方资产管理公司就充分利用信贷资产证券化法制对名下的不良资产进行证券化,成功地发行"信元 2006-1 重整资产证券化信托优先级资产支持证券"和"东元 2006-1 优先级重整资产支持证券",并顺利地在银行间债券市场进行交易。[③] 但证券化本身不是万能的"点金术",在应用这一金融工具的过程中,如何结合不良资产的属性,构造具有一定现金流保障的资产池来担保资产支持证券的有效发行和偿付,是关系不良资产证券化成功的核心要素。

(陈红)

---

① 有关资产证券化的操作与相关法制,参见本书第十三章"个人住房抵押贷款证券化制度"。
② 例如,在资产证券化法制下,信托受益权可以资产支持证券的形式在银行间债券市场流通。
③ 为应对 2008 年国际金融危机,银监会于 2008 年 2 月 15 日发布了《关于进一步加强信贷资产证券化业务管理工作的通知》加强了资产证券化业务监管,引导银行业金融机构审慎开展资产证券化,并严禁将房地产不良贷款证券化,防止房地产信贷风险通过证券化放大。此后至今,尚无新的不良资产证券化项目获批。

第十五章　房地产抵押制度

- 房地产抵押设定和实现的程序
- 房屋买卖合同效力与抵押合同效力之间的关系
- 物的担保与人的担保并存的处理
- 抵押权对房地产租赁权的影响
- 执行设定抵押的房屋与保障被执行人必需住房的处理

基本原理

一、房地产抵押的概念

房地产抵押,是指债务人或第三人(抵押人)以其合法的房地产以不转移占有的方式向债权人(抵押权人)提供债务履行担保的行为。债务人不履行债务时,抵押权人有权依法以抵押的房地产折价或者以拍卖、变卖该房地产所得的价款优先受偿。我国《民法通则》、《担保法》、《物权法》和《城市房地产抵押管理办法》都规定了抵押制度,房地产抵押制度因抵押物本身的特殊性而使其具有与其他类型的抵押不同的特点。区分这些特点在司法实践中有非常重要的作用。

二、房地产抵押的法律特征

（一）从属性

由于抵押权是为担保主债权而生,故抵押权从属于主债权。如果没有主债权,亦无抵押权可言。一般情况下,主债权转移,抵押权也随同转移;主债权无效,抵押权也无效;主债权消灭,抵押权也随之消灭。但要注意的是,规定抵押权的担保合同随主债权债务合同无效,而无效只是一般规则,根据我国《物权法》第172条的规定,主债权债务合同无效,担保合同无效,但法律另有规定的除外。例如,最高额抵押合同就属于法律另有规定的情形,在连续交易关系中,其中一笔债权债务无效,不影响整个最高额抵押合同的效力。

值得注意的是,主债权无效导致抵押合同无效,并不一定表示抵押人不需承担责任,抵押人只是免于承担担保责任而已。根据我国《担保法》第5条第3款、《物权法》第172条第2款的规定,担保合同被确认无效后,债务人、担保人、债权人有过错的,应当根据其过错各自承担相应的民事责任。最高人民法院《关于适用〈中华人民共和国担保法〉若干问题的解释》第8条进一步细化为:主合同无效而导致担保合同无效,担保人无过错的,担保人不承担民事责任;担保人有过错的,担保人承担民事责任的部分,不应超过债务人不能清偿部分的1/3。

(二) 不可分性

抵押权的不可分性是指在抵押担保的债权获得全部清偿前,抵押权人可以就抵押物的全部行使权利。抵押权的不可分性可以从两个方面来理解:一是抵押权不因抵押物的分割或者让与而发生变化,抵押权人仍可以就担保物的全部行使抵押权;二是抵押权不因被担保债权的部分清偿、分割或者让与而发生变化,抵押权人仍可以就抵押物的全部行使抵押权,以实现债权。

最高人民法院《关于适用〈中华人民共和国担保法〉若干问题的解释》第71条规定:"主债权未受全部清偿的,抵押权人可以就抵押物的全部行使其抵押权。抵押物被分割或者部分转让的,抵押权人可以就分割或者转让后的抵押物行使抵押权。"①

(三) 物上代位性

抵押物毁损、灭失而得到赔偿金、保险金时,该赔偿金或保险金即成为抵押物的代替物,从而抵押人得就该赔偿金、保险金行使权利,这被称为抵押权的物上代位性。

最高人民法院《关于适用〈中华人民共和国担保法〉若干问题的解释》第80条规定:"在抵押物灭失、毁损或者被征用的情况下,抵押权人可以就该抵押物的保险金、赔偿金或者补偿金优先受偿。"

(四) 要式性

要式性,是指依法律规定或依约定,某行为必须采取一定形式或履行一

---

① 我国《物权法》第191条第2款已对抵押物的转让作出新规定,参见下文"三(一)1.(3)转让抵押的房地产的权利"部分的分析。

定程序才能成立的法律属性。房地产抵押是一种要式民事法律行为。根据我国《物权法》第187条的规定,以该法第180条规定的"建筑物和其他土地附着物"、"建设用地使用权"、"以招标、拍卖、公开协商等方式取得的荒地等土地承包经营权"和"正在建造的建筑物"抵押的,应当办理抵押登记。抵押权自登记时设立。

三、房地产抵押人和抵押权人的权利和义务

（一）抵押人的权利和义务

1. 抵押人的权利

（1）对抵押房产的占有、使用和收益权。抵押人在其房地产设定抵押后,仍享有对抵押物的使用、收益和处分权。但抵押人在行使上述权利时,要受到已设定的抵押权的一定影响。例如,抵押人在一般情况下可以收取抵押房地产的租金,但债务履行期限届满,债务人不履行债务致使抵押房地产被人民法院扣押的,自扣押之日起,抵押权人有权收取由该房地产所产生的租金。抵押权人未将扣押抵押物的事实通知应当清偿租金的义务人的,抵押权的效力不及于该租金。

（2）就同一房地产扣除已抵押的价值后所剩余的价值部分再设定抵押的权利。房地产抵押后,其财产价值大于所担保债权的余额部分,可以再次抵押,但不得超过其余额部分。

（3）转让抵押的房地产的权利。我国《物权法》第191条第2款修改了《担保法》第49条的规定,在抵押期间,抵押人转让抵押财产的,应当经抵押权人同意,而不仅仅是担保法规定的通知抵押权人并告知受让人；如果未经抵押权人同意,抵押人不得转让抵押财产,除非受让人代为清偿债务消灭了抵押权,而不是担保法规定的未通知抵押权人或未告知受让人的,转让行为无效。可见,根据物权法,转让抵押财产,应消灭该财产上的抵押权,由此买受人可以取得没有物上负担的财产,也不会产生复杂的物上追及问题,更契合经济生活的需要。抵押人转让抵押房地产的价款明显低于其价值的,抵押权人可以要求抵押人提供相应的担保,抵押人不提供的,不得转让抵押物。抵押人转让抵押物所得价款,应当向抵押权人提前清偿所担保的债权或向与抵押权人约定的第三人提存。超过债权数额的部分,归抵押人所有,不足部分由债务人清偿。

2. 抵押人的义务

（1）保持抵押房地产的价值。抵押权设定后,并不转移房地产的占有,

而是仍由抵押人对抵押房地产进行占有、使用和收益。为维护抵押权人的利益,抵押人有保持抵押房地产价值的义务。

(2) 保证抵押权人充分实现抵押权。

(3) 当抵押房地产灭失或价值减少时,提供相当价值的财产再抵押。如果因抵押人的行为使抵押房地产灭失或价值减少时,抵押人应恢复抵押物的价值,或提供与减少或灭失的价值相当的担保。

(二) 抵押权人的权利和义务

1. 抵押权人的权利

(1) 要求保全抵押房地产担保价值。由于抵押权人不直接占有抵押房地产,因此法律赋予抵押权人保全抵押物的权利。在抵押人的行为足以造成抵押房地产的价值减少时,抵押权人有权要求抵押人停止其行为。如果因抵押人的行为使抵押房地产的价值减少时,抵押权人有权要求抵押人恢复抵押房地产价值,或提供与减少价值相当的担保。抵押物价值未减少的部分,仍作为债权的担保。

(2) 物上代位权。抵押人因为抵押房地产的灭失、毁损而在法律上享有赔偿请求权或补偿请求权时,抵押权人可以基于抵押人让与的赔偿请求权或补偿请求权,直接向侵权人或保险公司请求损害赔偿或保险金。

(3) 处分抵押权的权利。抵押权人可以转让其抵押权,或就抵押权为他人提供担保。但由于抵押权的从属性,抵押权不得与债权分离单独转让或作为其他债权的担保。

(4) 优先受偿权。债务人不履行到期债务或者发生当事人约定的实现抵押权的情形,抵押权人可以与抵押人协议以抵押财产折价或者以拍卖、变卖该抵押财产所得的价款优先受偿。协议损害其他债权人利益的,其他债权人可以在知道或者应当知道撤销事由之日起一年内请求人民法院撤销该协议。抵押权人与抵押人未就抵押权实现方式达成协议的,抵押权人可以请求人民法院拍卖、变卖抵押财产。抵押财产折价或者变卖的,应当参照市场价格。

(5) 追及受偿的权利。追及受偿的权利是抵押权的追及力的体现,指抵押物因转让或其他原因而发生所有人变更时,抵押权不受影响,依然附着于该抵押物而存在,当债务人不履行债务时,抵押权人仍可以对抵押物行使抵押权。追及受偿的权利可以使抵押权人避免因抵押的不动产被转让所带来的风险。追及受偿的权利可以使抵押权人避免因抵押的不动产被转让所带来的风险。注意到根据我国《物权法》第192条第2款的规定,转让抵押财产,应消除该财产上的抵押权。由此,因转让而带来的抵押物追及受偿问题将大为减少。

2. 抵押权人的义务

(1) 不得妨碍抵押人依法行使对抵押房地产的占有、使用、收益。在抵押期间,抵押房地产由抵押人占有、使用和收益,除有必要对抵押物进行保全及法律赋予抵押权人的权利外,抵押权人不得妨碍抵押人依法行使对抵押房地产的占有、使用和收益。

(2) 在债务人清偿债务后,抵押权人负有尽快解除房地产抵押,办理注销登记的义务。

(3) 抵押实现后,抵押权人负有将清偿其债权所余价款归还抵押人的义务。

四、房地产抵押的效力

房地产抵押一经设定,即产生相应的法律效力,不仅在当事人之间设定了相应的权利义务,而且对抵押物及与其有关的其他财产权也有影响。所以房地产抵押的效力问题是房地产抵押制度中的一个十分重要的问题,有其丰富的内容和意义。从总体上讲,房地产抵押的效力,是指房地产抵押权就一定范围的债权从一定的房地产抵押物中获得优先受偿的法律效力,以及对房地产抵押物有关的其他财产权的影响力。根据房地产抵押效力的对象,可将其划分为对内效力和对外效力两个方面。房地产抵押的对内效力即对房地产抵押当事人的权利义务的影响,是在房地产抵押权关系内部发生的,是抵押权的基本效力;房地产抵押的对外效力即房地产抵押对抵押关系外部的、有关房地产的其他产权的影响,是抵押权的派生效力,是房地产抵押对内效力的保障。以下分别予以说明:

(一) 房地产抵押的对内效力

房地产抵押权的对内效力,即房地产抵押权人有就受担保的债权对抵押的房地产优先受偿的权力,其内容包括房地产抵押所担保的债权范围和房地产抵押权所及标的物的范围两个方面。

1. 房地产抵押所担保的债权范围

房地产抵押所担保的债权须为有效的债权。被担保的债权消灭或者无效,抵押权也将随之消灭。我国《担保法》第 46 条规定:"抵押担保的范围包括主债权、利息、违约金、损害赔偿金和实现抵押权的费用。抵押合同另有约定的,按照约定。"由此可见,抵押所担保的债权范围原则上依当事人的意思确定；如果当事人未约定，则其担保的债权的范围包括前述所列债权。

2. 房地产抵押权所及标的物的范围

（1）关于房地产自身

抵押人以其全部房地产设定抵押时，抵押权的效力及于全部房地产，包括房屋所有权和土地使用权。但下列财产不得设定抵押：

① 土地所有权。

② 耕地、宅基地、自留地、自留山等集体所有的土地使用权，但法律规定可以抵押的除外。法律另有规定的情形，例如根据我国《物权法》第183条，乡镇、村企业的建设用地使用权不得单独抵押。但以乡镇、村企业的厂房等建筑物抵押的，其占用范围内的建设用地使用权一并抵押。为了保护耕地，严格限制农用地转化为建设用地，该法第201条又规定，以乡镇、村企业的厂房等建筑物占用范围内的建设用地使用权抵押的，实现抵押权后，未经法定程序不得改变土地所有权的性质和土地的用途。

③ 学校、幼儿园、医院等以公益为目的的事业单位、社会团体的教育设施、医疗卫生设施和其他社会公益设施。

④ 所有权、使用权不明或者有争议的财产。

房地产权属有争议的，表明该房地产的权利主体不确定，房地产在权利主体不明确的情况下设定抵押，可能会对真实产权人的权利造成损害。

⑤ 依法被查封、扣押、监管的财产。

在房地产交易中，作为交易对象的房地产必须是可以自由流通的房地产。某宗房地产在一定时期处于限制之中，则该房地产在限制期内是不能交易的，如果在其上设定抵押权，势必影响抵押权的实现。

⑥ 法律、行政法规规定不得抵押的其他财产。例如列入文物保护的建筑物和有重要纪念意义的其他建筑物，我国有关文物保护的立法已明确规定国家文物在一般情况下禁止或者限制进入流通领域。

（2）关于抵押权设定后新增的房屋

抵押权设定后新增的房屋不属于抵押物，房地产抵押权的效力不及于该新增房屋。但由于新增房屋往往与设定抵押的房地产是一体的，为了方便抵押权的实现，我国《担保法》、《城市房地产管理法》和《物权法》均规定：需要实现抵押权时，应当将该新增建筑物与抵押物一并处分，但新增建筑物所得的价款，抵押权人无权优先受偿。

（3）关于在建房屋

以在建房屋作为抵押标的，可分为两种情况：一是以将来建成的房屋作为抵押权标的;另一种是以正在建设的房屋,即在抵押关系成立时以在建形式存在的财产为抵押权标的。

以将来建成的房屋作为抵押权的标的物又可分两类:一是购房人在支付一定房屋价款后,由贷款银行支付其余的购房款,而购房者将其预购的期房抵押给银行作为偿还贷款的担保,即预购商品房贷款抵押。二是购房人以其预购的商品房为除借贷的购房款以外的其他债务设定抵押。我国《城市房地产抵押管理办法》第3条第3款规定:"本办法所称预购商品房贷款抵押,是指购房人在支付首期规定的房价款后,由贷款银行代其支付其余的购房款,将所购商品房抵押给贷款银行作为偿还贷款履行担保的行为。"可见,根据我国现有的法律,期房可以设定抵押,但限于第一种情况,即预售商品房贷款抵押。

就其性质而言,我们认为预售商品房贷款抵押行为是一种附条件的民事法律行为。抵押权应当存在特定物之上,将来的不动产尚未实际存在,抵押权不具有支配抵押物的实际效果,所以,就将来的不动产设定的抵押权,应当在该不动产实际存在时发生效力。

而关于在建工程设定抵押的问题,我国《城市房地产抵押管理办法》第3条第5款规定:"本办法所称的在建工程抵押,是指抵押人为取得在建工程继续建造资金的贷款,以其合法方式取得的土地使用权连同在建工程的投入资产,以不转移占有的方式抵押给贷款银行作为偿还贷款履行担保的行为。"可见,在建工程允许为取得在建工程继续建造资金的贷款设定抵押,且必须与土地使用权同时设定抵押。我国2007年的《物权法》第180条第1款第(五)项也确认了可以正在建造的建筑物设定抵押。

按照《城市房地产抵押管理办法》第34条第2款的规定,以预售商品房或在建工程抵押的,登记机关应当在抵押合同上做记载。抵押的房地产在抵押期间竣工的,当事人应当在抵押人领取房地产权属证书后,重新办理房地产抵押登记。在办理抵押合同登记时,当事人应当提交下列证明文件:①《国有土地使用权证》、《建设工程用地规划许可证》和《建设工程规划许可证》;②缴纳土地使用权出让金的票据;③投入在建工程的工程款的证明文件;④施工进度及工程竣工日期;⑤已完成的工程量;⑥抵押合同;⑦抵押当事人身份证明或法人资格证明;⑧抵押登记申请书。

(4) 关于房地产的从物和从权利

从物是相对主物而言,主物和从物是两个相互独立的物,同时二者又相互结合。主物是在其中起主要作用的物,从物是其中处于附属地位,起辅助作用的物。在法律或合同没有相反规定时,主物所有权转移,从物也随之转移。在房地产抵押中,如果法律或合同没有相反规定,则抵押权的效力不仅及于房地产本身,还及于房地产的附属物;不仅及于设定抵押权时存在的附属物,还及于设定抵押权后产生的附属物。房地产的从物不仅包括动产,还包括不动产,具体包括房屋前后的树木、房屋里的门、窗、取暖设备、照明设施、通讯设施等。

房地产的从权利,指为配合和辅助主权利发挥效用而存在的权利。如相邻权、地役权、空间权、物业管理成员权等。房地产的从权利,因从属于房地产并使房地产具有必要的效能而为房地产抵押权的效力所及。

(5) 关于孳息

孳息分为天然孳息和法定孳息。为保护抵押权人的利益,现代许多国家和地区的民法大都认为抵押权及于自然孳息和法定孳息的时间,应在抵押权人着手实行抵押权之时。我国《担保法》第47条和《物权法》第197条都规定,债务人不履行到期债务或者发生当事人约定的实现抵押权的情形,致使抵押财产被人民法院依法扣押的,自扣押之日起抵押权人有权收取该抵押财产的天然孳息或者法定孳息,但抵押权人未通知应当清偿法定孳息的义务人的除外。上述孳息应当先充抵收取孳息的费用。据此规定,抵押权在抵押物被人民法院依法扣押之日起,抵押权及于抵押物的天然孳息与法定孳息,但抵押权人有义务通知清偿法定孳息的义务人。

(二) 房地产抵押的对外效力

房地产抵押的对外效力指房地产抵押权对抵押关系外部有关抵押物的其他财产权的影响,房地产抵押后,因其权属和占有仍归抵押人,抵押人仍可依法支配处分属于自己拥有的房地产,从而在该项房地产上可能保存既存的法律关系或形成新的法律关系。抵押权的存在会对房地产上既存的或新发生的诸种相关法律关系产生一定的影响力,具体包括对房地产用益权、其他抵押权的影响,以及房地产抵押权效力受影响的其他情形。

1. 房地产抵押权对用益物权的影响

房地产抵押是以房地产的交换价值为债权提供担保,抵押物的使用价值不受影响,因此,无论是在抵押权设定前或设定后,抵押人均可在抵押的房地产上设定用益物权,但房地产抵押权对用益物权的影响则视用益物权的设定的时间不同而有变化。在房地产抵押权设定之前已存在用益物权的,用益物权人不仅在抵押权设定后仍拥有用益物权,并且其用益物权如经登记,还可对抗房地产抵押权人,即用益物权人根据其与抵押人合同约定的方式、期限等在抵押权实现后仍可继续拥有用益物权。在房地产抵押权设定之后再设定的用益物权则不能对抗抵押权。对房屋租赁权的影响下文另述。

2. 房地产抵押权对其他抵押权的影响

（1）房地产抵押权对其他一般抵押权的影响

我国《担保法》第 35 条第 2 款即规定：财产抵押后，该财产的价值大于所担保债权的余额部分，可以再次抵押。因此，先设定的房地产抵押权不影响新抵押权的设定，但抵押权的实现顺序有区别。根据《物权法》第 199 条的规定，同一财产向两个以上债权人抵押的，拍卖、变卖抵押财产所得的价款依照下列规定清偿：a. 抵押权已登记的，按照登记的先后顺序清偿；顺序相同，按照债权比例清偿；b. 抵押权已登记的先于未登记的受偿；c. 抵押权未登记的，按照债权比例清偿。

（2）房地产抵押权对建筑工程承包人的法定抵押权影响

我国《合同法》第 286 条规定："发包人未按照约定支付价款的，承包人可以催告发包人在合理期限内支付价款。发包人逾期不支付的，除按照建设工程的性质不宜折价、拍卖的以外，承包人可以与发包人协议将该工程折价，也可以申请人民法院将该工程依法拍卖。建设工程的价款就该工程折价或者拍卖的价款优先受偿。"学界对这种优先受偿权的性质有所争议，我们在此姑且将其称为法定抵押权。

当一般抵押权与建筑承包人的法定抵押权同时存在于同一房地产上时，其实现的顺序又如何？"建设工程的价款就该工程折价或者拍卖的价款优先受偿"，此"优先"是优先于一般抵押权，还是优先于普通债权或成立在后之抵押权呢？《合同法》并没有对此问题作出明确规定，以至于在司法实践中纷争不断。

为应对优先受偿顺位及其他实践问题，最高人民法院 2002 年发布的《关于建设工程价款优先受偿权问题的批复》对《合同法》第 286 条作出了解释。该司法解释规定："一、人民法院在审理房地产纠纷案件和办理执行案件中，应当依照《合同法》第 286 条的规定，认定建筑工程的承包人的优先受偿权优于抵押权和其他债权。二、消费者交付购买商品房的全部或者大部分款项后，承包人就该商品房享有的工程价款优先受偿权不得对抗买受人。……"该司法解释解决了房地产一般抵押权与建筑工程承揽人的法定抵押权的顺位问题，即建筑工程承包人的法定抵押权优先于房地产一般抵押权和其他普通债权。但法定抵押权的优先效力不得对抗交付了全部或大部分购房款的消费者。

3. 房地产抵押权对房屋租赁权的影响

房地产租赁权,是指承租人依租赁合同的约定对租赁物享有使用、收益的权利。抵押权和租赁权同时存在于同一房地产上,当抵押人不履行到期债务而抵押权人依法拍卖房地产时,就可能影响承租人的权益,从而引起抵押权与租赁权的冲突。抵押权与租赁权冲突的处理因两者设定的先后顺序而有所差异。

(1) 租赁权先于抵押权设定

租赁权先于抵押权存在的,抵押权设定后,抵押权的设定、实现对租赁关系均不发生影响,原租赁合同继续有效。我国《物权法》第190条规定,订立抵押合同前抵押财产已出租的,原租赁关系不受该抵押权的影响;我国《担保法》第48条和《城市房地产抵押管理办法》第21条规定,抵押人将已出租的财产抵押的,应当书面告知承租人,原租赁合同继续有效。可见,成立在先的租赁权可以对抗设定在后的抵押权,即在抵押权实现时,租赁权当然附随于房地产上,而受让人则只能取得有租赁权负担的房地产的产权。尽管《担保法》要求抵押人在设定抵押时书面告知承租人,但抵押人是否履行书面告知义务,对原租赁合同与抵押合同的效力并无影响。

(2) 租赁权后于抵押权设定

抵押权设定后,抵押人将抵押房地产出租,抵押权对租赁关系有影响,抵押权可以对抗租赁权,租赁合同对受让人不具有约束力。我国最高人民法院《关于适用〈中华人民共和国担保法〉若干问题的解释》第66条规定:"抵押人将已抵押的财产出租的,抵押权实现后,租赁合同对受让人不具有约束力。抵押人将已抵押的财产出租时,如果抵押人未书面告知承租人该财产已抵押的,抵押人对出租抵押物造成承租人的损失承担赔偿责任;如果抵押人已书面告知承租人该财产已抵押的,抵押权实现造成承租人的损失,由承租人自己承担。"应注意的是,我国的《物权法》部分修正了这个司法解释,其第190条规定,抵押权设立后抵押财产出租的,该租赁关系不得对抗已登记的抵押权。就房地产而言,因其属于登记生效的抵押权,因此房地产设定抵押之后再行出租,租赁关系就不能对抗已登记的房地产抵押权。

4. 影响房地产抵押权效力的其他情形

房地产被采取查封、扣押等财产保全或者执行措施,是否影响房地产抵押权的设定或效力呢?这需要根据采取强制措施的时间区别确定。如果房地产被采取查封、扣押等财产保全或者执行措施是在房地产抵押权设定之后,则已设定的房地产抵押权的效力不受影响。最高人民法院《关于适用〈中华人民共和国担保法〉若干问题的解释》第 55 条规定:已经设定抵押的财产被采取查封、扣押等财产保全或者执行措施的,不影响抵押权的效力。如果房地产已被采取查封、扣押等财产保全或者执行措施的,由于《担保法》第 37 条第 5 款规定:"下列财产不得抵押:……(五)依法被查封、扣押、监管的财产",所以当事人在该类房地产上不能设定抵押权。

操作流程

一、房地产抵押合同的签订

房地产抵押合同是指债务人或者第三人不转移对房地产的占有,将该房地产作为债权的担保而与债权人达成确定彼此权利义务关系的协议。房地产抵押合同必须以书面形式签订。

根据我国《物权法》第 185 条、《担保法》第 39 条和《城市房地产抵押管理办法》第 26 条的规定,房地产抵押合同的内容主要包括以下条款:

(1)抵押人、抵押权人的名称或者姓名、住所。包括抵押人和抵押权人的名称(姓名)、国籍、住所、法定代表人等。抵押权人往往就是主债权的债权人;抵押人则既可以是主债权的债务人,也可以是第三人,但他们都必须对抵押的房地产有处分权。

(2)主债权的种类、数额。即房地产抵押所担保的债权的种类和数额。房地产抵押合同的订立是为了担保主债权的实现,因而抵押合同中首先应当明确被担保的主债权的种类和数额。

(3)抵押房地产的处所、名称、状况、建筑面积、用地面积以及其他有关抵押房地产的基本情况。

(4)抵押房地产的价值。明确抵押房地产的价值是确保抵押权能够得到清偿的另一重要条件。抵押房地产的价值可以由抵押当事人双方协商约定,也可以经由房地产评估确定,但法律、法规规定必须评估的除外。

(5)抵押房地产的占管人、占用管理方式、占用管理责任以及意外损毁、灭失的责任。由于抵押权人的设定无需转移抵押物的占有,明确抵押房地产的占管人对抵押房地产的管理义务,就显得非常重要。

(6)债务人履行债务的期限。债务人履行债务的期限是指主债权的债务人向债权人履行债务的时间界限。抵押权只有在主债务人不履行到期债务时才能实现。因此,在抵押合同中明确债务人履行债务的期限是判定债务人是否履行到期债务的时间标准,也是确定抵押权可以实现的时间标准。

我国《城市房地产抵押管理办法》第17条规定:"有经营期限的企业以其所有的房地产设定抵押的,所担保债务的履行期限不应当超过该企业的经营期限。"第18条规定:"以具有土地使用年限的房地产设定抵押的,所担保债务的履行期限不得超过土地使用权出让合同规定的使用年限减去已经使用年限后的剩余年限。"

(7) 抵押权灭失的条件。抵押权的灭失,将导致抵押权人主债权实现保障的丧失。所以,抵押当事人应在合同中对抵押权灭失的条件作出约定。《担保法》第52条规定:"抵押权与其担保的债权同时存在,债权消灭的,抵押权也消灭。"对于房地产抵押期限,最高人民法院《关于适用〈中华人民共和国担保法〉若干问题的解释》第12条规定:"当事人约定的或者登记部门要求登记的担保期间,对担保物权的存续不具有法律约束力。担保物权所担保的债权的诉讼时效结束后,担保权人在诉讼时效结束后的二年内行使担保物权的,人民法院应当予以支持。"不过,法律效力更高的《物权法》修订了这一司法解释中行使担保权的期限,其第202条规定,"抵押权人应当在主债权诉讼时效期间行使抵押权;未行使的,人民法院不予保护",从而大大缩短了抵押权的行使期限。

(8) 违约责任。违约责任是合同当事人不履行或没有完全履行合同义务所应当承担的法律责任。当事人一方不履行合同义务或履行合同义务不符合约定的,应当承担继续履行、采取补救措施或者赔偿损失等违约责任;当事人也可以约定因一方违约时应当根据违约情况向对方支付一定数额的违约金,也可以约定因违约产生的损害赔偿数额的计算方法。

(9) 争议解决方式。争议解决方式是抵押合同双方当事人对抵押合同可能产生的争议的解决方式的约定。争议解决方式一般包括协商、调解、仲裁或者诉讼。

(10) 抵押合同订立的时间和地点。

(11) 双方约定的其他事项。

此外,《城市房地产抵押管理办法》第28条规定,以在建工程抵押的,抵押合同还应当载明以下内容:(1)《国有土地使用权证》、《建设用地规划许可证》和《建设工程规划许可证》的编号;(2) 已缴纳的土地使用权出让金或需缴纳的相当于土地使用权出让金的款额;(3) 已投入在建工程的工程

款;(4)施工进度及工程竣工日期;(5)已完成的工作量和工程量。

二、房地产抵押登记程序

房地产抵押合同自签订之日起 30 日内,抵押当事人应当到房地产所在的房地产管理部门办理房地产抵押登记。

1. 房地产抵押登记申请

办理房地产抵押登记,应当向登记机关交验下列文件:抵押当事人的身份证明或法人资格证明;抵押登记申请书;抵押合同;《国有土地使用权证》、《房屋所有权证》或《房地产权证》,共有的房屋还必须提交《房屋共有权证》和其他共有人同意抵押的证明;可以证明抵押人有权设定抵押权的文件与证明材料;可以证明抵押房地产价值的资料;登记机关认为必要的其他文件。

2. 房地产抵押审核与登记

登记机关应当对申请人的申请进行审核。凡权属清楚、证明材料齐全的,应当在受理登记之日起 7 日内决定是否予以登记,对不予登记的,应当书面通知申请人。

以依法取得的房屋所有权证书的房地产抵押的,登记机关应当在原《房屋所有权证》上做他项权利记载后,由抵押人收执,并向抵押权人颁发《房屋他项权证》。

以预售商品房或者在建工程抵押的,登记机关应当在抵押合同上做记载。抵押的房地产在抵押期间竣工的,当事人应当在抵押人领取房地产权属证书后,重新办理房地产抵押登记。

3. 房地产抵押登记的变更与注销

抵押合同发生变更或者抵押关系终止时,抵押当事人应当在变更或者终止之日起 15 日内,到原登记机关办理变更或者注销抵押登记。

因依法处分抵押房地产而取得土地使用权和土地建筑物、其他附着物所有权的,抵押当事人应当自处分行为生效之日起 30 日内,到县级以上地方人民政府房地产管理部门申请房屋所有权转移登记,并凭变更后的房屋所有权证书向同级人民政府土地管理部门申请土地使用权变更登记。

三、房地产抵押权的实现

(一)抵押权实现的条件

1. 主体条件

抵押权实现的主体条件,主要是针对抵押人而言。抵押人必须是房地产的所有人或使用人。另外,如果抵押人是自然人,则必须具有完全民事行为能力;如果是法人,则须具有工商行政管理部门颁发的营业执照。

2. 实质条件

房地产抵押权实现的条件是债务人不履行到期债务,不过,《物权法》也授权当事人可以约定实现担保权的情形。不履行债务包括拒绝履行到期债务、不能履行到期债务、不完全履行到期债务等情况。按照《城市房地产抵押管理办法》第40条的规定,有下列情形之一的,抵押权人有权要求处分抵押的房地产:

(1) 债务履行期满,抵押权人未受清偿的,债务人又未能与抵押权人达成延期履行协议的;

(2) 抵押人死亡,或者被宣告死亡而无人代为履行到期债务的;或者抵押人的合法继承人、受遗赠人拒绝履行到期债务的;

(3) 抵押人被依法宣告解散或者破产的;

(4) 抵押人违反本办法的有关规定,擅自处分抵押房地产的;

(5) 抵押合同约定的其他情况。

(二) 抵押权的实现方式

房地产抵押权实现的方式,一般有三种,即折价、变卖和拍卖。我国《城市房地产管理法》第47条规定:"房地产抵押,是指抵押人以其合法的房地产以不转移占有的方式向抵押权人提供债务履行担保的行为。债务人不履行债务时,抵押权人有权依法以抵押的房地产拍卖所得的价款优先受偿。"仅将房地产抵押权的实现方式限于拍卖。① 不过,《城市房地产抵押管理办法》第41条规定:"本办法第40条规定情况之一的,经抵押当事人协商可以通过拍卖等合法方式处分抵押房地产。协议不成的,抵押权人可以向人民法院提起诉讼。"从《城市房地产抵押管理办法》的规定可知,拍卖只是实现房地产抵押权的方式之一,同时也允许选择例如折价、变卖等其他合法方式,拓展了《城市房地产管理法》的相关规定。不过,从维护当事人的利益和规范房地产市场的角度而言,拍卖应成为实现房地产抵押权的首选方式。

(三) 抵押权的实现程序

我国《物权法》第195条规定:"债务人不履行到期债务或者发生当事

---

① 我国《城市房地产管理法》颁布于《担保法》之前,对抵押的实现方式规定得较为简单,而于《担保法》颁布之后制定的《城市房地产抵押管理办法》吸收了《担保法》的规定,丰富了抵押权的实现方式。

人约定的实现抵押权的情形,抵押权人可以与抵押人协议以抵押财产折价或者以拍卖、变卖该抵押财产所得的价款优先受偿。协议损害其他债权人利益的,其他债权人可以在知道或者应当知道撤销事由之日起一年内请求人民法院撤销该协议。抵押权人与抵押人未就抵押权实现方式达成协议的,抵押权人可以请求人民法院拍卖、变卖抵押财产。抵押财产折价或者变卖的,应当参照市场价格。"这一规定改变了我国《担保法》第53条规定的"协议不成,抵押权人可以向人民法院提起诉讼"的规定。目前,我国法律规定的抵押权实现程序是:如有约定抵押权实现方式的,则按约定执行;如未有约定的,可以先协商,双方对实现抵押权无异议,但对采用何种方式实现抵押权未能达成一致意见的,抵押权人可以直接请求人民法院拍卖、变卖抵押财产,而不必再提起诉讼;如果双方对债务是否已经履行和抵押权本身的问题存在争议,这是关系抵押权是否存在的基础,只能通过诉讼来解决,而不能直接进入执行程序。

抵押的房地产被依法处分后,所得金额按下列顺序分配:(1)支付处分抵押房地产的费用;(2)扣除抵押房地产应缴纳的税款;(3)偿还抵押权人债权本息及违约金;(4)赔偿债务人因违反合同而对抵押权人造成的损害;(5)如有剩余金额,则交还抵押人。

另外,最高人民法院《关于人民法院民事执行中查封、扣押、冻结财产的规定》(法释[2004]15号)第6条规定:"对被执行人及其所扶养家属生活所必需的居住房屋,人民法院可以查封,但不得拍卖、变卖或者抵债。"而第29条第1款规定:"人民法院冻结被执行人的银行存款及其他资金的期限不得超过6个月,查封、扣押动产的期限不得超过1年,查封不动产、冻结其他财产权的期限不得超过2年。法律、司法解释另有规定的除外。"上述规定的执行可能导致这种现象,即大量房地产抵押权因房屋是被执行人及其所抚养的家属生活所必需的房屋(不管这种"必需"情况是长期的事实,还是被执行人通过其他一些安排导致的结果)而无法得到实现,只能对该房屋查封,而不动产查封的期限一般不超过2年,2年后,该抵押权就不了了之。这虽然有利于保护社会弱势群体,稳定社会秩序,但对房地产抵押权人显然是不公平的。在没有其他相关的措施前,上述规定增加了银行的房屋贷款风险,可能会带来经济上的不稳定,同时也不利于社会诚信体系的建立。

为解决该问题,最高人民法院于2005年12月14日发布了《关于人民法院执行设定抵押的房屋的规定》(法释[2005]14号)。按照该《规定》,人民法院对已经依法设定抵押的被执行人及其所扶养家属居住的房屋,在裁定拍卖、变卖或者抵债后,应当给予被执行人6个月的宽限期。在此期限内,被执行人应当主动腾空房屋,人民法院不得强制被执行人及其所扶养家属迁出该房屋。在上述宽限期届满后,被执行人仍未迁出的,人民法院可以作出强制迁出裁定,并按照我国《民事诉讼法》第226条的规定执行。但被执行人属于低保对象且无法自行解决居住问题的,人民法院不应强制迁出。强制迁出时,被执行人无法自行解决居住问题的,经人民法院审查属实,可以由申请执行人为被执行人及其所扶养家属提供临时住房。申请执行人提供的临时住房,其房屋品质、地段可以不同于被执行人原住房,面积参照建设部、财政部、民政部、国土资源部和国家税务总局联合发布的《城镇最低收入家属廉租住房管理办法》所规定的人均廉租住房面积标准确定。申请执行人提供的临时住房,应当计收租金。租金标准由申请执行人和被执行人双方协商确定;协商不成的,由人民法院参照当地同类房屋租金标准确定,当地无同类房屋租金标准可以参照的,参照当地房屋租赁市场平均租金标准确定。已经产生的租金,可以从房屋拍卖或者变卖价款中优先扣除。

案例分析

案例1:商品房买卖合同效力与商品房抵押贷款合同效力之间的关系

[案情]

甲某与某房地产开发公司签订《商品房买卖合同》,并到房地产主管部门办理了产权变更登记;同时,甲与银行签订《商品房抵押贷款合同》,甲以该房产作为抵押物,向银行借款49万元人民币支付其向某房地产开发公司购买的商品房的价款,并办理了抵押登记。之后,甲因无法按照《商品房抵押贷款合同》分期支付贷款,银行向法院起诉要求实行抵押权,法院审理查明甲某与房地产开发公司签订的《商品房买卖合同》无效。

[评析]

以商品房抵押贷款合同目的为标准,可以将抵押贷款合同大致分为两类:一类是,抵押人抵押房产申请贷款的目的在于通过抵押该商品房以贷得购买该商品房的款项。在商品房买卖合同被确认为无效时,则抵押贷款合同的合同目的丧失,即商品房买卖合同的效力与抵押贷款合同的目的具有关联性。另一类商品房抵押贷款合同是,抵押人抵押房屋获取贷款的目的与取得该房屋所有权无关,例如抵押人用自有房地产进行抵押获得贷款以

解决经营上的现金困难。在这种情况下,商品房房买卖合同的效力与商品房抵押贷款合同的目的不具有关联性,商品房买卖合同无效并不导致房地产抵押贷款合同的目的不能实现。在当前的司法实务中,应当区分这两种不同的房地产抵押合同,因为商品房买卖合同无效对抵押贷款合同的效力的影响因抵押贷款合同的目的而有所不同。

最高人民法院《关于审理商品房买卖合同纠纷案件适用法律若干问题的解释》第 24 条规定:"因商品房买卖合同被确认无效或者被撤销、解除,致使商品房担保贷款合同的目的无法实现,当事人请求解除商品房担保贷款合同的,应予支持。"即商品房担保贷款丧失了合同目的,因而依据我国《合同法》第 94 条的规定,当事人享有解除商品房担保贷款合同的权利。依据《城市房地产抵押管理办法》第 35 条规定:"抵押合同发生变更或者抵押关系终止时,抵押当事人应当在变更或者终止之日起 15 日内,到原登记机关办理变更或者注销抵押登记。"

如果商品房抵押贷款合同的目的并非为获得贷款以支付商品房买卖合同项下的购房款,则商品房买卖合同的无效并不必然影响商品房抵押贷款合同的效力。问题的关键是对物权法上公示公信原则的理解。物权的变动须以登记或交付的方法进行公示,当事人如果信赖这种公示而为一定的行为(包括买卖、赠与、抵押等),即使登记或交付所表现的物权状态与真实的物权状态不相符合,也不能影响物权变动的效力,这就是公示公信原则。该原则的宗旨在于保护交易安全。房屋产权变动的公示方法是登记。如果当事人在签订商品房抵押贷款合同时,登记簿上显示抵押人为该房屋的产权人,贷款人信赖该房地产登记簿上的登记,并办理了房地产抵押登记,则双方的抵押合同生效,贷款人的抵押权设定。即使后来抵押人与房地产开发商之间的商品房买卖合同被认定无效,抵押人并非该商品房的真正产权人,但如果抵押贷款的目的不是为了贷款购买该房屋,商品房买卖合同无效并不影响商品房抵押贷款合同的效力。基于物权的公示公信原则,抵押权人在该房屋设定的抵押权依然有效,房地产开发商所恢复的房屋所有权上承受抵押权的负担。如果抵押权人行使其抵押权而使房地产开发商遭受损失,房地产开发商可以要求借款人赔偿。

本案中,由于甲某与银行签订《商品房抵押贷款合同》目的在于用抵押商品房获得贷款,以支付甲某与某房地产开发公司签订的《商品房买卖合同》项下的商品房价款。因甲某与房地产开发公司签订的《商品房买卖合同》无效,导致甲某与银行签订《商品房抵押贷款合同》目的丧失,甲可以依据最高人民法院《关于审理商品房买卖合同纠纷案件适用法律若干问题的解释》(以下简称《司法解释》)第 24 条规定请求解除《商品房抵押贷款合同》,人民法院应当予以支持。不过按照该《司法解释》第 25 条第 2 款,商品房买卖合同被确认无效或者被撤销、解除后,商品房担保贷款合同也被解除的,出卖人应当将收受的购房贷款和购房款的本金及利息分别返还担保权人和买受人。因此,本案中银行虽无法行使抵押权,但如果甲请求解除《商品房抵押贷款合同》的,银行仍可获得房地产开发商收取的相应购房贷款和利息。

案例 2:物的担保与人的担保并存时的处理
[案情]

甲公司从事进出口贸易业务,2000 年 5 月 25 日,甲公司与某银行签订《贷款合同》,约定甲公司向银行借款 1000 万元人民币,期限 6 个月。为使甲公司获得贷款,乙公司与某银行签订《房地产抵押合同》,以其评估价值 650 万人民币的房产为甲公司提供抵押担保,并约定在甲公司逾期不偿还贷款时,银行就乙公司的房产享有优先受偿权,并到登记机关办理了抵押登记。同时,应甲公司的请求,丙公司(甲公司的母公司)与银行签订《不可撤销担保书》,在甲公司履行期限届满不偿还贷款时,由丙公司承担保证责任。签约后,银行按约履行了贷款发放义务,但甲公司在还款期限届满后无力还贷。因丙公司资金充分足以偿债,且银行已申请冻结其账户,银行向法院提起诉讼,要求丙公司就甲公司的所有债务承担保证责任。

[评析]

自我国《担保法》公布以来,人的担保与物的担保关系一直是争论的焦点。我国《担保法》第 28 条规定:"同一债权既有保证又有物的担保的,保证人对物的担保以外的债权承担保证责任。债权人放弃物的担保的,保证人在债权人放弃权利的范围内免除保证责任。"从字面上看,不管担保成立时间的先后顺序,物的担保显然较人的担保要具有优先性。但在民法理念中,无论何种类型的担保、无论其设立时间的先后,其担保人的地位都是平等的,在承担责任上无先后位序之别,其中已经清偿的担保人对于主债务人以及其他担保人都有追偿权。在物保和人保竞存时,物保不应该有优于人保实现的地位。该理念的例外仅存在于,当抵押物是由债务人提供时,物的担保较人的担保具有优先性,因为债务人是本位上的债务承担者,其他物的担保人及保证人是代替其承担责任的。我国《担保法》第 28 条的规定显然与这一民法理念并不一致。

最高人民法院《关于适用〈中华人民共和国担保法〉若干问题的解释》在一定程度上修正了《担保法》关于物保与人保竞存的规定。该解释第38条规定:"同一债权既有保证又有第三人提供物的担保的,债权人可以请求保证人或者物的担保人承担担保责任。当事人对保证担保的范围或者物的担保的范围没有约定或者约定不明的,承担了担保责任的担保人,可以向债务人追偿,也可以要求其他担保人清偿其应当分担的份额。

同一债权既有保证又有物的担保的,物的担保合同被确认无效或者被撤销,或者担保物因不可抗力的原因灭失而没有代位物的,保证人仍应当按合同的约定或者法律的规定承担保证责任。

债权人在主合同履行期届满后怠于行使担保物权,致使担保物的价值减少或者毁损、灭失的,视为债权人放弃部分或者全部物的担保。保证人在债权人放弃权利的范围内减轻或者免除保证责任。"

我国2007年10月1日起施行的《物权法》总结了法律适用的得失,以法律的形式肯定了司法解释的内容,从而完全修正了《担保法》第28条的规定。其第176条规定,"被担保的债权既有物的担保又有人的担保的,债务人不履行到期债务或者发生当事人约定的实现担保物权的情形,债权人应当按照约定实现债权;没有约定或者约定不明确,债务人自己提供物的担保的,债权人应当先就该物的担保实现债权;第三人提供物的担保的,债权人可以就物的担保实现债权,也可以要求保证人承担保证责任。提供担保的第三人承担责任后,有权向债务人追偿。"

从上述规定可知,在物的担保和人的担保同时存在的处理方式上,我国《物权法》秉持了上文所述的民法理念。根据这些规定,我们大致可以得出如下结论:

1. 债务人提供物的担保与第三人保证并存的情形

（1）有约定的情况下,按照约定实现债权;

（2）在没有约定或约定不明确的情况下,先实现物的担保,后实现保证责任;

（3）债权人放弃物的担保的,保证人在债权人丧失优先受偿权益的范围内免责;

（4）债权人在主债务期满后怠于行使物的担保致使担保物损毁的,适用前项;

（5）物的担保合同被确认无效,被撤销或者担保物因不可抗力灭失且无代位物的,保证人仍应当按合同的约定或者法律的规定承担保证责任。

2. 第三人提供物的担保与另一第三人保证并存的情形

(1) 物的担保、人的担保的担保人分别与债权人约定各自的担保份额的,分别按照各自的份额向债权人承担责任;

(2) 若物的担保、人的担保的担保人与债权人未约定各自的担保份额或约定不明的,债权人既可向物的担保的担保人也可向人的担保的担保人要求其在法定或约定的担保范围内承担担保责任,两类担保人承担担保责任并无先后之分。

值得注意的是,《关于适用〈中华人民共和国担保法〉若干问题的解释》第 38 条第 1 款与第 3 款的规定可能存在一定的矛盾,物的担保与人的担保的平等性并未贯彻到底。如当抵押权人在主合同履行期限届满后,选择实现保证责任而未选择实现物的担保,在此过程中,物的担保的物的价值减少或毁损、灭失,此时如何处理?是按第 1 款执行,还是按第 3 款执行,则有待司法解释的进一步明确。

结合本案来看,可以确定乙公司与丙公司承担的担保责任并无先后顺序之分,理由在于:

(1) 乙公司在抵押物的价值范围内对银行承担担保责任。我国《担保法》第 53 条第 1 款规定:"债务履行期届满抵押权人未受清偿的,可以与抵押人协议以抵押物折价或者以拍卖、变卖该抵押物所得的价款受偿;协议不成的,抵押权人可以向人民法院提起诉讼。"

(2) 丙公司对银行承担的是连带保证责任。我国《担保法》第 18 条第 2 款规定:"连带责任保证的债务人在主合同规定的债务履行期届满没有履行债务的,债权人可以要求债务人履行债务,也可以要求保证人在其保证范围内承担保证责任。"丙公司与银行签订《不可撤销担保书》约定"在甲公司履行期限届满不偿还贷款时,由丙公司承担保证责任"。故丙公司承担的是连带保证责任。

(3) 由于乙公司与丙公司均没有在各自的担保合同中约定担保范围,也没有分别向银行约定担保份额,因此乙公司与丙公司均向银行承担担保责任并无先后之分,银行既可先向乙公司要求实现抵押权,也可先向丙公司要求其承担担保责任。

在两家公司承担的担保责任无先后顺序之分的情况下,银行是否可以放弃乙公司的房地产抵押担保,要求丙公司对所有债务承担保证责任呢?

最高人民法院《关于适用〈中华人民共和国担保法〉若干问题的解释》

第 38 条第 1 款规定:"同一债权既有保证又有第三人提供物的担保的,债权人可以请求保证人或者物的担保人承担担保责任。当事人对保证担保的范围或者物的担保的范围没有约定或者约定不明的,承担了担保责任的担保人,可以向债务人追偿,也可以要求其他担保人清偿其应当分担的份额。"

本案中,乙公司为甲公司向银行提供了房地产抵押担保,丙公司向银行提供连带保证,故应适用最高人民法院《关于适用〈中华人民共和国担保法〉若干问题的解释》第 38 条第 1 款。银行既可以要求乙公司承担担保责任,实现其抵押权,也可以要求丙公司承担连带保证责任,因此,丙公司不得以"银行放弃对乙公司的抵押权"作为抗辩理由。

(赖乾胜)

第十六章 住房置业担保制度

- 住房置业担保操作流程
- 住房置业担保公司的保证期间与诉讼时效
- 反担保的效力及其担保范围

基本原理

一、住房置业担保的概念

住房置业担保是指依法设立的住房置业担保公司,在借款人无法满足贷款人要求提供担保的情况下,为借款人申请个人贷款与贷款人签订保证合同,提供连带责任保证担保的行为。

住房置业担保是实现贷款银行风险补偿机制的一个重要环节,从性质上看,其本质上是一种房地产中介服务。作为一种新兴的住房消费服务方式,住房置业担保制度对促进住房消费、防范和化解个人住房贷款风险起到了重要作用。

自建设部(现已并入住房和城乡建设部)于 2000 年颁布《住房置业担保管理试行办法》,国内开始筹建个人住房贷款担保机制以来[1],目前各地设立的住房置业担保机构已有近千家。以上海为例,成立于 2000 年的上海市住房置业担保有限公司,十年来已经为上海市 100 万户公积金贷款提供担保,担保贷款金额 1857 亿元。[2] 住房置业担保公司的风险管理重点,在于对抵押物的评估、处置以及对借款人的资格审查,通过专业化的运作降低风险

---

[1] 成立于 1998 年的成都市住房置业担保有限公司是全国第一家专业的个人住房贷款担保机构;2010 年 11 月 18 日,该公司更名为成都市住房置业融资担保有限公司,同时接受《融资性担保公司管理暂行办法》(2010 年 3 月 8 日发布)的规范。

[2] 资料来源:上海住房置业担保有限公司网站,http://cms.jiae.com.cn/jiaecms/html.do/552.html,2011 年 8 月 5 日访问。

管理成本。与银行相比,住房置业担保公司拥有对住房处置、变现的专业优势,能从专业的角度,对作为抵押物的房地产的风险作出预测和采取防范措施。

二、住房置业担保的法律关系

(一)住房置业担保的主体

在住房置业担保法律关系中主要有三方当事人:借款人、贷款人与住房置业担保公司,其中,借款人是被保证人,住房置业担保公司是保证人,贷款人一般为贷款银行,是住房置业担保合同中的债权人。这里主要就住房置业担保公司和借款人进行分析。

住房置业担保公司是为借款人办理个人住房贷款提供专业担保,收取服务费用,具有法人地位的房地产中介服务机构。担保公司的组织形式为有限责任公司或股份有限公司,其实有资本以政府预算资助、资产划拨及其房地产骨干企业认股为主。为保证担保公司相对于贷款人的独立性,贷款人不得在担保公司中持有股份,其工作人员也不得在担保公司中兼职。一个城市原则上只设一个担保公司,以行政区内的城镇个人为服务对象。县(区)一般不设立担保公司,个人住房贷款量大的县(区)可以设立担保公司的分支机构。

依据《住房置业担保管理试行办法》,住房置业担保公司的设立具备以下条件:

(1)有自己的名称和组织机构;

(2)有固定的服务场所;

(3)有不少于1000万元人民币的实有资本;

(4)有一定数量的周转住房;

(5)有适应工作需要的专业管理人员;

(6)有符合《公司法》要求的公司章程;

(7)符合《公司法》和相关法律、法规规定的其他条件。

住房置业担保公司的资金运用,应当遵循稳健、安全的原则,确保资产的保值增值。担保公司只能从事住房置业担保和房地产经营业务(房地产开发除外),不得经营财政信用业务、金融业务等其他业务,也不得提供其他担保。担保公司应当从其资产中按照借款人借款余额的一定比例提留担保保证金,并存入借款人的贷款银行。担保公司未按规定或合同约定履行担保义务时,贷款人有权从保证金账户中予以扣收。保证金的提留比例,由贷款人与担保公司协商确定。担保公司担保贷款余额的总额,不得超过其实有资本的 30 倍;超过 30 倍的,应当追加实有资本。

借款人应当是具有完全民事行为能力的自然人,并且已订立合法有效的住房购销合同,且已足额交纳购房首付款。

(二)住房置业担保中的权利义务关系

住房置业担保合同作为主债权合同的从合同,有两种订立方式:一是单独订立,即担保公司和贷款人于主债权合同之外另行订立一份住房置业担保合同;二是附属订立,即担保公司和贷款人在主债权合同中约定担保条款。尽管三方当事人的主体地位不变,但由于两种方式不同,其权利义务内容亦不尽相同,如担保公司在主合同签署担保条款时,在没有约定担保范围的情况下,担保范围推定为包括主债权及利息、违约金、损害赔偿金和实现抵押权的费用。因此担保公司应当重视签署担保合同的方式。

1. 作为债权人的贷款人享有的权利

(1)要求住房置业担保公司提供与担保相关的资料。

(2)借款人未按照借款合同规定偿还贷款,贷款人有权按照住房置业担保合同要求住房置业担保公司在其保证范围内承担保证责任。

2. 作为保证人的住房置业担保公司的权利义务

(1)住房置业担保公司享有的权利

首先是主张借款人依借款合同享有的权利。主要有两方面:一是借款人在借款合同中享有的抗辩权,如借款合同未成立的抗辩权,借款合同已经得到适当履行从而使债务消灭的抗辩权,先履行抗辩权,同时履行抗辩权,不安抗辩权等。二是借款人其他类似权利,如借款人的抵销权等。

其次是主张担保人的求偿权,即在置业担保公司承担保证责任之后,可以向借款人要求偿还的权利。住房置业公司承担保证责任,对借款人与住房置业担保公司之间的关系而言,住房置业担保公司属于清偿他人的债务,依据《担保法》第 31 条规定,保证人承担保证责任后,有权向债务人追偿。保证人求偿权的产生必须具备以下要件:① 保证人已经对贷款人承担了保证责任;② 借款人对贷款人因保证而免责,如果借款人的免责不是由保证人承担保证责任的行为引起的,那么保证人不能享有求偿权;③ 保证人没有赠与的意思。

再次,向借款人收取一定数额的担保服务费用。

最后,有权要求借款人或第三人提供反担保,并在担保公司承担保证责任之后,如借款人不能向担保公司清偿债务,有权按照反担保合同要求反担

保人承担担保责任。

(2) 住房置业担保公司承担的义务

主要是当借款人未按照借款合同向贷款人偿还贷款,贷款人向担保公司要求承担责任时,担保公司有按照住房置业担保合同约定承担保证责任的义务。

3. 借款人的权利义务

(1) 借款人的权利

① 在向贷款人申请购房款时获得住房置业担保公司提供的担保。

② 在住房置业担保公司提供担保的情况下获得银行的贷款。

(2) 借款人的义务

① 向住房置业担保公司提交相关文件,如身份证明、财务状况证明、购房合同及购房首期款支付证明。

② 向住房置业担保公司交付一定的担保服务费用。

③ 在住房置业担保公司的要求下以其本人或者第三人的合法房屋依法向担保公司提供抵押反担保。

三、住房置业担保的特征

住房置业担保服务的对象,涉及企事业单位、房产开发商、金融机构、政府机构以及各个阶层的购房者。住房置业担保贷款业务的功能是提供服务,沟通政府与消费者、开发商与购房者、金融机构与借款者之间的关系,降低房地产及相关金融活动的交易成本和风险。因此,它具有政策性、高风险性等特征。政策性方面,住房置业担保业务在协调各方面经济关系时,需要政府授予一定程度上的特许权力,公司实有资本包括政府预算资助和资产划拨,体现政府的住宅产业政策,同时也充当着政府干预和管理住房贷款市场和住房市场的主要政策工具,因此具有明显的政策性特征。高风险性方面,住房置业担保公司的功能之一在于转移银行住房贷款而引发的风险,其所面临的风险包括信用风险、流动风险和经营风险等一般金融机构可能面临的各种风险。这些风险的发生有一定的概率,一旦风险集中爆发,担保公司就要以自有资本承担损失。为此,政府规定住房置业担保总额要控制在自有资本的30倍以内,而不得随意扩张担保,超出公司的风险负担能力。

就住房置业担保制度的法律特征而言,住房置业担保具有从属性和补充性。从属性是指住房置业担保从属于借款人与贷款人之间的借款合同,以借款合同的存在为前提,随借款合同的消灭而消灭,一般也随借款合同的变更而变更。补充性是指这种担保关系因借款合同的适当履行等而正常终止时,担保义务作为补充义务并不实际履行;只有在借款合同不履行时,作为补充的担保义务才履行,使借款合同中的债权得以实现。

住房置业担保还是一种要式行为。要式行为是指依法律规定或依约定,必须采取一定形式或履行一定程序才能成立的行为。住房置业担保当事人应当签订书面保证合同。

住房置业担保责任还是连带责任。《住房置业担保管理试行办法》第2条规定,住房置业担保责任为连带责任保证。依据《担保法》第18条的规定,所谓连带保证责任,是指借款人在借款合同规定的债务履行期届满没有履行债务的,贷款人可以要求借款人履行债务,也可以要求住房置业担保公司在其保证范围内承担保证责任,而担保公司不具有先诉抗辩权。①

四、住房置业担保制度的意义

住房置业担保公司是适应住房贷款担保方式而创新的产物。建立住房置业担保制度首先对购房者有利。保证担保大幅度提高了借款人的资信使其易于得到贷款,降低购房首付款比例成为可能,购房者不必积攒一笔很大资金就可申请贷款买房,从而提前获得住房。另一方面,由于住房担保制度的存在,金融机构更愿意发放住房贷款,使住房贷款的供给增加,供给增加导致价格下降,间接降低了贷款成本。第二,住房担保制度对贷款机构有利。担保公司介入住房消费贷款,可以有效解决银行在推行消费贷款过程中遇到的客户信用不足的难题。通过专门的担保公司提供100%担保,金融机构承担的信用风险大大降低,在一定程度上保证了贷款资产的安全。第三,住房担保制度对政府有利。住房担保制度既对借款家庭有利,也对贷款机构有利,实际上是既刺激了住房贷款的需求,又鼓励了住房贷款的供给,这就推动了住房市场的发展,很大程度上既解决了中低收入家庭的住房问题,又化解了贷款机构的金融风险,同时还带动了经济的总体增长。

---

① 根据我国《担保法》第17条,先诉抗辩权是一般保证人享有的权利,在这种情况下,该类保证人在主合同纠纷未经审判或者仲裁,并就债务人财产依法强制执行仍不能履行债务前,对债权人可以拒绝承担保证责任。但有下列情形之一的,保证人不得行使前款规定的权利:(1)债务人住所变更,致使债权人要求其履行债务发生重大困难的;(2)人民法院受理债务人破产案件,中止执行程序的;(3)保证人以书面形式放弃前款规定的权利的。

制度借鉴

加拿大的住房置业担保制度

第二次世界大战前,加拿大抵押贷款的首期付款比例较高,一般为房价的30%,有的甚至为房价的50%,购房者必须积攒一笔很大的资金向房地产开发商支付首期购房款,才有资格获得银行的抵押贷款,严重影响了住房需求。为解决这一问题,1954年,加拿大联邦政府建立抵押贷款担保制度,向首付款比例低于25%的抵押贷款提供100%的担保,即首付款比例低于25%的借款人,申请银行住房贷款时必须在加拿大抵押贷款与住房公司(CMHC,以下简称CMHC)办理担保,其结果是银行消除了因首付款比例过低带来的风险顾虑,从而提高了银行发放低首付款抵押贷款的积极性。另一方面,由于降低了首付款比例,扩大了贷款对象,借款人用比较低的首付款,交较低的担保费就能提前购房,也促进了住宅产业的发展。加拿大住房置业担保制度的主要包括以下几方面:

(1)设立专门担保机构提供担保。加拿大抵押贷款担保机构是CMHC,该公司成立于1944年,是联邦政府独资拥有的皇家公司,初期的主要职能是为退伍军人建造住房和为中低收入家庭建造的社会保障住房提供低息贷款。1954年,加拿大议会授权CMHC向低首付款的抵押贷款提供100%的担保。公司注册资本金为2500万加元,全部来自联邦政府财政预算,总部设在渥太华,并在多伦多、卡尔加里等五个大城市设立分部,负责具体业务。除抵押贷款担保外,CMHC还有其他三项主要业务,即制定全国住房政策、向中低收入家庭提供社会保障住房和开展国际合作。

(2)根据首付款比例确定担保费率。首期付款是银行防范风险的主要手段,如果首付款比例过低,当房价下跌幅度超过首付款比例时,贷款资产将超过抵押房产价值。因此,首付款比例是衡量抵押贷款风险的主要指标。从理论上讲,首付款应该能够补偿违约贷款抵押物的处置成本(包括各种处置费用、房价下跌和变现损失),使银行得以全额收回贷款本金和利息。按照CMHC提供的实例,在住房价格未发生变化的情况下,贷款如发生违约,在处置过程中,所欠利息加上债务人费用(修缮、保险、水电、维护)、律师费、售房成本之和相当于出售住房价值的20%。由此可见,相对于确定的处置成本,首付款比例越低,损失的可能性即贷款风险越高。这成为确定抵押贷款担保费率的基础。CMHC 按照首付款比例确定抵押担保费率,首付款比例越高,担保费率越低。如果首付款比例高于 20%,借款人可以不用抵押贷款担保。如果首付款比例低于 20%,借款人必须要有抵押贷款担保,具体费率从 1%(首付款比例 20%)到 2.75%(首付款比例 5%)不等。担保费用由借款人承担,可以一次支付,也可以分期支付,如果分期支付的话,需要另加 0.2% 的费用。

(3)建立担保投资基金负责清偿担保债务损失。抵押贷款担保制度能否安全运作,关键在于收到的担保费能否足以偿还担保债务损失。因此,担保费的保值增值工作十分重要。CMHC 收到担保费后,把所有担保费统一集中在一起,建立担保投资基金,用担保投资基金的投资收益偿还担保债务损失。为提高担保投资基金的增值能力,CMHC 成立担保基金投资操作室,专门负责担保投资基金的增值工作。主要投资产品是加拿大政府债券、国外政府债券和公司债券等。

(4)具体操作程序,抵押贷款担保的操作程序主要有以下四项:一是 CMHC 根据金融机构的资产、负债、网点、服务等方面的情况,审查该机构是否具备条件,如果审查通过,CMHC 和金融机构签订合作协议,所发放的低首付款的抵押贷款由 CMHC 提供 100% 的担保。二是借款人提出申请。如果借款人想要获得低首付款的抵押贷款,应向与 CMHC 签订合作协议的金融机构申请,金融机构收到申请后,通过计算机系统、互联网或传真等形式,将申请转给 CMHC。三是 CMHC 对收到的担保申请进行审核,决定是否给予担保。审核主要是根据申请人的还贷能力、资信状况、所购住房价值和住房市场总体情况,对申请人进行综合评定。四是违约处置。如果借款人没有按期还款,由贷款机构负责催还。当逾期超过 3 个月以上时,银行将这笔贷款和所抵押的住房转到 CMHC,CMHC 在 3 个月内全额偿还银行或者由银行直接处置,CMHC 承担实际处置损失。

抵押贷款担保是加拿大政府管理住房市场和住房金融市场的主要政策工具。到 2010 年底,由 CMHC 提供担保的抵押贷款余额为 5141.56 亿加元,承保家庭约为 64.4 万户。抵押贷款担保在促进住宅产业化发展、改善中低收入家庭住房条件、稳定住房金融市场等方面发挥了重要的作用。

值得注意的是,加拿大政府实现上述政策目标的成本非常低,除在 CMHC 成立时,联邦政府投入 2500 万加元作为资本金外,再没有其他的投入。相反,从 1997 年开始,加拿大政府规定,CMHC 必须把收到的一部分担保费以红利的形式上缴联邦政府。

操作流程

按照建设部、中国人民银行颁布的《住房置业担保管理试行办法》，住房置业担保制度的实务操作流程一般包括以下几个阶段：

（1）借款人向住房置业担保公司申请住房置业担保。

申请住房置业担保的借款人应具备下列条件：第一，具有完全民事行为能力；第二，有所在城镇正式户口或者有效居留的身份证件；第三，收入来源稳定，无不良信用记录，且有偿还贷款本息的能力；第四，已订立合法有效的房屋买卖合同；第五，已足额交纳购房首付款；第六，符合贷款人和担保公司规定的其他条件。

（2）担保公司受理借款人的申请，对借款人的资信评估。

担保公司对提出担保申请的借款人进行资信评估，对于资信不良的借款人，担保公司可以拒绝提供担保。

（3）签订有关合同，办理有关手续。

在住房置业担保申请及个人住房贷款申请批准后，贷款人与借款人签订书面住房借款合同，担保公司与贷款人签订书面保证合同。其中，贷款人与借款人依法签订的个人住房借款合同为主合同，担保公司与贷款人依法签订的保证合同是从合同。住房置业担保的保证期间由担保公司与贷款人约定，但不得短于个人住房借款合同规定的还款期限，且不得超过担保公司的营业期限。

住房置业担保当事人签订的书面保证合同一般应当包括以下内容：

第一，被担保的主债权种类、数额；

第二，债务人履行债务的期限；

第三，保证的方式；

第四，保证担保的范围；

第五，保证期间；

第六，其他约定事项。

（4）提供反担保。

为防范风险，担保公司有权要求借款人以其自己或者第三人合法所有的房屋向担保公司提供抵押反担保，订立房屋抵押合同，并到房屋所在地的房地产行政主管部门办理抵押登记。担保公司享有的房屋抵押权与抵押合同担保的债权同时存在。借款人依照借款合同还清贷款本息，借款合同终止后,保证合同和房屋抵押合同即行终止。

设定房屋抵押应当订立书面合同。抵押合同一般包括以下内容:

第一,抵押当事人的姓名、名称、住所;

第二,债权的种类、数额、履行债务的期限;

第三,房屋的权属和其他基本情况;

第四,抵押担保的范围;

第五,担保公司清算时,抵押权的处置;

第六,其他约定事项。

(5) 担保解除及担保人的追偿权。

借款人依照借款合同还清全部贷款本息,借款合同终止后,保证合同和房屋抵押合同即行终止。借款人到期不能清偿贷款本息时,按照保证合同约定,担保公司按贷款人要求先行代为清偿债务后,保证合同终止。保证合同终止后,担保公司有权就代为清偿的债务部分向借款人进行追偿,如果借款人不能在约定或法定的期间内偿还,担保公司有权依照反担保合同行使房屋抵押权。抵押房屋的处置,可以由抵押当事人协议以该抵押房屋折价或者拍卖、变卖该抵押房屋的方式进行;协议不成的,抵押权人可以向人民法院提起诉讼。

案例分析

案例1:住房置业担保公司的保证期间与诉讼时效

[案情]

2000年11月,甲购买商品房,与房地产开发商签订了《商品房购销合同》,购房款为60万元人民币,并支付了20%的购房首期款。同时,通过本市的住房置业担保公司提供担保,向该市建行某支行贷款48万元人民币支付剩余购房款。甲与该银行签订了《贷款合同》;该银行与住房置业担保公司签订了《住房置业担保合同》,约定"担保公司承担保证责任直至主债务本息还清时为止","担保公司承担的保证责任为连带保证责任";甲与住房置业担保公司签订了《反担保合同》,以购买的商品房作为抵押物向住房置业担保公司提供反担保,并到登记部门办理了抵押登记。2003年1月起,甲因资金困难持续未按期向银行还款,2004年3月,银行以甲持续14个月未向银行还款,超过了《借款合同》中"甲拖欠分期付款不得连续超过6个月"

的规定为由向法院提起诉讼。2005年5月,银行胜诉后,在执行中发现甲除了已经抵押给担保公司的商品房外无其他财产可供执行。银行遂于2005年10月书面要求担保公司承担担保责任,担保公司代甲向银行支付了剩余的购房款。之后,担保公司以保证合同超过诉讼时效为由反悔,银行不允,双方于2005年11月诉至法院。

[评析]

本案中的关键,是要确定住房置业担保公司的保证合同是否已经超过诉讼时效。

首先,要确定《住房置业担保合同》中担保公司的保证期间。在本案中,住房置业担保公司与贷款人之间的《住房置业担保合同》约定"担保公司承担担保责任直至主债务本息还清时为止",该约定属最高人民法院《关于适用〈中华人民共和国担保法〉若干问题的解释》第32条规定的对保证期间约定不明的情形,依据该条规定,"保证合同约定保证人承担保证责任直至主债务本息还清时为止等类似内容的,视为约定不明,保证期间为主债务履行期届满之日起2年"。

其次,应确定保证合同中担保公司保证期间的起算点。《借款合同》中规定,"甲拖欠分期付款不得连续超过6个月",在本案中,自2003年1月起,甲因资金困难持续未按期向银行还款,即自2003年7月起,就属于"主债务履行期限届满,债务人未履行债务"的情形。依据最高人民法院《关于适用〈中华人民共和国担保法〉若干问题的解释》第32条规定,保证期间自2003年7月起算至2005年7月届满。

最后,应明确保证期间与保证合同诉讼时效的关系。最高人民法院《关于适用〈中华人民共和国担保法〉若干问题的解释》第34条规定,"一般保证的债权人在保证期间届满前对债务人提起诉讼或者申请仲裁的,从判决或者仲裁裁决生效之日起,开始计算保证合同的诉讼时效。连带责任保证的债权人在保证期间届满前要求保证人承担保证责任的,从债权人要求保证人承担保证责任之日起,开始计算保证合同的诉讼时效。"即在一般保证责任的情形,债权人只要在保证期间届满前对债务人起诉或申请仲裁,自判决或仲裁裁决生效之日起中断保证合同的诉讼时效,但在连带保证责任的情形,债权人在保证期间向债务人提起诉讼或仲裁申请只能中断主债务的诉讼时效,而不能中断保证合同的诉讼时效。而最高人民法院《关于适用〈中华人民共和国担保法〉若干问题的解释》第31条规定,保证期间不因任何事由发生中断、中止、延长的法律后果。本案中,住房置业担保公司的保证责任属连带保证责任,其保证期间为 2003 年 7 月至 2005 年 7 月。在保证期间,银行仅仅对借款人提起诉讼,并未要求担保公司承担保证责任,银行在 2005 年 10 月才要求担保公司承担责任,已经超出了担保公司的保证期间,依据《担保法》第 26 条规定,担保公司免除保证责任。

但担保公司在 2005 年 10 月已经免除了保证责任的情况下代借款人支付了剩余购房款,而又以超过诉讼时效为由翻悔抗辩,依据最高人民法院《关于贯彻执行〈中华人民共和国民法通则〉若干问题的意见(试行)》第 171 条规定:"过了诉讼时效期间,义务人履行义务后,又以超过诉讼时效为由翻悔的,不予支持。"因此,人民法院不予支持担保公司的反悔请求。

案例 2:借款人或第三人向住房置业担保公司提供的反担保效力及其担保范围

[案情]

2000 年 2 月,A 与房地产公司签订了《商品房购销合同》,购房款为 70 万元人民币,并支付了 20% 的购房首期款。同时,由住房置业担保公司提供担保,向该市农行某支行贷款 56 万元人民币支付剩余购房款。A 与该银行签订了《贷款合同》;该银行与住房置业担保公司签订了《住房置业担保合同》,约定"担保公司承担的保证责任为连带保证责任";A 与住房置业担保公司签订了《反担保合同》,以购买的商品房作为抵押物向住房置业担保公司提供反担保,并到登记部门办理了抵押登记。2002 年 6 月,银行以 A 未按《贷款合同》履行还款义务为由向法院提起诉讼,要求担保公司承担保证责任,法院判令担保公司向银行支付剩余的购房款。担保公司承担了保证责任后,依《反担保合同》要求行使其对 A 的房地产抵押权。

[评析]

根据我国《担保法》规定,反担保是第三人为债务人向债权人提供担保时,为保证将来承担保证责任后对债务人追偿权的实现,而要求债务人或其他人提供的担保。这里把第三人为债务人提供的担保称为原担保。因此,反担保是以原担保的存在而存在的,没有原担保就谈不上反担保,只有存在原担保,在主债务人未履行到期债务时,由担保人承担担保责任,为确保该担保人追偿权的实现,而要求主债务人或其他人向该担保人新设担保,亦即提供反担保。

作为一种民事行为,有效的反担保行为应符合我国《民法通则》第 55 条有关民事法律行为的基本要求,而作为一种担保制度,其还应遵循我国《担保法》中的特别规定,如房地产抵押合同的书面形式并到登记机关办理登记等。反担保合同作为一种从合同,其效力又受到主合同效力的影响。我国《担保法》第 5 条规定,担保合同是主合同的从合同,主合同无效,担保合同无效,担保合同另有约定的按照约定。因此,判断反担保的效力,除了基本要求和特殊要求吻合外,还需联系主合同的法律效力进行判断。

反担保相对于原担保来说,其范围不但包括原担保范围所确定的款项,还应该包括:(1)原担保款项所生的孳息;(2)为实现追偿权实际支出的费用。

在本案中,住房置业担保公司与借款人 A 签订的《反担保合同》,借款人以其购买的商品房作为抵押物抵押给住房置业担保公司,并到登记机关办理了登记,该《反担保合同》应为有效合同。由于担保公司向银行支付了剩余购房款,担保公司因此享有对借款人 A 的求偿权,在此情况下,担保公司可以要求行使房地产抵押权,处置抵押房屋。该抵押权担保的范围包括:住房置业担保公司所支付的剩余的购房款及利息、违约金、损害赔偿金和实现债权的费用(即原担保合同的担保范围),以及担保公司为实现追偿权实际支付的费用。处置抵押房屋可以由抵押当事人协议以该抵押房屋折价或者拍卖、变卖该抵押房屋的方式进行;协议不成的,抵押权人可以向人民法院提起诉讼。但在处置抵押房屋时,抵押人居住确有困难的,担保公司应当予以协助。

(赖乾胜)

第十七章　个人住房抵押贷款保险制度

- 个人住房抵押贷款保险的种类与特征
- 我国个人住房抵押贷款保险的现状与问题
- 被保险房屋所有权发生转移对保险合同效力的影响
- 保险费计算与交纳方式
- 提前还贷与保险费的退还

基本原理

一、个人住房抵押贷款保险的概念

房地产保险是为了使当事人规避风险、减少经济及人身损失而出现的。所谓房地产保险，主要是指以房屋设计、营建、销售、消费和服务等环节中的房屋及其相关利益与责任为保险标的的保险。在现阶段商品房交易过程中，办理房地产保险已经成为必经的手续。目前涉及房地产业的保险险种主要有：建筑工程保险、房屋保险、房地产财产保险、房地产责任保险、个人住房抵押贷款保险等。其中，个人住房抵押贷款保险作为一种新型的融资担保方式正在越来越多地被采用。银行为了保障抵押物的安全，降低贷款风险，在办理个人住房贷款中通常都要求借款人办理抵押贷款保险手续。鉴于此，本章将对与个人住房抵押贷款融资相关的保险制度进行阐释。

所谓个人住房抵押贷款保险，是指借款人在申请住房抵押贷款时，根据合同的约定购买相应的住房贷款保险，保险人对于合同约定的可能发生的事故因其发生所造成的财产损失承担赔偿保险金责任，或者当被保险人因下岗、死亡、伤残、疾病等原因不能按期偿还贷款本息时负责替借款人偿还本息的行为。抵押贷款保险期限自抵押登记之日起至还清贷款本息止，保险金额不低于贷款的本息总额，保险第一受益人为贷款人，且一般情况下是应贷款人的要求而投保。

二、个人住房抵押贷款保险的种类

从个人住房抵押贷款保险的概念可以看出,该类保险大致包括以下几种类型:

(1)对抵押房屋的保险。它属于财产保险的一种。投保人可以是团体、法人、自然人等。其承保范围一般只包括房屋及附属设施,不包括家庭财产。例如,房屋本身所带有的装修在保险财产范围内,自己所做的装修在该范围之外。保险责任则限于因火灾、爆炸、暴风、暴雨、洪水、龙卷风等自然灾害造成的房屋毁损、灭失等。

(2)针对借款人违约而设立的保险,包括保证保险与信用保险。保证保险是指在被保证人的作为或不作为致使被保险人(权利人)遭受经济损失时,由保险人承担经济赔偿责任的保险。信用保险是以商品赊销和信用放款中的债务人的信用作为保险标的,在债务人未能如约履行债务清偿而使债权人遭受损失时,由保险人向被保险人,即债权人提供风险保障的一种保险。具体到住房抵押贷款保险中,抵押贷款保证保险是指购房者以自己的信用为保险标的,投保自己因失业等原因造成收入流中断而不能如期偿还贷款时,由保险公司代为偿还,其被保险人是购房者。抵押贷款信用保险是指贷款银行以购房者信用为保险标的,以自己为保险金受益人与保险公司签订由于购房者不能及时付款由保险公司赔付该损失的保险。信用保险在成熟的住房金融市场上是非常普遍的保险方式,但是我国目前由于受住房抵押贷款保险市场发展历史较短、个人信用体制不健全等诸多因素影响,信用保险尚未发展起来。

此外,在实践过程中,我国住房金融市场上还发展出了以下几种住房抵押贷款保险产品:

(1)个人购房贷款定期人寿保险,亦称抵押贷款寿险。这是一种为避免购房者因疾病、遭受意外伤害而导致身故或高度残疾以致无法偿还购房贷款,而转由保险公司代为偿还购房贷款的险种。它可以降低购房者和银行的风险。

(2)个人住房抵押贷款综合保险。按照各保险公司规定的住房抵押贷款综合保险条款,该险种是将抵押物的财产保险、借款人的生命保险和借款人保证保险结合起来的综合保险。

以上是根据住房抵押贷款保险所涉及的各类性质的保险所作的划分。实践过程中,我国住房抵押贷款保险市场上主要采取财产保险与综合保险的方式,虽然个别地区推出了一些新的保险产品,但是并没有被广泛采用。

三、个人住房抵押贷款保险的特征

住房抵押贷款保险在我国住房金融市场的发展经历了逐步完善的过程。目前,我国住房抵押贷款保险运作模式在实践中表现出以下几个特点:

(一)住房抵押贷款保险与一般保险具有的共同特征

住房抵押贷款保险是保险的一种新型产品,它具有一般保险产品的共同特征:

(1)保险的互助性。保险在一定条件下,分担了个别单位和个人所不能承担的风险,从而形成了一种经济互助关系。其核心在于,多数投保人通过缴纳保险费,由保险人建立保险基金,对因保险事故的发生而受到损失的被保险人进行补偿。互助性是保险的基本特征。

(2)保险的补偿性。保险是投保人以缴纳保险费为对价,在将来发生保险事故时,由保险人对事故损失给予补偿的一种制度。

(3)保险的射幸性。也称为保险的损益性。投保人交付保险费的义务是确定的,而保险人是否承担赔偿或给付保险金的责任则是不确定的,取决于危险是否发生。

(4)保险的自愿性。指保险需通过投保人与保险人之间订立保险合同而发生。保险合同作为合同的一种,以合同自由为最高原则,除法律、行政法规有特殊规定外,不得强制他人订立保险合同。

(5)保险的储蓄性。这主要体现在人身保险中。人身保险的特征之一就是将现实收入的一部分通过保险的方式进行储存,以备急需时或年老时使用。

(二)住房抵押贷款保险的特征

作为房地产保险的一种类型,住房抵押贷款保险首先具有与房地产保险相同的特征。

(1)房地产保险的保险标的额相对较大。相对于人寿保险、一般的财产保险而言,房地产保险的保险标的额是比较大的。以一套100平方米的房子为例,其价格往往是几十万甚至于上百万,这样的价格是其他的财产如家电等不可比拟的。

(2)房地产保险的保险期限一般比较长。不同于人寿保险、汽车保险等,可以一年一买,房地产保险的多数险种的保险期限比较长,如住房抵押贷款的保险期限,一般及于其还贷完毕之时。

(3) 房地产保险的出险概率相对较低。由于房地产保险的保险标的主要是房地产，或者与房地产相关，而房地产是不动产，其安全度较其他的保险标的而言是比较高的。同时，随着现代科学技术的进步，房屋在抗自然灾害及意外事故方面有了很大的改进，因而其出险概率相对较低。

作为房地产保险的一种特殊类型，住房抵押贷款保险还具有以下区别于一般房地产保险的特征：

(1) 住房抵押贷款保险一般是应贷款银行的要求而投保，具有一定的强制性。

纵观我国住房金融市场发展，尤其是住房抵押贷款保险发展的历史，虽然在几乎每一份住房抵押贷款合同中都约定了保险条款，实际上购房者也都到保险公司购买了相应的保险，但是鲜有购房者是主动而为之的。对于房屋财产保险等涉及购房者自身利益的保险，购房者当然有动力去购买相应的保险，但是在住房抵押贷款保险中，银行一般要求购房者购买除抵押物保险以外的额外险种，如住房抵押贷款保证保险等险种，客观上加重了购房者的负担，因此除非贷款银行要求，绝大多数购房者并不愿意承担此额外费用。实践中也曾发生过因为涉嫌强制保险购房者将银行告上法庭的案例（本章将在案例解析部分详述）。

(2) 住房抵押贷款保险的第一受益人往往为银行。

仔细研读银行提供的住房贷款格式合同，会发现其中一般包括这样的条款：借款人必须为抵押物办理财产保险或综合保证保险，保险第一受益人为贷款银行，贷款期间保单由银行保管。一般的，投保人有权在保险合同中指定保险金的受益人，因此从理论的层面看，投保人可以指定包括银行在内的法人、自然人为受益人。但是在住房抵押贷款保险中，银行为了维护自身的利益，为了能够在出险的情况下优先受偿，要求投保人必须在合同中指定银行为第一受益人。这实际上剥夺了投保人对于受益人的选择权。

四、个人住房抵押贷款保险中的法律关系

同其他房地产保险合同一样，个人住房抵押贷款保险合同也包括主体、客体、内容等三方面的要素。虽然根据保险种类的不同，保险合同中的具体当事方有所不同，但是仍然可以归结为以下几类：

(一) 住房抵押贷款保险合同的主体

1. 住房抵押贷款保险合同的当事人

房地产保险合同的当事人是指签订保险合同并享有合同权利和承担合

同义务的人,包括保险人和投保人。

(1) 保险人

保险人是指与投保人订立保险合同,按合同约定有权收取保险费,并承担风险,在保险事故发生时履行给付保险金义务的经营保险的组织。在我国经营商业保险的保险人只能是保险公司。

(2) 投保人

投保人是指向保险人发出投保请求,与保险人订立保险合同,并依合同负有交付保费义务的人。在住房抵押贷款保险合同中,投保人是指借款人。投保人必须具有相应的权利能力和行为能力;必须对投保的房地产或人身具有保险利益。投保人或被保险人对保险标的无保险利益的,保险合同无效。

2. 住房抵押贷款保险合同的关系人

被保险人,是指约定的保险事故可能在其房地产或人身上发生的人。我国《保险法》第12条第5款规定:"被保险人是指其财产或者人身受保险合同保障,享有保险金请求权的人。投保人可以为被保险人。"无论是财产保险合同,还是人身保险合同,投保人与被保险人既可为同一人,也可为不同的人,但是前者只限于为自己的利益而订立的保险合同。

受益人,又称为保险金受领人,是指由投保人指定的或被保险人在保险合同中指定的,于保险事故发生时,享有赔偿请求权的人。受益人所享有的受益权是一种期待权,只有在保险事故发生后才能具体实现,转变为现实的财产权。

3. 住房抵押贷款保险合同的辅助人

保险代理人,是根据保险人的委托,向保险人收取佣金,并在保险人授权的范围内代为办理保险业务的机构或者个人。保险代理机构包括专门从事保险代理业务的保险专业代理机构和兼营保险代理业务的保险兼业代理机构。

保险经纪人,是基于投保人的利益,为被保险人和保险人订立保险合同提供中介服务,并依法收取佣金的单位。

保险公证人,是指站在第三者的立场依法为保险合同当事人办理保险标的的查勘、鉴定、估损及理赔款项清算业务,并给予证明的人。保险公证人由具备专业知识和技术的专家担任,以公平独立的立场执行职务。

(二) 住房抵押贷款保险合同的客体

住房抵押贷款保险合同的客体是指合同当事人权利和义务所共同指向

的对象。合同的双方当事人约定的目的是为了实现保险的经济保障功能,即在约定条件下因保险事故发生所造成的保险标的的损失,保险人给予补偿或给付。这种保障并非再创造出一个相同的标的,而是恢复投保方遭受保险事故前的经济状况。也就是说,保险合同的客体就是投保方对保险标的所具有的经济利益,该经济利益正是前述的保险利益。这同样也适用于住房抵押贷款保险合同。按照住房抵押贷款的不同种类和性质划分,住房抵押贷款保险包括财产保险、人身保险和保证保险。在住房抵押房屋财产保险中,其保险利益来源于投保人对于房屋所享有的财产权,一旦其财产权因为保险条款中约定的事由毁损、灭失,投保人就有权获得赔偿;在住房抵押贷款人身保险中(其形式主要表现为住房抵押贷款寿险),投保人(借款人)为了获得银行贷款,一般投保自己在身故或高度残疾的情况下由保险公司代为偿还银行贷款本息,投保人对于自己的生命当然具有保险利益,并有权指定任何个人或法人作为保险利益的受益人;住房抵押贷款保证保险属于责任保险的一种,责任保险的本质是为被保险的个人或法人可能对其他人所负的法律责任提供保险保障,因此住房抵押贷款保证保险的保险利益就体现为投保人(被保险人)对保护自己不受以上责任的侵害所享有的利益。

(三) 住房抵押贷款保险合同的内容

与一般房地产保险合同的内容相同,住房抵押贷款保险合同的内容同样主要为合同当事人的权利和义务。在文本上,合同的内容就是合同的条款,它规定了当事人的权利和义务以及其他有关事项,是当事人享有合同权利、履行合同义务、承担法律责任的依据。这些条款分为基本条款、附加条款和保证条款等。基本条款又称为普通条款,是保险人在事先准备或印就的保险单上根据不同的险种而规定的有关当事人的权利义务的基本事项,它构成合同的基本内容。房地产保险合同的基本条款是其所固有的、必备的条款,进而构成区分其他种类保险合同的根本依据。

五、个人住房抵押贷款保险的作用

住房金融市场存在以下几种风险:(1) 人身风险,是指因购房人早逝、疾病、残疾、失业或年老无依无靠而遭受损失的不确定性状态;(2) 财产风险,是指因抵押物(房屋)发生损毁、灭失或贬值而使财产的所有(权)人所遭受损失的不确定性状态;(3) 信用风险,是指以信用关系规定的交易过程中,交易的一方不能履行给付承诺而给另一方造成损失的可能性。住房抵

押贷款保险即是为弥补、分摊住房金融市场上的这些风险而设置的。具体而言,其作用表现为以下几个方面:

(1) 住房抵押贷款保险为银行规避贷款风险提供了有力的保障,调动了银行发放住房贷款的积极性。

银行发放贷款不仅要考虑资金运用的盈利性,更要将资金的安全性放在重要的位置。鉴于此,如何实现转嫁损失、规避风险是银行不断追求的目标。根据中国人民银行《个人住房贷款管理办法》的规定,个人贷款购买住房必须将所购房屋设定抵押。但是,在遭遇突发事件如火灾等情形下,如果房屋毁损、灭失,则贷款银行只能要求借款人提供其他方式的担保。而在住房抵押贷款保险的情况下,保险公司收取一定的保险费,在出险的情况下使银行避免因抵押物毁损或借款人违约拖欠还款而蒙受经济损失。

(2) 提高了借款人的信用,刺激了居民住房消费的发展。

目前我国信用体制尚不健全,在个人贷款领域道德风险依然较大,因此银行在处理个人贷款的问题上一般都要求借款人提供一定形式的担保。而在住房抵押贷款保险中,如果借款人由于人身风险失去还款能力,不仅会影响其家庭生活,甚至会失去对房产的所有权。因此,这在一定程度上阻碍了居民住房消费的发展。而住房抵押贷款保险可以为他们提供一种转嫁风险的有效方式,当居民个人因人身风险而还不起住房抵押贷款时,可由保险公司代为支付贷款本息。这样,住房抵押贷款保险为居民购房解决了后顾之忧,从而刺激居民住房消费的发展。

(3) 提高了保险公司的经济效益和竞争力。

目前,保险市场的竞争越来越激烈。随着房改的深化,保险公司如果不失时机地开发住房抵押贷款保险新品种,必然会引起社会的广泛关注,再加上其提供的保障正是广大居民和银行机构所迫切需要的,市场需求会日趋旺盛。此外,从过去的实践来看,住房抵押贷款保险的出险率相对较低,赔付率自然就低,这对于提高保险公司的经济效益和市场竞争能力是十分有利的。

(4) 有利于推动房地产市场的发展。

发展住房抵押贷款保险,能大大提高居民购房的支付能力,解决房屋销售中的资金困难。这样,住房交易的成交量势必提高,使售房单位所用的开发投资资金得以及时回收,缩短了资金运转周期,提高了资金使用效益,为商品房进一步开发提供了资金保证。这种资金良性循环机制为我国房地产市场发展创造了优厚的物质条件。

六、个人住房抵押贷款保险在我国的历史发展与现状

我国住房抵押贷款保险制度发端于我国住房制度改革。1988年国务院召开全国住房制度改革工作会议,拟订《全国城镇分期分批推行住房制度改革的实施方案》,推动了我国个人住房贷款的发展。1991年6月,国务院发出了《关于继续积极稳妥地推进城镇住房制度改革的通知》,提出要发展住房金融事业,开展个人购房、建房储蓄和贷款业务,实行抵押贷款购房制度,这是国务院第一次提出发展个人住房抵押贷款制度。1992年9月23日,建设银行颁布《职工住房抵押贷款暂行办法》,1997年4月30日中国人民银行颁布了《个人住房担保贷款管理试行办法》(现已失效),为我国个人住房贷款的发展起到了积极的推动作用。1998年5月9日,中国人民银行颁布《个人住房贷款管理办法》(以下简称《管理办法》)。《管理办法》明确规定了以房产作为抵押贷款的,"借款人需在合同签订前办理房屋保险或委托贷款人代办有关保险手续。抵押期内,保险单由贷款人保管",第一次以部门规章的形式规定了住房抵押贷款保险。之后各大银行以及保险公司都出台了自己的住房抵押贷款保险办理注意事项。以中国银行为例,中国银行在1998年5月21日颁布了《中国银行个人住房贷款管理实施细则(试行)》,该实施细则第34条规定,"以房产作为抵押的,借款人须在合同签订前办理房屋保险或委托贷款人代办有关房屋保险手续。借款人必须在中国银行指定的保险公司按指定的险种为抵押物办妥保险手续,保险金额不得低于抵押贷款额,投保期应长于贷款期,同时必须以贷款人作为抵押物保险的第一受益人。抵押期内,保险单正本由贷款人保管。"该实施细则虽然已被2001年7月7日颁布的中国银行关于印发《中国银行个人住房贷款业务操作办法》的通知所废止,但是关于住房抵押贷款保险的内容却大同小异。其他各银行在住房抵押贷款保险问题上一般也采取了类似的模式。而各保险公司则顺应市场潮流的发展,推出了前述各种类型的保险产品。这些都在很大程度上推动了我国住房抵押贷款保险市场的发展。

虽然我国住房金融市场取得了一定的发展,住房抵押贷款保险为推动住房金融市场的发展发挥了很重要的作用,但是在这一制度发展过程中也出现了许多不和谐的音符,归纳起来,住房抵押贷款保险存在的问题大致包括以下几个方面:

(1)保险合同具有强制性。

在签订住房抵押贷款合同的过程中,银行通常会要求借款人购买房屋

第十七章 个人住房抵押贷款保险制度

保险。中国人民银行《个人住房贷款管理办法》第 25 条规定,"以房产作为抵押的,借款人需在合同签订前办理房屋保险或委托贷款人代办有关保险手续。抵押期内,保险单由贷款人保管";《城市房地产抵押管理办法》第 23 条规定,"抵押当事人约定对抵押房地产保险的,由抵押人为抵押房地产投保,保险费由抵押人负担。抵押房地产投保的,抵押人应当将保险单移送抵押权人保管。在抵押期间抵押权人为保险赔偿的第一受益人"。这一银行有权强制投保的规定显然与《保险法》确定的订立保险合同自愿性原则相违背,但是在住房抵押贷款中银行处于强势地位,借款人不投保就无法得到贷款。因此,在绝大多数的住房抵押贷款合同中都约定了保险条款。然而关于废除强制保险的呼声却一直没有停止。近期,中国工商银行率先宣布以房产抵押担保方式到工商银行申请个人贷款的客户,将有权自主选择所抵押房产是否购买保险。虽然这一举措目前在住房贷款市场上还没有被广泛采用,但是它是顺应市场的需求以及借款人的呼声的,因而今后必将被广泛采用。

(2) 保险金额不尽合理。

保险金额,是投保人和保险人在保险单中载明的,保险人承担赔偿义务的最高限额。一段时间内住房抵押保险合同曾规定"保险金额以所购商品房的购置价确定",而住房抵押保险的目的是保障贷款的安全性,只要保险金额和贷款额相等,银行的债权就有了保障。可见,银行要求投保人购买的保险已超出其债权利益,客观上增加了借款人的负担。好在目前银行逐渐改变了以上做法,仅要求借款人投保不低于贷款金额本息的保险。

(3) 保险公司的赔付责任设计不尽合理。

房屋保险为银行抵押贷款起到了一定的保障作用,但随着城市建设的不断加快,城市房屋的建筑材料和结构的不断进步,抵押物发生灭失的可能性越来越小。按住房抵押保险合同规定,保险公司承担赔偿责任的范围主要有火灾、爆炸、暴风、暴雨、雷击、洪水、飞行物体及其空中运行物体的坠落,以及外界建筑物和其他固定物体的倒塌等,其中比较常见的事故造成的损害是非常有限的。而对其他情况如地震、战争则不承担赔偿,因此保险金赔付率非常低,保险公司有很大的利润空间。

(4) 保险费支付方式不灵活。

现行的房屋保险大多要求购房人购房的同时一次性缴纳保险费。这种缴纳方式存在两点不足:其一,未考虑借款人提前还清全部贷款或者抵押物发生灭失的情况;其二,未考虑银行就抵押住房的保险金优先受偿的范围限于借款人拖欠的贷款本息余额,而贷款本息余额随着借款人的按月偿还而逐月递减的情况。实践中也经常出现借款人提前还贷,在保费退还问题上发生争议的情形,本章将在案例解析部分详述。

综合以上各个方面,我们可以看出在住房抵押贷款保险合同中,借款人实际上处于相对不利的地位。这在一定程度上影响了部分购房者通过住房抵押贷款方式购房的积极性,阻碍了住房金融的发展。值得注意的是,这些问题引起了监管部门的注意,2006年6月13日,保监会发布了《关于进一步加强贷款房屋保险管理的通知》(保监发[2006]66号),要求保险公司进一步完善现有贷款房屋保险产品,积极进行产品创新。在坚持风险可控的原则下,合理确定以下内容:

(1)合理设定保险责任。各公司设定财产损失部分的保险责任时,要充分考虑贷款购房者的财产损失风险需求。承担还贷保证的保险责任原则上应限于"被保险人在保险期限内因意外伤害事故所致死亡或伤残,而丧失全部或部分还贷能力,造成连续3个月未履行或未完全履行相关的个人住房借款合同约定的还贷责任"。

(2)合理确定保险金额。除经与贷款购房者协商并获得其同意外,贷款房屋保险的保险金额应以贷款金额为最高限额。

(3)合理确定保险期限。对仅承保财产损失保险责任的贷款房屋保险,其保险起期应为贷款购房者取得房屋使用权之日。对承保被保险人还贷责任以及同时承保财产损失和被保险人还贷责任的贷款房屋保险,其保险期限可为个人住房抵押贷款合同约定的贷款起始日至被保险人按照相关规定清偿全部贷款本息之日。

(4)合理确定缴费方式。凡经营贷款房屋保险业务的保险公司,应充分考虑贷款购房者的实际情况合理确定贷款房屋保险产品的保费缴纳方式,积极开发分期(年)缴纳保险费方式的贷款房屋保险产品。

因此,随着我国金融服务市场的逐步完善、个人信用体系的逐步建立以及保险监管有效性的不断增强,我国的个人住房贷款保险制度也将更加合理和发挥更大的作用。

制度借鉴

在国外住房金融市场上,住房抵押贷款保险制度随着其本国住房抵押贷款的不断深化与发展而迅速发展起来。其中美国住房抵押贷款保险制度堪称典型。

一、美国的住房贷款保险制度

美国的住房抵押市场是当今世界上最发达的住房金融市场,其发达很大程度上得益于美国的住房抵押贷款保险的发展。美国的住房抵押贷款保险采取政府保险和商业保险相结合的模式。

(一) 政府抵押贷款保险

在政府抵押贷款保险中担当重要角色的是两个机构:联邦住宅管理局(FHA)和退伍军人管理局(VA)。早在美国住宅金融发展初期,抵押贷款保险机制还相对落后的时候,美国联邦政府就通过立法允许私营保险公司介入抵押保险业务。但是,由于私营保险机构规模小,与住宅抵押信贷相关的保险品种非常有限,因此住宅抵押贷款保险机制长期没有发展起来。大萧条时期,为了应对经济萧条所带来的银行倒闭破产、居民因无力偿还贷款而丧失房产所有权等局面,联邦政府采取了一系列措施缓解紧张的局面,其中最重要的措施之一就是建立健全住宅抵押贷款保险机制。1934年联邦政府依据《联邦住宅法》成立了联邦住宅管理局。该机构致力于为中、低收入居民提供有政府支持的100%的常规抵押贷款保险。FHA规定借款人购房抵押贷款月还款额不得高于其月总收入的29%,这种做法既符合了政府扶持中低收入家庭进行住房消费的政策取向,也防止了居民购买过于奢侈的住宅。值得注意的是,在政府抵押贷款保险中,当借款人无力偿还债务时,联邦住宅管理局将承担未清偿的债务,保证及时向金融机构支付贷款本息。这一举措大大增强了住宅抵押贷款一级市场上金融机构的信心,吸引了更多投资者进入住宅抵押贷款市场,从而大大扩展了住宅抵押贷款市场的资金来源。

退伍军人管理局(VA)成立于1944年,主要为符合资格的退伍军人及其在世配偶提供住房抵押贷款担保。与FHA提供的保险不同,VA提供的是贷款保证,而不是保险业务,并只对住房抵押贷款部分实行担保,而非FHA提供的100%的担保。其对于贷款的最高保证额也有限制。

(二) 私营住房抵押贷款保险

美国私营住房抵押贷款保险业的发展只是近四十年的事情。1957年,威斯康星州的抵押贷款保险公司成立。这一私营业务的恢复主要有以下几方面原因:一是借款人要得到政府部门提供的保险,其手续较为复杂,保险申请一般要经过较长时间才能获得批准;二是在 FHA 保险的抵押贷款中,贷款/房价的比值一般较低,最高仅为 70%,而社会上对贷款/房价比值较高的传统住房抵押贷款(私营)的需求越来越大;三是抵押贷款二级市场的发展需要私营抵押贷款保险的支持。

复苏后的私营住房抵押贷款保险与 20 世纪 30 年代的明显不同。它受到管理当局(如州保险委员会)的严格监管。例如,法律规定,保险公司不得为贷款/房价>95%的抵押贷款提供保险,保险公司的资本应达到最低限度,其承保的金额不能超过资本金的 25 倍,必须建立损失储备金、预防偶然事件的储备金等。美国抵押保险公司负责发放私人抵押保险,其目的是为抵押贷款人对借款人在协议抵押中因违约造成的损失提供保险。这种保险由借款人支付保费,但由贷款人认购保险。

在美国,抵押贷款保险费通常是由借款者在每期偿还贷款时,一起付给贷款机构,再由贷款机构转给保险公司。一旦发生信用风险,保险赔偿就可以覆盖绝大部分损失,包括延期偿贷期间和行使抵押权期间的利息费用、房地产交易费用、法律服务费用等。当贷款机构行使住房抵押权,并向保险公司索赔时,保险公司可以赔付全部保险范围内的损失并取得房屋所有权,也可以赔付其中的一部分损失,再由贷款机构出售房产,弥补剩余部分。

二、英国的住房贷款保险制度

英国采取"住房抵押保险"的模式。在这种模式里,银行或住房公司(英国专门从事住房信贷的机构)将贷款给借款人,而借款人同时将向保险公司投保人寿保险。在还贷期间,借款人需偿还贷款利息和缴纳保费。还款期结束,由保险公司向银行偿还贷款本金。由于保险公司的寿险产品投资效益好,如出现多于投保金额的部分,则将其返还投保人。借款人如在还款期内死亡,由保险公司偿还贷款本金。借款人也可以根据需要有选择地对其风险投保,当然要缴纳额外相应的保费。英国的住房抵押保险有以下几个显著的特点:

(1)抵押保险采用个人保险的方法,并且是一种储蓄型产品和保障在死亡情况下还贷的风险型产品的集合体。整个产品更接近纯储蓄型的保险产品,对还贷期间死亡以外的其他风险基本没有保障。当然,可以由借款人另外投保"抵押赔偿险",但此时是通过借款人来保障贷款金融机构不能得到贷款偿还损失的。

(2)在还款方式上,借款人分期偿还利息并同时缴纳保费。在税收方面,借款人可以获得贷款全部利息税款的减免。

(3) 因为最终本金的偿还是通过储蓄型保险的经营来实现的,如果保险公司的投资收益少于预期的估算,那么投保人只能靠提高保费的水平来保证合同期末有足够的偿付贷款的能力。

(4) 因为抵押保险是个人保险合同,所以投保人在中断合同时要付出很多的手续费,其中包括给营销人员的佣金。

三、法国的住房贷款保险制度

在法国,住房贷款保险采取团体险的形式。具体操作模式为:金融机构通过和保险公司之间的团体险单,对其所有借款人的贷款提供保障,在出险的情况下,由保险公司偿还剩余本息,借款人保留住房。法国的住房贷款保险制度同我国目前的住房抵押贷款有一定相似性,比如其采取的团体险的形式具有一定的强制性,以确保投保人的基数达到最大化,特别是可以对那些本来不会主动投保和低收入借款人提供保障,并且可以降低保险费率,最终使这一产品获得盈利;再比如,在整个还贷期间保险费率是保持不变的。在办理保险业务的过程中,银行作为借款人的代言人与保险公司商谈合同条款,并且作为保险公司的代理在收取每月还贷款项的同时收取保费,因此借款人只需要同银行打交道即可,简化了手续。此外,法国的住房贷款保险保障的范围较宽泛,远远超过了死亡险,丧失劳动能力、中断工作以及失业等险种也包含在内。

操作流程

住房抵押贷款保险合同是整个住房抵押贷款合同流水线上的一道"工序",因此,本章将以签订住房抵押贷款合同为主线对住房抵押贷款保险合同的签订、履行等问题进行考察。

提供住房贷款的各家商业银行签订住房贷款合同的流程会有差别,但是主要的流程却没有太大不同。实践中,签订住房抵押贷款合同及住房抵押贷款保险合同的流程如下:

房 地 产 金 融

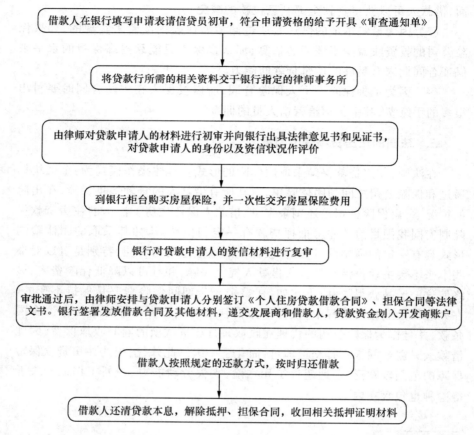

从以上流程图可以看出,抵押贷款保险合同的订立在整个住房抵押贷款签订的流水线上应该是一道相对简单的程序。实践中,一般保险公司委托贷款银行代收保费或者在楼盘集中发售的情况下,保险公司将在发售现场办公以方便购房者及时办理相关手续。当然,借款人也可以直接将保费交到保险公司。在办理保险的过程中,一般涉及投保人、保险人、被保险人、受益人以及保险辅助人如保险经纪人等。具体到抵押贷款保险,包括投保人——购房者(借款人)、保险人(保险公司)、被保险人(贷款银行)等。关于保险当事人、关系人及辅助人等本章前面已经做了详细介绍,因此本部分将主要对抵押贷款保险合同中各方的权利义务展开论述。

1. 投保人——借款人

（1）缴纳保险费的义务。

我国《保险法》第 14 条规定："保险合同成立后，投保人按照约定交付保险费；保险人按照约定的时间开始承担保险责任。"投保人可以选择一次性缴纳所有保费，也可以选择分期缴纳保费。但是，在住房抵押贷款保险合同中一般要求投保人一次缴清所有保费。

（2）保险事故的通知义务。投保人、被保险人或者受益人知道保险事故发生后，应当及时通知保险人，以便于保险人采取必要的措施，防止损失的扩大或者保全保险标的的残余部分。

（3）维护保险标的的安全的义务。在保险合同期限内，投保人应当尽到善良管理人的职责，保护保险标的物不受损害，如果由于投保人的故意或者重大过失致使保险标的物毁损、灭失，保险人将不承担赔付保险金的义务并不返还保费。

（4）危险程度增加的通知义务。所谓危险程度，是指订立保险合同时所未预料或未估计到的危险可能性的增加，它发生在保险合同有效期内。根据我国保险法规定，在房地产保险合同的有效期内，保险标的的危险程度增加的，被保险人按照合同的约定应当及时通知保险人，保险人有权要求增加保险费或者解除合同，被保险人未履行通知义务的，因保险标的的危险程度增加而发生的保险事故，保险人不承担赔偿责任。

2. 保险人——保险公司

（1）保险人的说明义务。在订立房地产保险合同时，保险人应当向投保人说明保险合同的条款内容。说明义务是最大诚信原则的具体体现。由于保险合同是格式合同，投保人没有机会参与合同条款的拟定和协商，加上房地产保险合同条款专业性较强，投保人不容易理解其真实意思，容易对保险条款发生误解，所以有必要要求保险人对合同条款加以说明。我国《保险法》第 17 条第 2 款规定："对保险合同中免除保险人责任的条款，保险人在订立合同时应当在投保单、保险单或者其他保险凭证上作出足以引起投保人注意的提示，并对该条款的内容以书面或者口头形式向投保人作出明确说明；未作提示或者明确说明的，该条款不产生效力。"

（2）给付保险金。在保险事故发生或者合同约定的条件满足时，保险人应当给付保险金。具体到住房抵押贷款保险中，如果保险标的（抵押房屋）因为承保范围之内的事由遭受毁损、灭失，或者在出现综合保险责任范围内的事由的情况下，保险人将依照保险合同的约定支付保险金。一般的，因为保险合同指定被保险人为银行或直接规定银行为第一受益人,因此在出险的情况下保险金往往被用来优先偿付银行贷款本息。

(3) 保密义务。我国《保险法》第116条第1款第12项规定,保险公司及其工作人员在保险业务活动中不得有下列行为:泄露在业务活动中知悉的投保人、被保险人的商业秘密。如果保险人违反保密义务,应当承担相应的法律责任。因此而给投保人、被保险人造成损害的,应当赔偿损失。

3. 被保险人/受益人

在抵押贷款保险合同中,一般在保单中载明贷款银行为第一受益人,并且在贷款合同存续期间,保单由贷款银行代为保管,以保障出险时贷款银行能在第一顺位受偿。

案例分析

案例1:被保险房屋所有权发生转移对保险合同效力的影响

[案情]

1998年10月,贾某从房地产开发商购得现房一套,并在某银行办理了抵押贷款。根据借款合同的规定,银行发放贷款以贾某将房屋办理抵押登记为前提,并且贾某需要为抵押物办理财产保险,贷款银行为第一受益人,贷款还清之前保单由银行代为保管。贾某按照银行的要求办理了以上手续,银行向贾某发放贷款20万元,期限为15年。

2004年9月,贾某因工作调动迁往另外一个城市,考虑到日后回迁的可能性不大,贾某决定将1998年所购房屋转让。在办理相关转让手续之前,贾某将该抵押房屋转让的事实通知了银行,征得了银行的同意,并告知受让人李某房屋设定抵押的事实。2005年元旦,贾某原居住小区失火,房屋遭到严重损毁。银行要求贾某设定其他同等价值的抵押物或者到保险公司理赔,以保证及时偿付银行贷款。但是,保险公司以保险标的转让时未经保险公司同意,保险合同失效为由拒绝理赔。

[评析]

本案争议的焦点在于住房抵押贷款保险中,抵押房屋(保险标的物)被转让、转卖、赠与或继承之后保险合同是否当然有效或者无效,亦即在以上情形下是否产生保险合同转让的效力。所谓保险合同的转让,是指保险合同当事人一方将其合同的权利和义务全部或者部分地转让给第三人的行为。依据我国保险法的规定,保险合同的转让分为财产保险合同的转让和人身保险合同的转让。财产保险合同的转让又分为法定转让和约定转让。法定转让是指投保人或被保险人死亡或破产时发生的转让;约定转让是指合同订立后投保人或被保险人因为保险标的或风险转移等事实发生通过合意将合同的权利义务转移给第三人,由第三人继续享有合同权利并承担合同义务。

我国原来的《保险法》(2002年)第34条规定:"保险标的的转让应当通知保险人,经保险人同意继续承保后,依法变更合同。但是,货物运输保险合同和另有约定的合同除外。"但2009年修订的《保险法》第49条规定:"保险标的的转让的,保险标的的受让人承继被保险人的权利和义务。保险标的转让的,被保险人或者受让人应当及时通知保险人,但货物运输保险合同和另有约定的合同除外。因保险标的转让导致危险程度显著增加的,保险人自收到前款规定的通知之日起30日内,可以按照合同约定增加保险费或者解除合同。保险人解除合同的,应当将已收取的保险费,按照合同约定扣除自保险责任开始之日起至合同解除之日止应收的部分后,退还投保人。被保险人、受让人未履行本条第2款规定的通知义务的,因转让导致保险标的危险程度显著增加而发生的保险事故,保险人不承担赔偿保险金的责任。"

可见,我国保险标的的转让,从原来的通知并取得保险人同意的变更方式,转变为只要通知保险人的自动变更(货物运输保险合同和另有约定的合同除外),保险标的的受让人自然承继被保险人的权利和义务,这一修改同时弥补了原先被保险人或受让人通知保险人之后至其同意这段期间保险责任的空白,是更合理和先进的制度设计。但为了平衡保险人的利益,确保公平,当因保险标的的转让而导致危险程度显著增加时,保险人有权按照合同约定增加保险费,如果投保人不同意增加保险费,保险人有权解除合同;当然,保险人也可直接解除合同。应注意的是,保险人应在接到通知之日起30日内行使上述权利,超出这一时限的,保险人就不得增加保险费,也不能解除合同。另一方面,被保险人或者受让人未履行及时通知保险人的义务,如果因转让导致保险标的的危险程度显著增加而发生保险事故,保险人不承担保险责任;如果因转让并未导致保险标的的危险显著增加,此时发生保险事故,或者因保险标的的危险显著增加与保险事故的发生无因果关系的,保险人仍应承担保险责任。

具体到本案中,因案发时间在2005年,只能适用2002年的《保险法》,

而不是2009年修订的《保险法》。由于贾某在转让保险标的时没有征得保险人的同意,亦无任何证据表明事后得到了保险人的追认,因此,根据2002年《保险法》的规定,保险合同归于无效,贾某只能请求退还因保险合同提前终止而支付的多余的保费。

案例2[①]**:自愿还是强制的房贷保险**

[案情]

2001年8月22日,A先生为购买商品房,向建设银行重庆中山路支行(以下简称中山路支行)申请个人住房贷款,并在借款申请表上亲笔签名表示:本人同意以所购房屋做抵押,并办理抵押物财产保险。在签订借款合同前,A先生曾就格式合同中要求其办理抵押房屋财产保险相关内容提出异议。在中山路支行向其解释办理抵押物财产保险是发放贷款的条件后,A先生签订了借款合同,并向中国平安保险股份有限公司重庆渝中区支公司交纳了保险费9910.80元,保险公司出具了保险单及保费发票。合同签订后,中山路支行依合同约定,向A先生发放了69万元的个人住房贷款。同年11月,A先生以中山路支行强制其参加保险,严重违反自愿原则为由向重庆市渝中区人民法院起诉,请求确认其与中山路支行签订的借款合同关于财产保险的约定无效。一审法院经审理后认为,A先生与中山路支行签订了借款合同,并按合同约定支付了保险费,故该借款合同系双方真实意思的表示。同时,该条款内容本身并未违反国家法律、行政法规的禁止性规定,因此A先生与中山路支行签订的借款合同中关于对抵押物办理财产保险的约定应属有效,应受法律保护。据此,一审法院判决驳回了A先生的诉讼请求。A先生不服一审判决,向重庆市第一中级人民法院提起上诉。二审法院经审理后判决驳回上诉,维持原判。

[评析]

本案主要争议焦点为签订抵押贷款合同过程中所涉及的保险到底是自愿的还是强制的,对其定性将直接影响本案的审理结果。根据我国1995年《保险法》第10条的规定[②]:"投保人和保险人订立保险合同,应当遵循公平

---

① 本案原为重庆市第一中级人民法院二审审结的案件,编号(2002)渝一中民终字第495号。本书根据行文必要作了部分修改,并隐去了当事人的真实资料。
② 我国2002年修订的《保险法》第11条承继了这一内容;2009年修订的现行《保险法》第11条规定:"订立保险合同,应当协商一致,遵循公平原则确定各方的权利和义务。除法律、行政法规规定必须保险的外,保险合同自愿订立",贯彻了这一精神。

互利、协商一致、自愿订立的原则,不得损害社会公共利益。除法律、行政法规规定必须保险的以外,保险公司和其他单位不得强制他人订立保险合同。"由此可知,保险自愿原则是保险合同订立过程中所要遵循的一项非常严格的原则。

本案审理过程中一审、二审法院都认为贷款合同中关于保险的内容未违反国家法律、行政法规的规定。而我国目前关于住房抵押贷款保险方面的法规主要为中国人民银行《个人住房贷款管理办法》和建设部《城市房地产抵押管理办法》。从效力级别上来看,这类规定属于国务院部委规章,其效力级别要低于行政法规。但是根据保险法的规定,强制保险的除外情形必须是法律、行政法规规定的特殊情形。笔者认为,此处的"行政法规"应该做限制性解释,仅指国务院根据宪法与法律制定的规范性文件,而不包括国务院部委规章及地方政府规章。在解释法律过程中,我们应该遵循法律的原意,首先应当对法律作文义解释,只有在文义解释不能准确涵盖法律的真实意思的时候,才采取其他的法律解释的方法。因此,本案中我们应当严格遵循我国《保险法》关于"法律、行政法规"除外情形的规定。从现有法律、行政法规来看,我国尚无法律、行政法规对住房抵押贷款强制保险作出规定,部委规章虽然对此作出规定但是由于其效力级别不符合《保险法》的规定,因此不能作为本案的审理依据。故笔者认为,一审、二审法院以部委规章对强制保险有规定为由而认定该保险属于双方自愿实属欠妥当。

有的学者认为,由于个人住房贷款的还款期限往往长达20年甚至更长,如果借款人的还款能力下降或者作为抵押物的房屋毁损、灭失,将使银行难以按期足额收回贷款,甚至血本无归,造成损失。为此,商业银行不得不采取一切措施以防范可能出现的风险,而要求借款人为抵押房屋办理财产保险是一种有效的保障措施。确实,由于我国目前信用体系尚不健全,如果商业银行在发放贷款的时候不采取一定的保障措施,极有可能导致贷款在最后成为呆坏账,导致一系列问题,而通过抵押贷款保险,商业银行可以将风险转嫁出去,并能获得稳定的利息收入。借款人通过购买房屋财产保险也能分散房屋在特定情形下毁损灭失的风险……但是,以上这些所谓的优点并不能成为银行强制借款人进行保险的理由。借款人作为保险合同的一方当事人,有权决定投保与不投保,有权选择保险人,否则构成对借款人权利的侵犯。而且,仅仅以保险对于降低银行贷款风险有好处而强制借款人为银行风险买单,这样的风险转化机制对于借款人而言实在太不公平。

也有的学者认为,根据我国《合同法》第39条的规定:"采用格式条款订立合同的,提供格式条款的一方应遵循公平原则确定当事人之间的权利和义务,并采取合理的方式提请对方注意免除或者限制其责任的条款,按照对方的要求对该条款予以说明"。本案中,中山路支行作为制定格式条款的合同一方已经要求 A 先生认真阅读借款合同的各项条款,并就该格式条款向 A 先生进行了解释说明,明确向其指出办理财产保险是发放贷款的条件,严格遵守了《合同法》相关条款的强制性规定。因此,中山路支行要求 A 先生办理抵押房屋财产保险不构成强制保险。的确,住房贷款合同是一种格式合同,抵押贷款保险条款一般是作为贷款合同中的特别规定条款。本案中中山路支行也确实向 A 先生解释了相关合同条款。但是这仅构成对于贷款银行合同法上义务的免除,并不能影响其中关于保险的条款的性质。因为贷款合同规定借款人必须提供了已办理抵押房屋财产保险或综合保证保险的证明文件之后才对其借款申请进行审批,事实上借款人不得不办理保险来满足银行发放贷款的条件,因此,此种保险已经构成一种事实上的强制保险——虽然从形式上看,银行并没有实施比如强制扣除借款人保险费的行为。

从以上案例分析我们可以得知,关于住房抵押贷款保险是否具有强制性在实践中还是存在争议的。笔者认为改善现有状况的关键在于改善和发展我国住房贷款保险制度,完善我国的信用体系,同时开发新的保险产品,给借款人以更多的选择。好在这一违背借款人真实意愿的做法正在得到改进,中国工商银行 2005 年 10 月 26 日发布公告称在工商银行办理抵押贷款将不再强制借款人提供保险。相信这一举措会得到长足发展。

案例3:保险费计算与交纳方式、提前还贷与保险费的退还
[案情]

2004 年 2 月,A 先生在银行贷款 30 万元购买了一套住房,与银行约定 25 年分期还清。抵押贷款合同上规定:"同意借款人在 1 年内提前偿还部分或全部贷款"。A 先生办完贷款后,按银行要求,在保险公司买了年限为 25 年、保费为 3750 元的保险。

2005 年 1 月 19 日,A 先生卖掉老房子,到银行还清了贷款。他到保险公司退保时,对方称:只能退剩余保费的 70%。按照其住房抵押贷款合同上的规定:每年的保费是贷款额的万分之五,25 年的保费一次付清,合计 3750 元。合同中同时规定:当投保人终止本保险合同时,保险人按现值计算退还未到期部分的保险费,并扣除 5% 手续费。A 先生从银行贷款 30 万元,每年的保费是150元,A先生在一年内还清了所有贷款,却为何只能退剩余保费的70%,还要多收30%的保费呢?A先生感到很不解:"保险公司只承担了1年的风险,保费怎么就从150元变成1230元了呢?"

[评析]

保险公司只承担了1年的风险,保费怎么就从150元变成1230元了呢?合同约定若投保人A先生终止本保险合同时,保险人按现值计算退还未到期部分的保险费,并扣除5%手续费。实际上,保险公司却扣除了未到期保险费的30%作为手续费。保险公司解释称:因为有人工、佣金等支出,所以电脑设置的程序只能退70%。

在A先生与保险公司签订的合同中有条款规定:当投保人终止本保险合同时,保险人按现值计算退还未到期部分的保险费,并扣除5%手续费。其中的所谓"现值"是何意?有学者解释认为,现值,在人身保险里表现为现金价值,在财产保险(房屋贷款保险也属财产保险)里不存在。因此,若要收手续费,只能按合同约定的5%来收取。

我们认为,根据我国2002年修订的《保险法》第39条①,保险责任开始后,投保人要求解除合同的,保险人可以收取自保险责任开始之日起、至今同解除之日止期间的保险费,剩余部分退还投保人。因此,保险公司只能收取A先生1年的保费,退还另外24年的保费。因合同有特别约定,保险公司可按5%收取手续费。保险公司认为因为有人工、佣金等支出,所以电脑设置的程序只能退70%的解释是行不通的,因为双方当事人在合同中约定,于此情形下,保险公司可按5%收取手续费,而不是按30%来收取手续费。因此,保险公司的做法违反了合同的约定,其多收的手续费应退还给A先生。

近年来,住房贷款保险市场日益萎缩,业界认为,其原因主要就是手续费过高、退保增加。因为保险公司在退保时将按照未到期责任年限的保费全额退还给客户,但支付给银行的手续费和回扣却无法追回。比如,保险公司只收了1年的保费,却一次性支付给银行30年的手续费,这笔钱是无法追讨的。

为应对这种不利局面,涉业保险公司一般的举措是提高退保的手续费,

---

① 我国2009年修订的《保险法》第54条采取了类似规定:保险责任开始前,投保人要求解除合同的,应当按照合同约定向保险人支付手续费,保险人应当退还保险费。保险责任开始后,投保人要求解除合同的,保险人应当将已收取的保险费,按照合同约定扣除自保险责任开始之日起至合同解除之日止应收的部分后,退还投保人。

多数保险公司基本上都是扣除已承保年限的保险金外,按 10%、20% 或 30% 收取手续费。这也是本案中,当投保人 A 先生终止保险合同时,合同规定保险人可按现值计算退还未到期部分的保险费,并扣除 5% 的手续费,但实际上保险人却扣除 30% 的手续费的原因。从本案的分析来看,保险公司这种提高手续的措施,并不是治本之策,只不过是增加了投保人的经济负担,反而让广大投保人对住房贷款保险望而却步。因此,住房贷款保险的相关方应该合力改革现有的不合理的保险模式,如推出新的保费交付方式,以期让住房贷款保险市场再度兴隆。

此外,实践中关于保费的确定基础以及保费的缴纳方式也存在较多争议。一般的,保费的确定是由保险金额乘以保险费率及保险期限得出的。保险金额,是投保人和保险人在保险单中载明的,保险人承担赔偿义务的最高限额。目前,住房抵押保险合同中一般规定"保险金额以所购商品房的购置价确定"。由前面的论述可知,住房抵押保险的目的是为了保障贷款的安全性,只要保险金额和贷款额相等,银行的债权就有了保障。因此,对于单纯将购买房屋保险作为符合银行发放贷款条件的投保人而言,此种保险已超出其债权利益,客观上增加了借款人的负担。因此,我们认为在保险金额的确定上,应该允许投保人进行选择,即投保人可以根据自身的不同情况选择以贷款额为限购买保险还是以房屋购置价为限购买保险。

在保险费的缴纳方式上,一般各保险公司在保险合同中都规定投保人必须一次性支付所有保费。此种支付方式存在以下问题:其一,在借款人提前还清全部贷款的情况下,会涉及退费的问题,而目前我国在住房抵押贷款保险方面还没有关于退费的规定,实践中各保险公司为了维护自己的利益往往加重投保人的义务,正如本案中保险公司规定的高额手续费;其二,银行就抵押住房的保险金优先受偿的范围限于借款人拖欠的贷款本息余额,而贷款本息余额是随着借款人的按月偿还而逐月递减的。因此,这样的保费缴纳方式实际上加重了投保人的责任。我们认为在保费缴纳方式上,亦应该允许投保人选择趸交还是分期缴纳。实践中,保费的缴纳方式逐渐出现了松动,从原来的一次缴清向分期缴付过渡。目前,部分银行与保险公司推出了"年缴式房贷险",投保人可以以年为单位缴纳保费而不是趸交。这样既减轻了投保人的经济负担,又为借款人(投保人)提前还贷退保提供了便利。

(樊振华)

第十八章 房地产税费制度

- 房地产开发企业应缴纳的主要税费
- 个人买卖房屋应缴纳的主要税费

基本原理

一、房地产税费概述

（一）房地产税的概念与特征

税收,是国家为了实现其职能,凭借政府权力,按照法定标准向纳税人强制地、无偿地征收实物或货币,以取得财政收入的一种特定的分配行为。税收同国家取得财政收入的其他方式相比,在形式上具有强制性、无偿性和固定性三个主要特征。

（1）强制性。国家税收由国家法律、法规加以规定,属国家依法强制性征收的事项。凡是法定的纳税义务人都必须依据法定的种类、标准向国家足额缴纳税收;国家对不缴纳税收或迟缴者给予相应的法律惩罚。

（2）无偿性。国家征税,不用付出相应对价;征集的赋税,作为财政收入,由国家统一支配,不再直接返还原纳税义务人。

（3）固定性。国家的征税行为必须是法律、法规规定的,征税范围、对象、比例、数额均须有法可依、有据可查。对于法定的计征标准,国家与纳税人皆应自觉遵守,国家税务机关不得无限度征收税款或少征、不征税赋。而且,这种行为的内容具有相对长期性和稳定性,只有在修改或废止税法的情况下,其行为才能相应变化。

房地产税是以房产和地产为课税客体或者主要以房地产开发经营流转或保有行为为计税依据的税赋。世界各国均把房地产税收视为其财政收入的主要来源之一,我国也不例外。按照我国现行税法规定,房地产开发经营过程中所涉及的税种主要有:契税、印花税、房产税、城镇土地使用税、营业

税、土地增值税、城市建设维护税、企业所得税等。

（二）房地产费的概念

房地产费，是指根据法律、法规和政策，由有关行政机关、事业单位向房地产开发企业、房地产交易各方、房地产产权人收取的各种管理费用、服务费、补偿费等。房地产费亦是国家财政收入的途径之一。

我国的房地产市场结构分为三级：一级市场，即土地使用权的出让；二级市场，即土地使用权出让后的房地产开发活动；三级市场，即投入使用后的房地产交易。就一级市场而言，主要由土地所有者国家向土地使用方收取土地使用费；但就二、三级市场乃至整个房地产市场而言，则由有关行政机关、事业单位向房地产开发企业、房地产交易各方与房地产产权人收取各种管理费用、服务费用和补偿费用。

（三）房地产税与房地产费的区别

房地产税与房地产费的区别在性质上较为明显，主要有如下三个方面：

（1）依据不同。房地产税的课征依据是国家有关的税收法律；而房地产费的收取依据则可以是国家的法律、地方性法规或者政策，甚至还可以是征缴主体的自行规定。所以，前者的效力往往高于后者。

（2）主体不同。房地产税的收缴主体是国家税务机关，有时也由税务机关委托的行政管理机关代收；而房地产费的征收主体则是有关的行政机关、事业单位等。

（3）目的不同。房地产税的计征目的既是为了增加国家财政收入，又是为了促进土地资源的合理配置和房地产的有效利用；而房地产费的设置目的则大多用来补充行政、事业单位经费来源之不足。

在实务中，房地产税费的缴纳主体主要是房地产交易的双方，即房地产开发企业和购房者。因此，本章将以主体为分类标准，分别介绍房地产开发企业应当缴纳的税费和购房者应缴纳的税费。

二、房地产开发企业应缴纳的主要税费

（一）房地产开发企业应缴纳的税收

1. 营业税

营业税是以应税商品或应税劳务的营业额为计税依据的一种商品税，我国现行适用的是 2008 年 11 月 5 日修订，并于 2009 年 1 月 1 日起施行的《中华人民共和国营业税暂行条例》（以下简称《营业税暂行条例》）。房地产开发企业涉及营业税的主要内容包括：

(1) 应税范围

根据《营业税暂行条例》第1条的规定,在中华人民共和国境内提供本条例规定的劳务、转让无形资产或者销售不动产(以下简称应税行为)的单位和个人,应该依照本条例缴纳营业税。房地产开发企业在以下两种情况下应缴纳营业税:

第一,转让土地使用权:是指土地使用者转让土地使用权的行为。土地所有者出让土地使用权和土地使用者将土地使用权归还给土地所有者的行为,不征收营业税。土地租赁,不按本税目征税。

第二,销售不动产:是指有偿转让不动产所有权的行为。所谓不动产,是指不能移动,移动后会引起性质、形状改变的财产。本税目的征收范围包括:销售建筑物或构筑物、销售其他土地附着物。

销售建筑物或构筑物是指有偿转让建筑物或构筑物的所有权的行为。以转让有限产权或永久使用权方式销售建筑物,视同销售建筑物。

销售其他土地附着物是指有偿转让建筑物或构建物以外的其他附着于土地的不动产所有权的行为。

应注意的是:第一,单位或者个人将不动产或者土地使用权无偿赠送其他单位或者个人的,视同发生应税行为。第二,在销售不动产时连同不动产所占土地的使用权一并转让的行为,比照销售不动产征税。第三,按照财政部、国家税务总局《关于股权转让有关营业税问题的通知》(财税[2002]191号),以无形资产、不动产投资入股,与接受投资方利润分配,共同承担投资风险的行为,不征收营业税;转让该项股权的,不征收营业税。第四,土地租赁和不动产租赁,属于租赁业,应按"服务业"税目,而不是分别按"转让无形资产"和"销售不动产"征收营业税。

(2) 应纳税额的计算

纳税人提供应税劳务、转让无形资产或者销售不动产,按照营业额和规定的税率计算应纳税额。应纳税额计算公式:

$$应纳税额 = 营业额 \times 税率$$

第一,转让土地使用权的营业税计税依据。

转让土地使用权属于"转让无形资产"这一营业税税目范畴,应按转让土地使用权的营业额计征营业税。

第二,销售不动产的营业税计税依据。

销售不动产属于"销售不动产"这一营业税税目范畴,应按销售不动产的营业额计征营业税。

纳税人的营业额是纳税人提供应税劳务、转让无形资产或者销售不动产收取的全部价款和价外费用。① 根据财政部、国家税务总局《关于营业税若干政策问题的通知》(财税[2003]16号)的规定,单位和个人销售或转让其购置的不动产或受让的土地使用权,以全部收入减去不动产或土地使用权的购置或受让原价后的余额为营业额。单位和个人销售或转让抵债所得的不动产、土地使用权的,以全部收入减去抵债时该项不动产或土地使用权作价后的余额为营业额。纳税人提供应税劳务、转让无形资产或者销售不动产的价格明显偏低并无正当理由的,由主管税务机关核定其营业额。②

根据《营业税暂行条例》,"服务业"、"转让无形资产"和"销售不动产"税目的税率都是5%。

应注意的是,单位将不动产或者土地使用权无偿赠送给其他单位或者个人的③,应比照相应税目缴纳营业税。

(3) 房地产开发企业缴纳营业税的若干特殊规定

第一,对包销行为如何征收营业税。

根据国家税务总局《关于房地产开发企业销售不动产征收营业税问题的通知》(国税函[1996]684号)的规定,在合同期内房产企业将房产交给包销商承销,包销商是代理房产开发企业进行销售,所取得的手续费收入或者价差应按"服务业——代理业"征收营业税;在合同期满后,房屋未售出,由包销商进行收购,其实质是房产开发企业将房屋销售给包销商,对房产开发企业应按"销售不动产"征收营业税;包销商将房产再次销售,对包销商也应按"销售不动产"征收营业税。

---

① 根据我国《营业税暂行条例实施细则》(2008年修订)第13条规定,上述价外费用,包括收取的手续费、补贴、基金、集资费、返还利润、奖励费、违约金、滞纳金、延期付款利息、赔偿金、代收款项、代垫款项、罚息及其他各种性质的价外收费,但不包括同时符合以下条件代为收取的政府性基金或者行政事业性收费:(1)由国务院或者财政部批准设立的政府性基金,由国务院或者省级人民政府及其财政、价格主管部门批准设立的行政事业性收费;(2)收取时开具省级以上财政部门印制的财政票据;(3)所收款项全额上缴财政。

② 根据我国《营业税暂行条例实施细则》(2008年修订)第20条的规定,按下列顺序确定其营业额:(1)按纳税人最近时期发生同类应税行为的平均价格核定;(2)按其他纳税人最近时期发生同类应税行为的平均价格核定;(3)按下列公式核定:营业额=营业成本或者工程成本×(1+成本利润率)÷(1-营业税税率),公式中的成本利润率,由省、自治区、直辖市税务局确定。

③ 这种被视同纳税行为而无营业额的,适用我国《营业税暂行条例实施细则》(2008年修订)第20条的规定确定营业额。

第二,对合作建房行为应如何征收营业税。

根据国家税务总局《关于印发营业税问题解答(之一)的通知》(国税函发[1995]156号)规定,合作建房是指由一方(以下简称甲方)提供土地使用权,另一方(以下简称乙方)提供资金,合作建房。合作建房的方式一般有两种:

第一种方式是纯粹的"以物易物",即双方以各自拥有的土地使用权和房屋所有权相互交换。具体的交换方式也有以下两种:

① 土地使用权和房屋所有权相互交换,双方都取得了拥有部分房屋的所有权。在这一合作过程中,甲方以转让部分土地使用权为代价,换取部分房屋的所有权,发生了转让土地使用权的行为;乙方则以转让部分房屋的所有权为代价,换取部分土地的使用权,发生了销售不动产的行为。因而合作建房的双方都发生了营业税的应税行为。对甲方应按"转让无形资产"税目中的"转让土地使用权"子目征税;对乙方应按"销售不动产"税目征税。由于双方没有进行货币结算。因此,应当按照《营业税暂行条例实施细则》(2008年修订)第20条的规定分别核定双方各自的营业额。如果合作建房的双方(或任何一方)将分得的房屋销售出去,则又发生了销售不动产行为,应对其销售收入再按"销售不动产"税目征收营业税。

② 以出租土地使用权为代价换取房屋所有权。例如,甲方将土地使用权出租给乙方若干年,乙方投资在该土地上建造建筑物并使用,租赁期满后,乙方将土地使用权连同所建的建筑物归还甲方。在这一经营过程中,乙方是以建筑物为代价换得若干年的土地使用权,甲方是以出租土地使用权为代价换取建筑物。甲方发生了出租土地使用权的行为,对其按"服务业——租赁业"征营业税;乙方发生了销售不动产的行为,对其按"销售不动产"税目征营业税。对双方分别征税时,其营业额也按《营业税暂行条例实施细则》(2008年修订)第20条的规定核定。

第二种方式是甲方以土地使用权、乙方以货币资金合股,成立合营企业,合作建房。对此种形式的合作建房,则要视具体情况确定如何征税。

① 房屋建成后,如果双方采取风险共担、利润共享的分配方式,按照营业税"以无形资产投资入股,参与接受投资方的利润分配、共同承担投资风险的行为,不征营业税"的规定,对甲方向合营企业提供的土地使用权,视为投资入股,对其不征营业税;只对合营企业销售房屋取得的收入按销售不动产征税;对双方分得的利润不征营业税。

② 房屋建成后,甲方如果采取按销售收入的一定比例提成的方式参与

分配,或提取固定利润,则不属营业税所称的投资入股不征营业税的行为,而属于甲方将土地使用权转让给合营企业的行为。那么,对甲方取得的固定利润或按比例从销售收入中提取的收入按"转让无形资产"征税;对合营企业则按全部房屋的销售收入依"销售不动产"税目征收营业税。

③ 如果房屋建成后双方按一定比例分配房屋,则此种经营行为也未构成营业税所称的以无形资产投资入股,共同承担风险的不征营业税的行为。因此,首先对甲方向合营企业转让的土地,按"转让无形资产"征税,其《营业税暂行条例实施细则》(2008年修订)第20条的规定核定。其次,对合营企业的房屋,在分配给甲、乙方后,如果各自销售,则再接"销售不动产"征税。

第三,中外合作开发房地产征收营业税问题。

根据国家税务总局《关于中外合作开发房地产征收营业税问题的批复》(国税函发[1994]644号)的规定:

① 关于中外双方合作建房的征税问题。

中方将获得的土地与外方合作,办理土地使用权转移后,不论是按建成的商品房分配面积,还是按商品房销售后的收入进行分配,均不符合现行政策关于"以无形资产投资入股、参与接受投资方的利润分配、共同承担投资风险的行为,不征营业税"的规定。因此,应按"转让无形资产"税目征收营业税;其营业额为实际取得的全部收入,包括价外费用;其纳税义务发生时间为取得收入的当天。

同时,对销售商品房也应征税。如果采取分房(包括分面积)各自销房的,则对中外双方各自销售商品房收入按"销售不动产"征营业税;如果采取统一销房再分配销售收入的,则就统一的销售商品房收入按"销售不动产"征营业税;如果采取对中方支付固定利润方式的,则对外方销售商品房的全部收入按"销售不动产"征营业税。

② 关于中方取得的前期工程开发费征税问题。

外方提前支付给中方的前期工程的开发费用,视为中方以预收款方式取得的营业收入,按转让土地使用权计算征收营业税。对该项已税的开发费用,在中外双方分配收入时如数从中方应得收入中扣除的,可直接冲减中方当期的营业收入。

③ 对中方定期获取的固定利润视为转让土地使用权所取得的收入,计算征收营业税。

第四,对房地产开发企业为其他单位代建房屋如何征收营业税。

根据国家税务总局《关于"代建"房屋行为应如何征收营业税问题的批

复》(国税函[1998]554号)的规定,房地产开发企业(以下简称甲方)取得土地使用权并办理施工手续后根据其他单位(以下简称乙方)的要求进行施工,并按施工进度向乙方预收房款,工程完工后,甲方替乙方办理产权转移等手续。甲方的上述行为属于销售不动产,应按"销售不动产"税目征收营业税;如甲方自备施工力量修建该房屋,还应对甲方的自建行为,按"建筑业"税目征收营业税。

第五,对房地产开发企业从事"购房回租"等经营活动如何征收营业税。

根据国家税务总局《关于房地产开发企业从事"购房回租"等经营活动征收营业税问题的批复》(国税函[1999]144号)的规定,房地产开发公司采用"购房回租"等形式,进行促销经营活动(即与购房者签订"商品房买卖合同书",将商品房卖给购房者;同时,根据合同约定的期限,在一定时期后,又将该商品房购回),应根据《营业税暂行条例》及其实施细则的规定,对房地产开发公司和购房者均应按"销售不动产"税目征收营业税。

2. 城市维护建设税

我国现行的《城市维护建设税暂行条例》(国发[1985]第19号)由国务院于1985年2月8日发布,从1985年度起施行。主要内容包括:

(1) 应税范围。根据我国《城市维护建设税暂行条例》的规定,凡缴纳消费税、增值税、营业税的单位和个人,都是城市维护建设税的纳税义务人,都应当依照条例的规定缴纳城市维护建设税。因此,房地产开发企业只要发生营业税的纳税义务,就应当同时缴纳城市维护建设税。

(2) 计税依据。城市房地产建设税,以纳税人实际缴纳的消费税、增值税、营业税税额为计税依据,与之同时缴纳。因此,缴纳营业税的房地产开发企业,其城市维护建设税的应纳税额计算公式为:

$$应纳税额 = 营业税额 \times 税率$$

(3) 税率。城市维护建设税实行分区域的差别比例税率,即按照纳税主体所在市县镇等行政区域,分定不同的比例税率。

① 纳税人所在地在市区的,税率为7%;

② 纳税人所在地在县城、镇的,税率为5%;

③ 纳税人所在地不在市区、县城或镇的,税率为1%。

3. 教育费附加

根据我国《征收教育费附加的暂行规定》(2005年修订)的规定,凡缴纳消费税、增值税、营业税的单位和个人,除按照《国务院关于筹措农村学校办学经费的通知》(国发[1984]174号文)的规定,缴纳农村教育事业费附加的单位外,都应当依照本规定缴纳教育费附加。教育费附加,以各单位和个人实际缴纳的消费税、增值税、营业税税额为计征依据,教育费附加率为3%,分别与消费税、增值税、营业税同时缴纳。

根据国务院《关于统一内外资企业和个人城市维护建设税和教育费附加制度的通知》(国发[2010]35号)、财政部、国家税务总局《关于对外资企业征收城市维护建设税和教育费附加有关问题的通知》(财税[2010]103号)等的规定,自2010年12月1日起,对外商投资企业、外国企业及外籍个人(以下简称外资企业)发生纳税义务的增值税、消费税、营业税征收城市维护建设税和教育费附加;对外资企业2010年12月1日之前发生纳税义务的增值税、消费税、营业税,不征收城市维护建设税和教育费附加,以统一各类企业税收制度,公平税负。因此,外资房地产开发企业自2010年12月1日起也要缴纳城市维护建设税和教育费附加。

4. 企业所得税

企业所得税,是指对一国境内的所有企业和其他组织在一定期间内的生产经营所得和其他所得等收入,进行法定的生产成本、费用和损失等扣除后的余额征收的一种所得税。凡是在我国境内从事应税行为并有利润的房地产开发企业都应当依法缴纳企业所得税。

2008年1月1日起,我国之前分别适用的内资税法和外资税法[①]合二为一,内资房地产开发企业和外资房地产开发企业开始统一适用《中华人民共和国所得税法》。根据该法,在我国境内设立的内资企业、外资企业(包括中外合资房地产开发企业、中外合作房地产开发企业、外商独资房地产开发企业)以及从房地产活动中取得收入的其他组织,都是企业所得税的纳税人,但个人独资企业和合伙企业不适用《中华人民共和国企业所得税法》的规定。纳税人来源于中国境内、境外的生产经营所得和其他所得,都应当依法缴纳企业所得税。纳税人每一纳税年度的收入总额,减除不征税收入、免税收入、各项扣除以及允许弥补的以前年度亏损后的余额,为应纳税所得额。企业的应纳税所得额乘以适用税率,减除依照《中华人民共和国所得税法》关于税收优惠的规定减免和抵免的税额后的余额,为应纳税额。根据《中华人民共和国所得税法》,内外资房地产开发企业所得税的税率统一为25%。应注意的是,新税法改变了之前内外资企业在成本费用扣除方面的

---

① 内资房地产开发企业适用《中华人民共和国企业所得税暂行条例》,外资房地产开发企业适用《中华人民共和国外商投资企业和外国企业所得税法》。

差异性做法,对内外资企业实际发生的各项成本费用作出统一的扣除规定,包括工资支出、公益性捐赠支出等,实行一致的政策待遇,按照统一的扣除办法和标准执行,公平了税负,有利于各类企业在市场上的平等竞争。另外,根据新法的规定,新法公布(2007年3月16日)前已经批准设立的企业,依照当时的税收法律、行政法规规定,享受低税率优惠的,按照国务院规定,可以在新法施行后5年内,逐步过渡到新法规定的税率;享受定期减免税优惠的,按照国务院规定,可以在新法施行后继续享受到期满为止,但因未获利而尚未享受优惠的,优惠期限从新法施行年度起计算。

为落实《中华人民共和国企业所得税法》的相关规定,加强从事房地产开发经营企业的企业所得税征收管理,国家税务总局结合房地产开发经营业务的特点,于2009年3月6日发布了《房地产开发经营业务企业所得税处理办法》(国税发[2009]31号),并规定从2008年1月1日起开始实施。按照这一所得税处理办法,房地产开发经营业务包括土地的开发、建造、销售住宅、商业用房以及其他建筑物、附着物、配套设施等开发产品。从事上述房地产开发经营业务的企业,凡涉及收入的税务处理,成本、费用扣除的税务处理,计税成本的核算和特定事项①的税务处理,都要按照《房地产开发经营业务企业所得税处理办法》的规定进行。

5. 土地增值税

土地增值税是指对转让国有土地使用权、地上建筑物及其附着物(以下简称房地产)并取得收益的单位和个人,就其所得的增值额计征的一次性税项,有偿转让我国境内房地产的房地产开发企业为该税的纳税人。该税种的法律依据即1993年12月13日由国务院发布并于1994年1月1日施行的《中华人民共和国土地增值税暂行条例》和1995年2月15日财政部发布的《中华人民共和国土地增值税暂行条例实施细则》。设立该税种的主要目的是为了抑制房地产投机获取暴利的行为,并体现地利共享的公平理念。其主要内容是:

(1)征税范围。本税的征税范围为我国领域内的国有土地使用权、地上建筑物及其附着物的有偿转让。需要注意的是,第一,以继承、赠与等方式无偿转让的房地产无需征税;第二,对转让土地使用权的,只对转让国有土地使用权的行为征税,转让集体土地使用权的行为没有纳入征税范围。

---

① 例如,企业以自身为主体,联合他人合作、合资开发房地产项目,且该项目为成立独立法人公司;企业以换取开发产品为目的,将土地使用权投资其他企业房地产开发项目。

这是因为根据《中华人民共和国土地管理法》的规定，集体土地未经国家征用不得转让。因此，转让集体土地是违法行为，不能纳入征税范围。

（2）计税依据。土地增值税的计税依据是纳税人转让房地产的收入（包括货币收入、实物收入和其他与转让房地产有关的经济收益）减去税法规定扣除项目后的余额。

根据 2007 年 2 月 1 日起施行的国家税务总局《关于房地产开发企业土地增值税清算管理有关问题的通知》(国税发[2006]187 号)，土地增值税以国家有关部门审批的房地产开发项目为单位进行清算，对于分期开发的项目，以分期项目为单位清算。开发项目中同时包含普通住宅和非普通住宅的，应分别计算增值额。对非直接销售的房地产，即房地产开发企业将开发产品用于职工福利、奖励、对外投资、分配给股东或投资人、抵偿债务、换取其他单位和个人的非货币性资产等，发生所有权转移时应视同销售房地产，其收入按下列方法和顺序确认：一是按本企业在同一地区、同一年度销售的同类房地产的平均价格确定；二是由主管税务机关参照当地当年、同类房地产的市场价格或评估价值确定。对自用房地产，即房地产开发企业将开发的部分房地产转为企业自用或用于出租等商业用途时，如果产权未发生转移，不征收土地增值税，在税款清算时不列收入，不扣除相应的成本和费用。

根据我国《土地增值税暂行条例》第 6 条和《土地增值税暂行条例实施细则》第 7 条的规定，计算土地增值额的扣除项目具体为：第一，取得土地使用权所支付的金额，指纳税人为取得土地使用权所支付的地价款和按国家统一规定交纳的有关费用。第二，开发土地和新建房及配套设施（以下简称房地产开发）的成本，指纳税人房地产开发项目实际发生的成本，包括土地征用及拆迁补偿费、前期工程费、建筑安装工程费、基础设施费、公共配套设施费、开发间接费用。第三，开发土地和新建房及配套设施的费用，指与房地产开发项目有关的销售费用、管理费用、财务费用。第四，旧房及建筑物的评估价格，指在转让已使用的房屋及建筑物时，由政府批准设立的房地产评估机构评定的重置成本价乘以成新度折扣率后，并经当地税务机关确认的评估价格。第五，与转让房地产有关的税金，指在转让房地产时缴纳的营业税、城市维护建设税、印花税。因转让房地产交纳的教育费附加，也可视同税金予以扣除。第六，对从事房地产开发的纳税人可按上述取得土地使用权所支付的金额和房地产开发成本的金额之和，加计 20% 的扣除。第七，财政部规定的其他扣除项目。

另外，根据国家税务总局《关于房地产开发企业土地增值税清算管理有关问题的通知》(国税发[2006]187号),房地产开发企业的土地增值税扣除项目还应遵守下列规定:第一,除另有规定外,扣除取得土地使用权所支付的金额、房地产开发成本、费用及与转让房地产有关税金,须提供合法有效凭证;不能提供合法有效凭证的,不予扣除。第二,房地产开发企业办理土地增值税清算所附送的前期工程费、建筑安装工程费、基础设施费、开发间接费用的凭证或资料不符合清算要求或不实的,地方税务机关可参照当地建设工程造价管理部门公布的建安造价定额资料,结合房屋结构、用途、区位等因素,核定上述四项开发成本的单位面积金额标准,并据以计算扣除。具体核定方法由省税务机关确定。第三,房地产开发企业开发建造的与清算项目配套的居委会和派出所用房、会所、停车场(库)、物业管理场所、变电站、热力站、水厂、文体场馆、学校、幼儿园、托儿所、医院、邮电通讯等公共设施,按以下原则处理:第一,建成后产权属于全体业主所有的,其成本、费用可以扣除;第二,建成后无偿移交给政府、公用事业单位用于非营利性社会公共事业的,其成本、费用可以扣除;第三,建成后有偿转让的,应计算收入,并准予扣除成本、费用。第四,房地产开发企业销售已装修的房屋,其装修费用可以计入房地产开发成本。房地产开发企业的预提费用,除另有规定外,不得扣除。第五,属于多个房地产项目共同的成本费用,应按清算项目可售建筑面积占多个项目可售总建筑面积的比例或其他合理的方法,计算确定清算项目的扣除金额。

(3)税率。土地增值税实行四级超率累进税率:第一,增值额未超过扣除项目金额50%的部分,税率为30%。第二,增值额超过扣除项目金额50%、未超过扣除项目金额100%的部分,税率为40%。第三,增值额超过扣除项目金额100%、未超过扣除项目金额200%的部分,税率为50%。第四,增值额超过扣除项目金额200%的部分,税率为60%。

6. 房产税

房产税是在城市、县城、建制镇、工矿区范围内,对拥有房屋产权的单位和个人[①]按照减除一定比例的房产原值或房产租金收入征收的一种税。房产税的开征依据是1986年9月15日国务院颁发并于同年10月1日起施行的《中华人民共和国房产税暂行条例》。主要内容包括:

(1)征税范围。根据国家税务总局《关于房产税城镇土地使用税有关

---

① 自2009年1月1日起,外商投资企业、外国企业和组织以及外籍个人,依照《中华人民共和国房产税暂行条例》缴纳房产税,上述主体原本适用的《城市房地产税暂行条例》被同时废止。

政策规定的通知》(国税发[2003]89号)的规定,房地产开发企业开发的商品房在出售前,对房地产开发企业而言是一种产品,因此对房地产开发企业建造的商品房,在售出前不征收房产税;但对售出前房地产开发企业已使用或出租、出借的商品房应按规定征收房产税。房地产开发企业自用、出租、出借本企业建造的商品房,自房屋使用或交付之次月起计征房产税和城镇土地使用税。

(2) 计税依据。房产税的计税依据分为两种:第一,从价计征,按房产余值计税,即以房产原值一次性减除10%—30%后的余值计算缴纳;倘若没有原值依据的,则由税务部门参照同类房产核定。具体减幅,由省、自治区、直辖市人民政府规定。第二,从租计征,即以房屋租金收入为计税依据,这种方法适用于出租的房屋。

(3) 税率。本税的税率根据计税依据的不同分为两种,按照房产余值计算缴纳的税率为1.2%,按照房屋租金计算缴纳的税率为12%。

7. 城镇土地使用税

城镇土地使用税是在城市、县城、建制镇、工矿区范围内,对拥有土地使用权的单位和个人以实际占用的土地面积为计税依据,按规定税额征收的一种税。房产税开征的法律依据是1988年9月27日颁布并于同年11月1日实施的《中华人民共和国城镇土地使用税暂行条例》。这是我国实行国有土地有偿转让制度后,用于限制无偿、无期限获取的划拨土地被滥占乱用状况,促进合理使用城镇土地资源而出台的措施。2006年12月31日,国务院对《城镇土地使用税暂行条例》进行了修订,并从2007年1月1日开始实施。

(1) 征收范围。根据2006年修订的《城镇土地使用税暂行条例》第2条的规定,城镇土地使用税的纳税人包括在城市、县镇、建制镇、工矿区范围内使用土地的单位和个人。① 单位包括国有企业、集体企业、私营企业、股份制企业、外商投资企业、外国企业以及其他企业和事业单位、社会团体、国家机关、军队以及其他单位;个人包括个体工商户以及其他个人。因此,从2007年1月1日起,无论是内资还是外资房地产开发企业,只要在规定的征税范围内使用土地,就应缴纳城镇土地使用税。

---

① 土地使用税由拥有土地使用权的单位或个人缴纳。拥有土地使用权的纳税人不在土地所在地的,由代管人或实际使用人纳税;土地使用权未确定或权属纠纷未解决的,由实际使用人纳税;土地使用权共有的,由共有各方分别纳税。

应注意的是:第一,城镇土地使用税不仅仅针对在征税范围内使用国有土地的单位和个人征收,根据财政部、国家税务总局《关于集体土地城镇土地使用税有关政策的通知》(财税[2006]56号),自2006年5月1日起,在城镇土地使用税征税范围内实际使用应税集体所有建设用地、但未办理土地使用权流转手续的,应由实际使用集体土地的单位和个人按规定缴纳城镇土地使用税。第二,根据财政部、国家税务总局《关于房产税城镇土地使用税有关问题的通知》(财税[2009]128号),自2009年12月1日起,对在城镇土地使用税征税范围内单独建造的地下建筑用地,按规定征收城镇土地使用税。其中,已取得地下土地使用权证的,按土地使用权证确认的土地面积计算应征税款;未取得地下土地使用权证或地下土地使用权证上未标明土地面积的,按地下建筑垂直投影面积计算应征税款。对上述地下建筑用地暂按应征税款的50%征收城镇土地使用税。

(2)计税依据。城镇土地使用税以纳税义务人实际占用的土地面积为计税依据,实现从量计征、按年计算,分期缴纳。

(3)税率。本税采用从量定额征收,以每平方米税额为单位,实行按大、中、小城市和县城、建制镇、工矿区分别确定有幅度的差别税率,由省、自治区、直辖市人民政府,在条例所列税额幅度内,根据市政建设状况、经济繁荣程度等条件,确定所辖地区的适用税率幅度。市、县人民政府应当根据实际情况,将本地区土地划分为若干等级,在省、自治区、直辖市人民政府确定的税额幅度内,制定相应的适用税额标准,报省、自治区、直辖市人民政府批准执行。土地使用税每平方米年税额如下:第一,大城市1.5元至30元;第二,中等城市1.2元至24元;第三,小城市0.9元至18元;第四,县城、建制镇、工矿区0.6元至12元。经省、自治区、直辖市人民政府批准,经济落后地区土地使用税的适用税额标准可以适当降低,但降低额不得超过上述规定最低税额的30%。经济发达地区土地使用税的适用税额标准可以适当提高,但须报经财政部批准。另外,根据财政部、国家税务总局《关于贯彻落实国务院关于修改〈中华人民共和国城镇土地使用税暂行条例〉的决定的通知》(财税[2007]9号)的规定,对不符合国家产业政策的项目用地和廉租房、经济适用房以外的房地产开发用地一律不得减免城镇土地使用税。

8. 印花税

根据1988年10月1日起开始施行的《中华人民共和国印花税暂行条例》(中华人民共和国国务院另第11号)的规定,印花税是对在经济活动和经济交往中书立、领受《中华人民共和国印花税暂行条例》所列举的各种凭证征收的一种兼有行为性质的凭证税。凡是书立、领受条例所列举凭证的单位和个人①，都是印花税的纳税义务人。印花税分为从价计税和从量计税两种。计算公式如下：

应纳税额＝计税金额×税率

应纳税额＝凭证数量×单位税额

对于房地产开发企业而言，在土地使用权出让、转让、土地开发建设、建设工程勘察设计、建筑安装工程承包、房产出售、出租等活动中书立的合同、书据等，应按照印花税有关规定缴纳印花税。根据2006年11月27日起实施的财政部、国家税务总局《关于印花税若干政策的通知》（财税[2006]162号），对纳税人以电子形式签订的各类应税凭证按规定征收印花税；对土地使用权出让合同、土地使用权转让合同按产权转移书据征收印花税。对商品房销售合同按照产权转移书据征收印花税。

根据《印花税暂行条例》规定的印花税税目税率表，建设工程勘察设计合同，按收取费用的万分之五缴纳印花税（以下简称贴花）；建筑安装工程承包合同，按承包金额万分之三贴花；属于产权转移书据的土地使用权出让合同、土地使用权转让合同和商品房销售合同，按产权转移数据所载金额的万分之五贴花。房地产交易管理部门在办理房屋买卖过户手续时，应监督买卖双方在转让合同或协议上贴花注销完税后，再办理立契过户手续。同一凭证，由两方或者两方以上当事人签订并各执一份的，应当由各方就所执的一份各自全额贴花。房地产权属证件属于权利、许可证照税目，在办理时应按件交纳印花税5元，房地产权属部门应监督领受人在房地产权属证上按件贴花注销完税后，再办理发证手续。

9. 契税

根据1997年10月1日起施行的《中华人民共和国契税暂行条例》（国务院令第224号）的规定，契税是对在中华人民共和国境内转移土地、房屋权属时向土地、房屋权属承受人征收的一种税。房地产开发企业涉及契税的主要内容包括：

---

① 根据我国1988年的《印花税暂行条例实施细则》的规定，单位和个人，是指国内各类企业、事业、机关、团体、部队以及中外合资企业、合作企业、外资企业、外国公司企业和其他经济组织及其在华机构等单位和个人。

(1) 征税范围

凡在中华人民共和国领域内发生的土地使用权变动和房屋所有权转移行为均需依法缴纳契税。因此，如果房地产开发企业作为土地、房屋权属承受人，就应当依法缴纳契税。土地、房屋权属转让，具体是指国有土地使用权出让、土地使用权转让（包括出售、赠与和交换）、房屋买卖、房屋赠与和房屋交换，其中土地使用权转让，不包括农村集体土地承包经营权的转移。除上述土地、房屋权属转移的五种基本形式以外，在实践中，还有其他一些转移土地、房屋权属的形式，可以区分不同情况，分别视同土地使用权转让、房屋买卖或者房屋赠与征收契税，具体有以下四种：

第一，以土地、房屋权属作价投资、入股。根据国家房地产管理的有关规定，土地、房屋作价投资入股，其权属已发生转移，该权属已属于他人所有或者成为股份形式，不再属于投资、入股者。此种转移方式，应当办理有关权属变更登记手续。

第二，以土地、房屋权属抵债。在经济活动中，对于债务人无法履行合同义务，需要以土地、房屋权属作为偿还债务。债权人有权依照国家有关法律规定，通过司法机关或者其他方式，将债务人的土地、房屋权属计价还债。其权属转移形式，可以视同土地使用权出售或者房屋买卖行为。

第三，以获奖方式承受土地、房屋权属。接受他人奖励的土地、房屋权属，视同受赠土地使用权或者房屋所有权。获奖者取得土地、房屋权属，在办理契税手续后，须办理土地使用权、房屋所有权变更登记手续。

第四，以预购、预付集资建房款或者转移无形资产方式承受土地、房屋权属，实质上是土地使用权转让或者房屋买卖的一种形式，只是支付货币的方式或者交易方式不同而已。

需要注意的是，房地产开发企业在改制重组过程中会出现一些表面上看来发生了土地房屋权属转移，但实际上并不需要缴纳契税的情况：

第一，股权转让导致的企业名称变更并不构成土地、房屋权属转移。

表面上看，土地、房屋权属从一个民事主体变更到另一个民事主体，但事实上并没有发生经济上的转让行为，土地、房屋权属仍属于原企业所有，只是企业名称发生了变更。根据财政部、国家税务总局《关于企业改制重组若干契税政策的通知》（财税［2008］175号）①的规定，"在股权转让中，单

---

① 该通知的执行期限为2009年1月1日至2011年12月31日；2003年发布的同名通知（财税［2003］184号）于2008年12月31日执行期满。

位、个人承受企业股权,企业土地、房屋权属不发生转移,不征收契税。"

应注意的是,根据国家税务总局《关于企业改制重组契税政策若干执行问题的通知》(国税发[2009]89号),上述的"股权转让",仅包括股权转让后企业法人存续的情况,不包括企业法人注销的情况。在执行中,要根据工商管理部门对企业进行的登记认定,即企业不需办理变更和新设登记,或仅办理变更登记的,不征收契税;企业办理新设登记的,对新设企业承受原企业的土地、房屋权属应征收契税。此外,股权转让、及下文第二提及的企业合并、分立中的"企业",都是指公司制企业,包括股份有限公司和有限责任公司;以出让方式或国家作价出资(入股)方式承受原改制重组企业划拨用地的,不属于财税[2008]175号文件规定的免税范围,对承受方应征收契税。

第二,企业合并、分立导致土地、房屋权属变化并不构成土地、房屋权属转移。

企业合并、分立,新设方、派生方作为一个独立的民事主体承受原企业的土地、房屋权属,会发生土地、权属的变更,而且需要办理权属变更的手续,表面上看来构成土地、房屋权属的转移。但是,根据财政部、国家税务总局《关于企业改制重组若干契税政策的通知》(财税[2008]175号)的规定,两个或两个以上的企业,依据法律规定、合同约定,合并改建为一个企业,且原投资主体存续的,对其合并后的企业承受原合并各方的土地、房屋权属,免征契税;企业依照法律规定、合同约定分设为两个或两个以上投资主体相同的企业,对派生方、新设方承受原企业土地、房屋权属,不征收契税。

(2)计税依据

第一,国有土地使用权出让、土地使用权出售、房屋买卖的计税依据为成交价格。成交价格,是指土地、房屋权属转移合同确定的价格,包括承受者应交付的货币、实物、无形资产或者其他经济利益。其中:国有土地使用权出让为土地权属转移合同确定的价格,包括土地承受者所支付的土地出让金、土地开发金和市政配套金等其他应由土地承受者支付的费用。纳税人以分期付款方式承受土地、房屋权属的,按照合同(契约)签订的成交价格总额作为计税依据。变卖抵押的土地、房屋按照变卖价或者拍卖价当作成交价格作为计税依据。契税以成交价格作为计税依据,一是与城市房地产管理法和有关房地产法规规定的价格申报相一致;二是在现阶段有利于契税的征收管理。

第二,土地使用权赠与、房屋所有权赠与的计税依据,由征收机关参照同类土地使用权出售、房屋买卖的市场价格或者评估价格核定。土地使用权赠与、房屋赠与属于特殊的转移形式,一般无需交付货币、实物、无形资产及其他经济利益,参照市场上同类土地、房屋的价格计算征税比较科学。

第三,土地使用权交换、房屋所有权交换、土地使用权与房屋所有权交换的计税依据,为交换价格的差额。土地使用权交换、房屋交换,除另有规定外,一般交换的土地、房屋权属不受位置、面积等限定。计税依据只考虑其价格的差额,交换价格不相等的,由多交付货币、实物、无形资产或者其他经济利益的一方缴纳税款。交换价格相等的,免征契税。

第四,以划拨方式取得土地使用权的,经批准转让房地产时,除承受方按规定缴纳契税外,房地产转让者应当补缴契税,计税依据为补缴的土地使用权出让费用或者土地收益。

第五,承受土地、房屋部分权属的,其计税依据为所承受部分权属的成交价格;当部分权属改为全部权属时,计税依据为全部权属的成交价格,原已缴纳的部分权属的税款应予扣除。

第六,以房屋、土地抵债者,其计税依据为法定有效的抵债协议价格或法院判决书中所裁定的价格。

第七,法院委托拍卖的,其计税依据为拍卖价格。

(3) 税率

契税采用幅度比例税率。《中华人民共和国契税暂行条例》规定的税率幅度为3%—5%。各地具体适用的税率,由各省、自治区、直辖市人民政府在上述幅度内根据本地实际情况确定,并报财政部和国家税务总局备案。

(二) 房地产开发企业应缴纳的费用

所谓房地产费,通常是指在房地产开发、经营活动中发生的税收以外其他收费项目的总称。我国目前的房地产收费,环节甚多,种类繁杂,各地各部门多有不同。若以房地产市场的运行过程来划分,我国的房地产费大致有以下四大类:土地出让阶段缴费、房地产开发阶段缴费、房地产经营阶段缴费和房地产保有阶段缴费。

1. 土地出让应缴纳的费用

土地出让应缴纳的费用是土地出让金。根据国务院1990年5月19日颁布的《城镇国有土地使用权出让和转让暂行条例》,凡使用国有土地的单位和个人,一般应当依法缴纳土地出让金。土地出让金实际上是土地所有者(国家)凭借土地所有权取得的地价款,是一定时期内的地租。

关于外商投资企业的土地使用费。根据国家土地管理局[①]《关于缴纳土地使用费问题的批复》(国土批[1994]51号)和财政部《关于外商投资企业场地使用费征收问题的意见》(财企[2008]166号)的规定,外商投资企业可以通过土地使用权出让、行政划拨和租赁等方式取得土地使用权,外商投资企业是否应缴纳场地使用费(由土地开发费和土地使用费构成),应当区别以下情况而定:

(1) 以划拨方式取得土地使用权的,外商投资企业由于没有支付土地出让金,应当按规定缴纳场地使用费。土地使用费是外商投资企业使用行政划拨土地发生的费用。

(2) 以出让方式取得土地使用权的,外商投资企业由于已支付了土地出让金,不再缴纳场地使用费。外商投资企业在支付土地使用权出让金并办理有关手续后,即取得土地使用权。但采取双方协议方式出让土地使用权,并在出让合同中规定取得土地使用权后继续征收土地使用费的,仍应按合同执行。

(3) 以租赁方式取得土地使用权的,如租金计算时已考虑场地开发和土地使用费因素,则不需缴纳场地使用费;如租金中未予考虑场地开发和土地使用费因素,则由承租人即外商投资企业缴纳场地使用费。

(4) 在中外合资合作经营中,外商投资企业的中方以土地使用权作价出资或提供合作条件的,应当由中方投资者区别以上情况缴纳场地使用费。

应注意的是,外商投资企业缴纳的场地使用费或支付的土地出让金,都作为土地资源的取得成本进行财务处理,同时应当依法缴纳城镇土地使用税。

2. 房地产开发应缴纳的费用

房地产开发应缴纳的费用主要为:市政公用设施建设费、国家预算调节基金、招投标管理费、房屋拆迁管理费、勘察设计费、城镇综合开发项目管理费、消防设施费、绿化配套费、工程管理费、竣工验收费、防洪费及其他各项开发手续费。

3. 房地产经营应缴纳的费用

房地产经营应缴纳的费用主要有:办理预售许可证费、交易管理费、公证费、律师费等。各种中介服务费也属房地产经营活动中产生的费用,主要有房地产咨询费用、房地产经纪费用和价格评估费用。

---

① 现已变更为国土资源部。

4. 房地产保有应缴纳的费用

房地产保有应缴纳的费用主要是登记费（总登记费、转移登记费、变更登记费、他项权利登记费等）、手续费、权证费、勘察费等。

三、个人买卖房屋应缴纳的主要税费

对个人购房者而言，税费是其购买成本之一，会影响到购房者的利益；对个人卖房者而言，税费是其转让房屋应承担的成本，会影响到卖房者的利润。① 由于房地产税费各地规定不尽相同，为了比较具体地介绍个人买卖房屋应缴纳的税费，下文在遵守国家有关个人购房税费规定的基础上，主要以北京市为例，结合上海市、重庆市开征房产税的特殊规定加以介绍。其他地方的个人买卖房屋税费请参照当地的具体规定执行。

近年来我国出现了部分地区房地产价格上涨过快、投资购房和投机购房活动过分活跃的现象，已影响到房地产市场的健康平稳发展和我国居民住房保障的实现。为此，从2010年起，国家陆续发布了国务院办公厅《关于促进房地产市场平稳健康发展的通知》（2010年1月7日）、国务院《关于坚决遏制部分城市房价过快上涨的通知》（2010年4月17日，国发［2010］10号）、国务院办公厅《关于进一步做好房地产市场调控工作有关问题的通知》（2011年1月26日，国办发［2011］1号）等一系列文件，采取了包括差别性信贷政策、限购、提高房地产交易税收等被称为史上最严厉的措施调控房地产市场，这些措施深刻影响了个人买卖住房及其应缴纳的税费，应予重视和考虑。

（一）2010年以来的住房限购政策及相关概念

1. 国内居民住房限购令

根据2011年1月26日发布的国务院办公厅《关于进一步做好房地产市场调控工作有关问题的通知》（国办发［2011］1号）的规定，各直辖市、计划单列市、省会城市和房价过高、上涨过快的城市，在一定时期内，要从严制定和执行住房限购措施。原则上对已拥有1套住房的当地户籍居民家庭、能够提供当地一定年限纳税证明或社会保险缴纳证明的非当地户籍居民家庭，限购1套住房（含新建商品住房和二手住房）；对已拥有2套及以上住房的当地户籍居民家庭、拥有1套及以上住房的非当地户籍居民家庭、无法提

---

① 实践中，因房地产投资热潮形成的卖方市场，卖房者应支付的税费往往转嫁给购房者承担，税费的多少一定程度上影响了房屋买卖交易。

供一定年限当地纳税证明或社会保险缴纳证明的非当地户籍居民家庭,要暂停在本行政区域内向其售房。根据通知的要求,从 2010 年底起至今,第一批出台限购令的城市已达 41 个,包括北京、上海、天津、重庆 4 个直辖市、26 个省会级城市和大连、宁波、厦门、青岛、深圳 5 个计划单列市,以及无锡、苏州、三亚、佛山等 6 个热点城市;目前,住房和城乡建设部正与一些地方政府就进一步实施住房限购令进行磋商。

根据北京市人民政府办公厅《关于贯彻落实国务院办公厅文件精神进一步加强本市房地产市场调控工作的通知》(京政办发[2011]8 号),自本通知发布(2011 年 2 月 15 日)次日起,对已拥有 1 套住房的北京市户籍居民家庭(含驻京部队现役军人和现役武警家庭、持有有效《北京市工作居住证》的家庭,下同)、持有北京市有效暂住证在北京市没拥有住房且连续 5 年(含)以上在北京市缴纳社会保险或个人所得税的非北京市户籍居民家庭,限购 1 套住房(含新建商品住房和二手住房);对已拥有 2 套及以上住房的北京市户籍居民家庭、拥有 1 套及以上住房的非北京市户籍居民家庭、无法提供北京市有效暂住证和连续 5 年(含)以上在北京市缴纳社会保险或个人所得税缴纳证明的非北京市户籍居民家庭,暂停在北京市向其售房。

2. 对境外机构和个人的限购措施

根据 2006 年 7 月 11 日原建设部、商务部、国家发展改革委、中国人民银行、国家工商管理总局、国家外汇管理局联合发布的《关于规范房地产市场外资准入和管理的意见》(建住房[2006]171 号)的规定,境外机构在境内设立的分支、代表机构(经批准从事经营房地产业的企业除外)和在境内工作、学习时间超过一年的境外个人可以购买符合实际需要的自用、自住商品房,不得购买非自用、非自住商品房。在境内没有设立分支、代表机构的境外机构和在境内工作、学习时间一年以下的境外个人,不得购买商品房。港澳台地区居民和华侨因生活需要,可在境内限购一定面积的自住商品房。符合规定的境外机构和个人购买自用、自住商品房必须采取实名制,并持有效证明到土地和房地产主管部门办理相应的土地使用权及房屋产权登记手续。

2010 年 11 月 4 日,住房和城乡建设部发布的《关于进一步规范境外机构和个人购房管理的通知》(建房[2010]186 号)对此进一步做了限定:境外个人在境内只能购买一套用于自住的住房。在境内设立分支、代表机构的境外机构只能在注册城市购买办公所需的非住宅房屋。法律法规另有规定的除外。

3. 享受优惠政策的普通住房标准

根据国务院办公厅转发建设部等部门《关于做好稳定住房价格工作意见的通知》(国办发[2005]26号)的规定,为了合理引导住房建设与消费,大力发展省地型住房,国家在规划审批、土地供应以及信贷、税收等方面,对中小套型、中低价位普通住房给予优惠政策支持。享受优惠政策的住房原则上应同时满足以下条件:住宅小区建筑容积率在1.0以上、单套建筑面积在120平方米以下、实际成交价格低于同级别土地上住房平均交易价格1.2倍以下。各省、自治区、直辖市要根据实际情况,制定本地区享受优惠政策普通住房的具体标准。允许单套建筑面积和价格标准适当浮动,但向上浮动的比例不得超过上述标准的20%。各直辖市和省会城市的具体标准要报建设部、财政部、税务总局备案后,在2005年5月31日前公布。

为此,地方政府根据本地实际情况,配合国家房地产宏观调控措施,出台了适用于本地的能够享受优惠政策的普通住房标准。根据北京市建设委员会《关于公布北京市享受优惠政策住房平均交易价格的通知》,自本《通知》印发之日(2008年11月26日)起,北京市享受优惠政策住房平均交易价格调整为:三环以内总价人民币215万元/套、三环至四环之间175万元/套、四环至五环之间165万元/套、五环以外100万元/套。享受优惠政策普通住房的标准为应同时满足以下三个条件:住宅小区建筑容积率在1.0(含)以上;单套建筑面积在140(含)平方米以下;实际成交价低于同区域享受优惠政策住房平均交易价格1.2倍以下。

(二) 个人购买新建住房应缴纳的税费

1. 应缴纳的税收

(1) 契税

根据《中华人民共和国契税暂行条例》的规定,转移土地、房屋权属,承受人应按规定缴纳契税;房屋买卖契税的计税依据是房屋成交价格,即房屋权属转移合同确定的价格;税率为3%—5%。根据《北京市契税管理规定》(2002年修订),北京市的契税税率为3%。

按照财政部、国家税务总局、住房和城乡建设部《关于调整房地产交易环节契税个人所得税优惠政策的通知》(财税[2010]94号)的规定,自2010年10月1日起,个人购买普通住房,且该住房属于家庭(成员范围包括购房人、配偶以及未成年子女,下同)唯一住房的,减半征收契税。对个人购买90平方米及以下普通住房,且该住房属于家庭唯一住房的,减按1%税率征收契税。个人购买的普通住房,凡不符合上述规定的,不得享受上述优惠政

策,应按 3% 税率缴纳契税。

根据财政部、国家税务总局《关于廉租住房经济适用住房和住房租赁有关税收政策的通知》(财税〔2008〕24 号),自 2007 年 8 月 1 日起,对个人购买经济适用住房,在法定利率基础上减半征收契税。

对于已缴纳契税的购房者,如果发生退房的,根据 2011 年 4 月 26 日发布的财政部、国家税务总局《关于购房人办理退房有关契税问题的通知》(财税〔2011〕32 号),在未办理房屋权属变更登记前退房的,退还已纳契税;在办理房屋权属变更登记后退房的,不予退还已纳契税。

另外,根据国家税务总局《关于加强房地产交易个人无偿赠与不动产税收管理有关问题通知》(国税发〔2006〕144 号),对于个人无偿赠与不动产行为,应对受赠人全额征收契税。

(2) 印花税

根据《中华人民共和国印花税暂行条例》,签订产权转移合同应按合同所载金额的万分之五缴纳印花税,购房者与房地产开发公司签订购房合同,依法应按购房合同所载金额的万分之五缴纳印花税。但根据财政部、国家税务总局《关于调整房地产交易环节税收政策的通知》(财税〔2008〕137 号) 的规定,对个人购买住房暂免征收印花税。

购房者签订购房合同虽然不必缴纳印花税,但在产权办理阶段,应根据《中华人民共和国印花税暂行条例》的规定,对取得房屋所有权和国有土地使用权证,按件贴花,每件 5 元。权属证件印花税由证件办理机构代收。

(3) 房产税

房产税是在城市、县城、建制镇、工矿区范围内,对拥有房屋产权的单位和个人按照减除一定比例的房产原值或房产租金收入征收的一种税。根据《中华人民共和国房产税暂行条例》的规定,个人所有非营业用的房产本属于免纳房产税的对象,但为了合理调节居民收入分配,正确引导住房消费,有效配置房地产资源,根据国务院第 136 次常务会议有关精神,自 2011 年 1 月 28 日起,上海市、重庆市作为第一批试点城市正式启动房产税改革试点工作。

上海市和重庆市的房产税不尽相同,结合地方情况各有特色。根据《上海市开展对部分个人住房征收房产税试点的暂行办法》(沪府发〔2011〕3 号) 和《重庆市关于进行对部分个人住房征收房产税改革试点的暂行办法》(渝府令〔2011〕247 号) 及其实施细则,将二者对比如下(见表 1):

表1　上海市、重庆市房产税对比一览表

项目	上海市	重庆市
试点范围	本市行政区域	本市主城九区(渝中区、江北区、沙坪坝区、九龙坡区、大渡口区、南岸区、北碚区、渝北区、巴南区)
征收对象	1. 本市居民新购且属于家庭第二套及以上住房 2. 非本市居民新购住房	1. 个人拥有的独栋商品住宅 2. 个人新购的高档住宅 　高档住宅:建筑面积交易单价达到上两年主城九区新建商品住房成交建筑面积均价2倍(含2倍)以上的住房。 3. 同时具备无户籍、无企业、无工作的个人(以下简称三无人员)新购第二套(含)以上普通住宅
纳税人	应税住房产权所有人 产权所有人为未成年人:法定监护人代为纳税	应税住房产权所有人 产权所有人为未成年人:法定监护人代为纳税 产权出典:承典人 产权所有人、监护人、承典人均不在房产所在地或产权未明确及租典纠纷未解决的:代管人或使用人 产权共有:约定纳税人或税务机关指定
计税依据	试点初期暂以市场交易价70%计算	房产交易价;并明确出租房产不再按租金收入征收房产税
适用税率	暂定0.6% 应税住房每平方米市场交易价低于本市上年度新建商品住房平均销售价2倍(含),税率暂定0.4%	1. 独栋、高档住房单位建筑面积交易单价与试点区域上两年新建商品住房成交建筑面积均价对比: (1) 3倍以下,税率0.5% (2) 3倍(含)—4倍,税率1.0% (3) 4倍(含)以上,税率1.2% 2. 三无人员新购第二套(含)以上普通住房,税率0.5%
税收减免	1. 本市居民家庭全部住房面积人均60平米(含)以内 2. 本市居民家庭有无住房成年子女共同居住,经核定免税面积;及其他特殊情况居民家庭免税面积 3. 本市居民新购住房后一年内出售原有唯一住房,新购房缴纳的房产税可退还 4. 本市居民家庭成年子女因婚姻等原因首次购房且为子女唯一住房,暂免征税 5. 引入的高层次人才、重点产业紧缺急需人才,持有本市居住证在本市工作生活,购买唯一住房,暂免征税 6. 持有本市居住证满3年在本市工作生活购买唯一住房,暂免征税;上述情况不满3年可先交税后退还 7. 其他情况	1. 农民宅基地建造自有住房,暂免征收 2. 三无人员购房后如具备其中一条件,当年免征税,已交税款可退还 3. 因不可抗力纳税困难者可申请减免税或缓缴税

2. 应缴纳的费用

（1）综合地价款

根据《经济适用住房管理办法》（2007年修订）第28条的规定，符合条件的家庭，可以持核准通知购买一套与核准面积相对应的经济适用住房。购买面积原则上不得超过核准面积。购买面积在核准面积以内的，按核准的价格购买；超过核准面积的部分，不得享受政府优惠，由购房人按照同地段同类普通商品住房的价格补交差价。

为此，根据北京市人民政府办公厅转发市建委等部门《关于北京市城镇居民购买经济适用住房有关问题补充规定的通知》（京政办发[2002]53号），购房家庭购买超过规定面积标准的经济适用住房，须在办理立契过户手续前，到房屋管理部门暂按经济适用住房价格的10%补交综合地价款。超过规定面积购买的住房部分按经济适用住房产权管理，并应在产权证中注明，今后上市不再补交土地出让金。

（2）住宅专项维修资金

根据2008年2月1日起实施的《住宅专项维修资金管理办法》（建设部、财政部令第165号）的规定，住宅专项维修资金，是指专项用于住宅共用部位、共用设施设备保修期满后的维修和更新、改造的资金。商品住宅、售后公有住房住宅专项维修资金的交存、使用、管理和监督，适用该管理办法。商品住宅的业主、非住宅的业主按照所拥有物业的建筑面积交存住宅专项维修资金，每平方米建筑面积交存首期住宅专项维修资金的数额为当地住宅建筑安装工程每平方米造价的5%至8%。直辖市、市、县人民政府建设（房地产）主管部门应当根据本地区情况，合理确定、公布每平方米建筑面积交存首期住宅专项维修资金的数额，并适时调整。出售公有住房的，按照下列规定交存住宅专项维修资金：1）业主按照所拥有物业的建筑面积交存住宅专项维修资金，每平方米建筑面积交存首期住宅专项维修资金的数额为当地房改成本价的2%；2）售房单位按照多层住宅不低于售房款的20%、高层住宅不低于售房款的30%，从售房款中一次性提取住宅专项维修资金。业主交存的住宅专项维修资金属于业主所有。从公有住房售房款中提取的住宅专项维修资金属于公有住房售房单位所有。

以北京市为例，根据2009年12月1日起实施的《北京市住宅专项维修资金管理办法》（京建物[2009]836号）第7条的规定，商品住宅的业主、非住宅的业主按照所拥有物业的建筑面积交存住宅专项维修资金，首期住宅专项维修资金的交存标准为：独立式住宅、非住宅为50元/平方米；多层住宅、非住宅为 100 元/平方米；高层住宅、非住宅为 200 元/平方米。多层住宅、非住宅是指地上结构最高层数为六层以下（含六层）的建筑；高层住宅、非住宅是指地上结构最高层数为七层以上（含七层）的建筑。北京市房屋行政主管部门根据北京市住宅建筑安装工程每平方米造价的变化情况，适时调整首期住宅专项维修资金的交存标准。

（3）评估费

房屋评估费的交费标准实行政府定价，按房屋评估值采取差额定率分档累进制，一般评估值在 100 万以下的按评估值的 5‰ 缴纳，该标准在执行中可下浮，但下浮幅度不得超过 20%；每宗房地产价格评估收费不足 300 元的，按 300 元收取。例如，北京市住房公积金贷款对房屋作为抵押物进行评估时的收费标准是，按房屋评估值的 3‰ 收取，最低收费 300 元，最高收费 1500 元。

（4）住房交易手续费

根据原国家计委、建设部《关于规范住房交易手续费有关问题的通知》（计价格［2002］121 号）的规定，

住房交易手续费是由经批准建立的房地产交易中心提供交易服务，办理交易手续时收取的一种经营服务性收费。在办理住房交易手续过程中，除住房转让手续费外，不得以任何名义收取其他费用。住房转让手续费按住房建筑面积收取。收费标准为：新建商品住房每平方米 3 元，存量住房每平方米 6 元。新建商品房转让手续费由转让方承担，经济适用房减半计收；存量住房转让手续费由转让双方各承担 50%。以上收费标准为最高限额。省、自治区、直辖市价格主管部门可根据本地区住房交易量及经济发展状况确定具体收费标准。

根据 2011 年 5 月 1 日起实施的国家发改委《关于降低部分建设项目收费标准规范收费行为等有关问题的通知》（发改价格［2011］534 号）的规定，房屋交易登记机构在办理房屋交易手续时，限价商品住房、棚户区改造安置住房等保障性住房转让手续费应在原国家计委、建设部《关于规范住房交易手续费有关问题的通知》（计价格［2002］121 号）规定收费标准的基础上减半收取，即执行与经济适用住房相同的收费标准；因继承、遗赠、婚姻关系共有发生的住房转让免收住房转让手续费；住房抵押不得收取抵押手续费。

（5）房屋所有权登记费

根据国家发改委、财政部《关于规范房屋登记费计费方式和收费标准等有关问题的通知》（发改价格［2008］924 号），从 2008 年 5 月 1 日起，房屋所

有权登记一套为一件,按件计收,每件收费80元。

(6) 证件工本费

根据国家发改委、财政部《关于规范房屋登记费计费方式和收费标准等有关问题的通知》(发改价格[2008]924号),从2008年5月1日起,房产管理部门按规定核发一本房屋权属证书免收取工本费;向一个以上房屋所有权人核发房屋所(共)有权证书时,每增加一本证书可按每本10元收取工本费。权利人因丢失、损坏等原因申请补办证书.以及按规定需要更换证书且权属状况没有发生变化的,收取证书工本费每本10元。

(三) 个人买卖二手房应缴纳的税费

1. 个人购买二手房应缴纳的税费

(1) 个人购买二手房应缴纳的税收

个人购买二手房应缴纳的契税、房产税和印花税与购买新建住房的相同,不再赘述。

(2) 个人购买二手房应缴纳的费用

第一,土地出让金或土地收益款。

根据财政部、国土资源部、原建设部发布的《关于已购公有住房和经济适用住房上市出售土地出让金和收益分配管理的若干规定》(财综字[1999]113号),已购公有住房和经济适用住房上市出售时,由购房者按规定缴纳土地出让金或相当于土地出让金的价款。缴纳标准按不低于所购买的已购公有住房和经济适用住房坐落位置的标定地价的10%确定。购房者缴纳土地出让金或相当于土地出让金的价款后,按出让土地使用权的商品住宅办理产权登记。实践操作中,这笔费用或者由原产权人缴纳,再按市场价出售住房;或者由购房者缴纳,再据此办理商品房产权登记。

以北京市为例,根据《关于规范已购公有住房、经济适用住房和限价商品住房上市出售补缴土地价款等有关问题的通知》(京财经二[2009]132号)等规定,已购公有住房、经济适用住房和限价房取得契税完税凭证或房屋产权满5年之后,可以按市场价出售所购住房。上市出售的已购公有住房,由买受人在办理房屋权属登记手续时按照当年房改成本价的1%补交土地出让金或土地收益。已购限价商品房按照北京市市有关部门公布的届时同地段普通商品住房价格和限价商品住房价格之差的一定比例交纳土地收益等价款,交纳比例为35%。2008年4月11日(含)前签订经济适用住房购房合同的已购经济适用住房上市出售,产权人应按出售价格的10%补交土地收益等价款。2008年4月11日以后签订经济适用住房购房合同的已购经济适用住房上市出售,产权人应按原购房价格和出售价格价差的70%补交土地收益等价款。购房人按市场价购买已购经济适用住房后,取得商品房产权。

第二,评估费。

个人购买二手房如需房屋评估,应缴纳评估费,其标准与购买新建住房的相同,不再赘述。

第三,住房交易手续费。

个人购买二手房应缴纳的住房交易手续费与购买新建住房的相同,不再赘述。

第四,房屋所有权登记费。

个人购买二手房应缴纳的房屋所有权登记费与购买新建住房的相同,不再赘述

第五,证件工本费。

个人购买二手房应缴纳的证件工本费与购买新建住房的相同,不再赘述

第六,房地产中介服务费。

房地产经纪收费是房地产专业经纪人接受委托,进行居间代理所收取的佣金。个人如果通过房地产中介机构提供的服务向他人购买了住房,应向其支付服务费。通常,房屋买卖代理收费,按成交价格总额的0.5%—2.5%计收。实行独家代理的,收费标准由委托方与房地产中介机构协商,可适当提高,但最高不超过成交价格的3%。房地产经纪费由房地产中介机构向委托人收取。

根据北京市发展和改革委员会《关于降低本市住宅买卖经纪服务收费标准的通知》(京发改[2011]1468号)的规定,从2011年8月31日起,北京市住宅买卖经纪服务收费标准统一下调0.5%,收费标准如下(见表2)。住宅买卖经纪服务收费由买卖双方各承担一半或由买卖双方协商确定。

表2 住宅买卖经纪服务收费标准(分档差额累进)

档次	住宅成交价总额(万元)	收费标准(%)
1	500及以下	2
2	500以上—2000及以下	1.5
3	2000以上—5000及以下	1
4	5000以上	0.5

另外,当事人可自愿选择是否接受房地产中介机构提供的其他服务,并按合同约定支付相应的费用。根据北京市发展和改革委员会《关于降低本市住宅买卖经纪服务收费标准的通知》(京发改[2011]1468号)的规定,房地产中介机构代办房地产登记服务收费,最高不超过500元/宗;代办贷款服务收费,最高不超过300元/宗;办理房屋入住有关手续收费,最高不超过200元/宗;按照委托人要求,提供的其他服务实行市场调节价,由委托人与经纪机构协商议定。

2. 个人销售住房应缴纳的税费

(1) 个人销售住房应缴纳的税收

第一,营业税。

个人销售不动产,根据《中华人民共和国营业税暂行条例》的规定,应按照营业额和5%的税率计算应纳税额。

根据财政部、国家税务总局《关于调整个人住房转让营业税政策的通知》(财税[2011]12号),自2011年1月27日起,个人将购买不足5年的住房对外销售的,全额征收营业税;个人将购买超过5年(含5年)的非普通住房对外销售的,按照其销售收入减去购买房屋的价款后的差额征收营业税;个人将购买超过5年(含5年)的普通住房对外销售的,免征营业税。

个人购房时间是5年周期的起算点,在有偿取得住房的情况下,以个人取得的房屋产权证明或契税完税证明上注明的时间(契税完税证明上注明的填发日期)作为其购房时间。在无偿取得房屋的情况下,对个人通过继承、遗嘱、离婚、赡养关系、直系亲属赠与方式取得的住房,该住房的购房时间按发生受赠、继承、离婚财产分割行为前的购房时间确定;对通过其他无偿受赠方式取得的住房,该住房的购房时间按照发生受赠行为后新的房屋产权证或契税完税证明上注明的时间确定。

另外,应注意的是,个人无偿赠与不动产、土地使用权,根据财政部、国家税务总局《关于个人金融商品买卖等营业税若干免税政策的通知》(财税[2009]111号)第2条的规定,属下列情形之一的,暂免征收营业税:a. 离婚财产分割;b. 无偿赠与配偶、父母、子女、祖父母、外祖父母、孙子女、外孙子女、兄弟姐妹;c. 无偿赠与对其承担直接抚养或者赡养义务的抚养人或者赡养人;d. 房屋产权所有人死亡,依法取得房屋产权的法定继承人、遗嘱继承人或者受遗赠人。但个人将通过无偿受赠方式取得的住房对外销售时应征收营业税。

第二,城市维护建设税。

个人销售住房,因发生营业额,也应缴纳城市维护建设税,其计税依据、税率与房地产开发企业应缴纳的相同,详见上文,不再赘述。

第三,教育费附加。

个人销售住房,因发生营业额,也应缴纳教育费附加,其计税依据、税率与房地产开发企业应缴纳的相同,详见上文,不再赘述。

第四,个人所得税。

个人所得税,是针对居民和符合条件的非居民,就其从中国境内和境外取得的所得征收的一种税。个人销售住房所得,属于财产转让所得,应根据《中华人民共和国个人所得税法》(2011年修订)的规定,以转让财产的收入额减除财产原值和合理费用后的余额为应纳税所得额,再乘以适用的20%比例税率,计算出应纳税额。

根据1999年12月2日实施的财政部、国家税务总局、建设部[1]《关于个人出售住房所得征收个人所得税有关问题的通知》(财税字[1999]278号)的规定,对个人转让自用5年以上、并且是家庭唯一生活用房取得的所得,继续免征个人所得税。但根据2010年10月1日实施的财政部、国家税务总局、住房和城乡建设部《关于调整房地产交易环节契税个人所得税优惠政策的通知》(财税[2010]94号),对出售自有住房并在1年内重新购房的纳税人不再减免个人所得税。

根据国家税务总局《关于个人住房转让所得征收个人所得税有关问题的通知》(国税发[2006]108号)的规定,对转让住房收入计算个人所得税应纳税所得额时,允许纳税人从其转让收入中减除房屋原值、转让住房过程中缴纳的税金及有关合理费用。

转让收入,指住房实际成交价。纳税人申报的住房成交价格明显低于市场价格且无正当理由的,征收机关依法有权根据有关信息核定其转让收入,但必须保证各税种计税价格一致。

房屋原值具体为:a. 商品房:购置该房屋时实际支付的房价款及交纳的相关税费。b. 自建住房:实际发生的建造费用及建造和取得产权时实际交纳的相关税费。c. 经济适用房(含集资合作建房、安居工程住房):原购房人实际支付的房价款及相关税费,以及按规定交纳的土地出让金。d. 已购公有住房:原购公有住房标准面积按当地经济适用房价格计算的房价款,

---

[1] 现已变更为住房和城乡建设部。

加上原购公有住房超标准面积实际支付的房价款以及按规定向财政部门（或原产权单位）交纳的所得收益及相关税费。e. 城镇拆迁安置住房：房屋拆迁取得货币补偿后购置房屋的，为购置该房屋实际支付的房价款及交纳的相关税费；房屋拆迁采取产权调换方式的，所调换房屋原值为《房屋拆迁补偿安置协议》注明的价款及交纳的相关税费；房屋拆迁采取产权调换方式，被拆迁人除取得所调换房屋，又取得部分货币补偿的，所调换房屋原值为《房屋拆迁补偿安置协议》注明的价款和交纳的相关税费，减去货币补偿后的余额；房屋拆迁采取产权调换方式，被拆迁人取得所调换房屋，又支付部分货币的，所调换房屋原值为《房屋拆迁补偿安置协议》注明的价款，加上所支付的货币及交纳的相关税费。

转让住房过程中缴纳的税金，指纳税人在转让住房时实际缴纳的营业税、城市维护建设税、教育费附加、土地增值税、印花税等税金。

合理费用，指纳税人按照规定实际支付的住房装修费用、住房贷款利息、手续费、公证费等费用。包括：a. 支付的住房装修费用。b. 支付的住房贷款利息。纳税人出售以按揭贷款方式购置的住房的，其向贷款银行实际支付的住房贷款利息，凭贷款银行出具的有效证明据实扣除。c. 纳税人按照有关规定实际支付的手续费、公证费等，凭有关部门出具的有效证明据实扣除。

根据国家税务总局《关于个人取得房屋拍卖收入征收个人所得税问题的批复》国税函[2007]1145号的规定，个人通过拍卖市场取得的房屋拍卖收入在计征个人所得税时，其房屋原值应按照纳税人提供的合法、完整、准确的凭证予以扣除；不能提供完整、准确的房屋原值凭证，不能正确计算房屋原值和应纳税额的，统一按转让收入全额的3%计算缴纳个人所得税。

另外，应注意以下两种情况下个人所得税的处理：

一是根据国家税务总局《关于加强房地产交易个人无偿赠与不动产税收管理有关问题通知》（国税发[2006]144号）的规定，受赠人取得赠与人无偿赠与的不动产后，再次转让该项不动产的，在缴纳个人所得税时，以财产转让收入减除受赠、转让住房过程中缴纳的税金及有关合理费用后的余额为应纳税所得额，按20%的适用税率计算缴纳个人所得税。在计征个人受赠不动产个人所得税时，不得核定征收，必须严格按照税法规定据实征收。

二是根据国家税务总局《关于明确个人所得税若干政策执行问题的通知》（国税发[2009]121号）的规定，对于个人转让离婚析产房屋的征税问题：

a. 通过离婚析产的方式分割房屋产权是夫妻双方对共同共有财产的处置,个人因离婚办理房屋产权过户手续,不征收个人所得税。

b. 个人转让离婚析产房屋所取得的收入,允许扣除其相应的财产原值和合理费用后,余额按照规定的税率缴纳个人所得税;其相应的财产原值,为房屋初次购置全部原值和相关税费之和乘以转让者占房屋所有权的比例。

c. 个人转让离婚析产房屋所取得的收入,符合家庭生活自用五年以上唯一住房的,可以申请免征个人所得税,其购置时间按照离婚财产分割行为前的购房时间确定。

第五,土地增值税。

根据财政部、国家税务总局《关于调整房地产交易环节税收政策的通知》(财税[2008]137号)的规定,对个人销售住房暂免征收土地增值税。

第六,印花税。

根据财政部、国家税务总局《关于调整房地产交易环节税收政策的通知》(财税[2008]137号)的规定,对个人销售住房暂免征收印花税。

(2)个人销售住房应缴纳的费用

第一,土地出让金或土地收益款。

实务操作中,将符合条件的已购公有住房、经济适用住房、限价商品房上市出售,可以由原产权所有人按规定缴纳土地出让金或土地收益款后,再按市场价销售住房;也可由购房人缴纳这些费用后再办理产权登记,取得商品房产权。具体的缴纳比例,参见上述"个人购房二手房应缴纳的费用",不再赘述。

第二,房地产中介服务费。

如果个人通过房地产中介机构寻找买家,最终与他人签订房屋买卖合同,则要向房地产中介机构支付服务费。不过,住宅买卖经纪服务收费可以由买卖双方各承担一半或由买卖双方协商确定。房地产中介服务费的比例,参见上述"个人购房二手房应缴纳的费用",不再赘述。

(王志刚)

参考文献

著作

1. 王家福主编:《中国民法学·民法债权》,法律出版社 1991 年版。
2. 崔建远、孙佑海、王宛生著:《中国房地产法研究》,中国法制出版社 1995 年版。
3. 陈富雄著:《建屋储蓄银行制度》,财团法人金融联合征信中心 1995 年版。
4. 程惠瑛主编:《房地产开发与交易:房地产法原理与实务》,复旦大学出版社 1997 年版。
5. 蔡育天、张明德主编:《房地产法律实务》,上海社会科学院出版社 1997 年版。
6. 陈华彬著:《物权法原理》,国家行政学院出版 1998 年版。
7. 梁慧星主编:《中国物权法研究》,法律出版社 1998 年版。
8. 李启明等编:《房地产投资风险与决策》,东南大学出版社 1998 年版。
9. 陈益文、杨光琰著:《银行法热点问题探析》,法律出版社 1999 年版。
10. 毛玉光主编:《保险损害赔偿》,人民法院出版社 1999 年版。
11. 汪利娜著:《美国住宅金融体制研究》,中国金融出版社 1999 年版。
12. 肖玉萍著:《借款合同》,法律出版社 1999 年版。
13. 邹海林著:《责任保险论》,法律出版社 1999 年版。
14. 最高人民法院民事审判庭编著:《最高人民法院民事案件解析:房地产案件专集》,法律出版社 1999 年版。
15. 陈德强著:《资金运营论——房地产企业发展资金研究》,立信会计出版社 2000 年版。
16. 陈欣著:《保险法》,北京大学出版社 2000 年版。
17. 蔡育天主编:《房地产案例精选上海房地产法制研究会组织编写》,上海人民出版社 2000 年版。
18. 董藩、王家庭、王锋编著:《房地产金融》,东北财经大学出版社 2000 年版。
19. 李延荣、周珂著:《房地产法学》,中国人民大学出版社 2000 年版。
20. 尹伯成、华伟、尹其振编著:《房地产金融学概论》,复旦大学出版社 2000 年版。
21. 陈柏东、张东主编:《房地产金融》,中国财政经济出版社 2001 年版。
22. 陈孝周编著:《借款人、贷款人与贷款协议》,中国金融出版社 2001 年版。
23. 程信和著:《房地产法》,北京大学出版社 2001 年版。
24. 韩良主编:《银行法前沿问题案例研究》,中国经济出版社 2001 年版。
25. 刘凤英主编:《房地产金融》,辽宁大学出版社 2001 年版。

26. 任碧云著:《住房金融研究》,山西出版社 2001 年版。
27. 唐德华主编:《民事审判指导与参考》2001 年第 1 卷,法律出版社 2001 年版。
28. 王长生、田炜龙编著:《住房公积金与个人住房贷款》,陕西出版社 2001 年版。
29. 王洪卫等著:《中国住房金融:资金筹措与风险防范机制》,上海财经大学出版社 2001 年版。
30. 郁文达著:《住房金融:国际比较与中国的选择》,中国金融出版社 2001 年版。
31. 蔡德容、潘军著:《住房金融创新研究》,东北财经大学出版社 2002 年版。
32. 符启林著:《房地产法学》,法律出版社 2002 年版。
33. 谢经荣主编:《房地产金融》,中国人民大学出版社 2002 年版。
34. 殷红、张卫东编著:《房地产金融》,首都经济贸易大学出版社 2002 年版。
35. 朱怀念著:《国际项目融资法律问题研究》,武汉大学出版社 2002 年版。
36. 朱树英著:《房地产开发法律实务》,法律出版社 2002 年版。
37. 陈文达、李阿乙、廖咸兴:《资产证券化理论与实务》,中国人民大学出版社 2003 年版。
38. 曹建元编著:《房地产金融》,上海财经大学出版社 2003 年版。
39. 房绍坤、王莉萍主编:《房地产法典型判例研究》,人民法院出版社 2003 年版。
40. 谢太峰、郑文堂、王建梅著:《金融业务风险及其管理》,社会科学文献出版社 2003 年版。
41. 孙祁祥著:《保险学》,北京大学出版社 2003 年版。
42. 王文群等编著:《房地产经济学》,经济管理出版社 2003 年版。
43. 王文宇:《新金融法》,中国政法大学出版社 2003 年版。
44. 〔美〕斯蒂文·L.西瓦兹著、李传全、龚磊、杨秋明译:《结构金融——资产证券化原理指南》,清华大学出版社 2003 年版。
45. 殷勇主编:《商品房买卖中的法律问题与案例评析》,人民法院出版社 2003 年版。
46. 张恩照主编:《中国住房金融创新研究》,中国金融出版社 2003 年版。
47. 张极井著:《项目融资》,中信出版社 2003 年版。
48. 陈浩文主编:《涉外建筑法律实务》,法律出版社 2004 年版。
49. 邓宏乾主编:《房地产金融》,华中科技大学出版社 2004 年版。
50. 高旭军、沈晖等著:《房地产法》,上海财经大学出版社 2004 年版。
51. 洪艳蓉:《资产证券化法律问题研究》,北京大学出版社 2004 年版。
52. 华伟主编:《房地产金融学》,复旦大学出版社 2004 年版。
53. 蒋先玲著:《项目融资法律与实务》,对外经济贸易大学出版社 2004 年版。
54. 李金泽:《银行业变革中的新法律问题》,中国金融出版社 2004 年版。
55. 李清立主编:《房地产开发与经营》,清华大学出版社、北方交通大学出版社 2004 年版。
56. 〔美〕纳森·S.科利尔等编著,叶桂林译:《建筑项目融资管理——关于房地产开发、

估价与融资的真实过程的体现》(第 3 版),机械工业出版社 2004 年版。
57. 秦兵主编:《204 购房合同》,法律出版社 2004 年版。
58. 施金亮主编:《房地产投融资》,上海大学出版社 2004 年版。
59. 唐波著:《房地产开发与销售》,法律出版社 2004 年版。
60. 谢风华著:《保荐上市》,机械工业出版社 2004 年版。
61. 王伟、张锦波编著:《房地产投资》,西南财经大学出版社 2004 年版。
62. 徐卫东主编:《保险法学》,科学出版社 2004 年版。
63. 於向平、邱艳著:《房地产法律制度研究》,北京大学出版社 2004 年版。
64. 杨立娟等编著:《新经济生活:分时度假在中国》,机械工业出版社 2004 年版。
65. 张东著:《住房金融:理论新探与实证分析》,中国财政经济出版社 2004 年版。
66. 张炜著:《住房金融业务与法律风险控制》,法律出版社 2004 年版。
67. 张炜主编:《银行法律实务热点报告》,中国金融出版社 2004 年版。
68. 张守文著:《税法原理》(第 3 版),北京大学出版社 2004 年版。
69. 张永魁著:《律师教你买房》,法律出版社 2004 年版。
70. 朱征夫、何海东、贺玉平著:《房地产开发经营中的合同问题》,法律出版社 2004 年版。
71. 中国人民银行营业管理部课题组:《北京市房地产市场研究——金融视角的分析》,中国经济出版社 2004 年版。
72. 蔡锦辉著:《中国旅游地产项目核心执行力》,广东经济出版社 2005 年版。
73. 刘艳红著:《中国分时度假发展研究》,经济科学出版社 2005 年版。
74. 吴庆宝、许先丛主编:《借款诉讼原理与判例》,人民法院出版社 2005 年版。
75. 王洪卫等编著:《房地产租费税改革研究》,上海财经大学出版社 2005 年版。
76. 王希迎、丁建臣、陆桂娟主编:《房地产企业融资新解》,中国经济出版社 2005 年版。
77. 王婉飞著:《分时度假研究》,经济科学出版社 2005 年版。
78. 庄玉斌主编:《住房公积金知识问答》,红旗出版社 2005 年版。

论文与研究报告

1. 孟双玉:《我国住房公积金管理制度解析》,中国人民大学财政金融学院 2003 年硕士论文。
2. 刘清华:《中国住房公积金制度研究》,河海大学 2003 年博士论文。
3. 陈晓云:《中国住房公积金制度研究》,北京大学光华管理学院 2003 年硕士论文。
4. 谢东海、吴梅、熊欣著:《住房抵押贷款提前还贷违约金的国际比较》,载《国际金融业》2003 年第 6 期。
5. 张丽贤:《论我国住房公积金的管理结构》,中国人民大学法学院 2004 年硕士论文。
6. 洪艳蓉:《国内资产证券化实践述评与未来发展》,载《证券市场导报》2004 年第 9 期。
7. 袁剑:《房地产套牢中国》,载《董事会》2005 年 6 月。

8. 金锦萍:《于凌罡们的必然归宿》,《中国房地产报》2005 年 6 月 13 日第 26 版。
9. 梁慧星:《合作社的法人地位》,http://www.housingco-op.com/Article/zzhzs/200503/286.html,2005 年 11 月 20 日访问。
10.《广州合作建房第二次座谈会纪要》,http://www.gz-house.cn/bbs/viewthread.php?tid=316,2005 年 11 月 20 日访问。
11. 胡海峰、万炎华:《浅析我国商业银行不良资产之证券化》,载《社会科学家》2005 年 5 月增刊。
12. 徐芳、汪汀、乔海曙:《入世过渡期:银行不良资产处置模式的比较分析与路径选择》,载《财经理论与实践》2005 年 5 月。
13. Jack H. McCall, A Primer on Real Estate Trusts: The Legal Basics of Reits, *The Tennessee Journal of Business Law*, Spring, 2001, 2 Transactions 1.
14. Chadwick M. Cornell, REITs and UPREITs: Pushing the Corporate Law Envelope, 145 U. Pa. L. Rev. 1565.
15. Ryan Toone, Vehicle Shopping: The Case for a Flexible EuroREIT, 14 Minn. J. Global Trade 345.
16.《中国人民银行房地产金融报告(2004 年)》。
17. 毛志荣:《房地产投资信托基金研究》,深圳证券交易所综合研究所课题报告(2004 年深证综研字第 0089 号)。

主要网站
北京住房公积金网 www.bjgjj.gov.cn
上海住房公积金网 www.shgjj.com
中德住房储蓄银行 www.sgb.cn
用益信托工作室:http://www.yanglee.com
中国 REIT 门户:http://www.creits.com
中国信托研究:http://www.jianwangzhan.com